企业上市解决之道

IPO

The Wisdom on

投行小兵 著

法律出版社 LAW PRESS·CHINA

序

很高兴看到投行小兵所编著的《企业上市解决之道》一书即将出版发行，投行小兵是加盟广发证券不久的一位投行员工，尽管从业时间算不上很长，但他对于投行理论与实务问题的研究与分析却超过了很多老员工，本人很乐意为他这本书的出版说几句话。

中国资本市场的发展自2010年开始，明显驶上了加速运行的快车道，2010年有三百多家企业在中国境内市场首次公开发行股票并上市，不久前召开的“两会”也提出要加大直接融资的比重，可以预见，未来几年是中国投行业的黄金时期。我们作为证券从业人员，必须做好充分的思想、组织、人才、知识结构方面的准备。

私下里我一直认为，投行岗位是金融证券领域内最有挑战性、最能锻炼人、最能增长见识的工作岗位，由于新兴市场的特殊性和中国相对严格的监管环境，中国境内的投行人员承担了远远大于境外同行的责任与职能。投行人员既要像PE投资经理一样善于发现和挖掘企业的价值，也要像营销人员一样在众多竞争者之间取得企业家的信任与选择；既要和律师一起对企业的种种历史怪象进行深入的调查和严格的规范，也要和会计师一道对企业的报表和经济数据做出合理的解释与分析，在企业上市以后还要参与上市公司的持续督导工作，在某种程度上履行独立董事或董秘的参与高端决策职能。

曾经给投行人员的境界划分过三个层次：

第一个层次，企业招股说明书等法律文件的优秀编写人员和亮点发现者。很多企业家赚钱有道，但他们不太会总结自己的生财之道，这需要投行人员通过不断的访谈与调查，将企业的营利模式、市场定位、核心竞争力、可持续增长潜力等因素概括提炼出来，并能以规范、稳健的措辞将其直白、清晰地表达出来，这个阶段考察的是投行人员的慧眼和说话的能力。

第二个层次，投行项目的优秀项目负责人和解决方案的提供者。由于种种原因，中国的企业家总有这样那样的绕过规则甚至不尊重规则的错误认识，中国的企业在历史发展过程中总会有这样那样的不规范之处，这需要投行人员通过不断沟通与辅导，帮助企业家树立正确的上市观念，包括阳光经营观念、财散人聚的人才观、敬畏规则的观念、规范运作反而利益最大化的观念等；还需要投行人员提供成熟的解决方案，与律师、会计师一起将企业的不规范之处彻底解决。这个阶段考察的是投行人员的沟通协调能力和将法律财务知识综合运用来解决问题的能力。

第三个层次，企业资本运作的重要决策者与投行资源的优秀整合者。投行实务过程中会接触形形色色的机构与信息，不同的企业家、律师、会计师、PE、财经公关、地方政府等，不同的盈利模式、经营理念、管理机制、股权激励手段等，这些形成了资深投行人员的重要资源。资深投行人员的优势在于："我自己也许不能为你做什么，但我可以找到最合适的资源为你做什么。企业希望资本运作，我来帮你组建班子，组合最适合的中介机构、董秘等职业经理人、PE为企业家服务；企业希望厘清营利模式与业务聚焦，我来帮你找优秀的管理咨询机构与成熟的企业家成为你的外脑；投行的这个客户可能成为另一个客户的善意并购对象；投行某个客户的风险对冲机制可能恰恰是另一个客户希望引进的管理制度。"在这个阶段，资深投行人员实际上承接了企业资本运作决策外包的职能，成为很多企业资本运作战略与计划的决策者之一。

作为一位老员工，我想给包括广发证券投行在内的众多投行人员提一个建议：做任何事一定要循序渐进，抛弃浮躁，保荐代表人制度带来的红利总会结束，为企业切切实实提供增值服务的投行人员才会有更大的职业发展机会。从这个角度讲，小兵的这本书会为我们成为优秀的投行项目负责人有很大的帮助，也会为我们提升成为企业资本运作的重要决策者打下良好的基础。

广发证券常务副总裁

自序

犹记得当年，被一穿雪白衬衣和笔挺西装的老兄吸引，入了投行门。至今，已四年有余。

回首过往，收获很多，感慨也有。从一无所知被企业和领导责怪，到略有感悟而收获小惊喜，再到能淡定面对从容应付，小兵坚信自己正在一条正确的路上前行。梦想有一天，小兵可以做到触类旁通，能够做一个有能力、有担当、有境界的投行人。

有朋友多次问，做投行快乐吗？我说我很快乐，虽然不知别人，但自己很坚定。很快乐是因为我们真正了解企业的运营、关注企业的战略，甚至参与企业家的悲欢离合；很快乐不是因为每天熬夜写材料，也不是因为那还算不菲的收入。

小兵一直承认，我们的资本市场和发审制度还很稚弱且毛病缠身，但是小兵也一直坚信，他们一定会曲折生长并有一个光亮的未来。而作为其中的一分子，为什么我们不能作出一份贡献呢？

所谓穷则独善其身，达则兼济天下。当我们尚没有能力决定政策走向和改变规则体系的时候，我们需要改变自己的态度和完善自身的才能，做好最基础和最底层的工作，这样至少对自己有所交代，对客户有所交代。假如有一天，我们中某人能够成为决策者，相信最基层的感触也定是最英明的决策。

小兵一直在努力做到最好，今能与大家分享自己的一些收获和心得，甚幸。小兵非牛人更非专家，有时候做的仅是一些整合或者梳理的工作，疏漏和错误之处望多多指正。另外，需要说明的是，本书中的某些内容集中了某位朋友的智慧和付出，小兵在此深表谢意。

感谢我的父母，因为他们给了我生命和健康的身体，更因为他们面朝黄土背朝天的劳作才能培养出所谓的“名校高才生”，才能够手把手地把我引上今天这条道路。

感谢我的太太，是她牺牲了逛街和美容的时间并且承担了大部分的家务，小兵才能一直在电脑前琢磨和思考。

感谢投行老人，你的一些鼓励和支持看似微不足道，但是对于曾经的一个新人来说作用都是无与伦比的。

感谢投行小兵博客的每位读者，感谢跟小兵见过面或者没见过面、聊过天或者没说过话的所有朋友们，正是因为你们的鞭策和支持，才能让小兵：努力并勇敢地一直跑下去。

旧事不染尘，新知更待温，来往且是次，执砚在当今。

歌酒任他去，子夜看露深，只品玉宇境，犹看我辈人。

以上文字希望与每位读者共勉，是为自序。

投行小兵

目录

第一部分　股东出资

第二部分　股权架构

第一部分　股东出资

【一个清白的出身】

企业因股东出资而设立，因而股东出资问题直接影响到企业的出身是否清白。

若股东出资存在瑕疵，则企业设立及存续的基础就会存在问题。

尽管我们现有方式是将企业历史“洗白”，而后续发展顺理成章被认为是合理的，但是，如果有条件还是建议股东出资问题从最初就合理合规。

第一章　出资瑕疵

□ 在 IPO 发行审核实践中，公司股东出资问题一直是证监会审核的重点，也是中介机构在实务中处理的重点和难点。

□ 注册资本从某种意义上来讲，既是公司起步发展的基础也是股东依据法律规定承担出资义务的诚信基础，理应重点关注。

□ 公司出资问题的主要表现为出资不能足额到位，或者是因出资问题导致的股权潜在纠纷和法律风险，而前者在实务中更加普遍。对于该类问题的解决之道，主要有两种方式：一是置换出资，二是补足出资，不过不论是置换还是补足一般均应以货币资金进行。

□ 在该部分的内容中，将主要对出资置换、补足出资以及无形资产出资比例超标三种类型问题的解决之道进行解析。

第一节　置换出资

【重要提示】

★ 股东出资是否充足且清晰是 IPO 审核过程中的重点，在实务操作中没有任何余地，必须严格按照有关规则的要求处理。

★ 本节内容将主要介绍哪些情况会导致出资不实，以及如何通过资产置换的方式解决出资问题。

★ 小兵还将从“注册资本是时点概念”的角度尝试论述出资不实的会计本质问题。

【案例情况】

一、爱尔眼科(300015):设备置换未分配利润和资本公积

2004年3月20日,经股东会决议,爱尔眼科增加注册资本至5000万元。其中,陈邦先生分别以现金130万元、长沙爱尔眼科医院未分配利润552.09万元和资本公积20.34万元,以及其拥有的武汉爱尔80%的股权、成都爱尔64%的股权、衡阳爱尔76%的股权,合计2626.86万元,共增资3329.29万元;李力先生分别以现金100万元、长沙爱尔眼科医院未分配利润148.98万元和资本公积5.48万元,以及其拥有的武汉爱尔15%的股权、成都爱尔16%的股权、衡阳爱尔19%的股权,合计566.25万元,共增资820.71万元;新股东李伟力先生以现金出资50万元。上述股权出资以天职孜信会计师事务所出具的天孜湘评报(2004)2－7号、天孜湘评报(2004)2－8号和天孜湘评报(2004)2－9号资产评估报告中的净资产评估结果为作价依据。经天职孜信会计师事务所出具的天孜湘验(2004)2－9号验资报告验证,新增注册资本已经缴足。同时,公司名称变更为长沙爱尔眼科医院集团。

2004年7月25日,长沙爱尔眼科医院召开股东会,全体股东一致同意陈邦先生、李力先生将原以未分配利润、资本公积合计出资的726.89万元资本置换为以设备出资726.89万元。根据股东会决议,具体的置换明细为:陈邦先生原以长沙爱尔眼科医院的未分配利润552.09万元及资本公积20.34万元转增的资本置换为以设备出资572.43万元;李力先生原以长沙爱尔眼科医院的未分配利润148.98万元及资本公积5.48万元转增的资本置换为以设备出资154.46万元。

此次用作出资的医疗设备具体内容如下:

序号	名称	数量(台)	原值(万元)	成新率	净值(万元)
1	准分子激光手术系统	2	646.00	100%	646.00
2	角膜板层刀	2	96.00	100%	96.00
3	电脑验光仪	2	39.00	100%	39.00
4	角膜地形图仪	2	56.00	100%	56.00
5	角膜测厚仪	2	18.00	100%	18.00
6	全自动验光仪	2	36.00	100%	36.00
7	非接触式眼压仪	2	15.00	100%	15.00
合计		14	906.00	—	906.00

上述设备出资已经天职孜信会计师事务所评估,并出具了天孜湘评报(2004)2－34号资产评估报告。2004年8月22日,陈邦先生、李力先生根据上述评估结果签署了

《设备出资分割协议》,约定上述设备评估值906万元中的726.89万元用于置换原以未分配利润、资本公积转增的资本,剩179.11万元计入长沙爱尔眼科医院集团的资本公积。经天职孜信会计师事务所出具的天孜湘验(2004)2-30号验资报告验证,截至2004年8月24日,新增注册资本已经缴足。

2004年8月30日,发行人向长沙市工商行政管理局高新分局申请办理出资置换的工商变更登记,长沙市工商行政管理局高新分局在对发行人本次出资方式的变更进行核准后,予以办理工商变更登记手续。2004年6月,陈邦先生和李力先生以未分配利润转增资本时,未及时缴纳未分配利润转增部分的个人所得税,但因此次未分配利润转增部分已置换为医疗设备出资,因此,陈邦先生和李力先生缴纳个人所得税的义务已经消除。

此次置换出资的原因:2004年年初,长沙爱尔眼科医院股东陈邦先生和李力先生已订购一批医疗设备,拟用于投资常德爱尔和黄石爱尔。2004年7月,公司已决定将上述两家医院纳入集团管理体系,并且在不增加长沙爱尔眼科医院集团注册资本的前提下,增加公司净资产和对下属医院的投资能力,经公司董事会提议,陈邦先生和李力先生分别将拟用于上述两家医院增资的医疗设备先投入长沙爱尔眼科医院集团,用于置换原长沙爱尔眼科医院未分配利润及资本公积转增的资本部分,然后再由长沙爱尔眼科医院集团将这些医疗设备投入上述两家医院,实现长沙爱尔眼科医院集团对上述两家医院的控股目的。

保荐人经核查认为,长沙爱尔眼科医院2004年7月实施的出资置换行为履行了相应的程序,该程序尽管存在一定的瑕疵,但该瑕疵对发行人本次发行上市不构成实质性法律障碍。

发行人律师经核查认为,长沙爱尔眼科医院2004年7月实施的上述"出资置换"行为,实际是在减少注册资本的同时,又增加注册资本,且减资的数额和增资的数额相等,应按照当时有效的《公司法》规定的有关履行增资和减资的法律程序办理。长沙爱尔眼科医院2004年7月25日作出的股东会决议,在决议内容的表述上存在不准确之处,但其在法律上的实质是对公司在减资的同时实施增资的事宜作出了决议,且经全体股东一致同意。就上述在减资的同时,实施增资的行为,长沙爱尔眼科医院履行了股东会批准、实物资产评估、验资、办理工商变更登记的法律程序,但就减资事宜未履行通知债权人和在报纸上公告的法律程序,且未就减资和增资分别验资、分别办理工商变更登记手续,在程序上存在一定的瑕疵。

经核查,自上述行为实施至今,长沙爱尔眼科医院的债权人从未就上述减资程序的瑕疵提出异议。保荐人和发行人律师认为,根据当时有效的《公司法》,未履行通知债权人和公告义务的程序不影响减资行为的有效性,且长沙爱尔眼科医院上述行为并未导致公司净资产减少,其注册资本已足额缴纳,没有损害债权人的利益;长沙爱尔眼科医院的上述行为不是发生在本次发行上市的报告期内,且在当时获得了其主管工商行政管理部门的核准;据此,前述程序上的瑕疵对发行人本次发行上市不构成实质性法律障碍。

二、格林美(002340):以现金置换后来被终止的无形资产

2001 年 12 月,循环科技与自然人许开华、王敏、聂祚仁、郭学益四人共同出资设立格林美环境,申请注册资本 2000 万元,于注册登记之日起 3 年内分期缴足,首期出资共计 1120 万元。

首期出资中,许开华以获得第三届中国国际高新技术成果交易会成交项目(证书编号:01-101)的绿色动力电池技术作价 620 万元、实物资产作价 88.2 万元、人民币现金 100 万元出资,合计 808.2 万元,占注册资本的 40.41%;循环科技以实物资产出资,作价 152.15 万元,占注册资本的 7.61%;王敏以实物资产出资,作价 139.65 万元,占注册资本的 6.98%;聂祚仁以人民币现金 10 万元出资,占注册资本的 0.5%;郭学益以人民币现金 10 万元出资,占注册资本的 0.5%。

2001 年 12 月 21 日,深圳业信会计师事务所对拟设立的格林美环境截至 2001 年 12 月 20 日的实收资本及相关资产和负债的真实性和合法性进行了审验,出具了业信验字(2001)第 511 号的《验资报告》。湖北虹桥证券咨询评估有限责任公司于 2001 年 12 月 16 日出具了鄂虹评报字(2001)第 097 号《关于许开华先生之委托部分资产价值的评估报告书》,对许开华作为对格林美环境出资的第三届中国国际高新技术成果交易会成交项目(证书编号:01-101)的绿色动力电池技术:一种低成本方形镍动力电池(实用新型)(申请号:01271181.0)、一种低成本方形镍动力电池及其制造方法(发明)(申请号:01140048.X)、一种动力电池极板用穿孔钢带(实用新型)(专利号:ZL00265101.7)三项专有技术进行了评估,评估价值为 650 万元,其中"一种动力电池极板用穿孔钢带"实用新型专利评估价值为 108 万元。

2001 年 12 月 20 日,循环科技与许开华、王敏、聂祚仁、郭学益四人签署了《关于高新技术成果投资入股协议书》,全体股东同意许开华以其拥有的上述三项专利的产权作价 620 万元投资入股格林美环境,并签署了担保证明,承担以上出资作价而引起的连带责任及其他一切法律责任。

"一种动力电池极板用穿孔钢带"实用新型专利在投入格林美环境后,未办理权属人变更登记手续,后于 2005 年 2 月 2 日因欠缴年费被终止,无法补办专利权属人变更手续。因此,该项出资行为依法应当予以规范。但是,由于许开华已于 2006 年 9 月 1

日经深圳市宝安区贸易工业局批准，将其持有格林美环境的全部股权转让给汇丰源，无法继续以股东身份履行相关义务。为此，发行人在2008年1月20日召开的2008年第一次临时股东大会审议通过了《关于由深圳市汇丰源投资有限公司以货币置换原股东许开华以“一种动力电池极板用穿孔钢带”实用新型专利作价的出资的议案》，同意由汇丰源以108万元货币资金置换原股东许开华以“一种动力电池极板用穿孔钢带”实用新型专利作价的出资。由此导致出资主体和补现金主体的不同。

截至2008年3月6日，上述现金出资已经足额到位，并经深圳市鹏城会计师事务所有限公司(2008)030号验资报告验证。发行人已就本次置换出资事项于2008年3月14日经深圳市工商行政管理局核准办理了工商备案手续。

许开华首期出资的两项专有技术“一种低成本方形镍动力电池”和“一种低成本方形镍动力电池及其制造方法”已被授予专利权，专利权人为发行人；“一种动力电池极板用穿孔钢带”实用新型专利已于2005年2月2日因欠缴年费被终止，相应出资已于2008年3月由汇丰源以108万元现金予以置换；格林美环境设立时股东用于出资的其余实物资产的所有权已转移至发行人名下。

三、恒大高新(未通过审核):现金置换未过户房产

2002年恒大高新股东作为出资投入的17套房产(评估作价327.19万元)作为公司的办公经营场所、车库及仓库使用。2005年5月26日，恒大高新股东会通过决议同意各股东以现金327.19万元置换2002年原投入的16套房产。恒大高新各股东以现金置换房产的主要原因:一方面是为规范恒大高新2002年增资时的出资行为，因为这些房产一直未办理过户手续；并均处于居民区，不宜长期作为公司的办公场所；另一方面随着公司业务规模的不断快速扩大，恒大高新拟寻找和新建适合规模的办公场所，恒大高新为此于2003年6月27日和高新区管理委员会就出让位于南昌高新区城东二路以南的地块签订了《国有土地使用权出让合同》，并于2005年6月完成了办公场所的建设。因此，本次交易的主要目的是股东以现金置换原房产出资，各方结合当时的市场情况及本次交易的目的协商确定了本次交易的定价，即以原2002年投入时17套房产的评估价值(327.19万元)置换其中的16套房产(原评估价值301.83万元、截至2005年5月31日的账面净值267.62万元)。

2005年7月26日，根据江西中新联合会计师事务所出具的赣中新验字(2005)第1112号《验资报告》，全体股东以现金方式缴纳327.19万元(朱星河缴纳125.656万元，胡恩雪缴纳112.136万元，胡长清缴纳69.398万元，胡恩莉缴纳20万元)，其中301.83万元用于置换原有房产出资，余额25.36万元作为资本公积。

公司独立董事于2008年9月5日就上述货币置换实物出资的公允性发表意见,认为:“本次关联交易的目的是股东以现金置换原房产出资,本次关联交易是合法、公允的。”

保荐人万联证券有限责任公司经核查后认为:“尽管恒大高新股东投入的16套房产出资当时未办理过户登记手续,但恒大高新股东合法拥有该等房产,出资是合法、真实的,出资后恒大高新实际拥有对该等房产的占有、使用、收益和处分的权利;公司根据当时的公司章程履行了以现金置换实物出资的相关决策程序,且决策程序是完备的;本次关联交易的目的是股东以现金置换原房产出资,本次关联交易是合法、公允的。”

发行人律师北京市中伦律师事务所经核查后认为:“由于朱星河、胡恩雪、胡长清和胡恩莉以房产出资时未及时办理产权变更登记手续,因而在法律手续完备性方面存在一定的瑕疵,但并未对公司股东出资的真实性和公司资本的充实性造成实质性影响;其后公司同意朱星河、胡恩雪、胡长清和胡恩莉以货币置换实物出资的决策程序是完备的,货币置换实物的交易是公允的。”

中磊会计师事务所对公司自1993年1月18日成立至2005年7月26日期间的实收资本的设立验证及历次变更验证的情况进行复核,并出具了中磊专审字(2008)第2028号《关于江西恒大高新技术股份有限公司设立前历次实收资本验证的复核报告》并发表如下意见:“江西恒大高新技术股份有限公司前身江西恒大高新技术实业有限公司设立出资及历次资本变更中存在的问题已得到有效解决,各股东出资均足额到位,截至2005年7月26日江西恒大高新技术实业有限公司注册资本3000万元,已收到各股东投入的实收资本3000万元。”

保荐人万联证券有限责任公司经核查后认为:“发行人历次股权变动合法、合规、真实、有效,没有损害公司和其他股东的利益,其股权设置和股本结构不存在可能影响发行人本次发行上市的纠纷和风险,符合当时法律、法规和规范性文件的规定。”

发行人律师北京市中伦律师事务所经核查后认为:“发行人历次股权变动合法、合规、真实、有效,没有损害公司和其他股东的利益,其股权设置和股本结构不存在可能影响发行人本次发行上市的纠纷和风险;发行人有关资产评估、验资等履行了必要程序,符合当时法律、法规和规范性文件的规定。”

四、朗科科技(300042):现金置换没有办理产权转移无形资产

因公司发展需要增加注册资本,朗科科技注册资本由30万元增加到508万元。

邓国顺增资人民币 198.37 万元，其中以专利权作价人民币 97 万元，现金增资人民币 101.37 万元；成晓华增资人民币 184.03 万元，其中以专利权作价人民币 81 万元，现金增资人民币 103.03 万元；Trek 2000 International Ltd. 以相当于人民币 95.6 万元的美元现金增资。2000 年 7 月 20 日，深圳巨源会计师事务所出具深巨验字(2000)第 207 号《验资报告》对本次增资情况进行了验证。2000 年 8 月 18 日，朗科科技在深圳市工商行政管理局办理了工商注册变更登记手续。

邓国顺、成晓华于 2000 年 8 月以其无形资产(申请号为第 99240761.3 号的中国实用新型专利"用于数据处理系统的快闪电子式外存储装置"及第 ZL99335617.6 号中国外观设计专利"快闪电子存储盘"，该等专利系首届中国国际高新技术成果交易会的技术成果)分别作价人民币 97 万元、81 万元，对发行人前身深圳市朗科电脑技术有限公司出资。

此次出资过程中，邓国顺、成晓华以专利权出资未经评估，不符合当时有效的《公司法》的相关规定。此次专利权出资额占注册资本的比例为 35%，超过《公司法》规定的 20% 的比例，但符合深圳市人民政府《深圳市工商行政管理局关于促进高新技术企业发展若干注册问题的暂行规定的通知》[深府办(2001)82 号文]的规定，即以国内省级以上科技主管部门和深圳市科技主管部门认定的高新技术成果以及列入"中国国际高新技术成果交易会"技术成果目录的高新技术成果作价出资设立企业的，不再限制高新技术成果作价出资的比例。

经核查，作为本次出资的专利权未转移至朗科科技名下。因申请号为第 99240761.3 号的中国实用新型专利"用于数据处理系统的快闪电子式外存储装置"被随后的第 ZL99117225.6 号"用于数据处理系统的快闪电子式外存储方法及其装置"的中国发明专利所覆盖，第 ZL99335617.6 号中国外观设计专利"快闪电子存储盘"不再具有市场竞争力，邓国顺、成晓华分别于 2002 年 1 月 22 日和 2002 年 9 月 30 日放弃上述两项用作出资的专利，因而导致上述两项专利不能进行所有权转移登记。在放弃上述两项专利之前，朗科科技一直无偿使用该等专利。邓国顺、成晓华申请的第 ZL99117225.6 号"用于数据处理系统的快闪电子式外存储方法及其装置"的中国发明专利授权日为 2002 年 7 月 24 日，邓国顺、成晓华于 2002 年 7 月 26 日与朗科科技签署《专利权实施许可合同》，约定将该发明专利授权朗科科技使用，授权性质为排他许可，许可期限为 2002 年 7 月 24 日至 2019 年 11 月 13 日，许可使用费为人民币 178 万元。邓国顺、成晓华未向公司收取该等许可使用费，2009 年 9 月 25 日，邓国顺、成晓华出具《承诺确认函》，永久性豁免公司的该项债务。因此，在第 ZL99117225.6 号"用于数据处理系统的快闪电子式外存储方法及其装置"的中国发明专利于 2008 年 6 月 27 日由邓国顺、成晓华无偿转让给公司之前，公司一直无偿使用该项专利。

2004 年 8 月，经朗科科技股东会决议，邓国顺、成晓华将其无形资产出资变更为现金出资。邓国顺、成晓华分别将其作价人民币 97 万元、81 万元的无形资产出资变更为货币资金出资，变更后邓国顺、成晓华的出资额及股权比例不变。本次出资形式变更经深圳广深会计师事务所出具的广深所验字(2004)第 142 号《验资报告》验证，并办理了工商备案。

保荐机构认为，本次邓国顺、成晓华用作无形资产出资的专利所有权，虽然未转移至朗科科技名下，但朗科科技一直无偿使用该无形资产。2004 年，邓国顺、成晓华对该出资方式进行变更。邓国顺、成晓华已出具《承诺函》，“愿意承担因该次专利出资瑕疵可能给朗科科技、其他股东带来的一切损失。邓国顺、成晓华对于损失承担连带责任”。本次专利出资的瑕疵不影响发行人股权结构的稳定，不构成发行人本次发行并上市的实质性障碍。

发行人律师认为，作为本次出资的专利权虽未转移至朗科科技名下，但朗科科技无偿使用出资专利，未办理专利权转移登记不影响朗科科技对该等专利的使用，未损害朗科科技的利益；邓国顺、成晓华本次出资过程中存在的瑕疵已由其通过变更出资方式进行了清理，且邓国顺、成晓华承诺愿意承担因本次专利出资瑕疵可能给发行人和其他股东带来的一切损失。因此，邓国顺、成晓华在本次出资过程中的瑕疵不影响发行人股权结构的稳定，不构成发行人本次发行并上市的实质障碍。

五、长城集团(300089)：现金置换不能过户的土地房产

经潮州市人民政府 1995 年 12 月 29 日《关于同意组建广东长城(集团)有限公司的批复》[潮府函(1995)40 号]批准，广东长城(集团)有限公司(以下简称长城有限)成立。长城有限设立时的股权结构如下：

序号	股东名称	出资额(万元)	股权比例
1	潮州市长城陶瓷制作厂	750	75%
2	潮州市长城陶瓷制作厂有限公司	150	15%
3	潮州市南方工艺品厂有限公司	100	10%
合计		1000	100%

因潮州市长城陶瓷制作厂原用作出资的厂房涉及租用集体土地无法办理过户登记手续，1998 年 10 月 20 日，长城有限各股东签订《股东协议》，约定潮州市长城陶瓷制作厂改以现金 750 万元等额置换其原有出资。2000 年 10 月 6 日，广东新华会计师事务所出具的新会所验字(2000)第 00406 号《验资报告》进行了验证。

1. 潮州市长城陶瓷制作厂以自建房屋作价出资的定价依据及批准程序：由于潮州

市长城陶瓷制作厂的自建房屋是发包给个人承包施工的，没有签署施工承包合同，工程结算程序不规范，因此，作价出资时未作评估，其定价经长城有限各股东一致同意并在公证处办理公证。潮州市长城陶瓷制作厂为个人挂靠集体的企业，其登记的主管部门未投入资金也不参与企业的日常经营管理。经保荐机构和律师向潮州市长城陶瓷制作厂原股东蔡廷祥、吴淡珠、蔡廷和、陈得光及陈钦龙核查，潮州市长城陶瓷制作厂以自建房屋作价投入长城有限，已经潮州市长城陶瓷制作厂实际投资者一致同意。

2. 1998 年 10 月 20 日，长城有限各股东签订《股东协议》，约定股东潮州市长城陶瓷制作厂因其用作出资的厂房涉及租用集体土地无法办理房屋产权过户登记手续，改以现金 750 万元等额置换其原有出资。2000 年 10 月 6 日，广东新华会计师事务所出具的新会所验字（2000）第 00406 号《验资报告》验证，截至 2000 年 9 月 30 日，潮州市长城陶瓷制作厂已变更出资以现金缴纳的方式缴纳注册资本，合计 750 万元。

3. 长城有限 1996 年设立后，一直寻求征用上述自建房屋所在的集体土地和办理房产证，但迟至 1998 年也没有进展，于是各股东协议由潮州市长城陶瓷制作厂置换出资。由于潮州市长城陶瓷制作厂的资金不足，只能分期陆续缴付置换出资的资金，截至 2000 年 9 月 30 日缴清。在此期间，原用作出资的房屋一直为长城有限所使用。潮州市长城陶瓷制作厂以现金等额置换出资后，其置出的房屋继续无偿给长城有限使用，直至长城有限新厂房于 2004 年竣工建成投入使用为止。

六、中科电气（300035）：现金置换土地使用权为了补充流动资金

中科电气有限公司（以下简称中科电气）成立于 2004 年 4 月 6 日，由中科电磁和禹玉存、李爱武、何争光、邹益南、陶冶五位自然人共同出资设立，注册资本 600 万元人民币，法定代表人余新，注册地为岳阳市经济技术开发区桐子岭。岳阳金信会计师事务所对中科电磁出资的无形资产（土地使用权）进行了评估，并出具了岳金会评报字（2004）第 013 号《资产评估报告书》，具体明细如下：

土地使用权证号	土地位置	土地性质	面积（平方米）	评估价值（万元）
岳楼国用（2003）字第 43060207050 号	冷水铺桐子山	工业	10,033.14	190.63
岳楼国用（2003）字第 43060207069 号	冷水铺桐子山	工业	5182.00	98.46
合计				289.09

因中科电气成立初期资金实力偏小，融资渠道较少，对流动资金需求又较大，在此

情形下，中科电磁股东会于2004年7月16日作出决议，同意将对中科电气的出资方式由土地使用权变更为货币；中科电气股东会于2004年7月20日作出决议，同意股东中科电磁将其出资方式变更为等价的货币。2004年12月30日，岳阳金信会计师事务所对此次股东出资情况进行了审验并出具了岳金会验字(2004)第232号《验资报告》，中科电气于2005年3月17日在岳阳市工商行政管理局办理了变更备案。本次出资资产置换并未导致中科电气各股东的出资比例发生变化。

中科电磁用于出资的两处国有土地使用权在中科电气成立时就已交付中科电气使用，资产置换后，该等土地仍由中科电气使用。中科电磁改用280万元人民币现金出资，不仅没有减少中科电气的注册资本，而且补充了中科电气的流动资金，有利于公司的发展。

保荐机构和发行人律师经核查后认为：该次资产置换不违反法律法规的规定，并履行了必要的法律程序，有利于公司生产经营的开展。

【案例评析】

1. 现行审核政策并未限制或禁止出资置换的运用，但如存在出资置换的情形，需充分考虑该等出资置换的原因、换出资产的瑕疵程度、换出资产对发行主体持续经营的重要性程度及该等出资置换对公司业绩连续性的影响等。

2. 出资置换是在原出资资产存在无法克服的瑕疵的情形下，为有效保护发行主体利益而采取的一种补救措施，如该等出资置换对公司业绩连续计算不构成重大影响，在完善相关承诺和手续后，应不为审核政策所禁止；但如果出资置换出的资产对股东具有特别重要的意义且不存在权属瑕疵的情形下，则建议慎重处理，否则因出资置换解释不清楚且当该换出资产亦为发行主体生产经营所必需时，则可能会造成控股股东滥用股东权利或损害发行主体的利益。

3. 小兵在此只是尽量搜集一些具体的案例并简要分析其典型之处，可以这样说，每个案例处理都有不同的思路，可见在该问题上尚未达成一致的共识，不过有一点可以确定，那就是都想用尽办法证明该出资置换没有风险且不会对公司产生影响。

4. 上述案例的具体解析简要如下：

(1)爱尔眼科：中介机构首先认可了出资置换属于减资和增资两个程序的合并，且未履行通知债权人等程序，不过随后也保证该种处理方式尽管存在一定瑕疵但是对发行上市不存在障碍。就信息披露的资料来看，该案例对于出资置换的处理仅仅就是在工商局登记资料里做了变更，至于会计处理问题应该也是正常做账而已，当然由于未分配利润和资本公积较为特殊，所以不存在折旧和所得税问题。另外，值得注意的是，该案例对于资产置换解释的理由也比较有意思。

(2)格林美:该案例最典型的就是由于股权转让之后,补足出资的义务转移给了股权的受让方,这个其实从常理上很难解释得通,凭什么原股东拿了收益还要新股东替他还债呢?这里面很有可能会有其他利益安排,当然,小兵个人认为该案例中就是由原股东进行出资置换也没有问题。另外,公司也对出资置换问题进行了工商备案登记。

(3)恒大高新:典型的出资不实,典型的出资置换。由于该房产没有办理过户手续,那么也就一直没有作会计处理,既然如此,公司免费使用也就免费使用了,股东将该出资以货币资金置换之后也算是两不欠。值得关注的一点是,该案例有两点比较特殊之处:一是该出资置换独立董事发表了意见,二是会计师就该次行为前后的注册资本充足情况均进行了复核。

(4)朗科科技:典型的无形资产出资导致出资不实的问题。该案例主要是因为当时没有办理产权转移手续而造成出资不实,因而公司做了出资置换的处理,而如果当时办理了产权转移手续且资产评估报告是真实可信的,后来专利被新的专利覆盖该怎么处理呢?小兵的观点是该种情形不能认定是出资不实,而只能是专利被覆盖时将无形资产净值全部计提减值准备,计入当期损益。

(5)长城集团:首先有一个问题,当时股东出资的土地房产没有进行评估而是由股东一致约定了一个价格,当然后来因为该部分资产被置换所以这个问题也就不成为问题了。值得注意的是,该次置换现金三年之内才缴清,并对置换出的房产用途做了交代。另外,由于年代久远,该问题在审核过程中没有成为重要关注的问题。

(6)中科电气:出资置换的思路没有特别之处,倒是出资置换的理由很有意思,竟然是因为公司流动资金紧张,小兵不明白当时为什么不能增资。显然,这样的解释理由过于牵强,如果真是这种情况且金额较大的资产置换,小兵建议慎重处理。另外,置换出的资产同时继续为公司所用,说白了就是公司账上暂时多了份资产而已。

【思路总结】

一、出资问题是个"时点"概念

1. 公司设立时,股东以现金或非现金资产出资,那么公司当时会计科目仅为实收资本和货币资金(现金出资)或者流动资产、固定资产等(非现金出资)。

2. 注册资本就是公司最初始的资产,所以公司设立之后用于出资的资产就会被用来为公司创造收益,如果是拿现金买设备或原材料,那么货币资金减少的同时存货或固定资产增加了;如果是利用股东出资的设备进行生产,那么就是在固定资产进行折旧的同时,企业未分配利润增加了。

3. 如果公司经营周期内每年实现的净利润是正的,那么公司的净资产就会持续增加,不存在其他情形的话,主要就是未分配利润增加。而如果公司亏损的话,那么就会导致公司净资产低于注册资本,如果长期亏损就需要减资以保持公司注册资本的充实性。因为,在所有者权益科目中,只有实收资本的科目是很稳定的,同时我们也可以认定实收资本是一个“时点”的概念。

4. 认定注册资本是一个“时点”的概念,这个观点对于我们认定很多问题都很重要,如认定出资瑕疵时。在认定公司出资不实时,我们主要就是看股东用于出资时资产的状态是不是符合要求,如是不是资产权属已经转移、是不是评估值远大于资产真实价值等。如果存在上述情况肯定导致出资不实,而如果出资时资产状态没有问题而是因为后来经营环境发生了变化(如专利技术被新专利替代),那么个人觉得并不能定性为出资不实。正确的处理应该是在专利被替代之时将该专利的净值全部计提减值准备计入损益,很遗憾的是,公司往往没有做该项处理而是持续摊销,从而导致了很多出资不实的情形出现。对于该类问题,小兵觉得最恰当的处理方式就是将账面净值计提减值准备计入当期损益,如果股东有觉悟,可以按照当时的出资额以捐赠的方式拿出现金投入公司,同时计入资本公积,这样至少保证了所有者权益的真实性和充实性。其实,换一个角度来看,我们看到类似出资不实的情形时出资的股东是没有任何主观故意的。

5. 如果是真正的出资不实,该如何处理呢? 这还要分两种主要的情况来分析:

(1)如果是由于股东出资的资产实际上没有做权属转移而导致的出资不实,那么要看公司实际的处理。如果公司没有使用该资产而实际上做了折旧或者摊销处理,那么还可能存在递延所得税负债的问题;现在看来,这种情况最恰当的处理方式就是股东追溯到出资之时然后补足出资,当然最好是以现金补足出资,会计师出具验资报告然后同时去工商局备案,现在很多案例就是做类似的处理。倘若公司没有做会计处理,也就是说,公司出资的资产自始至终就不属于本公司,那么还要重点关注公司的经营业务是不是能够计算、是不是真实的问题了。当然,如果真要如此深究下去,这个问题可能就没完没了了,现在普遍的处理方式就是和稀泥了,也就是同样通过出资置换的方式一了百了。

(2)如果是评估值或者出资额远远超过资产真正价值呢? 公司在会计处理上肯定是依旧根据出资额来折旧或摊销的,那么同样存在少缴了税的问题。这种情况,小兵觉得最好的处理方式就是依据第一种情况来执行。当然,毕竟该类资产已经在公司账上体现,所以小兵觉得也可以采取全额计提减值准备的方式来解决出资不实的问题,小兵觉得该种方式逻辑上更加顺畅,会里有关人员也是一直坚持这种方式。其主要理由是:尽管注册资本的金额不会动,但是其背后反映的资产状态是随时改变的,只要公司的净资产能够保证持续真实,那么注册资本不实的后续状况就可以通过公司实际经营过程中计入损益的方式弥补。换句话说,公司后续经营挣的钱填上了最初的亏空,那么公司的资产就是实的,也就没有问题了。

6.另外,还有一点很重要,那就是我们有限公司在整体变更为股份公司时是以账面净资产来折为股本的,换句话说,只要审计基准日的净资产是确定真实的,那么以前的历史出资问题也会一了百了。在实际案例中,也真有案例以此作为解释出资不实不会成为公司生产经营障碍的一个理由。

7.此外,还有几点值得关注:(1)出资置换之后原出资资产的净值怎样处理,现在看来没有人会予以关注,一般情况就是原封不动,仍旧在账上正常处理,而出资置换仅是增加了公司的资产而已;(2)出资不实还涉及股东违约责任的问题,不过该问题一般由原一起出资的股东出具确认函和该股东出具承诺就可以解决了。

二、出资置换性质界定

出资置换,即用等价的资产A置换出原已投入公司的资产B,该等情形常常存在于当资产B存在无法解决的权属瑕疵或对原股东有重大意义时。除公司通过转让、减资及抛弃等处分该等财产外,股东无权自行决定或处置该等财产,否则即滥用股东权利。出资置换实质为公司通过减资的方式将股东原投入公司的资产B划出公司,而后原股东用价值相同的资产A对公司增资,其中包含了减资和增资两道程序。但因减资需履行法定的公告和通知债权人等程序且目前法律并没有明确的规定表明允许在出资置换的情形下无须履行公告和通知债权人的程序,因此,如以出资置换未减少公司注册资本为由而试图规避公告和通知债权人的程序,恐与《公司法》的规定相违背。

曾有人认为,出资置换是合法合规的,因为其并未导致公司注册资本的减少,未损害债权人的权益,故不属于减资,无须履行公告和通知债权人的程序。还有同仁引用实质重于形式原则认为出资置换不违反《公司法》的立法理念和立法原则。虽然这样的观点从规则上严格考量的话或许并不能完全站住脚,但是却是解决和解释该问题的最好的依据。

【参考法规】

一、《公司法》(2006年)

第二十六条　有限责任公司的注册资本为在公司登记机关登记的全体股东认缴

的出资额。公司全体股东的首次出资额不得低于注册资本的百分之二十，也不得低于法定的注册资本最低限额，其余部分由股东自公司成立之日起两年内缴足；其中，投资公司可以在五年内缴足。有限责任公司注册资本的最低限额为人民币三万元。法律、行政法规对有限责任公司注册资本的最低限额有较高规定的，从其规定。

第二十七条 股东可以用货币出资，也可以用实物、知识产权、土地使用权等可以用货币估价并可以依法转让的非货币财产作价出资；但是，法律、行政法规规定不得作为出资的财产除外。对作为出资的非货币财产应当评估作价，核实财产，不得高估或者低估作价。法律、行政法规对评估作价有规定的，从其规定。全体股东的货币出资金额不得低于有限责任公司注册资本的百分之三十。

第二十八条 股东应当按期足额缴纳公司章程中规定的各自所认缴的出资额。股东以货币出资的，应当将货币出资足额存入有限责任公司在银行开设的账户；以非货币财产出资的，应当依法办理其财产权的转移手续。股东不按照前款规定缴纳出资的，除应当向公司足额缴纳外，还应当向已按期足额缴纳出资的股东承担违约责任。

第二十九条 股东缴纳出资后，必须经依法设立的验资机构验资并出具证明。

第三十一条 有限责任公司成立后，发现作为设立公司出资的非货币财产的实际价额显著低于公司章程所定价额的，应当由交付该出资的股东补足其差额；公司设立时的其他股东承担连带责任。

第三十六条 公司成立后，股东不得抽逃出资。

第二百条 公司的发起人、股东虚假出资，未交付或者未按期交付作为出资的货币或者非货币财产的，由公司登记机关责令改正，处以虚假出资金额百分之五以上百分之十五以下的罚款。

第二百零一条 公司的发起人、股东在公司成立后，抽逃其出资的，由公司登记机关责令改正，处以所抽逃出资金额百分之五以上百分之十五以下的罚款。

二、《公司注册资本登记管理规定》(国家工商行政管理总局令第22号)

第五条 公司注册资本及实收资本数额、股东或者发起人的出资时间及出资方式，应当符合法律、行政法规的有关规定。

第六条 公司设立时股东或者发起人的首次出资、公司变更注册资本及实收资本，必须经依法设立的验资机构验资并出具验资证明。

第七条 作为股东或者发起人出资的非货币财产，应当由具有评估资格的资产评估机构评估作价后，由验资机构进行验资。

第八条　股东或者发起人可以用货币出资，也可以用实物、知识产权、土地使用权等可以用货币估价并可以依法转让的非货币财产作价出资。

股东或者发起人以货币、实物、知识产权、土地使用权以外的其他财产出资的，应当符合国家工商行政管理总局会同国务院有关部门制定的有关规定。

股东或者发起人不得以劳务、信用、自然人姓名、商誉、特许经营权或者设定担保的财产等作价出资。

第九条　股东或者发起人必须以自己的名义出资。

第十二条　股东或者发起人应当按期足额缴纳公司章程中规定的各自所认缴的出资额或者所认购的股份。

以货币出资的，应当将货币出资足额存入公司在银行开设的账户；以非货币财产出资的，应当依法办理其财产权的转移手续。公司设立登记时，股东或者发起人的首次出资是非货币财产的，应当提交已办理财产权转移手续的证明文件。

公司成立后，股东或者发起人按照公司章程规定的出资时间缴纳出资，属于非货币财产的，应当在依法办理财产权转移手续后，申请办理公司实收资本的变更登记。

三、《首次公开发行股票并上市管理办法》（中国证券监督管理委员会令第32号）

第十条　发行人的注册资本已足额缴纳，发起人或者股东用作出资的资产的财产权转移手续已办理完毕，发行人的主要资产不存在重大权属纠纷。

第二节　补足出资

【重要提示】

★ 出资置换和补足出资是解决股东出资不实问题最主要的两种方式，且出资置换和补足出资的资产基本上均为现金，因此，有时候该两种方式在选择上并没有明确的界定，也就是说其中任何一种方式都可能解决出资问题。

★ 在小兵看来，出资置换和补足出资的区别主要在于：(1)前者需要关注置换出的资产的处理和后果，而后者无须关注。(2)出资置换实务中做了出资方式的工商变更登记并在资产科目做出调整即可，而补足出资往往被认定是股东的捐赠而直接计入资本公积。(3)前者是减资和增资两个法律程序的结合体,而后者不存在这个问题。

【案例情况】

一、天虹商场(002419)

1993年12月28日,中航技深圳公司与五龙贸易公司签订了《关于深圳天虹商场有限公司扩大投资之补充合同书》,约定双方对深圳天虹商场有限公司(以下简称天虹商场)追加投资人民币7489万元,其中,中航技深圳公司以其拥有产权的中航苑2号大厦一层至二层(面积为4650平方米)从1994年5月至2000年5月共72个月的房产使用权作价人民币3840万元投入。1994年1月8日,深圳市引进外资领导小组办公室以深外资办复(1994)第23号文,批准了上述天虹商场增资事宜;天虹商场于1994年2月1日换领了深圳市工商行政管理局核发的注册号为工商外企合粤深字第100377号《企业法人营业执照》,中航技深圳公司履行了上述出资义务后,根据中航技深圳公司与五龙贸易公司于1993年12月28日签署的《关于深圳天虹商场有限公司扩大投资之补充合同书》以及深圳中华会计师事务所出具的外验报字(1994)第F091号验资报告,天虹商场将中航技深圳公司用以出资的中航苑2号大厦一层至二层从1994年5月至2000年5月共72个月的房产使用权以3840万元的价值计入无形资产摊销科目,该场地使用权按72个月摊销,每月摊销533,333.33元,并在2000年5月全部摊销完毕。

就上述中航技深圳公司在天虹商场1994年的增资中以房产使用权出资的情况,为了更好地体现对天虹商场投资者和债权人利益的保护,中航技深圳公司、天虹商场以及天虹商场其他股东于2008年9月5日签署《协议书》,约定:中航技深圳公司在《关于深圳天虹商场有限公司扩大投资之补充合同书》项下应履行的出资金额为人民币3840万元;中航技深圳公司以现金方式履行和完成其在该合同项下的出资义务;原出资方式所形成的资产及天虹商场的股权比例和总股本维持不变。中航技深圳公司已于2008年9月27日以现金方式一次性向天虹商场支付人民币3840万元。对于本次中航技深圳公司对天虹商场的补充出资,鉴于其经济实质属于控股股东向天虹商场的资本性投入,采用会计处理如下:借:货币资金3840万元,贷:资本公积3840万元。

针对中航技深圳公司向天虹商场的补充出资行为,保荐机构和发行人律师研究认为:

(1)中航技深圳公司以现金方式出资符合现行《中外合资经营企业法》和《公司法》的相关规定。同时,中航技深圳公司的补充出资行为没有违反法律法规的禁止性规定。

(2)根据2008年9月5日签署的《协议书》的约定,中航技深圳公司以现金补充出资的做法已经获得天虹商场以及天虹商场其他股东的一致同意。该协议为签约各方当事人的真实意思表示,且没有违反法律法规的规定,该协议合法有效。针对本次补充出资,发行人律师认为,补充出资对公司财务状况的具体影响如下:

① 对现金流的影响:2008年收到现金补充出资38,400,000.00元,占2008年实现的筹资活动现金流入的100%,占2008年度现金及现金等价物净增加额的9.81%。

② 对资产结构的影响:2008年收到现金补充出资38,400,000.00元,对合并资产负债表构成的影响为:货币资金增加38,400,000.00元,占流动资产的1.89%,占资产总额的1.26%;资本公积增加38,400,000.00元,占净资产的5.59%。

③ 对主要财务比率的影响:

项目	补充出资后	补充出资前	变动率
流动比率	86.30%	84.67%	1.63%
速动比率	77.90%	76.27%	1.63%
资产负债率	77.42%	78.41%	-0.99%
每股净资产	1.96	1.85	0.11
净资产收益率	45.63%	48.33%	-2.70%

二、川润股份(002272)

1. 验资报告的出资情况

1997年9月12日川润集团成立,注册资本3000万元,四川亚通会计师事务所自贡办事处出具了自办(1997)验字第130号《验资报告》,审验了对拟设立的川润集团的出资情况。

序号	出资人	出资金额	出资方式
1	罗丽华	1315万元	实物资产
2	钟利钢	500万元	实物资产
3	罗全	300万元	货币资金
4	罗永忠	400万元	货币资金
5	罗永清	300万元	货币资金
6	西润厂	150万元	实物资产
7	川达厂	29万元	实物资产
8	研究所	6万元	实物资产

2001年1月川润集团股权发生变更,自贡亚中会计师事务所出具了自亚会验报字(2001)第028号《验资报告》,审验了注册资本及投入资本变更的情况,变更后出资情

况具体为：

序号	出资人	出资金额	出资方式
1	罗丽华	1315 万元	实物资产
2	钟利钢	500 万元	实物资产
3	罗全	350 万元	货币资金
4	罗永忠	450 万元	货币资金
5	罗永清	340 万元	货币资金
6	西润厂	10 万元	实物资产
7	川达厂	29 万元	实物资产
8	研究所	6 万元	实物资产

2. 实际出资情况

川润集团成立时各股东的实际出资形式、出资时间与四川亚通会计师事务所自贡办事处和自贡亚中会计师事务所验证的出资情况存有不符之处。有关出资的解决情况如下：

股东出资	出资金额	后续出资情况
罗丽华	1315 万元	1999 年 12 月 31 日，以货币资金出资 171,574.51 元。 2000 年 9 月 2 日，西润厂代出资 2,292,941.95 元。 2001 年 12 月，16 台电脑、打印机等办公设备出资 79,400.00 元。 2003 年 1—12 月，货币出资 5,739,284.00 元。 2004 年 1—12 月，货币出资 4,866,799.54 元。
钟利钢	500 万元	2003 年 1—12 月，货币出资 280 万元。 2004 年 1—12 月，货币出资 220 万元。
罗全	350 万元	2001 年 1 月，西润厂转让股权 50 万元。 2003 年 1—12 月，货币出资 1,918,300.00 元。 2004 年 1—12 月，货币出资 1,081,700.00 元。
罗永忠	450 万元	2001 年 1 月，西润厂转让股权 50 万元。 2003 年 1—12 月，货币出资 400 万元。
罗永清	340 万元	2001 年 1 月，西润厂转让股权 40 万元。 2003 年 1—12 月，货币出资 140 万元。 2004 年 1—12 月，货币出资 160 万元。
西润厂	10 万元	2000 年 9 月 2 日，公司以净资产出资。
川达厂	29 万元	2000 年 9 月 2 日，西润厂以净资产代出资。
研究所	6 万元	2000 年 9 月 2 日，西润厂以净资产代出资。

3. 因出资问题可能受到的处罚

公司因出资存在的问题所违背的相关法律、法规的具体内容如下：

"1994 年《公司法》第 206 条：'违反本法规定，办理公司登记时虚报注册资本、提交虚假证明文件或者采取其他欺诈手段隐瞒重要事实取得公司登记的，责令改正，对虚报注册资本的公司，处以虚报注册资本金额百分之五以上百分之十以下的罚款；对提交虚假证明文件或者采取其他欺诈手段隐瞒重要事实的公司，处以一万元以上十万元以下的罚款；情节严重的，撤销公司登记。构成犯罪的，依法追究刑事责任'。

1994 年 7 月 1 日《公司登记管理条例》第 58 条：'办理公司登记时虚报注册资本，取得公司登记的，由公司登记机关责令改正，处以虚报注册资本金额百分之五以上百分之十以下的罚款；情节严重的，撤销公司登记，吊销营业执照。构成犯罪的，依法追究刑事责任。'

第 59 条：'办理公司登记时提交虚假证明文件或者采取其他欺诈手段，取得公司登记的，由公司登记机关责令改正，处以一万元以上十万元以下的罚款；情节严重的，撤销公司登记，吊销营业执照。构成犯罪的，依法追究刑事责任。'根据以上相关法律、法规具体条款的规定，公司因出资问题最高可能被工商局处以 310 万元的罚款。根据《行政处罚法》第 29 条，'违法行为在二年内未被发现的，不再给予行政处罚，法律另有规定的除外；前款规定的期限，从违法行为发生之日起计算；违法行为有连续或者继续状态的，从行为终了之日起计算'。"

4. 解决方式

(1) 申报会计师的验资复核情况

经北京兴华会计师事务所于 2007 年 5 月 22 日出具的(2007)京会兴核字第 1－136 号《关于四川川润(集团)有限公司设立时注册资本实收情况的专项复核报告》确认：川润集团截至 2004 年 12 月 16 日，已足额收到各股东认购的注册资本，合计人民币 3000 万元。川润集团历次投入的注册资本账目处理情况：自 1999 年 12 月 31 日第一笔资本金到位起，至 2004 年 12 月 16 日最后一笔资金到位，川润集团注册资本科目一直按实际到位资金和时间陆续入账。

(2) 工商局出具不处罚证明

自贡市工商局于 2007 年 11 月 10 日出具《关于四川川润(集团)有限公司工商登记有关事项的证明》，确认"四川川润(集团)有限公司股东已于 2004 年 12 月 16 日前足额履行完毕缴纳注册资本的义务。根据有关法律政策规定，本局决定不予处罚"。

(3) 股东承诺

公司所有股东于 2008 年 5 月 18、19 日作出书面承诺："四川川润(集团)有限公司自设立至四川川润(集团)首次公开发行股票前，存在的任何出资问题而导致的四川川润（集团）的任何费用支出、经济赔偿或其他损失，现由全体股东承诺将共同、无条件对发行人承担全部连带赔偿责任。”

川润集团出资设立过程中，存在股东未及时出资、净资产出资未评估等问题。对此，本公司实际控制人罗丽华、钟利钢夫妇于2008年1月10日出具承诺：对于四川川润股份公司（以下简称股份公司）由于前身川润集团自设立至首次公开发行股票前存在的任何出资问题而导致的股份公司的任何费用支出、经济损失或其他损失，罗丽华、钟利钢夫妇将共同、无条件对发行人承担全部连带赔偿责任。

（4）保荐机构发表核查意见

① 发行人前身川润集团的股东未按照川润集团成立时的约定及时出资，不符合《公司法》及相关法律法规的规定，存在法律上的瑕疵。该情形已经川润集团及其股东自行纠正，经北京兴华会计师事务所专项复核报告验证，所有注册资本截至2004年12月16日已全部缴纳到位。该情形消除后，发行人已规范运作3年以上；自贡市工商局已出文确认发行人最近36个月未发生因违反工商行政管理法律、法规而受到处罚的情形，并于2007年11月10日出具《关于四川川润（集团）有限公司工商登记有关事项的证明》，确认“四川川润（集团）有限公司股东已于2004年12月16日前足额履行完毕缴纳注册资本的义务，根据有关法律政策规定，本局决定不予处罚”。

② 2000年西润厂以净资产4,142,941.95元出资未评估、2001年股东罗丽华投入实物资产79,400.00元未经评估，不符合《公司法》及相关法律法规的规定，存在法律上的瑕疵。对此：其一，上述净资产虽未评估，但该净资产出资是以原账面价值作为作价依据，且已分别经过西润厂全体股东会议决议、川润集团全体股东会议决议确认，原账面价值已经北京兴华会计师事务所出具的专项复核报告验证；其二，罗丽华、钟利钢夫妇作为西润厂和川润集团的同一实际控制人，已承诺对于因上述问题导致的股份公司的任何损失承担连带赔偿责任。

综上，国金证券认为：发行人前身川润集团出资设立过程中的不规范问题已自行纠正，发行人已依法规范运作3年以上，上述问题不构成本次发行上市的实质性障碍。

（5）律师发表意见

发行人律师认为：上述川润集团股东未及时出资到位及出资不规范的情形不会对发行人本次公开发行、上市构成实质性障碍。

【案例评析】

1. 从基本思路上来讲，补足出资和置换出资并没有本质的区别，相关处理思路可以参照上节内容。

2. 上述案例的具体分析简要如下：

① 天虹商场：该案例很有意思，竟然是拿房屋使用权出资，当然这也是历史问题了，并且保荐机构还在是所有权还是使用权的认定上做了文章，说白了就是实质重于形式。该案例由于原出资资产已经摊销完毕也就没有资产可以“置换”，因此，属于典型的补足出资的情形。其实，从理论上讲自资产摊销完毕之后该出资行为的风险已经基本解除，没有必要进行补足出资的处理，当然，由于是二次上会，大股东也算是以捐赠的方式做了一个姿态吧。还有一点有意思，据说天虹商场是会里冤杀的一家企业，后来会里主动邀请其二次上会，不知是否属实。

②川润股份：小兵认为，公司历史上的出资瑕疵还是比较严重的。不仅有不符合规定的分期出资行为也有不符合规定的非货币出资超标的问题，不仅有实物资产出资不评估的问题也有后续出资以实物代替货币资金的问题，甚至或许还会存在导致国有资产流失的问题。当然，公司能够成功化解难题最重要的因素不是中介结构处理得好，而是问题已经在申报期之外，对于公司现在及将来的影响已经基本消除。

【思路总结】

一、出资不实基本原则

公司注册资本指公司开办人依照法律规定而缴纳的保证公司承担责任的资本，拥有注册资本是法人成立所必须具备的条件。股东出资不规范除了导致公司注册资本的完整性存在瑕疵之外，也可能导致公司股权结构混乱或存在重大变更的法律风险。

法律明确规定了发行人的发行条件之一为：发行人的注册资本已足额缴纳，发起人或者股东用作出资的资产的财产权转移手续已办理完毕，发行人的主要资产不存在重大权属纠纷。从实物操作的角度来看，出资瑕疵主要可以分为两个大项的问题，一方面就是出资不实，而同时有很多原因可以导致出资不实，实务中的情形更是五花八门；另外一方面就是出资存在程序上的瑕疵，而这样的瑕疵导致公众对股东出资的判断存在障碍。

具体到出资瑕疵情形，出资不实的情形有：(1)出资未能及时到位；(2)出资资产价值低于认购股本的价值；(3)出资之后抽逃出资；(4)出资资产未能及时办理过户手续；(5)股东拿不能用于出资的资产出资；(6)股东拿公司的资产出资等。出资程序存在瑕疵的情形有：(1)没有验资报告；(2)没有评估报告；(3)出具报告机构不具有执业资格等。

至于出资不实的解决方式，现在看来主要有两种：(1)原出资股东补足出资差额，一般出于保险起见会拿货币资金补足出资;(2)如果以前是以与公司无关或者不允许出资的资产出资的,那么原股东可以采取资产置换的方式将原出资资产置换出来,以保证出资的充实性。当然,如果第一种情况存在非货币性资产出资,为了更加保险也可以直接采取资产整体置换的方式。如果是出资程序方面的问题,一般会由申报审计的注册会计师事务所进行复核,保证以前出资是真实、充实的即可。

至于出资不实的法律后果,如果股东主观上没有故意且金额不大的话,只要股东及时补齐出资不影响申报材料;如果金额较大的话,那么建议运行一个会计年度。而如果股东存在恶意抽逃出资或者虚假出资的情况甚至很有可能被处罚,那么建议在补足出资之后还是再运行三个会计年度,最好让该违规行为在报告期之外。

二、出资不实主要情形

(一)实质造成出资不实的主要情形

1. 以非法律规定的资产出资

根据《公司法》及有关行政法规的规定,股东可以用货币出资,也可以用实物、知识产权、土地使用权等可以用货币估价并可以依法转让的非货币财产作价出资;但劳务、信用、自然人姓名、商誉、特许经营权或者设定担保的财产等除外。此外,根据2009年1月国家工商总局发布的《股权出资登记管理办法》的规定,符合规定的股权也可以作为出资方式之一。同时,全体股东的货币出资金额不得低于公司注册资本的30%。

对于股东以《公司法》等有关规定未明确列举的财产和权利(如债权、采矿权等)作为出资是否予以认可,直接关系到股东是否存在出资不实的情形,同时不能简单以股东出资的财产不属于法律法规列举的种类而予以否定。《公司法》采用的是列举加概括的方式,对出资方式予以规定,这体现在实务操作中,以《公司法》列举范围以外的资产出资现象十分普遍,其中一些已为政府认可,如债转股。

对于存在争议的出资方式,目前还没有明确的处理结论,需要慎重对待,最好事先进行沟通。不过需要重点把握以下两点:(1)首次申报时律师要发表明确意见,如律师意见不确定或自认有瑕疵,则审核肯定认定有瑕疵;(2)存在争议的情况下一般不要提补足出资的问题,但大股东一定要做出姿态采取实际行动(对公司进行捐赠、计入资本公积、对存在争议的出资事项提供相应担保)以打破僵局,大股东采取的这些行为对运行时间要求较低,主要是为了消除风险。

2. 以非货币资产出资但未办理财产转移手续

根据有关法律法规的规定,以非货币财产出资的,应当依法办理其财产权的转移手续。如股东未按发起人协议或公司章程将非货币资产(通常为所有权转移需要进行变更登记的资产,尤其是房屋、土地使用权、工业产权、商标等)转让至公司名下,但相关资产实际交与公司占有及使用,且股东未就公司使用相关资产取得或按照相关安排将要取得费用等,则按照实质重于形式的原则,在股东将相关资产所有权/使用权有效转移给公司,且由有关验资机构出具补充验资报告后,该等出资不实问题不应成为IPO项目的实质性障碍。

倘若上述非货币资产的所有权/使用权有效转移给公司存在重大障碍,则股东需要以货币补足。在股东以货币替代原非货币出资时,小兵认为应确定以下原则:如遇增值,应按拟出资资产的现市值替代原始出资,应出资资产的增值部分归属公司;反之,如遇拟出资资产贬值,则应按原定出资额出资,有关损失应由有过错的股东承担。

3. 用于出资的非货币资产的实际价值显著低于出资额

根据《公司法》的规定,作为出资的实物、知识产权、土地使用权及其他非货币财产的实际价额显著低于公司章程规定的数额的,按照出资不实处理,应当由交付该出资的股东补足差额;公司设立时的其他股东承担连带责任。

实际价值显著低于出资额一般指出资时公司虚增资产价值,实际价值显著低于出资额的部分视同出资不实,如:(1)对用于出资的非货币资产采用收益法评估,结果投入公司后,并未产生预期的收益;(2)投入的非货币资产不属于公司生产经营必须,却以较高的评估价格投入公司,未产生相应效益,上述两种情形可能会被认定为高估资产价值,出资不实。如相关资产出资时评估价值公允,后在使用过程中发现由于出现了新技术而导致其市场价值下降的,不能视做实际价值显著低于出资额。

4. 虚假出资、抽逃出资

《公司法》规定了公司的发起人、股东虚假出资,未交付或者未按期交付作为出资的货币或者非货币财产的行政责任,同时也规定了公司的发起人、股东在公司成立后,抽逃出资的行政责任;前述情形情节严重的,还应追究刑事责任。

在IPO项目的实践中,虚假出资、抽逃出资属于性质严重的出资不实,应慎重对待。如公司的股东对公司进行增资,但增资资金的来源经过核查,系通过第三方占用公司资金,则此时可能会导致股东虚假出资。抽逃出资多表现为:利用股东地位特别是控股关系,强行从公司账上划走资金或长期占用公司资金;股东利用亲属或自己控制的其他经济主体,实施关联交易,转移资金或利润。

在通常情况下,相关部门不会轻易将公司定性为虚假出资和抽逃出资,如有此定性,则需首先界定发行人及控股股东最近3年是否存在重大违法违规行为,需要工商部门出具确认文件,如存在,自纠正之日起运行3年之后可申报上市。如不属于,参照未及时足额缴纳出资处理。

5. 出资未及时到位

不论是出资设立还是股权增资，规则都规定了股东严格的出资时间限制，出资不到位就是指股东没有按照规则在规定的期限内缴足出资。四川川润股份有限公司对该问题的解决具有很好的借鉴意义。

报告期外发生且在报告期外已解决的，不构成影响。以下两种情形需要重点关注：如果在报告期内发生或者报告期外发生但未在报告期外补足的，按照以下原因处理：(1) 申报期内的评估验资需要复核，申报期外的不可复核；(2) 报告期外发生但未在报告期外补足的，未缴纳出资占公司当时注册资本的比例不足 30% 的，补足出资即可；比例为 30% ~50% 的，缴足出资并运行 1 年后方可申请发行上市；超过 50% 的，缴足出资并运行 3 年后方可发行上市。

6. 其他可能导致出资不实的情形

如以与公司主营业务无关的工业产权出资、评估基准日之后出现亏损、规避货币出资比例的做法。实务中，可能存在出资人难以证明用于出资资产的产权归属或产权登记的权属人不是出资人的情况，则需要对产权归属情况进行核查。如果无法证明出资人拥有相关出资资产的产权或导致股权归属存在争议，则可能会对上市审核产生较大影响。

（二）程序造成出资不实情形

1. 没有评估报告

根据有关规定，非货币性资产出资需要由资产评估机构出具评估报告，而由于管理层对于一些规则的认知不到位，实务中没有评估报告的情况比较常见。

从法律规定上讲，无论是 2005 年修订前的《公司法》还是修订后的《公司法》，对股东以非货币资产出资需经评估的问题均予以了明确规定。对此问题的处理考量本质不在于是否评估，而在于是否存在出资不实。由保荐人核查，并就是否存在出资不足、违反资本充实原则出具意见，在不存在恶意行为、不造成出资不实，或是通过评估复核等手段能够予以验证，或是价值已经摊销完毕并转化成了经营成果、对未来没有影响、没有潜在风险的情况下，不构成上市障碍。如存在出资不足，按照未及时缴足出资处理。

2. 验资报告存在瑕疵

在公司注册资本及股东出资发生变动的情况下，会计师出具的验资报告是必备的法律文件，但是由于一些历史原因，某些企业的某次股权变动也存在验资报告有瑕疵甚至没有验资报告的情形。

3. 出具报告的机构没有资格

执行上市业务的评估师和审计师必须有证券从业资格，如果没有资格或者执业很差，需要对其出具的报告进行复核。报告复核掌握以下标准：(1)申报期内的评估/验资需要复核，申报期外的可不复核；(2)资本项下的增资/出资行为需要复核，经营项下可不复核；(3)涉及金额重大的需要复核，尽管在申报期外，若金额巨大也要复核；(4)子公司的如果非常重要需要复核，一般子公司可不用复核。

三、出资不规范的处置原则

1. 对于存在虚假出资、抽逃出资，或者出资不实所占比例较高之情形的，应慎重对待，判断该等出资不规范是否已对申请首发构成实质性障碍。

2. 对于因出资方式不合格、出资不足额等情形导致的出资不实，应采取以下措施消除影响：

(1)经与公司其他股东协商一致，由出资不实的股东及时采取补救措施，弥补出资不实的部分(出资置换、补足出资、及时办理出资资产的过户手续等)；

(2)如股东在补足出资之前从公司取得分红，则该股东应将出资不实部分对应的红利返还给公司；

(3)由相关验资机构进行复核，出具注册资本足额到位的验资复核报告；

(4)就相关出资不实的补救措施取得注册地工商行政管理部门的备案、认可；

(5)依据出资不实部分在注册资本中的比例，判断公司近3年的经营情况是否具有可比性，以确定公司是否需要另行运营一段时间方可申请首次发行；

(6)弥补出资之后或者运营一段时间之后，经各中介机构确认，股东出资已足额到位，不存在产生股权纠纷的潜在风险，不存在申请首次发行的实质性障碍；

(7)申请首次发行时，如实披露历史上存在的出资不规范及其纠正情况，以便投资者作出判断。

四、发行审核政策要点

1. 历史出资不规范的问题

(1)出资不规范是历史问题，从最近3年是否有重大违规的角度来进行理解，如对现在不构成重大不利影响则不是障碍，如构成重大违法行为且在报告期内，构成发行障碍。

(2)重点关注影响是否已经消除、是否存在潜在纠纷(如股东之间的、对于债权人的)，如果是大额的出资不到位，建议尽快补足。

(3)采取相应的补救措施。

(4)历史上确实存在出资问题,如出资不实、虚假出资、资产高估、抽逃出资等,应有相应的补救措施,补救措施应不会对现在造成不利影响,补救措施完成后应运行一段时间。

(5)出资问题的置换不被认可,从财务审核的角度来看,出资瑕疵就是计提减值准备的问题,大股东替代的出资只能视为捐赠。

2. 出资不到位的处置

(1)出资不到位比例大于50%,补足并运行36个月;

(2)出资不到位处于30%~50%之间,补足并运行1个会计年度;

(3)出资不到位小于30%的,补足即可。

3. 抽逃出资的问题

不能一概而论,如某案例大股东抽逃出资,比例低于30%,大股东及时补足了出资,最终证监会批准了其上市申请。

4. 报告复核

执行上市业务的评估师和审计师必须有证券从业资格,如果没有资格或者执业很差的,需要对其出具的报告进行复核。报告复核掌握以下标准:

(1)申报期内的:3年内的评估/验资需要复核、申报期外的可不复核;

(2)业务性质:资本项下,增资/出资等行为需要复核,经营项下(如购买二手汽车)的不用复核,子公司的也不一定需要复核;

(3)重要性:涉及金额大需要复核;

(4)申报期外,涉及金额大、资本项下的需要复核。

5. 股东责任

出资存在问题的,尽管《公司法》对出资不到位的情况已有明确的责任归属,即责任股东要负补缴义务、其他股东负连带责任,但为避免出现不必要纠纷,责任股东或相关股东要出具对该出资瑕疵承担相应责任的承诺,中介机构要发表明确意见。

■第三节　无形资产出资比例超标

【重要提示】

★ 新公司法颁布之后非货币资产出资比例有了大幅提高,加上企业规范意识加强,无形资产出资比例超标的问题已经很少;但是在早期,由于股东出资时货币资金有限则是非常普遍。

★ 该问题同样需要以历史的眼光来看待,只要对公司的生产经营没有产生影响,且不存在潜在法律风险,则一般不会构成 IPO 的实质性障碍。

★证监会的审核政策基本如下:(1)证监会重点关注出资所用的技术是否涉及职务成果和纠纷;(2)无形资产出资比例如果较高,需要说明与发行人业务的相关性;(3)部分企业由于地方特殊规定(如中关村),无形资产出资比例高于注册资本 20%,如果符合地方政策,发行人资质优良,则证监会也可以接受;(4)技术专利要谨慎,尤其是实用新型的专利,要关注与竞争对手是否存在冲突。

【案例情况】

一、科大讯飞(002230)

讯飞有限设立时,硅谷天音原股东投入的无形资产为 AnyWhere 电子邮件系统技术、畅言 2000 技术、二维条码技术,评估值合计 2641.40 万元,其中:AnyWhere 电子邮件系统技术评估值为 1167.94 万元,畅言 2000 技术评估值为 1295.62 万元,二维条码技术评估值为 177.84 万元;无形资产出资比例占全部注册资本的 44%,超过了注册资本的 20%。上述无形资产未及时获得国家科技部的高新技术成果认定,国家科技部政策法规与体制改革司于 2003 年 5 月 23 日出具了国科政便字(2003)011 号函,认定该等无形资产是国家重点支持发展的高新技术,同意作价金额为 2640 万元,占注册资本的 44%。目前,公司现有全体股东已签署确认函,确认同意讯飞有限设立时上述无形资产的作价金额和占注册资本的比例,且上述无形资产已摊销完毕,对公司未来上市后的新股东也不会产生影响。

对此,保荐人及发行人律师认为:讯飞有限设立时,无形资产出资比例超过了注册资本的 20%,未及时获得国家科技部的高新技术成果认定,存在一定瑕疵。依据当时《公司法》第 24 条第 2 款"以工业产权、非专利技术作价出资的金额不得超过有限责任公司注册资本的百分之二十,国家对采用高新技术成果有特别规定的除外",以及科学技术部、国家工商行政管理局下发的《关于以高新技术成果作价入股有关问题的通知》[国科发政字(1999)第 351 号]"高新技术成果作价金额在 500 万元人民币以上,且超过公司或企业注册资本 35% 的,由科技部审查认定"之规定,国家科技部政策法规与体制改革司作为国家科技部授权的职能部门{授权依据为《关于以高新技术成果出资入股有关问题的补充通知》[国科发政字(2000)第 255 号]}"关于高新技术成果出资入股审查认定,科技部授权政策法规与体制改革司以司函的形式函告国家工商行政管理局企业注册局或相关地方工商行政管理部门”之规定,于2003年5月23日出具了国科政便字(2003)第011号函,认定投入讯飞有限的上述无形资产为高新技术成果,同意作价金额为2640万元,占注册资本的44%;该认定行为是针对讯飞有限1999年12月30日设立时,所投入到讯飞有限的无形资产作为高新技术成果出资入股行为的认定。

讯飞有限自设立以来,发生了两次增资行为及数次股权转让行为,期间的相关各方均对成立时的无形资产出资及其比例未提出异议,且并未因此发生过争议和纠纷。公司现有全体股东已签署确认函,确认同意讯飞有限设立时该等无形资产的作价金额和占注册资本的比例。2000年6月24日,国务院《关于印发鼓励软件产业和集成电路产业发展若干政策的通知》[国发(2000)18号]第4条第2款也规定,对具有良好市场前景及人才优势的软件企业,在资产评估中无形资产占净资产的比例可由投资方自行商定。我国现行《公司法》已明确规定全体股东的货币出资金额不得低于有限责任公司注册资本的30%,无形资产的出资可达到有限责任公司注册资本的70%。截至目前,上述无形资产已摊销完毕,对公司未来上市后的新股东也不会产生影响。

鉴于此,讯飞有限设立时无形资产出资比例虽超过了注册资本的20%,但符合当时《公司法》和《关于以高新技术成果作价入股有关问题的通知》有关以高新技术成果出资的规定,不会导致出资不实。讯飞有限设立后,在2003年5月23日通过国家科技部政策法规与体制改革司对上述无形资产出资行为的认定,可以消除讯飞有限设立时无形资产超比例出资未及时认定而产生的瑕疵和导致的法律后果,该事宜不会构成公司本次发行上市的障碍。

二、宝德股份(300023)

此次出资中,赵敏用于出资的“石油钻机电传动控制系统”无形资产经评估作价941.7万元,占此次增资后宝德有限注册资本总额的62.78%。根据当时有效的《公司法》(2004年修订)及科学技术部、国家工商行政管理局《关于以高新技术成果作价入股有关问题的通知》[国科发政字(1999)第351号]的要求,高新技术成果作价金额在人民币500万元以上,且超过公司或企业注册资本35%的,由科学技术部审查认定。因此,宝德有限2004年12月第三次增资时赵敏出资的“石油钻机电传动控制系统”无形资产未经具备相应权限的科技主管部门认定(只是西安市科技局认定为“石油钻机电传动控制系统”属于高新技术产品领域),其作价出资的金额占注册资本的比例不符合当时的有关规定。但是,2006年1月1日实施的《公司法》及2006年5月23日发布的《关于废止以高新技术成果出资入股有关文件的通知》[国科发政字(2006)第150

号]废止了上述规定的要求。按照现行的《公司法》的规定,全体股东的货币出资金额不得低于有限责任公司注册资本的30%。

同时考虑到以下情形:

(1)此次以“石油钻机电传动控制系统”无形资产出资是真实的,作价金额经过专业评估机构评估与复核,出资行为经过审计机构验资,不存在虚假出资、出资不实的情形。

(2)此次增资时的股东邢连鲜已书面声明,对赵敏“石油钻机电传动控制系统”无形资产作价出资的金额予以认可,且不以其作价出资的金额占注册资本的比例超过当时有关规定为由向发行人或赵敏主张权利或追究责任。

(3)此次增资后,本公司至今从未因“石油钻机电传动控制系统”无形资产作价出资的金额占注册资本的比例超过当时有关规定而与股东、债权人发生任何争议或纠纷,也未因此而受到工商或科技主管部门的调查或处分。

(4)2009年7月21日,西安市工商局高新分局出具《关于西安宝德自动化股份有限公司2004年无形资产出资说明》确认此次“石油钻机电传动控制系统”无形资产出资符合政策规定。

本公司的保荐人及本公司聘请的律师,高度关注此事项,在进行了深入的调查取证,经分析研究后一致认为:此次出资中的,赵敏用于出资的“石油钻机电传动控制系统”无形资产权属明确、价值确定,对本公司的生产经营具有实际价值,投入后产生了实际的积极效果。虽然曾存在无形资产出资金额所占比例超过规定比例上限的法律瑕疵,但是随着法律环境的变化,该法律瑕疵已自行消除;同时本公司已采取妥善、有效的措施防止争议出现,且有关政府部门已对此次无形资产出资事项予以认可。故此次以无形资产出资的行为不存在争议或潜在纠纷的可能,不构成本公司现在合法存续的障碍,不会对本次股票发行上市构成障碍。

三、拓日新能(002218)

2002年8月15日,深圳市拓日电子科技有限公司注册登记成立,注册资本为人民币268万元,法人股东京和鑫以现金人民币100万元作为出资,自然人股东陈五奎以其持有的太阳能多功能充电器、太阳能移动电话充电器、太阳能汽车蓄电池维护器和手提式太阳能发电机四项专有技术作价168万元出资入股。陈五奎用于出资的四项专有技术均系其个人所有的外观设计专利,不存在权属纠纷。上述四项专有技术经深圳市科学技术局深科高认字(2002)第036号《出资入股高新技术成果认定书》认定该四项技术成果是高新技术,并经深圳市中衡信资产评估有限公司深衡评(2002)第039号

《资产评估报告》评估价值为169万元人民币。2002年8月1日，京和鑫与陈五奎签署《协议书》，同意陈五奎投资入股的四项专有技术作价168万元，同日，陈五奎和京和鑫出具《承诺函》，同意股东陈五奎以技术成果作价出资，出资比例占注册资本的62.69%，全体股东同意对公司注册资本内的债务承担连带责任；全体股东同意对高新技术作价出资共同提供担保。上述出资情况经深圳市永明会计师事务所深永验字(2002)第0412号《验资报告书》验证。

本公司设立之初，自然人股东陈五奎以四项专有技术等无形资产出资，占注册资本的62.69%，超过1993年12月29日颁布的《公司法》第24条第2款"以工业产权、非专利技术作价出资的金额不得超过有限责任公司注册资本的20%"的规定，但是根据深府办(2001)第82号文深圳市工商行政管理局《关于促进高新技术企业发展若干注册问题的暂行规定的通知》的规定，不再限制高新技术成果作价出资的比例，其出资比例占注册资本的比例由出资各方协议约定，高新技术成果出资的比例超过注册资本35%的，全体股东应当共同出具承担企业债权债务连带责任的书面承诺。为此，公司股东陈五奎和京和鑫在公司设立时已共同签署承诺书，同意对公司债务承担连带责任。

发行人律师认为，深圳市拓日电子科技有限公司设立时无形资产出资超过注册资本20%系根据深圳市人民政府当时生效的规范性文件设立，不完全符合当时生效的《公司法》的规定；在整体变更为股份有限公司时无形资产占发行人注册资本的比例已低于20%，不会实质性地损害深圳市拓日电子科技有限公司利益相关方的权利/权益，亦不会实质性地损害发行人利益相关方的权利/权益，不会构成本次发行上市的实质性障碍。

四、神州泰岳(300002)

鉴于北京神州泰岳科技有限公司(以下简称泰岳科技)存在两次上会的情形且两次招股说明书就该问题的描述略有不同，因此，在该部分分别论述：

1. 第一次描述

发行人前身设立时，泰岳科技以其拥有的非专利技术作价600万元出资，占发行人前身注册资本的60%。根据北京市政府令第70号《中关村科技园区企业登记注册管理办法》第三章第13条关于中关村科技园区内企业以高科技成果出资之规定："以高新技术成果出资设立公司和股份合作企业的，对其高新技术成果出资所占注册资本(金)和股权的比例不作限制，由出资人在企业章程中约定。"

泰岳科技用于出资的"非专利技术——分布式智能企业管理中间件系统"是该公

司根据大型企事业单位管理软件应用时遇到的实际困难，投入大量的资金和人力，在多年为客户实施IT解决方案的经验基础上，依靠技术人员的技术积累和不断开发而逐步形成的。上述非专利技术先进、成熟，先后成功运用于新华社通讯局、中国海洋石油总公司、北京无线通讯局、山西省建行等数十个项目，受到了用户的良好评价，也取得了CA等著名企业管理软件商的信任。该项非专利技术系发行人前身业务拓展所必需的高新技术成果，对其产品开发和维护起到了十分关键的作用，其价值得到了发行人前身全体出资人的一致确认。综合上述分析，发行人前身设立时以无形资产（非专利技术）出资符合北京市人民政府令第70号《中关村科技园区企业登记注册管理办法》的规定。

2. 第二次描述

北京市神州泰岳软件有限公司（以下简称泰岳软件）成立时，泰岳科技用于出资的无形资产“分布式智能企业管理中间件系统”是泰岳软件业务拓展所必需的高新技术成果，广泛运用于IT运维管理领域，对泰岳软件日后的产品开发和业务发展起到了关键作用。2001年1月15日，北京昊海同方评估有限责任公司出具的京昊海评报字（2001）第20001号《分布式智能企业管理中间件系统资产评估报告书》显示，截至2000年12月31日，“分布式智能企业管理中间件系统”的评估值为600万元。泰岳科技无形资产出资占泰岳软件成立时注册资本的60%。泰岳软件注册地位于中关村科技园区，根据当时适用的《公司法》（1999年修订）、《立法法》、国家鼓励科技成果转化的有关政策法律法规的精神、北京市人大常委会于2000年颁布并于2001年1月1日实施的《中关村科技园区条例》、北京市人民政府于2001年3月颁布实施的《北京市中关村科技园区企业登记注册管理办法》，泰岳科技以“分布式智能企业管理中间件系统”经评估对公司出资，符合当时有效的法律法规及规章的规定。发行人对上述无形资产按收益期间分3年摊销，已于2004年摊销完毕。

经核查，公司保荐人认为，泰岳软件设立时的非专利技术出资履行了法定的审核程序，并得到了有权部门的批准，设立合法有效，不存在潜在纠纷和法律风险，对本次发行上市不构成法律障碍。同时，泰岳软件整体变更为股份有限公司时，其注册资本为2159.2万元，无形资产账面价值为400万元，无形资产占注册资本的比例仅为18.53%，符合当时法律法规和规范性文件的规定。

经核查，公司律师认为，泰岳科技以该项非专利技术作为高新技术成果出资设立泰岳软件时，按照《中关村科技园区条例》和《北京市中关村科技园区企业登记注册管理办法》的规定，进行了资产评估，其出资比例由全体出资人在章程中进行了约定，获得了当时全体股东的认可，出具了高新技术成果说明书，并已办理工商登记，获得工商登记主管机关的认可。因此，本所律师认为，泰岳软件设立时的无形资产出资比例经过了有权部门批准，履行了必要的法律程序，合法有效。

五、朗科科技（300042）

因公司发展需要增加注册资本，朗科有限注册资本由30万元增加到508万元。邓国顺增资人民币198.37万元，其中以专利权作价97万元，现金增资101.37万元；成晓华增资人民币184.03万元，其中以专利权作价人民币81万元，现金增资人民币103.03万元；Trek 2000 International Ltd.以相当于人民币95.6万元的美元现金增资。2000年7月20日，深圳巨源会计师事务所出具深巨验字（2000）第207号《验资报告》对本次增资情况进行了验证。2000年8月18日，朗科有限在深圳市工商行政管理局办理了工商注册变更登记手续。

邓国顺、成晓华于2000年8月以其无形资产（申请号为第99240761.3号的中国实用新型专利“用于数据处理系统的快闪电子式外存储装置”及第ZL99335617.6号中国外观设计专利“快闪电子存储盘”，该等专利系首届中国国际高新技术成果交易会的技术成果）分别作价97万元、81万元对发行人前身深圳市朗科电脑技术有限公司出资。

此次出资过程中，邓国顺、成晓华以专利权出资未经评估，不符合当时有效的《公司法》的相关规定。此次专利权出资额占注册资本的比例为35%，超过《公司法》规定的20%的比例，但符合深圳市人民政府深圳市工商行政管理局《关于促进高新技术企业发展若干注册问题的暂行规定的通知》［深府办（2001）第82号文］的规定，即以国内省级以上科技主管部门和深圳市科技主管部门认定的高新技术成果以及列入“中国国际高新技术成果交易会”技术成果目录的高新技术成果作价出资设立企业的，不再限制高新技术成果作价出资的比例。

【案例评析】

1. 在新公司法颁布之前，无形资产出资超标的问题还是非常普遍的，上述案例仅是其中的一些典型样本而已。

2. 无形资产出资超标问题首先要界定不会导致出资不实或者虚假出资，这是界定该问题的一个前提，也是一个定性的问题。

3. 有些公司无形资产的出资比例尽管超越了当时《公司法》规定的比例，但是如果当地有一些明确的规定，那么也是被允许的，如泰岳科技和朗科科技分别对应的北京和深圳的有关规定。

4. 证监会的审核政策基本如下：（1）证监会重点关注出资所用的技术是否涉及职务成果和纠纷；（2）无形资产出资比例如果较高，需要说明与发行人业务的相关性；

(3)技术专利要谨慎,尤其是实用新型的专利,要关注与竞争对手是否存在冲突。

【思路总结】

一、问题由来

2006年《公司法》第27条第3款规定,全体股东的货币出资金额不得低于公司注册资本的30%,也就是间接将无形非货币性资产的出资比例提高至70%,这被法律界称为中国公司法的重要跨越。1999年《公司法》(2004年8月被修改)第24条第2款规定,以工业产权、非专利技术作价出资的金额不得超过公司注册资本的20%,国家对采用高新技术成果有特别规定的除外,这就是无形资产出资比例超标的根源所在。

在投行实务过程中,经常会遇到2006年之前设立的公司非货币性资产(主要是无形资产)出资比例超过20%的情况(尤其是中关村企业),工商局一般不会理会这样的事情,因此,公司注册设立基本没有障碍。虽然这样的处理是违反《公司法》的,但是在发行审核过程中只要解释清楚来由并保证不会对公司的生产经营产生影响,就不会成为公司首发上市的障碍。

二、《公司法》的突破

从有关规定(下附)可以总结如下:(1)旧《公司法》对于无形资产出资比例的规定是有例外条款的,当然例外规则的制定权限没有明确,不过一般理解为国务院。(2)我们暂且认同不管是国务院办公厅转批的文件还是原科技委员会和工商总局出的文件都是有法律效力的,那么如果新《公司法》之前无形资产出资比例超过20%的话需要有三个限制条件:①出资的必须是高新技术成果;②出资比例超过20%,但是没有超过35%;③出资必须有省级以上科技部门的审查认定,并且审查认定文件是工商登记的必备文件。

显然,历史上无形资产出资比例超标的企业很难符合上述条件,当然这主要是拜工商局所赐,如果工商局严格按照法律规定坚持只有材料齐全才可以注册的话,或许就不会有这么多的历史旧账了。

三、主要对策

小兵通过翻阅招股说明书,发现无形资产比例超标的问题还是比较普遍,尽管解决思路略有偏差且用的笔墨也不尽相同,不过都没有成为首发上市的障碍,因此,可以判断监管层对于该问题的一个态度。小兵选取其中几个比较典型的案例稍作分析,并提请在事务处理过程中重点关注以下几点:(1)如实披露,承认有不规范、有瑕疵的地方;(2)说明出资不实的情况,对企业的资本没有影响,不会影响后续股东的利益,这主要通过阐述无形资产对公司的贡献来说明;(3)无形资产每年需要摊销,如果申报期无形资产余额比例已经低于20%,则属于历史问题一般不会成为障碍;(4)另外需要关注无形资产是否是职务作品、是否有明显减值迹象、是否已经办理产权转移手续等问题。

【参考法规】

一、《公司法》(2006年)

第二十四条 以工业产权、非专利技术作价出资的金额不得超过公司注册资本的百分之二十,国家对采用高新技术成果有特别规定的除外。

二、《关于促进科技成果转化若干规定》

以高新技术成果向有限公司或非公司制企业出资入股的,高新技术成果的作价金额可达到公司或企业注册资本的35%,另有约定的除外。

三、《关于以高新技术成果出资入股若干问题的规定》(2006年5月废止)

第三条 以高新技术成果出资入股,作价总金额可以超过公司注册资本的百分之二十,但不得超过百分之三十五。

第四条 出资入股的高新技术成果,应当符合下列条件:

(一)属于国家科委颁布的高新技术范围;

(二)为公司主营产品的核心技术;

(三)技术成果的出资者对该项技术合法享有出资入股的处分权利,保证公司对该项技术的财产权可以对抗任何第三人;

(四)已经通过国家科委或省级科技管理部门的认定。

第六条 以高新技术成果出资入股,成果出资者应当与其他出资者协议约定该项成果入股使用的范围、成果出资者对该项技术保留的权利范围,以及违级责任等。

第七条 出资入股的高新技术成果需由经工商行政管理机关登记注册的评估机构评估作价。国有资产评估结果依法需由有关行政主管部门进行确认的,还应办理确认手续。

四、《〈关于以高新技术成果出资入股若干问题的规定〉实施办法》(2006 年 5 月废止)

第二条　以高新技术成果出资入股，作价金额超过有限责任公司或科技开发型企业(以下统称企业)注册资本百分之二十的，由技术出资方或企业出资各方共同委托的代表，向科技管理部门提出高新技术成果审查认定申请，并按照《规定》和本办法要求，如实提交相关文件和资料。

第三条　科学技术部负责审查认定在国家工商行政管理局登记注册的企业；省、自治区、直辖市和计划单列市科技管理部门，负责审查认定在本辖区工商行政管理机关登记注册的企业。

第五条　技术成果的出资者应当保证对该项技术合法拥有出资入股的权利，并在申请审查认定时按照本办法要求提交证明文件。

五、《中关村科技园区企业登记注册管理办法》(2007 年 7 月废止)

第十三条　以高新技术成果出资设立公司和股份合作企业的，对其高新技术成果出资所占注册资本(金)和股权的比例不作限制，由出资人在企业章程中约定。企业注册资本(金)中以高新技术成果出资的，对高新技术成果应当经法定评估机构评估。

第二章　特殊出资方式

□《公司法》以及《公司注册资本登记管理条例》等法规规定了股东出资资产的范围和禁止出资的资产范围，但是对一些模糊区域并没有明确的界定。

□ 该类问题的研究在实务中具有实践意义，如债权转股权、资本公积定向转增等。

□如果存在法律所禁止的出资方式该如何处理呢？本节内容将主要为大家带来这些问题的答案。

■第一节　债权转股权

【重要提示】

★债权转股权在历史上国有资产管理公司处理银行坏账时非常流行，且有些案例保留至今，该类问题在 IPO 审核时一般没有异议。

★对于普通企业的债权转股权问题虽然至今没有明确的国家级法律予以规范，但是该问题审核人员可能会适当关注但却从未成为 IPO 审核的重大障碍。

★通过案例简单总结一些在债权转股权问题上的解释思路：(1)详细介绍债权形成的过程。(2)债权转股权已经通过有关决策程序并且经过其他股东确认。(3)解释债权转股权转股价格的公允性，一般情况下根据公司每股净资产进行折股，但这样很有可能会存在债务重组收益。(4)股东出具承诺，愿意就该问题承担责任。

【案例情况】

一、鸿特精密(300176)

(一)两次增资基本情况

1. 第一次增资

经2004年10月18日肇庆市对外贸易经济合作局《关于合资经营企业肇庆鸿特精密压铸有限公司增资的批复》[肇外经贸资进字(2004)第94号]批准,肇庆鸿特精密压铸有限公司(以下简称肇庆鸿特)注册资本由1250万元港币增至港币4000万元,由全体股东按原持股比例认购新增的注册资本。经广州正德会计师事务所分别于2004年11月7日、12月16日、12月22日、2005年8月1日、2006年7月31日出具的正验字(2004)第1300号、正验字(2004)第1332号、正验字(2005)第1003号、正验字H(2005)第1096号、正验字SD(2006)第014号《验资报告》验证,截至2006年7月17日,肇庆鸿特全体股东认缴的注册资本已经缴足。

2. 第二次增资

经2005年7月11日肇庆市鼎湖区对外贸易经济合作局《关于肇庆鸿特精密压铸有限公司增资的批复》[肇鼎外经贸批(2005)第17号]批准,肇庆鸿特将注册资本增至港币6000万元,由全体股东按原持股比例认购新增的注册资本。经广州正德会计师事务所分别于2005年12月8日、2006年4月18日、2006年7月31日出具的正验字H(2005)第1105号、正验字SD(2006)第004号、正验字SD(2006)第014号《验资报告》验证,截至2006年7月17日,股东认缴的注册资本全部缴足。

(二)两次增资债转股情况

1. 第一次增资的债转股情况

第一次增资中佛山市顺德区万和集团有限公司(2005年8月更名为广东万和集团有限公司,以下简称万和集团)共认缴出资港币1100万元,其中以对肇庆鸿特的借款人民币1064万元,折合港币1000万元作为出资。佛山市顺德区南方电缆实业有限公司(以下简称南方电缆)共认缴出资港币137.5万元,以对肇庆鸿特的借款人民币146.3元,折合港币137.5万元出资。肇庆鸿特成立初期,由于资金缺乏,向万和集团、南方电缆借取了资金用以购置土地、固定资产及补充流动资金,截至本次债转股验资报告出具日2004年11月7日,借款具体情况如下:

向万和集团借款		备注
发生时间	金额(万元)	
2003 - 12 - 11	212.80	—
2003 - 12 - 31	200.00	—
2004 - 1 - 19	71.20	—
2004 - 2 - 11	180.00	—
2004 - 3 - 5	100.00	—
2004 - 3 - 16	100.00	—
2004 - 3 - 30	100.00	—
2004 - 4 - 13	100.00	
合计	1064.00	万和集团以该1064万元折港币1000万元用于增资
向南方电缆借款		备注
发生时间	金额(万元)	
2003 - 10 - 23	390.50	—
2003 - 7 - 8	60.00	见注1
2003 - 7 - 10	17.00	
2004 - 4 - 26	96.50	—
2004 - 5 - 14	500.00	—
合计	1064.00	南方电缆以其中的146.3万元折合港币137.5万元用于增资,其余仍作为借款

注:南方电缆控股股东林景恩代肇庆鸿特向鼎湖区城区土地开发中心支付土地款合计77万元。经南方电缆、肇庆鸿特、林景恩三方一致同意,该77万元转为南方电缆对肇庆鸿特的借款。

2006年4月22日,肇庆鸿特当时的股东宇丰喷涂、万和集团、金岸公司、南方电缆与肇庆鸿特共同签署《确认函》,一致确认万和集团以对肇庆鸿特的债权人民币1064万元,折合港币1000万元用于增资;确认南方电缆以对肇庆鸿特的债权人民币146.3万元,折合港币137.5万元用于增资。

2. 第二次增资的债转股情况

第二次增资中万和集团以对肇庆鸿特的借款人民币851.2万元,折合港币800万元作为出资。肇庆鸿特于2005年10月11日向万和集团借款851.2万元用于购买设备和兴建厂房,形成上述债权。2006年4月22日,肇庆鸿特当时的股东宇丰喷涂、万和集团、金岸公司、南方电缆与肇庆鸿特共同签署《确认函》,一致确认万和集团以其对肇庆鸿特的债权人民币851.2万元,折合港币800万元用于增资。

以上用于出资的债权均为股东为支持公司发展而提供的借款形成、真实有效;肇庆鸿特与万和集团、南方电缆签订了增资合同书，经肇庆鸿特董事会决议通过；广州正德会计师事务所分别在2004年11月7日和2006年4月18日出具了正验字(2004)第1300号验资报告和正验字SD(2006)第004号验资报告，报告中明确该部分出资形式是债权；以上两次增资的工商变更登记手续已经办理完毕。

3. 以上两次债权转股权的公允性

发行人于2005年就2003年至2004年向万和集团、南方电缆的借款各1064万元(万和集团以1064万元债权转股权，南方电缆以其中的146.3万元债权转股权)向资金提供方支付资金占用费，费率为4.6%至4.8%之间。其中，发行人于2005年7月向南方电缆支付2003年至2004年的资金占用费31.18万元，于2005年12月向万和集团支付2003年至2004年的资金占用费32.35万元。上述资金占用费率低于当时的1年期银行贷款基准利率(2002年2月至2004年10月为5.31%，2004年10月之后为5.58%)，有关债务转为股权后停止计息。

第二次债权转股权所涉的债务851.2万元，由于债权债务关系存续时间较短，该笔借款不收取资金占用费。万和集团确认："自2005年10月11日起，至该笔借款转为本公司的出资之日，本公司不收取该笔借款的资金占用费。"

(1)债权转股权前资金借出方的资金占用费收取情况不影响债权转股权的公允性

第一次债权转股权前股东及其关联方向发行人收取了资金占用费，收取资金占用费的行为是符合经济规律的，且资金占用费费率略低于同期银行贷款利率，并未显失公允；

第二次债权转股权所涉及的债务，发行人未向资金借出方支付资金占用费。由于该笔债务存续时间较短，双方同意不收取资金占用费，万和集团对此予以了确认。因此，未收取资金占用费是双方真实意思的表示，且债务存续时间短，影响金额较小。

综上，债权转股权前资金占用费收取情况不影响债权转股权的公允性。

(2)债权转为股权的比价是公允的

发行人增资至港币4000万元和6000万元的两次增资中，除债权转股权部分外，其余出资形式均为现金，每1元现金认购1元注册资本。万和集团及南方电缆分别以其对发行人的部分债权用于出资，亦是按照1元债权认购1元注册资本。万和集团、南方电缆对发行人的债权属于发行人的货币性负债，对发行人而言，其价值等于其账面价值。由于发行人的注册资本是以港币计量，而万和集团、南方电缆对发行人的债权是按照人民币计量，因此，需要将人民币债权折算为港币，该等债权转股权债权与其他以人民币现金缴纳的注册资本均按照相同的汇率折算为港币。

截至2004年10月30日，增资至港币4000万元各股东缴纳出资的情况如下：

股东名称	缴纳人民币	人民币债转股	折合港币	折算汇率
宇丰喷涂	3,300,000.00	—	3,101,503.76	1.064
南方电缆	—	1,463,000.00	1,375,000.00	1.064
金岸公司	—	—	—	—
万和集团	1,064,000.00	10,640,000.00	11,000,000.00	1.064

截至2006年7月17日,增资至港币6000万元各股东缴纳出资的情况如下:

股东名称	缴纳人民币	人民币债转股	折合港币	折算汇率
宇丰喷涂	7,842,583.00		7,370,848.33	1.064
南方电缆	1,064,000.00		1,000,000.00	1.064
金岸公司			5,000,000.00	—
万和集团		8,512,000.00	8,000,000.00	1.064

注:金岸公司缴纳的现金为港币。

万和集团、南方电缆对肇庆鸿特借款形成的债权真实、有效,该等借款均用于肇庆鸿特的生产经营,并形成了相关资产。两次增资过程中,以债权认购增资的价格与以货币资金认购增资的价格一致,对肇庆鸿特、肇庆鸿特的其他股东及债权人不存在不公允的情况。

4. 外经贸主管部门对以上两次增资出具的确认意见

肇庆市对外贸易经济合作局2009年11月11日出具《肇庆市对外贸易经济合作局关于肇庆鸿特精密压铸有限公司增资所涉及的有关问题的复函》对以上两次增资过程予以确认:

"你公司2004年、2005年经我局和肇庆市鼎湖区对外贸易经济合作局批准,分两次将注册资本由设立时的1250万港元增至6000万港元。在此过程中,股东佛山市顺德区南方电缆实业有限公司、佛山市顺德区万和集团有限公司(于2005年8月更名为广东万和集团有限公司)曾将对你公司的债权转为股权。经核查,南方电缆及万和集团对你公司债权的形成符合公司实际情况,债权构成真实、有效,将上述债权转为股权未违反当时国家法律、法规、规范性文件的规定,对此给予确认。你公司的注册资本已经会计师事务所验证,真实有效。两次增资过程中,股东的出资时间不存在违反国家法律、法规规定的情况,对此亦给予确认。"

5. 股东单位关于当时债转股形式出资作出的承诺

2010年2月1日,万和集团及南方电缆出具承诺函:如发行人因2004年、2006年股东以债权转股权形式出资的行为而产生任何损失,由万和集团、南方电缆根据承诺签署日对发行人的相对持股比例来承担,且自愿放弃向发行人追偿的权利。

（三）第二次增资中存在部分出资未按时到位的问题

第二次增资于2005年7月11日取得肇庆市鼎湖区对外贸易经济合作局《关于肇庆鸿特精密压铸有限公司增资的批复》[肇鼎外经贸批（2005）第17号]批准，该批文要求：增加的注册资本必须自营业执照换发之日起三个月内出资15%，其余部分于2005年12月31日前注资完毕。肇庆鸿特股东按要求自营业执照换发之日起三个月内出资15%，但其余部分未能按要求于2005年12月31日前注资完毕，而是截至2006年7月17日，肇庆鸿特股东认缴的注册资本才全部缴足。

肇庆市对外贸易经济合作局2009年11月11日出具《肇庆市对外贸易经济合作局关于肇庆鸿特精密压铸有限公司增资所涉及的有关问题的复函》对以上两次增资过程予以确认："……两次增资过程中，股东的出资时间不存在违反国家法律法规规定的情况，对此亦给予确认。"

二、新北洋（002376）

（一）关于2001年威海北洋电气集团股份有限公司实施债转股的原因

根据威海北洋电气集团股份有限公司（以下简称北洋集团）的说明并经本所律师合理核查，北洋集团2001年实施债转股是为了减轻企业财务负担、获取企业发展的资金，且企业本身符合当时国家相关债转股政策要求的条件。根据北洋集团申请并经国家经济贸易委员会以《关于同意大同矿务局等82户企业实施债转股的批复》批准，北洋集团实施了债转股。

（二）关于债转股比例的确认依据

经本所律师核查，北洋集团实施债转股时的折股比例系依照实施债转股前北洋集团经评估确认的每股净资产确定为2.339∶1。北洋集团在实施债转股前的注册资本为2697万元，北洋集团以2000年10月31日为基准日的评估净资产为77,077,486.8元，扣除国家股独享的土地出让金13,991,463.65元后，北洋集团每股净资产为2.339元。北洋集团实施债转股时，除原公司股份外，其余股份均按每股净资产2.339元折股。

关于北洋集团实施债转股折股比例确认过程及相关审批文件如下：

（1）2000年12月5日，北洋集团向山东省财政厅提出关于债转股所涉资产评估立项申请并获得批准。

(2)2001年4月29日,山东正源和信会计师事务所出具了鲁正会评报字(2001)第10011号资产评估报告,根据该资产评估报告,北洋集团以2000年10月31日为基准日的净资产评估价值为77,077,486.8元。

(3)2001年9月13日,山东省财政厅出具了《关于威海北洋电气集团股份有限公司资产评估项目审核意见的通知》[鲁财国资(2001)第136号],确认北洋集团债转股的《资产评估报告》的评估结果,并要求以此作为债转股的价值依据。

(4)2001年9月24日,威海市国有资产管理办公室以《关于申请确认威海北洋电气集团股份有限公司债转股新公司国家股份的请示》[威国资股(2001)第22号],向山东省国有资产管理办公室请示确认北洋集团债转股后新公司国家股的构成,同时明确北洋集团经评估确认的净资产为77,077,486.8元,其中,国家股独享的土地增值部分免交的土地出让金13,991,463.65元。扣除国家股独享的土地出让金后,评估后每股净资产为2.339元。

(5)2001年10月16日,山东省财政厅以《关于威海北洋电气集团股份有限公司债转股国有股权管理有关问题的批复》,同意威海市国有资产管理办公室的请示并确认了北洋集团实施债转股后国有股权的数额及股份比例。

(三)关于实施债权转股权履行的内部决策程序和审批流程

根据当时国家实施债转股政策的要求,企业实施债转股要经过国家经济贸易委员会审批后方可实施。同时,国有企业实施债转股行为属于企业重大资产处置及增资扩股事项,需经内部决策后履行相应的国有资产管理部门的审批手续。经本所律师核查,北洋集团实施债转股事项取得了国家经济贸易委员会的批准,并履行了必要的内部决策程序和政府审批手续,具体的内部决策和审批手续如下:

(1)2001年2月13日,国家经济贸易委员会出具《关于同意大同矿务局等82户企业实施债转股的批复》[国经贸产业(2001)第131号],同意北洋集团的债转股协议和债转股方案。

(2)2001年10月10日,北洋集团召开股东大会,审议通过了公司与华融资产公司、信达资产公司、威海市国有资产管理办公室等签订《债权转股权协议》,以及债权转股权的折股比例、债转股完成后公司股本及股本结构等事项。

(3)2001年10月16日,山东省财政厅出具《关于威海北洋电气集团股份有限公司债转股国有股权管理有关问题的批复》,同意将威海市电子工业公司持有的北洋集团的集体股改由威海市国有资产管理办公室持有(股权性质变更为国家股)以及债转股后北洋集团的国有股权设置。

(4)2001 年 10 月 26 日,山东省经济体制改革办公室出具《关于同意威海北洋电气集团股份有限公司变更股本的批复》[鲁体改企(2001)第 96 号],同意北洋集团债转股后的股本由 2697 万股变更为 9353.7534 万股,以及债转股完成后威海市国资办及华融资产公司、信达资产公司等持股数额及各自持股比例。

(5)2001 年 10 月 22 日,山东正源和信会计师事务所出具鲁正验字(2001)第 10039 号验资报告,验证北洋集团债转股增加的注册资本 6656.7534 万元已出资到位,北洋集团债转股后的注册资本为 9353.7534 万元。北洋集团随即办理了工商变更登记手续。至此,北洋集团完成了全部的债转股手续。

本所律师经核查后认为,北洋集团实施债转股符合国家关于债转股相关政策的要求,债转股折股比例的确认取得审批部门的核准,真实、有效,北洋集团实施债转股履行了必要的内部决策程序和法定的审批流程。

三、山东如意(002193)

2000 年 11 月 14 日,国家经济贸易委员会作出《关于同意攀枝花钢铁集团公司等 242 户企业实施债转股的批复》[国经贸产业(2000)第 1086 号],批准发行人实施债转股。

2000 年 12 月 22 日,发行人召开 2000 年临时股东大会,审议并通过发行人实施债转股的决议,东方资产和华融资产以其对发行人拥有的 3426.27 万元和 1322.52 万元债权,按照发行人经审计后的每股净资产 2.14 元的价格,分别转换为对发行人的 1601.06 万股和 618 万股的股权。

2000 年 12 月 26 日北京中洲光华会计师事务所对发行人的实收资本进行了验资,并出具了中洲发字(2000)第 249 号验资报告。根据该验资报告,公司股本增至 6000 万元。2001 年 1 月 15 日山东省财政厅作出了《关于山东济宁如意毛纺织股份有限公司债转股国有股权管理有关问题的批复》[鲁财国股(2001)第 2 号],确认发行人发行国家股 2280 万股、国有法人股 2219.06 万股(东方资产、华融资产分别持有国有法人股 1601.06 万股、618 万股)、法人股 234.89 万股、内部职工股 1266.05 万股(设立时发行的内部职工股 80 万股及社会个人股 1186.05 万股)。

2001 年 2 月 8 日,山东省经济体制改革办公室作出《关于同意山东济宁如意毛纺织股份有限公司变更股本的批复》[鲁体改企字(2001)第 6 号],随文颁发了《山东省股份有限公司批准证书》[鲁政股增字(2001)第 2 号]。发行人于 2001 年 2 月 12 日在山东省工商行政管理局重新登记注册,注册号为 37000001800597。

债转股后发行人股本结构为:

股份类型	数量(万股)	比例(%)
国家股	2280.00	38.00
其中:济宁市国有资产管理局	2280.00	38.00
国有法人股	2219.00	36.98
其中:中国东方资产管理公司	1601.06	26.68
中国华融资产管理公司	618.00	10.30
法人股	234.89	3.92
其中:山东如意毛纺集团总公司进出口总公司	234.89	3.92
内部职工股	1266.05	21.10
合计	6000.00	100.00

四、独一味(002219)

2003年4月25日,独一味股东会作出决议,同意股东阙文彬用其对独一味持有的3800万元债权转增公司注册资本。同日,独一味股东签订《债转股增资扩股协议》。

基于此次增资行为,独一味注册资本由1200万元增加至5000万元,本次增资由于系原股东以债权转为实收资本,未进行溢价或折价。

2003年5月8日,康县西荣会计师事务所就本次增资事宜出具了康西师证字(2003)第06号《验资报告》,确认独一味股东阙文彬3800万元增资款已足额到位。

2003年5月25日,独一味就本次增资扩股事宜已依法办理了工商变更登记。本次增资扩股后,独一味股权结构如下:

股东名称	出资数额(万元)	出资比例(%)
阙文彬	4400	88.00
四川恒康发展有限责任公司	500	10.00
甘肃省陇南中医药研究有限责任公司	100	2.00
合计	5000	100.00

五、安纳达(002136)

经铜陵市对外贸易经济合作局铜外经贸资(2003)第25号文批准,铜化集团于2003年10月受让巴伦公司持有的本公司股权;经铜陵市人民政府铜政秘(2003)第149号文批准,铜化集团将安纳达变更为其全资子公司。安纳达的企业类型由中外合作性质的有限责任公司变更为国有独资的有限责任公司。因安纳达自1994年与巴伦公司共同出资设立中外合作企业,至2003年9月30日仍有未弥补的亏损,铜化集团通过向安纳达提供借款以弥补生产经营过程中所需的资金缺口,截至2003年10月已累计形成31,207,434.11元的债权金额,铜化集团以其中的14,032,605元按1:1的折股比例对安纳达进行增资,并经安徽蓝天会计师事务所验No:(2003)第253号《验资报告》验证。增资后安纳达的注册资本变更为2190万元,铜化集团对安纳达的债权金额为17,174,829.11元。公司股东及出资比例变更为:

股东名称	出资额	出资比例
铜陵化学工业集团有限公司	2190万元	100%

【案例评析】

1. 上述几个案例具有普遍性,不仅涉及国有资产管理公司中国有资产的债转股也涉及民营企业中股东债转股。由于前一种债转股往往还夹杂着复杂的历史原因,因此,民营企业债转股问题的处理更具有参考性。需要注意的一点是,债转股最普遍的国有资产管理公司的债转股需要经原国家经贸委的批复。

2. 债转股《公司法》没有限制,但是工商总局也没有出具任何明确的规则,倒是各地工商局出具了普遍性的操作准则。因此,在实务中遇到该问题,首先想到的就是去当地工商局问问有没有此类文件,因为该地方政策并没有违背上位法,因而是有法律效力的这并不能算作是"土政策"。

3. 以上几个案例中,不知道因为是以前证监会里关注的不多还是鸿特精密金额最大,反正肇庆鸿特就该问题做了详细的解释,而其他案例均是一笔带过。其实,独一味案例中股东债转股的金额也是极大,但不知道会里对该问题的态度。

4. 我们通过案例简单总结一些债转股问题上的解释思路:(1)详细介绍债权形成的过程;(2)债转股已经通过有关决策程序并且经过其他股东确认;(3)解释债转股转股价格的公允性,一般情况下根据公司每股净资产进行折股,如果这样的话很有可能会存在债务重组收益;(4)股东出具了承诺,愿意就该问题承担责任。

【思路总结】

1.《公司法》并没有对债转股做任何规定,根据法不禁止即为允许的基本原则,那么在工商总局同样没有具体规则出台的情况下,各地方工商局出台的关于债转股的细则并没有违反上位法,应该是有效的和可以执行的。

2. 那么就算抛开地方政府的规定,有没有部门规章对该问题有规定呢?有网友找出了财企(2002)第313号文件和法释(2003)第1号文件中的有关规定。前者是对国有类资产债转股的规定,而后者是对普通企业债转股的认可。其实,对于国有银行以及其他国有资产的债转股并不罕见,在实务中也是得到了普遍认可,那么对于民营企业的债转股问题，法释(2003)第1号文件倒是一个不错的依据。同时需要提醒大家的是，证监会对该文件一直还是比较重视的。

3. 对于债转股除基本规则之外，有如下几个要点需要关注：(1)只有对本公司的债权才能转为股权，第三方债权不可以转为股权；(2)债转股的定价需要明确，很多情况下企业可能存在债务重组收益，需要作为非经常性损益且合并交纳所得税；(3)转为股权的债权应是真实的和公允的，不能某股东为了出资但没有钱于是就假签了一个购销合同来确定债权从而实现转股；(4)有些企业为了省却债转股的麻烦，而选择过桥资金的方式走一圈，小兵觉得与其承担违规和诚信的风险，倒不如将债转股的问题解释清楚。

4. 总体上来讲，审核人员对该问题应该是适当关注但这不是一个重点问题，只要说明白就可以了。

【参考法规】

一、北京市工商行政管理局《关于印发公司债权转股权登记管理试行办法的通知》[京工商发(2010)第93号]

第一条 为促进投资，维护公司、股东及债权人的合法权益，规范公司债权转股权登记行为，根据《中华人民共和国公司法》(以下简称《公司法》)、《中华人民共和国公司登记管理条例》(以下简称《公司登记管理条例》)、《公司注册资本登记管理规定》、《国家工商行政管理总局关于支持中关村科技园区建设国家自主创新示范区的意见》[工商办字(2009)第200号]等有关法律、行政法规及相关规定，制定本办法。

第二条 本办法所称的债权转股权是指公司的债权人将其对公司(以下简称被投资公司)享有的合法债权转为出资，增加被投资公司注册资本、实收资本的行为。

被投资公司为外商投资企业的，外方股东作为公司的债权人将其对本公司的合法现汇外债债权转为出资的，适用本办法。

债权转股权不适用于公司设立。

第三条 本办法所称的债权人应当符合法律、行政法规对被投资公司股东的相关规定。

涉及外商投资企业的还应当符合国家有关外商投资的法律规定和产业政策要求。

本办法所称的被投资公司应当是住所在中关村国家自主创新示范区内的有限责任公司和股份有限公司。

第四条 公司债权转股权应当符合以下条件：

（一）债权应当基于合法、有效的双务合同产生；

（二）同一债权涉及两个以上债权人的，应当经该债权的全体债权人一致同意；

（三）债权人如果同时是被投资公司债务人的，该债权人实施债权转股权的金额不得超过其所享有的债权抵消所承担债务后的余额；

（四）债权人为国有及国有控股企业或者其他国有性质单位的，应当按照国有资产管理的有关规定执行；

（五）被投资公司属于有限责任公司的，应当经代表三分之二以上表决权的股东通过；被投资公司属于股份有限公司的，应当经出席公司股东大会的股东所持表决权的三分之二以上通过；被投资公司属于外商投资企业的，应当经公司最高权力机构表决通过；

（六）被投资公司属于有限责任公司的，债权作价出资的金额应当经代表三分之二以上表决权的股东通过；被投资公司属于股份有限公司的，债权作价出资的金额应当经出席公司股东大会的股东所持表决权的三分之二以上通过；被投资公司属于外商投资企业的，债权作价出资的金额应当经公司最高权力机构表决通过；

（七）被投资公司属于外商投资企业的，应当获得相关部门的行政许可；

（八）全体股东以债权转股权作价出资金额和其他非货币财产作价出资金额之和不得高于被投资公司注册资本的百分之七十。

公司最高权力机构为股东会，且债权人为被投资公司股东的，前款第（五）、（六）项的表决还应经其他股东所持表决权的三分之二以上通过。法律、行政法规及公司章程另有规定的，从其规定。

第五条　公司债权转股权，债权人应当与被投资公司签订《债权转股权协议》。《债权转股权协议》应当载明下列事项：

（一）债权人和被投资公司的名称、住所、法定代表人，债权人为自然人的应当载明其姓名、住所、身份证明文件及号码；

（二）债的产生原因、时间；

（三）债权总额，涉及多个债权人的还应表明各债权人所享有的份额；

（四）拟转为出资的债权数额及作价方式；

（五）协议生效的期限或条件；

（六）争议解决及违约责任。

第六条　依照《债权转股权协议》的约定，相关债权可以全部或者部分转为对被投资公司的股权。

同一债权涉及两个以上债权人的，经该债权的全体债权人一致同意，可以将该债权的全体或者部分债权人享有的债权转为被投资公司的股权。

第七条 被投资公司以债权转股权形式增加注册资本的，应当经依法设立的审计机构对债权人和被投资公司之间的全部债权债务情况进行审计，债权人同时是被投资公司债务人的，拟转为出资的债权应先抵消其所承担的债务。

以货币给付方式形成的债权转为股权的，应当由依法设立的验资机构进行验资，并出具验资证明。

以非货币给付方式形成的债权转为股权的，应当由具有评估资格的资产评估机构评估作价后，由验资机构进行验资，并出具验资证明。

第八条 验资证明应当载明以下内容：

（一）审计机构的名称；

（二）审计基准日；

（三）审计报告的文号；

（四）审计结果；

（五）实施债权转股权的基准日期；

（六）被投资公司的股东会、股东大会或其他最高权力机构确认的作价出资金额；

（七）被投资公司财务报表的调整情况；

（八）以非货币给付方式形成的债权转为股权的，验资证明还应当载明评估机构的名称、评估基准日、评估报告的文号和评估结果。

债权人如果同时是被投资公司债务人的，验资证明应明确该债权人实施债权转股权的金额未超过其所享有的债权抵消所承担债务后的余额。

外商投资企业的验资询证按照相关规定办理。

第九条 以债权转股权方式增加的注册资本不得分期缴纳，被投资公司应当一并办理注册资本、实收资本变更登记。

第十条 被投资公司申请注册资本和实收资本变更登记，除提交《公司登记管理条例》规定的申请材料外，还应当提交下列材料：

（一）债权人与被投资公司签订的《债权转股权协议》；

（二）被投资公司股东会、股东大会或其他最高权力机构对债权作价出资金额的确认文件；

（三）同一债权涉及两个以上债权人的，提交该债权全体债权人一致同意的文件，并且应当明确债权转股权后的股东以及在被投资公司所享有的出资额；

（四）公司登记机关依照法律、行政法规规定要求提交的其他证明文件。

第十一条 公司债权转股权符合《公司法》、《公司登记管理条例》和本办法的相关规定，申请变更登记的材料齐全、符合法定形式的，公司登记机关予以登记，债权转股权部分的出资方式登记为债权。

第十二条　债权人、被投资公司的债权转股权行为违反《公司法》、《公司登记管理条例》以及本办法规定的，承担资产评估、验资或者审计的机构提供虚假材料或者因过失提供有重大遗漏的报告的，公司登记机关依照《公司法》、《公司登记管理条例》等有关规定予以查处。

第十三条　本办法所称双务合同是指合同当事人双方相互享有权利并承担义务的合同，不包括赠与、借用合同等单务合同，也不包括劳动、劳务、保险等具有人身依附性的合同。

第十四条　金融债权不适用于本办法。

第十五条　本办法由北京市工商行政管理局负责解释。

第十六条　本办法自颁布之日起实施。

二、关于印发《企业公司制改建有关国有资本管理与财务处理的暂行规定》的通知［财企(2002)第313号］

第十六条　企业实行公司制改建时，经批准或者与债权人协商，可以实施债权转为股权。

（一）经国家批准的各金融资产管理公司持有的债权，可以实行债权转股权，原企业相应的债务转为金融资产管理公司的股权，企业相应增加实收资本或者资本公积；

（二）经银行以外的其他债权人协商同意，可以按照有关协议和公司章程将其债权转为股权，企业相应增加实收资本或者资本公积。

改建企业经过充分协商，债权人同意给予全部豁免或者部分豁免的债务，应当转作资本公积。

三、最高人民法院《关于审理与企业改制相关的民事纠纷案件若干问题的规定》［法释(2003)第1号］

第十四条　债权人与债务人自愿达成债权转股权协议，且不违反法律和行政法规强制性规定的，人民法院在审理相关的民事纠纷案件中，应当确认债权转股权协议有效。政策性债权转股权，按照国务院有关部门的规定处理。

第十五条　债务人以隐瞒企业资产或者虚列企业资产为手段，骗取债权人与其签订债权转股权协议，债权人在法定期间内行使撤销权的，人民法院应当予以支持。债权转股权协议被撤销后，债权人有权要求债务人清偿债务。

第十六条　部分债权人进行债权转股权的行为，不影响其他债权人向债务人主张债权。

■第二节 股权出资

【重要提示】

★ 与债权转股权一样，股权出资问题在工商总局明确规则出台以前也有很多成功的案例，主要依据同样是各地方主管部门的一些法规。

★《股权出资登记管理办法》出台之后，对于股权出资问题已经没有了政策障碍，可以放心根据规定执行了。

★ 从某种意义上来讲，股权也是非货币性资产的一种，但是由于其特殊性，在具体操作中还是有很多不同的地方。

一、爱尔眼科(300015)

2004 年 3 月 20 日，经股东会决议，长沙爱尔眼科医院增加注册资本至 5000 万元。其中，陈邦先生分别以现金 130 万元、长沙爱尔眼科医院未分配利润 552.09 万元和资本公积 20.34 万元，以及其拥有的武汉爱尔 80% 的股权、成都爱尔 64% 的股权、衡阳爱尔 76% 的股权合计 2626.86 万元，共增资 3329.29 万元；李力先生分别以现金 100 万元、长沙爱尔眼科医院未分配利润 148.98 万元和资本公积 5.48 万元，以及其拥有的武汉爱尔 15% 的股权、成都爱尔 16% 的股权、衡阳爱尔 19% 的股权合计 566.25 万元，共增资 820.71 万元；新股东李伟力先生以现金出资 50 万元。上述股权出资以天职孜信会计师事务所出具的天孜湘评报(2004)第 2－7 号、天孜湘评报(2004)第 2－8 号、天孜湘评报(2004)第 2－9 号资产评估报告中的净资产评估结果为作价依据。经天职孜信会计师事务所出具的天孜湘验(2004)第 2－9 号验资报告验证，新增注册资本已经缴足。同时，公司名称变更为长沙爱尔眼科医院集团。

上述增资已经履行了相关的法律手续，并办理了相关的工商变更手续。

2007 年 6 月 30 日，经 2007 年第一次股东会决议，长沙爱尔眼科医院集团增加注册资本至 5800 万元。其中，陈邦先生以其持有的沈阳爱尔 24% 的股权及常德爱尔 6% 的股权，经评估作价 458.69 万元，按照每股 2.13 元的价格增资，其中 215.10 万元用于增加注册资本，243.59 万元计入资本公积；李力先生以其持有的沈阳爱尔 6% 的股权及常德爱尔 1.5% 的股权，经评估作价 114.67 万元，按照每股 2.13 元的价格增资，其中

53.78万元用于增加注册资本，60.89万元计入资本公积；郭宏伟先生以其持有的沈阳爱尔70%的股权，经评估作价1132.44万元，按照每股2.13元的价格增资，其中531.12万元用于增加注册资本，601.32万元计入资本公积。上述股权出资以湖南华维联合会计师事务所出具的湘华评报字（2007）第013－2号、湘华评报字（2007）第013－4号资产评估报告中的净资产评估结果为作价依据。经武汉众环会计师事务所出具的众环验字（2007）第048号验资报告验证，新增注册资本已经缴足。同时，公司名称变更为爱尔眼科医院集团。

上述增资与变更已经履行了相关的法律手续，并办理了相关工商变更手续。

2007年8月15日，经2007年第三次股东会决议，爱尔眼科医院集团增加注册资本至6212万元。其中，陈邦先生以其持有的哈尔滨爱尔60%的股权，经评估作价341.51万元，按照每股2.14元的价格增资，其中159.80万元用于增加注册资本，181.71万元计入资本公积；林芳宇女士以现金282.65万元，按照每股4.29元的价格对本公司进行增资，其中65.84万元用于增加注册资本，216.81万元计入资本公积；深圳达晨财信以现金800万元，按照每股4.29元的价格对本公司进行增资，其中186.36万元增加注册资本，613.64万元计入资本公积。上述股权出资以湖南华维联合会计师事务所出具的湘华维评报字（2007）第013－1号资产评估报告中的净资产评估结果为作价依据。经武汉众环会计师事务所出具的众环验字（2007）第066号验资报告验证，新增注册资本已经缴足。同时公司法定代表人变更为陈邦先生，公司住所变更为长沙高新开发区隆平高科技园。

上述增资已经履行了相关的法律手续，并办理了相关工商变更手续。

2007年9月14日，经2007年第七次股东会决议，陈邦先生、李力先生和郭宏伟先生分别将所持爱尔眼科医院集团的1545.90万股权（占注册资本的24.89%）、386.64万股权（占注册资本的6.22%）和294.66万股权（占注册资本的4.74%）作为出资投入到湖南爱尔投资。

2007年9月14日，陈邦先生、李力先生和郭宏伟先生分别与湖南爱尔投资签订协议，以每股1.00元将所持有爱尔眼科医院集团1041.15万股权（占注册资本的16.76%）、260.40万股权（占注册资本的4.19%）和198.45万股权（占注册资本的3.20%）的股份转让给后者。湖南爱尔投资本次受让股权的资金来源系湖南爱尔投资的自有资金，即陈邦先生、李力先生和郭宏伟先生第一期出资的现金，该笔股权收购款已通过银行现金转账的方式一次性支付完毕。上述股东对外投资与股权转让已经履行了相关的法律手续，并办理了相关的工商变更手续。

二、美邦服饰(002269)

2007年9月14日,上海美邦有限股东会决议同意其股东周成建将其所持有的上海美邦有限90%的股权作价23,400万元投入华服投资,因此而发生的股权转让。同日,周成建与华服投资签署《股权转让协议》,将其所持有的上海美邦有限90%的股权作价23,400万元作为周成建认缴华服投资的增资额,由周成建一次性投入华服投资。该等股权转让完成后,上海美邦有限的股权结构如下:

股东	出资额(万元)	占注册资本总额比例(%)
华服投资	23,400	90.00
胡佳佳	2600	10.00
合计	26,000	100.00

上海欧柯盟会计师事务所对周成建以其持有美邦服饰股权对华服投资的增资进行了审验,并于2007年9月17日和2007年9月20日分别出具了欧验(2007)第6018号验资报告和欧验(2007)第6019号验资报告。美邦服饰于2007年9月20日取得上海市工商管理局南汇分局于核发的《企业法人营业执照》(注册号:310225000206755)。

经保荐人及律师核查历次增资之验资报告、股权转让协议以及相关工商变更登记资料,发行人历次增资到位、历次股权转让合法、有效。

【案例评析】

1.股权作为一种重要的资产,现在明确可以作为资产出资设立公司不得不说是一种进步。《股权出资登记管理办法》出台之后,对于股权出资问题已经没有了政策障碍,可以放心根据规定执行了。

2.从某种意义上来讲,股权也是非货币性资产的一种,但是由于其特殊性,在具体操作中还是有很多不同的地方。对于爱尔眼科频繁利用股权进行出资的情形,从审核过程中审核人员的反馈意见中可看出对其的重点关注,由于该事项在报告期外且比较久远,在中介机构解释之后还是得到了认可。

3.尽管工商总局已经明确规定了股权出资的有关措施,但是在实务中采取该种出资方式的企业并不多,究其主要原因主要有以下几个方面:(1)工商局不能与时俱进,对于股权出资会有比较大的抵触情绪,从而导致审批效率较低;(2)股权作为重要资产的观念并没有深入人心,抱着宁可少一事也不多一事的心态放弃了这种“有些风险”的出资方式;(3)《股权出资登记管理办法》尽管就有关问题做了明确规定,但是在很多细节上，其可操作性还是不强，导致有些企业不知怎样处理。

4. 由于股权出资不涉及新资产的注入，比较适合公司间的资产重组。股权出资登记程序比较复杂，股权出资人涉及股权公司和被投资公司，当两公司不是由同一公司登记机关时，主要依据验资报告。

【思路总结】

一、基本规定

（一）股权出资的意义

1. 股权是一种重要的财产权，是公司股东按投入公司的资本额所拥有的参与公司重大决策、享受财产利益并可依法转让的权利。

2. 允许投资人以股权出资，一是能够丰富股权权能，通过激活股东已往投入到公司所形成的资产，增加股权利用的渠道，同时降低了转让的交易成本，有效调动了投资人的积极性，促进投资；二是通过资本链条的纽带作用，可以在维系投资人对原有公司和产业的影响力、控制力的同时，实现投资向新领域和新产业的转移，为企业优化产业结构、重组兼并、扩大规模、做大做强服务；三是通过促进投资创业可以带动就业，减轻社会就业压力，实现经济稳定增长。

（二）股权出资基本概念

1. 所谓股权出资，是指股东或者发起人以其所持有的其他公司的股权出资，投资于新设立的或者已存续的目标公司的行为。

2. 以股权作为出资，实际上是股东将其持有的其他公司的股权转让给新设立的或者已存续的目标公司所有，使得新设立的或者已存续的目标公司成为其他公司的股东，对新设立或者已存续的目标公司而言，不啻自己在设立或增资扩股的同时对外进行了投资。

（三）股权出资的历程

1. 股权出资已经不是一个新命题。早在2005年《公司法》修改讨论过程中，不少学者即主张将股权出资纳入非货币财产出资的形式之一，当时国务院法制办拟订的《〈公司法〉修改初稿》也接受了这一观点，明文规定股权可以作为出资的形式之一。由于多种原因，股权出资并未明确列举规定在《公司法》第27条之中。

2. 自2006年年底，国家工商总局就开始部署和陆续批准了上海、江苏、浙江、重庆、成都、山东和广东等省市的工商行政管理机关开展股权出资登记试点工作，部分地方还出台了相关的规范性文件，为股权出资登记工作积累了不少有益的经验。

3. 可以说，国家工商总局颁布《股权出资登记管理办法》，相对于金融危机下的保增长而言，是应时之举；相对于股权出资的发展现状而言，则是水到渠成的事情。

二、实体性规定

（一）股权公司的条件

1. 基本条件

（1）股权公司必须是在中国境内设立的有限责任公司或者股份有限公司，包括内资公司和外商投资公司。

（2）不包括非公司型的企业，也不包括境外设立的公司（如BVI公司，包括在港澳台设立的公司）。

（3）外商境内投资的企业属于内资企业，但其仍受外商投资产业政策调整，即属于鼓励类、允许类行业的可以直接登记，属于限制类行业的需省商务厅批准，属于禁止类行业的不得登记。

（4）用作出资的股权应当权属清楚、权能完整、依法可以转让。

2. 核心条件

（1）确定性：①股权公司的注册资本不存在尚未缴足。从字面理解，如果股权公司的全部注册资本因为某个股权原因未全部实际缴付，则该公司的任何其他股东尽管足额缴付了其份额的资本金，其仍无法以其持有的缴足的股权再行对外投资，似有不公。②不存在已被设立质权或已被依法冻结情形。设定了质押的股权，其转让要受制于质权人的意志，无法自由转让，并有被质权人强制执行的可能，因此，以此股权投资不利于被投资公司的资本稳定。同理，冻结的股权亦无法作为出资。

（2）自由转让性：①股权公司章程不存在不得转让的约定。股权出资实质上即是股权的转让，如果股权公司章程规定股权不得转让的，则该股东即无法将其股权转移至被投资公司。因此，被投资公司的其他投资人有必要就股权公司的章程进行调阅。②不存在股东转让股权应当报经批准而未经批准。如国有股、外资股，金融、保险、证券公司的股份。③不存在规则规定不得转让的其他情形。如股份公司设立不到一年的发起人股份，上市股份公司高管的股份。

(二)被投资公司的条件

1. 投资于境内其他有限责任公司或者股份有限公司。包括外商投资公司,但不得是其他个人独资企业、合伙企业等非公司型实体。

2. 全体股东以股权作价出资金额和其他非货币财产作价出资金额之和不得高于被投资公司注册资本的70% 。股权作为一种出资方式,必须符合《公司法》对出资财产和出资方式的相关规定,根据《公司法》第 27 条、第 83 条的规定,全体股东或者发起人的货币出资金额不得低于公司注册资本的30% 。

(三)股权出资基本要求

1. 需要评估:用作出资的股权应当经依法设立的评估机构评估。

2. 出资期限:

①公司设立时,按照股权投资者认缴的注册资本登记,投资人自被投资公司成立之日起一年内实际缴纳的出资,被投资公司应当办理实收资本变更登记。股权出资不适用于设立一人公司,《公司法》规定一人公司实行注册资本实缴制,但适用于投资人对被投资的一人公司增加注册资本且一次性足额缴付。个人对于该解读持保留意见,根据第 2 条的规定,被投资公司不应该为一人公司。

②公司增加注册资本时,投资人应当在被投资公司申请办理增加注册资本变更登记前实际缴纳。与《公司法》的一般性规定相比,《股权出资登记管理办法》的规定较为严格,主要是为了缩短投资人在实际缴纳出资前,同时作为股权公司和被投资公司股东的期限,减少投资人滥用双重股东身份,利用同一股权进行多家公司投资的风险,实际上投资人以股权出资在实际缴纳前可以对 N 个公司出资。根据《公司法》,公司股东或发起人缴纳注册资本的期限为两年(投资性公司为 5 年),即在缴纳首次出资之后,其余资本金应在 2 年内缴足。

三、程序性规定

(一)验资证明

1. 股权出资实际缴纳后,应当经依法设立的验资机构验资并出具验资证明。

2. 验资证明应当包括下列内容:(1)股东变更登记情况;(2)股权的评估情况;(3)股权出资依法须经批准的批准情况。

(二)变更登记手续

1. 股权公司

(1)以有限公司股权出资:股权公司应当向公司登记机关申请办理将该股权的持有人变更为被投资公司的变更登记。投资人须按照《公司法》的规定取得过半数股东的同意,征求其他各股东是否行使优先购买权。只有在其他股东放弃优先购买权的情况下方可以股权进行出资,否则其他股东可申请法院宣告出资无效。股权公司章程对股权转让另有约定,则依照其约定办理。

(2)以股份公司股权出资:出资股权在登记结算机构登记的,应当经证券交易所和结算机构办理股份转让和过户登记手续,投资人将其在股权公司的股权转让给被投资公司,被投资公司成为股权公司的股东;其他股权依照法定方式转让给被投资公司;转让股权必须报经批准的还应当依法经过批准。

(3)手续资料:按照《公司登记管理条例》和国家工商行政管理总局有关企业登记提交材料的规定执行。

2. 被投资公司

(1)公司设立时:①投资公司应当在申请办理设立登记时办理股权认缴出资的出资人姓名或者名称,以及出资额、出资方式和出资时间登记。②投资人实际缴纳股权出资后,被投资公司应当申请办理实收资本变更登记,被投资公司属于有限责任公司或者以发起设立方式设立的股份有限公司的,还应当申请办理有关投资人实际缴纳出资额、出资时间等的变更登记。

(2)增加注册资本时:被投资公司应当申请办理注册资本和实收资本变更登记。被投资公司属于有限责任公司的,还应当申请办理有关投资人姓名或者名称,以及认缴和实际缴纳的出资额、出资时间等的变更登记。被投资公司属于股份公司的,因为股东不属于登记事项,只需办理注册资本的变更登记和章程备案手续。

(3)手续资料:除按照《公司登记管理条例》和国家工商行政管理总局有关企业登记提交材料的规定执行外,还应当提交以下材料:①以股权出资的投资人签署的股权认缴出资承诺书,有关投资人应当对所认缴出资的股权符合《办法》第3条第1款的规定,且不具有第3条第2款规定的情形等作出承诺。②股权公司营业执照复印件,复印件需加盖股权公司印章。

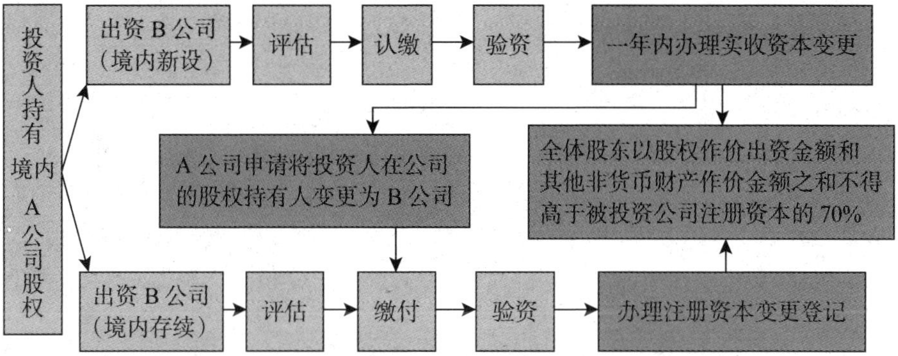

投资人：自然人、公司法人
公司法人：有限公司、股份公司。有限公司（独资公司、合资公司），股份公司（上市、非上市）

四、继续探讨的问题

（一）《股权出资登记管理办法》与之前试点省市颁布文件的适用效力问题

1. 与之前试点省市颁布的股权出资规范性文件相比，《股权出资登记管理办法》（以下简称《办法》）在出资人、可用作出资股权的范围、股权出资登记程序、具体需要提供的登记资料等方面有些许调整和差异，《办法》本身未明确在其生效后，之前试点省市颁布的股权出资规范性文件是否继续适用。

2. 依循法理，《办法》相较于之前试点省市颁布的股权出资规范性文件具有优先的规范效力；从实践角度讲，为客户提供股权出资事宜的法律服务时尤其是对于涉及不同省市工商登记管辖条件下的股权出资项目，应事先征询当地工商行政管理机关办理股权出资登记工作的具体操作实际，结合《办法》的规定，为客户股权出资事宜提供务实、高效的操作方案。

（二）《办法》对股权出资比例的限制有进一步商榷的必要

1.《办法》将股权出资与其他非货币财产形式出资一体考虑并给定总的金额比例，即全体股东以股权作价出资金额和其他非货币财产作价出资金额之和不得高于被投资公司注册资本的70%。这忽略了股权出资相较于其他非货币财产形式出资的特殊性及由此可能给公司资本充实原则带来的不利影响。

2. 就我国《公司法》而言,公司就只存在有限责任公司和股份有限公司之分,而在股份有限公司中又分为发起设立的股份有限公司和募集设立的股份有限公司,后者中还可以再区分为上市公司和非上市公司。不同类型的公司在设立方式、组织机构以及经营模式上均有所不同,股权亦会因公司类型的不同而在具体特征和表现上有所差异,特别是在价值的确定性和可转让性这两方面,差异更为明显。在规范股权出资行为时,应当作进一步的分析,考察不同类型的公司股权存在的差异性,合理限定股权出资占公司注册资本的比例,防止接受股权出资的被投资公司的资产大幅波动,避免违背公司资本充实原则。

(三)《办法》没有对股权再出资进行限制

1. 股权出资容易产生一项财产被用来进行多重投资从而产生虚增资本的情况。如投资人 P 将其持有的在 A 公司中价值 100 万元的股权,作价 100 万元投资于 B 公司,那么就会形成这样的结果:P 在未实际增加货币或实际财产的情况下,凭其仅有的 100 万元财产使 A、B 公司账面上出现了共 200 万元的资本金,从而形成了 100 万元的虚增资本。如此一来,对于与 B 公司进行交易的债权人而言,就会面临巨大的交易风险,毕竟 B 公司的资本金具有“水分”。照此延展,实际上是将一项财产进行了多重投资。

2. 不受限制的虚增资本的负面作用是明显的:(1)公司注册资本丧失了最根本的公司经营信用职能,导致公司信用的丧失,增加社会的交易成本。(2)法律允许以股权出资且取消公司的对外投资规模限制,就使一般的公司具有了银行的资本派生功能,导致公司资本运作中的高杠杆率,加重了经济运行过程中的系统性风险。(3)容易导致损害公司小股东和债权人利益事件的发生。股权出资的直接结果就是导致公司之间的关联关系剧增,容易被不良商人利用进行风险转嫁和利益输送,从而损害债权人利益。

3. 对国家和社会而言,以股权出资并不增加社会的实际经济总量,但却可能会增加交易成本,使公司变成具有资本派生功能的实体,也容易导致圈钱、洗钱现象的发生。为了防范大量虚增资本可能带来的损害,应当考虑限制股权再出资的比例,如对股权再出资设定一个递减的比例,使股东不至于以一个财产投资所产生的股权进行多重投资。

(四)《办法》与外国投资者并购境内企业的关系

《办法》较之以前省市的试点相与,不再对股权投资人本身作出限制,那么可以理解外国投资者也是可以以股权投资,但是投资人必须持有境内公司的股权。根据2006年施行的《关于外国投资者并购境内企业的规定》,外国投资者可以以其持有的符合规定的外国公司的股权作为支付手段购买境内公司的股权或增资,这一股权支付的行为在本质上即是股权出资。当然,鉴于涉及外商投资领域,《关于外国投资者并购境内企业的规定》中就外国投资者以股权作为支付手段的做法作出了诸多限制,这与《办法》中的规定迥异。

(五)投资人和债权人的利益保护程序

被投资公司的其他共同投资人首先应确定拟作为出资的股权是否符合股权出资条件,有必要对股权公司的章程、工商登记、证券登记结算机构登记等情况有所了解,以便确定所涉股权能否作为出资。同时,由于股权本身价值的波动性,也有必要对股权公司的经营状况及其财务情况进行尽职调查,以判断该股权的价值是不是存在贬值之虞。对与被投资公司进行交易的债权人而言,在交易之际亦有必要对股权公司的经营状况进行了解,以便评估交易风险。

【参考法规】

《股权出资登记管理办法》(国家工商行政管理总局令第39号)

第一条　为规范股权出资登记,根据《公司法》、《公司登记管理条例》等法律法规的规定,制定本办法。

第二条　投资人以其持有的在中国境内设立的有限责任公司或者股份有限公司(以下统称股权公司)的股权作为出资,投资于境内其他有限责任公司或者股份有限公司(以下统称被投资公司)的登记管理,适用本办法。

第三条　用作出资的股权应当权属清楚、权能完整、依法可以转让。具有下列情形的股权不得用作出资:(一)股权公司的注册资本尚未缴足;(二)已被设立质权;(三)已被依法冻结;(四)股权公司章程约定不得转让;(五)法律、行政法规或者国务院决定规定,股权公司股东转让股权应当报经批准而未经批准;(六)法律、行政法规或者国务院决定规定不得转让的其他情形。

第四条　全体股东以股权作价出资金额和其他非货币财产作价出资金额之和不得高于被投资公司注册资本的百分之七十。

第五条　用作出资的股权应当经依法设立的评估机构评估。

第六条 公司设立时，投资人以股权出资的，自被投资公司成立之日起一年内，投资人应当实际缴纳，被投资公司应当办理实收资本变更登记。公司增加注册资本时，投资人以股权出资的，应当在被投资公司申请办理增加注册资本变更登记前实际缴纳。

第七条 投资人以持有的有限责任公司股权实际缴纳出资的，股权公司应当向公司登记机关申请办理将该股权的持有人变更为被投资公司的变更登记。投资人以持有的股份有限公司股权实际缴纳出资，出资股权在证券登记结算机构登记的，应当按照规定经证券交易所和证券登记结算机构办理股份转让和过户登记手续；其他股权依照法定方式转让给被投资公司。法律、行政法规或者国务院决定规定股权公司股东转让股权必须报经批准的，还应当依法经过批准。

第八条 股权出资实际缴纳后，应当经依法设立的验资机构验资并出具验资证明。验资证明应当包括下列内容：(一)以有限责任公司股权出资的，相关股权依照本办法第七条规定办理股东变更登记情况；(二)以股份有限公司股权出资的，相关股权依照本办法第七条规定转让给被投资公司情况；(三)股权的评估情况，包括评估机构的名称、评估报告的文号、评估基准日、评估值等；(四)股权出资依法须经批准的，其批准情况。

第九条 投资人在公司设立时，依法以股权出资的，被投资公司应当在申请办理设立登记时办理股权认缴出资的出资人姓名或者名称，以及出资额、出资方式和出资时间登记。投资人实际缴纳股权出资后，被投资公司应当申请办理实收资本变更登记，被投资公司属于有限责任公司或者以发起设立方式设立的股份有限公司的，还应当申请办理有关投资人实际缴纳出资额、出资时间等的变更登记。投资人在公司增加注册资本时，以股权实际缴纳出资的，被投资公司应当申请办理注册资本和实收资本变更登记。被投资公司属于有限责任公司的，还应当申请办理有关投资人姓名或者名称，以及认缴和实际缴纳的出资额、出资时间等的变更登记。

第十条 股权公司依照本办法第七条规定申请办理有关登记提交的材料，按照《公司登记管理条例》和国家工商行政管理总局有关企业登记提交材料的规定执行。

第十一条 被投资公司依照本办法第九条规定申请办理有关登记手续，除按照《公司登记管理条例》和国家工商行政管理总局有关企业登记提交材料的规定执行外，还应当提交以下材料：(一)以股权出资的投资人签署的股权认缴出资承诺书。有关投资人应当对所认缴出资的股权符合本办法第三条第一款规定，且不具有该条第二款规定情形等作出承诺；(二)股权公司营业执照复印件(需加盖股权公司印章)。

第十二条 投资人、被投资公司的股权出资行为违反《公司法》、《公司登记管理条例》以及本办法规定的，验资机构、资产评估机构出具虚假证明文件或者因过失提供有重大遗漏的报告的，公司登记机关依照《公司法》、《公司登记管理条例》等有关规定予以查处。

第十三条 本办法规定事项,法律、行政法规或者国务院决定另有规定的,从其规定。

第十四条 本办法自2009年3月1日起实施。

■第三节 资本公积定向转增

【重要提示】

★ 资本公积转增股本是没有任何问题的,那么如果股东约定资本公积仅向特定部分股东转增股本是否存在问题呢?

★ 该问题也已经存在成功案例,但是一般该种情形都会有着比较特殊的背景,因此,在考量时建议慎重,一般情况下不允许定向转增。

【案例情况】

一、赣锋锂业(002460)

2001年4月30日,经股东会决议通过,公司注册资本增加210万元,同意李良彬以资本公积单方增资26万元及以现金169万元,合计增资195万元,李华彪以现金增资15万元。2001年3月31日,李良彬与李华彪签订了《协议》,双方同意赣锋有限截至2001年3月31日的资本公积265,271.14元在用于转增资本时由李良彬单独享有。

用于转增股本的26万元资本公积形成过程为:2000年,金属锂厂将主要机器设备和固定资产转让给李良彬后停止经营业务,2000年3月25日,金属锂厂与赣锋有限签订《资产转让协议》,协议约定金属锂厂将其所拥有的存货、固定资产、应收应付账款、预收预付账款等资产及债务按账面价值265,271.14元转让给赣锋有限,其中:资产1,086,426.26元,负债821,155.12元。2001年3月31日,金属锂厂出具声明放弃收取265,271.14元的转让款,赣锋有限根据当时的会计准则将其计入资本公积。

2001年5月18日,新余恒兴联合会计师事务所对此次注册资本变更出具了余恒兴验字(2001)第076号《验资报告》;2001年5月29日,赣锋有限完成了本次增资的工商变更登记手续。

保荐机构和发行人律师认为:李良彬与李华彪签订的上述协议之内容和形式是合法、有效的,不存在潜在纠纷;本次增资中资本公积经全体股东认可由李良彬单独享有的情形不违反法律、法规和规范性文件的规定,不会对本次发行构成法律障碍。

二、金风科技(002202)

1999年10月26日,金风科技前身新风科工贸股东会第四次会议决议,同意新疆风能研究所将其所持公司38.20万元的股权分别转让给胡楠8.00万元、郭健12.00万元、陶毅12.00万元、王黎明6.20万元;同意用159.46万元资本公积金向8名自然人股东转增32.76万元、向风能公司转增126.70万元;同意风能公司将所获转增的126.70万元股权转让给新疆风能公司工会委员会。

1999年10月26日,新疆风能研究所与胡楠等四位自然人签订《股本转让协议书》,约定:新疆风能研究所愿将所持新风科工贸38.20万元股权分别转让给胡楠8.00万元、陶毅12.00万元、郭健12.00万元、王黎明6.20万元。以上股权以1元/单位注册资本的价格转让。

2000年3月8日,风能公司与风能公司工会委员会签订《股本转让协议书》,约定:风能公司愿将所获转增的126.70万元股权转让给风能公司工会委员会。

2000年3月20日,新疆恒远会计师事务所为本次股权转让及资本公积转增出具新恒会验字(2000)第034号《验资报告》,验证:截至1999年12月31日,新风科工贸新增资本159.46万元,变更后的资本总额为1722.74万元。新风科工贸于2000年3月22日依法在乌鲁木齐市工商局办理了该次股权变动的工商变更登记手续。

三、迪康药业(600466)

《四川迪康科技药业股份有限公司资本公积定向转增股本暨解决控股股东非经营性资金占用问题方案实施公告》:公司以截至2006年12月12日总股本12,7400,000万股为基数,以截至2006年10月31日经审计的公司资本公积向除四川迪康科技药业股份有限公司(以下简称迪康药业)以外的其他股东按10:2.806的比例定向转增股本。全体股东同意核销并免除迪康药业因对公司的非经营性占用形成的债务73,331,479.63元。

《四川迪康科技药业股份有限公司关于股权分置改革暨以资本公积定向转增股本解决资金占用问题的补充公告》:(1)关于股权分置改革方案实施:公司以2007年1月17日为股权登记日向流通股股东定向转增股份,流通股股东每10股获得6.694股转增股份,相当于向全体股东每股转增0.2627股。(2)关于资本公积定向转增股本暨解决控股股东非经营性资金占用问题方案实施：公司以资本公积金每10股定向转增2.806、分别向成都达美科技开发有限公司转增281,442股、中国科学院成都有机化学研究所转增280,600股、四川省中药研究所转增140,300股，合计转增702,342股；另外，公司以资本公积金向全体流通股股东（股改后）每10股定向转增1.68084股，合计转增14,030,000股。以上转增的股份，相当于向全体股东（股改后）每股转增0.091579股。

【案例评析】

1. 小兵查阅了赣锋锂业公开的补充法律意见书，发现审核人员并没有对该问题提出关注，究其原因，或许是因为该案例的特殊性。该部分资本公积说白了可以看做是李良彬向企业赠与而形成的资本公积，因此，后来再以资本公积转增股本的形式实现了权益，这显得更加合理一些。

2. 因公司全体股东投资或者公司经营活动形成的资本公积，公司是否可以通过约定由部分股东享有的问题，小兵个人觉得还是需要谨慎处理，其原因是：尽管有限公司可以对很多事情自我约定，但是该项处理还是有点明显违背《公司法》同股同权的初衷。当然，金风科技案例可以作为一个比较典型的资本公积定向增发的处理，不过由于年代相对久远且金额较小，因而参考性不大。

3. 当然，定向增发的处理方式在中国并不罕见，比较常见的是在股权分置改革时对流通股股东的定向转增股本，这应该看做是大股东为取得流通权而对流通股股东的一种补偿。就好像是对赌协议一样，其实在股改中的业绩承诺等内容是典型的对赌协议，不过因为这样可以更好的保护中小投资者的利益，因而监管层予以认可的，而首发中一直没有突破对赌协议。同样的道理，定向增发可以在股改中广泛使用，但是是否能在首发中尝试还需要探索。

4. 其实，资本公积定向转增有时候还涉及一个类似"优先股"的问题。如有的股东约定要每年固定分配股息，或在增资时有优先增资权，或在股票决议上的不平等投票权，或可以将资本公积定向新增给部分股东。我国《公司法》是不允许存在优先股的，因为这违背最基本的同股同权原则，小兵的意见是可以看做是一种借贷或者其他的方式，而不是普通的企业股东权益投资。该问题最基本的处理方式要不就是解除有关优先协议，要不就是优先股东直接退股。

5. 单纯从理论上讲，也有人提出定向转增没有法律障碍，一个理由是有限公司可以对某些事情进行另外约定，另一个是有限公司可以不遵循同股同权的原则。另外，还有一种想法是，应分拆为资本公积按比例转增资本及差额股本转让两部分处理。转增股本是所有者权益的内部分配，应符合章程关于分红比例的约定，而增资比例（投入资金增加资本金）根据《公司法》的规定是可以约定的，小兵觉得这是一种不错的变通方式。

6. 还要非常注意的一点就是，就算是要选择定向处理的方式，也要重点关注合理性，为什么某些股东会放弃转增权，白白让别人拿属于自己的资本公积转增股本呢？其实这跟无偿转让股份是一个概念。如果合理性解释不清楚，怎样的技术操作都很难获得认可。

7. 赣锋锂业案例的处理思路还是值得借鉴：(1)股东之间签署协议，同意资本公积定向转增，或者仅向部分股东转增，或者向全体股东转增但并不按照持股比例转增；(2)说明资本公积的形成来源，并不是所有的资本公积都能转增资本，也不是所有的资本公积都可以定向转增，要看资本公积的形成来源；(3)会计师出具《验资报告》；(4)进行工商登记；(5)中介机构发表明确意见。

【参考法规】

《公司法》(2006年)

第一百六十七条 公司分配当年税后利润时，应当提取利润的百分之十列入公司法定公积金。公司法定公积金累计额为公司注册资本的百分之五十以上的，可以不再提取。公司的法定公积金不足以弥补以前年度亏损的，在依照前款规定提取法定公积金之前，应当先用当年利润弥补亏损。公司从税后利润中提取法定公积金后，经股东会或者股东大会决议，还可以从税后利润中提取任意公积金。

第一百六十八条 股份有限公司以超过股票票面金额的发行价格发行股份所得的溢价款以及国务院财政部门规定列入资本公积金的其他收入，应当列为公司资本公积金。

第一百六十九条 公司的公积金用于弥补公司的亏损、扩大公司生产经营或者转为增加公司资本。但是，资本公积金不得用于弥补公司的亏损。法定公积金转为资本时，所留存的该项公积金不得少于转增前公司注册资本的百分之二十五。

第二部分　股权架构

【一个和睦的家庭】

股东出资设立企业仅是第一步,而企业是否能够茁壮成长很大程度上基于股东之间的信任与协作,股权结构是否合理的深意就在于此。

打个并非恰当的比喻,股东之间就好像是一帮兄弟,所谓家和万事兴,对于首发上市来说也是如此。

若其中有的兄弟另有所谋或者有的兄弟不符合规定,都是企业上市路上人人的绊脚石。

第三章　股东和股权

□ 股东作为一家企业的所有者和决策者，对于企业的经营发展起着至关重要的作用，对于一家公众公司而言更是如此。

□ 因此，对于境内拟首发上市的企业而言，一个基本条件就是股东适格合规和股权结构清晰合理，从而股东和股权问题也就成为实务界一个非常关注的问题。

□ 自然人和法人均可以成为公司的股东这没有异议，但是某些特殊的主体是否能成为公司的股东却值得探讨，如外资主体、合伙企业、职工持股会等。

□ 另外，股权结构怎样才算是合理甚至是完美的，股权结构高度集中和高度分散的判断标准是怎样的？本节内容将主要解释上述问题。

■第一节　职工持股会和工会持股

【重要提示】

★ 证监会法律部(2000)第24号文明确规定工会和职工持股会不能成为拟上市公司的股东，因此，拟上市企业存在该类问题的必须清理。

★ 通过总结我们发现，该类问题从具体操作方式上并不复杂，一般通过股权转让的方式就可以解决该问题，然后职工持股会注销，而工会不再承担股东的角色；当然，如果股东人数并不违反法律法规规定，直接量化至个人也没有问题。而具体到法律程序方面，我们可以总结以下几个方面：(1)详细介绍职工持股会或工会持股的形成背景和过程；(2)由当地主管部门批复同意撤销职工持股会或工会持股；(3)召开全体职工大会或职工代表大会就处理方案进行表决；(4)签署股权转让协议或其他处理协议；(5)取得当地体改办或其他主管部门同意调整的批复；(6)股权受让方支付股权对价然后按照持股比例分配给职工,定价依据一般为每股净资产。

★ 该类问题处理时务必要清楚彻底地解决,不能留有任何潜在纠纷甚至是举报,这是审核人员最忌讳的问题。

【案例情况】

一、柘中建设(002346)

上海柘中电气股份有限公司(以下简称柘中电气)职工持股会系经奉贤县人民政府下发的《关于同意成立上海柘中电气股份有限公司职工持股会的批复》[奉府批(1997)第57号]批准设立的,于1997年12月在上海市奉贤县总工会(已变更为上海市奉贤区总工会)登记。经上海市人民政府下发的《关于同意设立上海柘中电气股份有限公司的批复》[沪府体改审(1998)第008号]批准作为柘中电气的发起人之一。根据上海新诚审计师事务所出具的新审编号248验资报告,审验证明柘中电气股本总额3600万元,其中职工持股会以货币出资1559万元,占股本总额的43.31%。

1998年7月柘中电气成立,经全体股东批准的《公司章程》中明确规定,职工持股会会员大会为柘中电气职工持股会的最高权力机构,有权决议职工持股会的解散并进行清算和分配剩余财产。

2003年2月18日柘中电气召开股东大会,通过决议以未分配利润送股及资本公积转增的形式将总股本从3600万股增为7200万股。根据上海新正光会计师事务所出具的正光会验资(2003)第364号验资报告,审验证明柘中电气职工持股会持有3118万股股份,占股本总额的43.31%。

2003年2月28日,上海市奉贤区人民政府下发《上海市奉贤区人民政府关于同意撤销上海柘中电气股份有限公司职工持股会的批复》[沪奉府(2003)第5号],同意撤销柘中电气职工持股会。

2003年3月13日,柘中电气职工持股会召开全体会员大会,经全体会员讨论,审议并通过决议,一致同意职工持股会分别向康峰投资、上海索邦商贸有限公司转让其持有的柘中电气2016万股股份及1102万股股份,转让价格为经审计每股净资产为1.315元;并同意在本次股权转让完成后,注销职工持股会。前述决议经全体职工持股会成员签字确认。

2003年3月,柘中电气职工持股会按照前述职工持股会决议分别与康峰投资、上海索邦商贸有限公司签订《股份转让协议》,股权转让价款分别为2651.04万元和1449.13万元。

2003 年 3 月 17 日柘中电气召开股东大会审议批准本次股权转让。

2003 年 3 月 18 日，上海市人民政府经济体制改革办公室下发《关于同意上海市柘中电气股份有限公司增资扩股及部分股东转让股权的批复》[沪府体改批字(2003)第 006 号]批准了前述柘中电气增资股权的变更。

康峰投资与上海索邦商贸有限公司于 2003 年 4 月 23 日及 2003 年 4 月 25 日支付了本次股权转让款项共计 4100.17 万元。前述股权转让所得款均作为职工持股会会员的退股款，按持股会会员缴纳出资额的比例分配给全体成员。

2003 年 6 月 20 日柘中电气在上海市工商行政管理局办理了股东变更手续。

2003 年 12 月，柘中电气职工持股会在上海市奉贤区总工会注销登记。

保荐机构东方证券认为：经核查，柘中电气职工持股会的股权转让、解散和注销，经职工持股会会员大会批准，相关决议由全体职工持股会成员签字确认，符合公司章程规定，并经上海市奉贤区人民政府下发的沪奉府(2003)第 5 号及上海市人民政府经济体制改革办公室下发的沪府体改批字(2003)第 006 号文批准。股权转让全部所得均作为职工持股会会员的退股款，退股款按缴纳出资额的比例支付给全体持股会会员。所有持股会会员在退股领款时均签字确认，认可退股款金额及确认已全额收到退股款。柘中电气职工持股会的解散和注销履行了必要的程序、合法、有效，不存在潜在纠纷。

二、桂林三金(002275)

1997 年 12 月，经桂林市人民政府《关于桂林三金药业集团公司职工购买国有资产并组建股份合作制实施方案的批复》[市政函(1997)第 55 号]与桂林市经济体制改革委员会《关于同意桂林三金药业集团公司改制为股份合作制企业的批复》[市体改字(1997)第 70 号]批准，桂林三金药业集团有限责任公司(以下简称桂林三金)改制成为股份合作制企业。改制完成后，桂林三金实收股本 5000 万股，由全体 563 名职工人持有，人均持有 8.9 万股。1998 年至 2000 年期间，由于职工岗位变动、死亡、退休、调离、辞职或者被企业辞退、除名、开除等桂林三金实收股本发生了变化，截至 2000 年 12 月 31 日，桂林三金实收股本 49,198,860 元，股东人数 554 名。

根据国家体改委《关于企业集团建立母子公司体制的指导意见》、《关于转发国家工商行政管理局工商企字(1998)第 59 号和企指字(1998)第 5 号文件的通知》[桂工商企字(1998)第 108 号]规定，已经注册登记的企业集团，应在规定期限内依照《公司法》进行规范，并办理重新登记。2001 年 2 月 9 日，桂林三金 2000 年度股东会审议通过公司由股份合作制改制变更为有限责任公司，根据《公司法》规定有限责任公司的股东不能超过50人，而桂林三金当时有554名股东，鉴于上述原因，2000年度股东会同时审议通过，股东所持股份由公司工会委员会代管的议案。除邹节明先生持有的5,786,219股、王许飞先生持有的1,704,258股、谢元钢先生持有的821,782股股份以外，其他551名股东持有的共计40,886,601股股份由本公司工会委员会代为持有和管理，以"桂林三金药业集团有限责任公司工会委员会"名义承担民事责任。

根据中华全国总工会的意见、《工会法》及中国证监会法律部(2000)第24号文《关于工会及工会能否作为上市公司股东的复函》的有关规定，工会委员会作为上市公司的股东，其身份与工会委员会的设立和活动不一致，可能会对工会委员会的正常活动产生不利影响。本公司工会委员会对所持股份进行了清理。

2001年12月15日，桂林三金职工代表大会审议通过，同意对工会所持股权作如下处置：将3400万股公司股权按2.4元/股的价格转让给桂林三金；将768.7741万股公司股权按2.4元/股的价格转让给孙家琳等39人。同日，桂林三金2001年临时股东会会议作出决议，同意本公司工会委员会将其代为持有的公司68%的股权转让给桂林三金，15.38%的股权转让给孙家琳等39名自然人。

2001年12月16日，本公司工会委员会与桂林三金及孙家琳等39名自然人签订《股东股权转让协议》，将其代为持有的股权转让给桂林三金及孙家琳等39名自然人，上述股权转让价格依据2001年8月31日经审计的净资产值确定，即2.4元/股。本次股权转让的转让方本公司工会委员会代表的职工与受让方发起设立桂林三金的541名职工基本重合，本次股权转让是由直接持股转变为间接持股，转让的股权不存在潜在纠纷。

发起人各股东均已签署承诺："持有的桂林三金药业股份有限公司的股份，不存在被质押及权属纠纷或潜在权属纠纷的情况。"

发行人律师认为，上述股东转股行为，获得了股东会的批准，办理了工商变更登记，是合法、有效的。

《反馈意见》"工会委员会、持股职工和公司现有的股东之间是否存在尚未解决的纠纷或潜在纠纷，请保荐人和发行人律师予以核查并补充发表意见。"

根据发行人于2007年8月7日提供的《关于桂林三金药业集团公司改制为有限责任公司后工会委员会持有68%股权的有关情况的说明》及我们的核查，2001年4月，桂林三金药业集团公司变更为桂林三金药业集团有限责任公司时，除邹节明先生持有的5,786,219股、王许飞先生持有的1,704,258股、谢元钢先生持有的821,782股股份以外，其他职工持有的共计40,886,601股股份通过公司工会委员会代为持有和管理，该行为获得公司2000年度股东会的审议通过。

广西立信会计师事务所于2001年2月20日出具了信所变验字(2001)第005号

验资报告,并同时办理了工商变更登记手续。

2001 年 12 月 15 日,公司召开的 2001 年临时股东会会议作出决议,同意公司工会委员会将其持公司 68% 的股权转让给桂林三金集团股份有限公司(以下简称三金集团),将其持有的公司 15.38% 的股权转让给孙家琳等 39 名自然人;同意股东邹节明将其持有的公司 0.85% 的股权转让给孙家琳,将其持有的公司 0.66% 的股权转让给李荣群;同意股东王许飞将其持有的公司 0.44% 的股权转让给汤一锋;同意股东谢元刚将其持有的公司 0.21% 的股权转让给宁炳炎;审议通过了新的公司章程;同意增加公司的注册资本。同日,公司召开的职工代表大会作出决议,同意将公司工会委员会持有的股权分别转让给三金集团和 39 名自然人,相关各方于 2001 年 12 月 16 日签署了转股协议。广西立信会计师事务所于 2001 年 12 月 15 日出具了立信所变验字(2001)第 101 号验资报告,并办理了工商变更登记手续。

根据发行人于 2007 年 8 月 7 日提供的《关于桂林三金药业集团公司改制为有限责任公司后工会委员会持有 68% 股权的有关情况的说明》及我们的核查,截至目前,工会委员会、当时的持股职工和公司现有股东之间从未因上述股权转让行为而有过任何纠纷,并且也未发现可能出现的潜在纠纷。此外,公司现有 39 名自然人股东出具了《关于所持股份不存在纠纷的承诺》。

综上,我们认为,公司的工会委员会和持股职工以及公司现有股东之间的股权转让获得了公司股东会和职工代表大会的通过,履行了必要的法定程序,公司工会委员会、持股职工和公司现有的股东之间不存在尚未解决的纠纷或潜在纠纷。

三、长江润发(002435)

润发机械厂转制后股东结构如下:长江润发集团(以下简称润发集团)持股 65.00%、润发机械工会持股 35.00%。

为了调动职工的积极性,进行股权转让后的股权结构为:润发集团持有 20.00%、润发集团工会持有 31.00%、润发机械工会持有 49.00%。

后经多次股权转让,工会持股问题解决前股权结构为:润发集团持有 79%、润发集团工会持有 21.00%。

为了解决工会持股问题,2007 年 9 月 25 日,润发集团工会分别与李柏森、黄妍、卢凤清、汪仁平、龚凤香、施亚娟签署《股权转让协议书》,润发集团工会将其对润发机械的全部出资予以转让,其中 120 万元转让给李柏森,转让价格为 300 万元;74.40 万元转让给黄妍,转让价格为 186 万元;70 万元转让给卢凤清,转让价格为 175 万元;68.80 万元转让给汪仁平,转让价格为 172 万元;48 万元转让给龚凤香,转让价格为 120 万元;38.80万元转让给施亚娟,转让价格为97万元。上述六位受让人均在润发集团或润发机械任职。

上述股权转让的价格为2.50元/股,定价依据为双方参考2007年5月18日天恒信出具的天恒信公审报字(2007)第166号审计报告协商确定。根据该报告,润发机械截至2007年3月31日,净资产为4654.51万元,每股净资产2.33元。润发机械于2007年9月25日召开股东会并通过决议,一致同意上述股权转让。

本次股权转让完成后,润发集团工会不再直接持有润发机械的股权,但仍通过持有润发集团17.28%的股权(出资额1521.00万元)间接持有润发机械股权。

2008年9月1日,润发集团职工持股会清算并解散后,159名出资职工仍通过张家港市润江投资咨询有限公司、张家港市润海投资咨询有限公司、张家港市润扬投资咨询有限公司、张家港市长海投资咨询有限公司间接持有润发集团17.28%的股权(出资额1521.00万元),从而间接持有润发集团的股权。

为缓解公司经营资金压力,同时为了改善公司的资产负债结构,2007年12月10日,公司召开2007年第二次临时股东大会并作出决议,一致同意增加江苏沙钢集团有限公司(以下简称沙钢集团)、高新开创投资公司、张家港市金港镇资产经营公司、倪平、陈菊英、夏玉静、顾卫东、曹绍国、刘平作为公司的新股东,公司注册资本由5000万元增加至7200万元,新进入的股东按每股5.00元的价格以现金认购新增的2200万股股份。沙钢集团股权结构变更为:江苏沙钢集团有限公司工会持有18.63%、张家港保税区润源不锈钢贸易有限公司持有17.37%、沈文荣持有29.80%、龚盛等38名自然人持有34.20%。

【案例评析】

1.20世纪90年代,集体企业和股份合作制企业很多,通过工会和职工持股会代持股份的现象也很普通。证监会法律部(2000)第24号文明确规定了工会和职工持股会不能成为拟上市公司的股东,因此,该类问题在IPO实际操作过程中尽管很普遍,但是已经不存在政策争议了。

2.有位专业的网友曾经就该问题做过很详细的总结,根据这份资料我们还了解到塔牌集团、海亮股份、恩华药业、华昌集团、辰州矿业、宏达经编、云海金属、江阴港、云变电器等企业存在工会持股或职工持股会持股的情况。小兵再次增补三个相对比较新的案例,主要是为了关注该类问题的处理方式。

3.通过总结我们发现,该类问题在具体操作方式上并不复杂,一般通过股权转让的方式就可予以解决,然后注销职工持股会,使工会不再承担股东的角色;当然,如果股东人数并不违反法律法规的规定,直接显名、量化至个人也没有问题。而具体到法律程序方面,通过柘中建设我们可以总结以下几个方面:(1)详细介绍职工持股会或工会持股的形成背景和过程;(2)由当地主管部门批复同意撤销职工持股会或工会持股;(3)召开全体职工大会或职工代表大会就处理方案进行表决;(4)签署股权转让协议或其他处理协议;(5)取得当地体改办或其他主管部门同意调整的批复;(6)股权受让方支付股权对价后按照持股比例分配给职工,定价依据一般为每股净资产。

4. 另外,还要重点关注以下事项:(1)在处理过程中一定要制定尽量周全的方案,以免引起不必要的纠纷和举报,这也是证监会最为关注的问题。(2)在股权转让过程中职工应当承担纳税义务,小兵同意网友的意见,应该以职工名义交纳个人所得税,并由工会或持股会代扣代缴,由于以前处理的方案没有对股权转让所得税问题予以关注,因此,尚没有明确的案例。(3)曾有项目通过公开拍卖进行了清理,具体程序是:首先确认职工股股数、人数及具体持股职工身份;其次进行了股权登记及民政局备案;再次持股会召开会议,持股职工同意委托拍卖;最后委托拍卖机构公开拍卖。个人觉得这种方式还是很不错的,比较阳光,也比较公平,现在并不常见,这或许是因为中介机构怕麻烦。(4)对拟上市公司而言,受理其发行申请时,应要求发行人的股东不属于职工持股会及工会持股,同时,应要求发行人的实际控制人不属于职工持股会或工会持股。长江润发中江苏沙钢集团有限公司是发行人的股东,其本身不属于职工持股会或工会持股,故不构成发行障碍。

【参考法规】

一、《关于职工持股会及工会持股有关问题的法律意见》[法协字(2002)第115号]

发行监管部:

你部关于职工持股会或工会持股有关问题的咨询函收悉。经研究,现提出以下法律意见:

1. 我会停止审批职工持股会及工会作为发起人或股东的公司的发行申请主要有两点考虑:其一,防止发行人借职工持股会及工会的名义变相发行内部职工股,甚至演变成公开发行前的私募行为。其二,在民政部门不再接受职工持股会的社团法人登记之后,职工持股会不再具备法人资格,不再具备成为上市公司股东及发起人的主体资格,而工会成为上市公司的股东与其设立和活动的宗旨不符。

2. 我部认为,与发行申请人有关的工会或职工持股会持股的三种情形,建议分别处理：

（1）对已上市公司而言，在受理其再融资申请时，应要求发行人的股东不存在职工持股会及工会，如存在的，应要求其按照法律部（2000）第24号文要求规范。

（2）对拟上市公司而言，受理其发行申请时，应要求发行人的股东不属于职工持股会及工会持股，同时，应要求发行人的实际控制人不属于职工持股会或工会持股。

（3）对于工会或职工持股会持有拟上市公司或已上市公司的子公司股份的，可以不要求其清理。

法律部

2002年11月5日

二、《关于职工持股会及工会能否作为上市公司股东的复函》[中国证监会法律部（2000）第24号]

北京市中伦金通律师事务所：

你所10月13日给我部的《关于职工持股会能否成为上市公司股东的请示函》收悉，经研究，答复如下：

根据国务院《社会团体登记管理条例》和民政部办公厅2000年7月7日印发的《关于暂停对企业内部职工持股会进行社团法人登记的函》[民办函（2000）第110号]的精神，职工持股会属于单位内部团体，不再由民政部门登记管理。对此前已登记的职工持股会在社团清理整顿中暂不换发社团法人证书。因此，职工持股会将不再具有法人资格。在此种情况改变之前，职工持股会不能成为公司的股东。

另外，根据中华全国总工会的意见和《工会法》的有关规定，工会作为上市公司的股东，其身份与工会的设立和活动宗旨不一致，可能会对工会正常活动产生不利影响。因此，我会也暂不受理工会作为股东或发起人的公司公开发行股票的申请。

特此函复。

■第二节　外资自然人股东的认定问题

【重要提示】

★ 外资自然人股东问题涉及很多方面，如境内自然人返程投资的外资身份界定、境内自然人是否能够成为外商投资企业股东等。

★ 这些问题在投行实务中经常遇到，但又是没有明确地定论，小兵尝试以案例为基础，与大家一起探寻并找到答案。

【案例情况】

一、中能电气(300062)：返程投资弄假成真

(一)外资股东身份的确认

1. 陈曼虹为合格外资股东

根据陈曼虹持有的加拿大永久居留证及加拿大公民卡，陈曼虹于2002年6月23日取得加拿大永久居留权，并于2007年2月取得加拿大国籍。根据陈曼虹持有的经加拿大安大略省公证律师Shun Wai Wilie Cheng（中文名：郑顺伟）公证并经中华人民共和国驻多伦多总领事馆认证的加拿大护照，陈曼虹的国籍为加拿大，护照编号为WB661289，护照签发日期为2007年6月6日，护照签发机构为SCARBOROUGH（士嘉堡），有效期至2012年6月6日。

陈曼虹为加拿大电气的股东，持有加拿大电气100%的股权。本次股权转让时陈曼虹已取得加拿大国籍，属于外国投资者，且本次股权转让时其身份已经《福建省对外贸易经济合作厅关于福建中能电气股份有限公司股权转让等事项的批复》[闽外经贸资(2008)第529号]认定，因此，本所律师认为，陈曼虹具有合格的外资股东身份。

2. 吴昊为合格外资股东

吴昊为中国国籍，现持有福州市公安局鼓楼分局签发的编号为350102196604030813的居民身份证，有效期自2007年1月18日起至2017年1月18日止；根据吴昊持有的经加拿大安大略省公证律师Shun Wai Wilie Cheng（中文名：郑顺伟）公证并经中华人民共和国驻多伦多总领事馆认证的加拿大永久居留证，吴昊于2002年6月23日成为加拿大多伦多永久居民。

根据国家外汇管理局综合司2005年7月15日出具的《国家外汇管理局综合司关于取得境外永久居留权的中国自然人作为外商投资企业外方出资者有关问题的批复》[汇综复(2005)第64号]："……中国公民取得境外永久居留权后回国投资举办企业，参照现行外商直接投资外汇管理法规执行。"

根据本所律师对上述规定的理解，本所律师认为，上述规定中提及的"投资举办企业"应当采用广义的理解，即投资形式不仅包含投资设立公司，也包含对已设立的公司

进行增资或者收购已设立公司的股权(份)等投资方式。鉴于取得境外永久居留权的中国公民身份的特殊性,本所律师认为,根据上述规定,取得境外永久居留权的中国公民在国内投资企业,该中国公民能否界定为所投资企业的外资股东,取决于其对该企业的投资是否以外汇的形式投入。

发行人2009年1月20日股权转让时,吴昊作为受让方,分别受让了加拿大电气、周爱贞持有的发行人8.11%、10.82%的股权。根据福建省对外贸易经济合作厅出具的《福建省对外贸易经济合作厅关于福建中能电气股份有限公司股权转让等事项的批复》[闽外经贸资(2008)第529号],加拿大吴昊出资外汇折合1079.01万元人民币,持有发行人18.93%的股权。

综上,本所律师认为,吴昊在受让上述股权时,符合取得境外永久居留权和外汇出资的条件,且其身份已经《福建省对外贸易经济合作厅关于福建中能电气股份有限公司股权转让等事项的批复》[闽外经贸资(2008)第529号]认定,因此,吴昊具备合格的外资股东身份。

(二)陈曼虹、吴昊外资股东身份的确认文件

1.福建省对外贸易经济合作厅于2008年12月29日出具《福建省对外贸易经济合作厅关于福建中能电气股份有限公司股权转让等事项的批复》[闽外经贸资(2008)第529号]:同意公司投资者加拿大电气设备有限公司将其持有的公司36%、8.11%股权分别转让给加拿大陈曼虹和加拿大吴昊;国内投资者周爱贞将其持有的公司16.97%、10.82%股权分别转让给国内投资者陈添旭和加拿大吴昊。股权转让后,公司的投资总额和注册资本仍为5700万元人民币。其中,陈添旭出资1960.23万元人民币,占34.39%;福州科域电力技术有限公司出资404.7万元人民币,占7.01%;上海信前投资管理有限公司出资168.15万元人民币,占2.95%;福州华金盛投资管理有限公司出资35.91万元人民币,占0.63%;加拿大陈曼虹出资外汇折合2052万元人民币,占36%;加拿大吴昊出资外汇折合1079.01万元人民币,占18.93%。

2.发行人于2008年12月29日取得的福建省人民政府换发的商外资闽府合资字(2007)第0059号《外商投资企业批准证书》记载:发行人投资者陈曼虹、吴昊的注册地为加拿大。

3.福建省工商行政管理局于2009年4月24日向发行人出具《外资企业登记情况表》,该表在中外双方出资情况栏记载:“外方企业名称:陈曼虹(加拿大);外方企业名称:吴昊(加拿大)。”作为发行人的主管机关,福建省对外贸易经济合作厅、福建省人民政府、福建省工商行政管理局均在上述文件中将陈曼虹、吴昊身份认定为加拿大投资

者,该认定对发行人、发行人股东具有约束力。

二、向日葵(300111):自然人增资外商投资股份公司

2009 年 6 月 18 日,根据发行人 2009 年度第一次临时股东大会审议通过的《关于浙江向日葵光能科技股份有限公司增资扩股的议案》,发行人决定向俞相明等 71 名自然人定向发行 5000 万股股份,每股面值 1.00 元,公司相应增加注册资本 5000 万元,注册资本变更为 45,800 万元。

2009 年 6 月 23 日,浙江省商务厅出具《浙江省商务厅关于浙江向日葵光能科技股份有限公司增资的批复》[浙商务外资函(2009)第 75 号],同意发行人增加股本 5000 万股,新增股本由俞相明等 71 名自然人认购。

2009 年 7 月 3 日,商务部办公厅就上述浙江省商务厅批准事项出具了《商务部办公厅关于答复浙江向日葵光能科技股份有限公司向境内管理层人员增发股份问题的函》[商办资函(2009)第 173 号],批复:"现行外商投资企业法律法规和规章对已设立的外商投资股份公司向境内自然人定向增发股份无禁止性规定。"

2009 年 6 月 24 日,立信会计师事务所出具信会师报字(2009)第 23836 号验资报告,验证:截至 2009 年 6 月 23 日,发行人已收到新增股东以货币缴纳的实收资本共计 5000 万元,公司变更后的累计注册资本为 45,800 万元,实收资本为 45,800 万元。

2009 年 6 月 29 日,发行人取得由浙江省工商行政管理局换发的 330600400004037 号《企业法人营业执照》,公司注册资本与实收资本均变更为 45,800 万元。

本所律师经审核后认为,发行人于 2009 年 6 月向俞相明等 71 名自然人定向发行 5000 万股股份的行为,已经有权部门批准并履行了法定的增资程序,合法、有效,具体理由如下:

1.《公司法》第 1 章、第 4 章、第 5 章和第 179 条就股份有限公司的设立和发起人资格、股份有限公司股份的发行、股份有限公司增资等事项进行了规定,《公司法》并未禁止自然人投资参股中外合资股份有限公司。

2.《暂行规定》(1995 年 1 月 10 日对外贸易经济合作部令第 1 号)第 1 条"……外国的公司、企业和其他经济组织或个人(以下简称外国股东),按照平等互利的原则,可与中国的公司、企业或其他经济组织(以下简称中国股东)在中国境内,共同举办外商投资股份有限公司"的规定,限制了中国境内自然人投资设立外商投资股份有限公司的主体资格,但其并未明确禁止中国境内自然人以增资的方式成为已设立外商投资股份有限公司股东的主体资格。同时,商务部办公厅作为《暂行规定》颁布机构,于 2009 年 7 月 3 日出具的《商务部办公厅关于答复浙江向日葵光能科技股份有限公司向境内

管理层人员增发股份问题的函》[商办资函(2009)第173号]也已就此作出了无禁止性规定的批复。据此,本所律师认为,俞相明等71名自然人通过增资方式成为发行人之自然人股东的行为,并未违反现行外商投资企业法律、法规和规章的禁止性规定。

3. 根据发行人工商登记资料、浙商务外资函(2009)第75号批复、信会师报字(2009)第23836号验资报告等文件及本所律师的核查,发行人于2009年6月向俞相明等71名自然人定向增发5000万股股份的行为已经履行了必要的审批程序和工商变更手续,认股人也履行了出资义务。本所律师认为,发行人本次增资程序合法。

三、九州通(600998):湖北省商务厅的批复

2009年8月16日,公司2009年第一次临时股东大会决议通过,按照以2009年6月30日为基准日经武汉众环会计师事务所出具的众环审字(2009)第833号审计报告确认的每股净资产为1.0228元的定价依据。刘树林等63名自然人分别以现金方式按照1.03元的价格增资合计10,300万元,折合10,000万股,溢价300万元计入公司资本公积。九州通医药集团股份有限公司总股本由1,170,515,819股增至1,270,515,819股。

2009年9月16日,湖北省商务厅以《省商务厅关于九州通医药集团股份有限公司增加注册资本的批复》[鄂商资(2009)第112号]同意公司此次增资方案以及修改后的公司章程,并换发了(2007)第0286号外商投资企业批准证书。

此次增资经武汉众环会计师事务所于2009年9月24日出具的众环验字(2009)第048号验资报告验证。同日公司完成工商登记,取得变更后的公司营业执照。

商务厅批复的主要依据是湖北省工商局于2007年9月发布的《突破性做好市场主体准入工作促进市场主体又好又快发展的决定》中第11条的规定,"放宽外商投资企业股东资格条件。经审批机关批准,允许中国公民、个体工商户、个人独资企业、合伙企业作为外商投资企业的股东"。

四、博深工具(002282):外国国籍不等于外资股东身份

2005年4月,李建福取得新加坡国籍,2006年11月股东程辉取得美国永久居留权、2005年7月李宝谦取得美国永久居留权。根据查验,程辉现持有石家庄公安局长安分局签发的有效期至2026年6月24日的身份证,于2006年11月1日取得美国永久居留权。根据查验,李宝谦现持有石家庄公安局长安分局签发的有效期至2027年4月10日的身份证,于2007年7月7日取得美国永久居留权。

2004年10月,博深工具前身召开临时股东会会议,同意吸收李建福为公司新股

东，李建福以人民币13万元受让原发行人股东持有的5.11万元的出资额。2006年12月4日，博深工具前身召开临时股东会会议，同意增加公司注册资本，李建福以人民币2.55万元认购2.55万元的增资额，增资完成后，李建福持有公司7.66万元的出资额；2007年6月14日，博深工具召开创立大会，李建福按照净资产折股持有发行人22.1万股股份，并办理了工商变更登记。程辉和李宝谦股权的取得，同样履行了必要的法律程序。

整体变更过程中，发行人向河北省商务厅申请对李建福所持股权性质进行认定。根据商务部外国投资管理司于1月28日以商资综便字(2008)第3号文件复函河北省商务厅，认定李建福所持博深工具的股份为内资股。

程辉和李宝谦分别于2008年出具承诺函，程辉和李宝谦现持有中国国籍且从未放弃中国国籍，从未持有外国国籍，且对发行人投资均为境内各项收入。

综上，上述三人均持有的是内资股，且均履行了必要的法律程序。

【案例评析】

1. 向日葵对暂行办法的扩展解释在实务中有着重要的意义，至少解决了外商投资股份有限公司能否增加自然人股东的问题，同时公司取得了商务部办公厅的批复，案例中的解决办法应该可以作为一个规则来适用了，这样的解决办法是对该问题的一个突破。

2. 九州通的案例给我们的提示更多，关于境内自然人增资成为外商投资企业股东的规定在上海、浙江、湖北等地工商局已经有所突破，而该案例既取得了湖北省商务厅的批复也得到了证监会的认可。

3. 博深工具的问题比较浅显，最后解决的方案也符合主流的观点，那就是股东取得外国国籍并不能认为该股东所持股份为外资股，如商务部令2009年第6号《关于外国投资者并购境内企业的规定》第52条：境内公司的自然人股东变更国籍的，不改变该公司的企业性质。

4. 中能电气的解释实在是很大胆，也很嚣张。说白了中能电气是典型的返程投资案例，结果人家通过两个股东的外国国籍给搞成了真正的外资企业，希望这是第一家，也是最后一家，不然这个口子开了，后果将不堪设想。另外，律师对于《国家外汇管理局综合司关于取得境外永久居留权的中国自然人作为外商投资企业外方出资者有关问题的批复》[汇综复(2005)第64号]的理解也是很有创意的。小兵对此不做评论，该文的全文是："你分局《国家外汇管理局辽宁省分局关于'已取得境外永久居留权的中国自然人'可否视作外商投资企业外方有关问题的请示》[辽汇发(2005)第92号]收悉。现批复如下:中国公民取得境外永久居留权后回国投资举办企业,参照执行现行外商直接投资外汇管理法规。中国公民在取得境外永久居留权前在境内投资举办的企业,不享受外商投资企业待遇。”

5. 小兵认为返程投资或者其他形式的假外资结构享受“两免三减半”的税收优惠,睁一只眼闭一只眼也就忍了,毕竟大家都不容易,不过竟然公开认定合法外资身份就有些过分了。当然还有一种可能:反馈意见问到了,律师又不能作出互相矛盾的解释,只能是硬着头皮上了。

【参考法规】

一、《关于设立外商投资股份有限公司若干问题的暂行规定》

第一条 为进一步扩大国际经济技术合作和交流,引进外资,促进社会主义商品经济的发展,外国的公司、企业和其他经济组织或个人,按照平等互利的原则,可与中国的公司、企业或其他经济组织在中国境内,共同举办外商投资股份有限公司。

二、《中外合资经营企业法》

第一条 中华人民共和国为了扩大国际经济合作和技术交流,允许外国公司、企业和其他经济组织或个人,按照平等互利的原则,经中国政府批准,在中华人民共和国境内,同中国的公司 企业或其他经济组织共同举办合营企业。

三、《关于外国投资者并购境内企业的规定》(商务部令2009年第6号)

第五十四条 被股权并购境内公司的中国自然人股东,经批准,可继续作为变更后所设外商投资企业的中方投资者。

第五十五条 境内公司的自然人股东变更国籍的,不改变该公司的企业性质。

■第三节 合伙企业作为上市公司股东

【重要提示】

★ 不论是普通合伙企业还是有限合伙企业作为上市公司股东都不存在任何障碍，且在2009年修订《证券登记管理办法》之后，以PE为代表的合伙企业退出机制也已经完全打通。

★ 那么，另外一个问题是，以被股权激励对象的企业员工作为有限合伙人的合伙企业是不是可行呢？很多专业人士正在进行该方面的探索，不过至今尚未发现成功案例，不过从法理上来说是不存在任何障碍的。

★ 关于合伙企业的信息披露问题，审核政策逐渐收紧，要求披露的信息也越来越详细，合伙人的背景、出资情况、有限合伙人和普通合伙人的分工，以及合伙人与拟上市公司及股东的关系等。

【案例情况】

一、长城集团(300089)

在信息披露文件中，股东中有限合作企业基本情况如下：

(一)杭州中证大道丰湖投资合伙企业(有限合伙)的基本情况

成立时间:2009年6月15日

主要经营场所:杭州市西湖区求是路8号公元大厦北楼1103—4

执行合伙事务的合伙人:张晓辉

合伙企业类型:有限合伙企业

经营范围:实业投资

合伙人出资方式等基本情况如下：

序号	合伙人姓名	合伙人类别	认缴出资额(万元)	出资比例	出资方式
1	张晓辉	普通合伙人	1	0.049%	货币
2	荆炜国	有限合伙人	260	12.615%	货币
3	荆涛	有限合伙人	1800	87.336%	货币
4			2061	100%	

注:1.除荆炜国与荆涛为父子关系外,其他合伙人间无关联关系;2.张晓辉为执行合伙人。

(二)主要约定条款

1.杭州中证大道丰湖投资合伙企业的投资收入扣除投资本金后的余额为投资利润,投资利润扣除投资顾问的管理报酬后由各合伙人按实际出资比例分配。

2.因正常投资事宜或不可抗力发生的亏损金额不大于合伙人实际出资的,由合伙人按照实际出资比例承担亏损。

3.因正常投资事宜或不可抗力发生的亏损金额大于合伙人实际出资的,由执行合伙事务的合伙人承担。

4.因正常投资事宜之外且并非不可抗力的其他原因发生的亏损,全部由执行事务合伙人承担。

二、康芝药业(300086)

截至本招股说明书签署之日,持有康芝药业5%以上股份的主要股东为海南宏氏投资有限公司(以下简称宏氏投资)和深圳市南海成长创业投资合伙企业(有限合伙,以下简称南海成长),分别持股77.59%和6.90%。海南宏氏投资有限公司系发行人的控股股东,洪江游持有宏氏投资84%的股权,发行人的实际控制人为洪江游。

南海成长系康芝药业的发起人股东,持有康芝药业6.90%的股权。南海成长成立于2007年6月26日,注册资本及实收资本为25,000万元,注册地址为深圳市福田区中心区23-1-6路卓越大厦1902B,企业性质为有限合伙企业,合伙人包括深圳市同创伟业创业投资有限公司、郑伟鹤和黄荔3名普通合伙人及钟兵等45名有限合伙人。

南海成长的经营范围为:创业投资业务,代理其他创业投资企业等机构或个人的创业投资业务;创业投资咨询服务,为创业企业提供创业管理服务业务;参与设立创业投资企业与创业投资管理顾问机构。

截至2009年12月31日,南海成长未经审计的总资产24,369.53万元,净资产25,241.86万元;2009年度实现净利润-570.24万元。

三、达华智能(002512)

(一)上海联创、杭州联创、上海瑞苍源股权投资中心、上海灏全投资管理合伙企业简要情况

1.上海联创永津股权投资企业(有限合伙)简要情况

上海联创于2009年8月28日在上海注册成立,主要经营场所为上海市徐汇区宜山路705号C座1102T室,执行合伙事务的合伙人为严义埙,类型为有限合伙企业,主营业务为股权投资、股权投资管理(企业经营涉及行政许可的,凭许可证件经营),合伙期限为自2009年8月28日起至2014年8月27日止。依据上海众和会计师事务所出具的沪众会审(2010)第0189号审计报告,上海联创截至2009年12月31日总资产为204,345,631.03元、净资产为204,345,631.03元,2009年度净利润为-654,368.97元。

依据上海联创提供的财务报表(未经审计),上海联创截至2010年6月30日未经审计的总资产为399,409,210.81元,净资产为391,909,210.81元,2010年1~6月净利润为-7,399,720.22元。

上海联创各合伙人认缴资本总额为50,000万元,实际缴纳资本39,950万元,各合伙人认缴资本和实际缴纳的出资情况略。

2.杭州联创永津创业投资合伙企业(有限合伙)简要情况

杭州联创于2009年9月1日在杭州注册成立,主要经营场所为杭州市西湖区文一西路778号,执行合伙事务的合伙人为杭州联创投资管理有限公司(委派代表:徐汉杰),类型为有限合伙企业,主营业务为创业投资业务、创业投资咨询业务(除证券、期货以外)、为创业企业提供创业管理服务业务,合伙期限为自2009年9月1日起至2014年8月31日止。

依据浙江中信会计师事务所出具的浙中信审字(2010)第10号审计报告,杭州联创截至2009年12月31日总资产为207,275,772.91元,净资产为199,875,132.91元,2009年度净利润为-124,867.09元。

依据杭州联创提供的财务报表(未经审计),杭州联创截至2010年6月30日未经审计的总资产为205,767,910.51元,净资产为198,759,053.01元,2010年1~6月净利润为-1,317,325.9元。

杭州联创各合伙人认缴资本总额为20,000万元,实际缴纳资本20,000万元,各合伙人认缴资本和实际缴纳的出资情况略。

3. 上海瑞苍源股权投资中心(有限合伙)简要情况

上海瑞苍源股权投资中心于2009年7月24日在上海注册成立,主要经营场所为上海市浦东新区上丰西路55号2幢一层夹层115室,执行合伙事务的合伙人为王海波,类型为有限合伙企业,主营业务为股权投资、投资咨询、股权投资管理(企业经营涉及行政许可的,凭许可证经营),合伙期限为自2009年7月24日起至2016年7月23日止。

依据上海申洲大通会计师事务所出具的申洲大通审字(2010)第1650号审计报告,上海瑞苍源股权投资中心截至2009年12月31日总资产为42,507,325元,净资产为42,495,557元,2009年度净利润为-4,443元。依据上海瑞苍源股权投资中心提供的财务报表(未经审计),上海瑞苍源股权投资中心截至2010年6月30日未经审计的总资产为71,258,440.56元,净资产为71,239,272.56元,2010年1~6月净利润为6284.44元。

上海瑞苍源股权投资中心各合伙人认缴资本总额为10,000万元,实际缴纳资本为7125万元,各合伙人认缴资本和实际缴纳的出资情况略。

4. 上海灏全投资管理合伙企业(普通合伙)简要情况

上海灏全投资管理合伙企业于2009年6月8日在上海注册成立,主要经营场所为上海市崇明县长江农场长江大街266号19幢2112室,执行合伙事务的合伙人为朱瑛、曹晓峰和姚放,类型为普通合伙企业,主营业务为投资管理、咨询、实业投资(除股权投资和股权投资管理以外,企业经营涉及行政许可的,凭许可证经营),合伙期限为自2009年6月8日起至2015年6月7日止。

依据天健正信会计师事务所出具的天健正信审NZ字(2010)第021206号审计报告,上海灏全投资管理合伙企业截至2009年12月31日总资产为12,708,417.37元,净资产为12,471,728.09元,2009年度净利润为-28,271.91元。依据上海灏全投资管理合伙企业提供的财务报表(未经审计),上海灏全投资管理合伙企业截至2010年6月30日未经审计的总资产为33,399,179.45元,净资产为33,178,788.51元,2010年1~6月净利润为-42,939.58元。

上海灏全投资管理合伙企业各合伙人认缴资本总额为5000万元,实际缴纳资本为3325万元,各合伙人认缴资本和实际缴纳的出资情况略。

(二)合伙股东与发行人之间有无特殊协议或安排,如对赌协议,发行人及其控股股东、实际控制人以及他们的董事、监事、高级管理人员、本次发行的中介机构及其签字人员与合伙企业合伙人的关系

依据发行人工商登记资料、上海联创、杭州联创及发行人出具的声明并经本所律

师适当核查,上海联创和杭州联创除于2009年9月通过签署《增资协议》成为发行人股东外,其与发行人之间无特殊协议或安排,如对赌协议等。

依据上海联创、杭州联创、上海瑞苍源股权投资中心、上海灏全投资管理合伙企业、发行人及其控股股东、董事、监事、高级管理人员及本次发行的中介机构及其签字人员出具的声明并经本所律师适当核查,发行人及其控股股东、实际控制人以及他们的董事、监事、高级管理人员、本次发行的中介机构及其签字人员与合伙企业合伙人之间无关联关系或其他利益关系。

【案例评析】

1. 创投合伙企业不论是普通合伙或者有限合伙作为拟上市公司的股东都是没有问题的,去年修订的《证券登记结算管理办法》允许合伙企业可以办理证券账户,这更消除了合伙企业创投投资的法律障碍。其实,就是该文修订之前,合伙企业投资拟上市企业也是有很多的变通方式的。

2. 至于员工持股、高管持股甚至就是大股东持股的合伙企业能不能作为拟上市公司的股东,至今仍没有定论。目前创业板及主板上市的企业中,以合伙企业作为股东的全部都是创投公司,没有一家是管理层和员工持股的。没有这样的案例,说明还是存在潜在的风险,可能是会里不支持这样的创新。鉴于合伙企业在税收优惠上的优势,实务中很多项目都在尝试采用拟上市公司高管持股的合伙企业作为拟上市公司股东的方式,但是至今没有人作出尝试,因为这样的避税目的过于明显。

3. 长城集团有人说可以看做第一家,但是信息披露的内容惜墨如金,至少从现有资料来看无从判断。小兵查阅了其反馈意见和补充法律意见书,会里对该问题也没有予以关注,因此,是不是第一家很难说。

4. 康芝药业据说是创业板第一家有限合伙做股东的上市公司,所以在此作为一个典型案例留存。如果持股公司成立有限合伙企业,这个方案设计最主要的就是选谁做GP、如何设计减持方案。小兵认为控股股东作为普通合伙人比较好,这样其在享受类似公司股东权益的同时能够降低相关的风险。

5. 有限合伙企业做股权激励并不能突破股份公司人数的限制。首先有限合伙企业的合伙人不得超过50人;其次证监会在保代培训时说过合伙企业可以做股东算1人,但明显为了规避200人要求的除外,应当根据《合伙企业法》、《合伙企业章程》以及合伙企业实质运作的判断。

6. 还包括九阳股份、合康变频、星期六、乐普医疗、九安医疗等案例,这些公司都存在由有限合伙企业设立的有限责任公司对进行上市公司持股的情况。九阳股份(鼎晖

6.8571%)、合康变频(联想投资 15%)、星期六(联想投资 7%)、乐普医疗(华平 20%)、九安医疗(IDG10.97%),这些有限合伙企业的持股份额都超过5%,但是只有联想投资所投的合康变频、星期六详细的往上披露了有限合伙企业的 GP、LP 情况;九安医疗则只披露了 IDG 的 GP(判定 GP 是基金的实际控制人),而没有披露 LP;九阳股份和乐普医疗压根就没怎么披露相关信息。由此判断,证监会对于有限合伙企业的合伙人如何披露信息并没有固定的要求。从案例来看似乎没有什么定式,主要还是看预审员,如果他怀疑你的合伙企业投资有问题或者他对你的合伙企业不熟,要求你披露,那也只能披露了。

【思路总结】

一、基本规定

(一)设立主体

1. 合伙企业是指自然人、法人和其他组织在中国境内设立的普通合伙企业和有限合伙企业。

2. 普通合伙企业由普通合伙人组成,合伙人对合伙企业债务承担无限连带责任。

3. 有限合伙企业由普通合伙人和有限合伙人组成,普通合伙人对合伙企业债务承担无限连带责任,有限合伙人以其认缴的出资额为限对合伙企业债务承担责任。

4. 国有独资公司、国有企业、上市公司以及公益性的事业单位、社会团体不得成为普通合伙人。

(二)合伙协议

1. 依法由全体合伙人协商一致、以书面形式订立;应当遵循自愿、平等、公平、诚实信用的原则。

2. 新法强调了合伙企业的独立性,更加强调了合伙企业的意思自治,从而突出合伙协议的作用和地位。

(三)纳税规范

1. 合伙企业的生产经营所得和其他所得,按照国家有关税收规定,由合伙人分别缴纳所得税。

2. 对合伙企业的经营所得和其他所得不征收所得税,只对合伙人从合伙企业取得的收入征收所得税，是国际上的普遍做法，也是合伙企业同公司等其他企业组织形式相比更具有吸引力的地方。

3. 现行合伙企业法没有对合伙企业是否缴纳企业所得税问题进行规定。在该法实施过程中，2000 年国务院规定对合伙企业停止征收企业所得税，只对其合伙人比照个体工商户的生产经营所得征收个人所得税。因此，实践中对合伙企业也是不征收企业所得税的。这次修改合伙企业法，根据合伙企业的特点，并结合实践经验，对合伙企业是否缴纳所得税问题予以明确。

（四）事项变更

1. 合伙企业登记事项发生变更的，执行合伙事务的合伙人应当自作出变更决定或者发生变更事由之日起十五日内，向企业登记机关申请办理变更登记。

2. 旧法对于变更原因有设置但是又比较模糊，如合伙退伙等原因，新法干脆没有做出规定。

二、普通合伙企业

（一）合伙企业设立

1. 设立条件

（1）有两个以上合伙人；

（2）有书面合伙协议；

（3）有合伙人认缴或者实际缴付的出资；

（4）有合伙企业的名称和生产经营场所；

（5）其他条件。

2. 出资方式

（1）合伙人可以用货币、实物、知识产权、土地使用权或者其他财产权利出资，也可以用劳务出资。

（2）需要评估作价的，可以由全体合伙人协商确定，也可以由全体合伙人委托法定评估机构评估。

（3）合伙人以劳务出资的，其评估办法由全体合伙人协商确定，并在合伙协议中载明。

3. 合伙协议

（1）合伙协议经全体合伙人签名、盖章后生效；合伙人按照合伙协议享有权利，履行义务。

(2)修改或者补充合伙协议,应当经全体合伙人一致同意,但是合伙协议另有约定的除外。合伙协议未约定或者约定不明确的事项,由合伙人协商决定,协商不成的依法处理。

(二)合伙企业财产

1. 财产范围

(1)合伙人的出资、以合伙企业名义取得的收益和依法取得的其他财产,均为合伙企业的财产。

(2)新法做出了更为明确的规定,凸显"合伙的相对独立性",倾向于更好地保护合伙企业的财产和利益。

2. 财产处置

(1)合伙人在合伙企业清算前不得请求分割合伙企业的财产,法律、法规另有规定的除外。

(2)合伙人在合伙企业清算前私自转移或者处分合伙企业财产的,合伙企业不得以此对抗善意第三人。

3. 财产转让

(1)除合伙协议另有约定外,合伙人向合伙人以外的人转让其在合伙企业中的全部或者部分财产份额时,须经其他合伙人一致同意,在同等条件下其他合伙人有优先购买权。合伙人以外的人经修改合伙协议即成为合伙企业的合伙人。

(2)合伙人之间转让在合伙企业中的全部或者部分财产份额时,应当通知其他合伙人。

4. 财产出质

(1)合伙人以其在合伙企业中的财产份额出质的,须经其他合伙人一致同意,未经其他合伙人一致同意的,其行为无效,由此给善意第三人造成损失的,由行为人依法承担赔偿责任。

(2)请注意这里对于未经合伙人一致同意的出质,其后果只能为无效(原法有或做退伙处理的规定),并对于善意第三人的保护也做出了规定。

(三)合伙事务执行

1. 执行事务合伙人

(1)合伙人对执行合伙事务享有同等的权利。按照合伙协议的约定或者经全体合伙人决定,可以委托一个或者数个合伙人对外代表合伙企业,执行合伙事务。作为合伙人的法人、其他组织执行合伙事务的,由其委派的代表执行。

(2)已经委托一个或者数个合伙人执行合伙事务的,其他合伙人不再执行合伙事务,不执行合伙事务的合伙人有权监督执行合伙事务的合伙人执行合伙事务的情况。

2. 职权范围

(1)执行合伙事务的合伙人应当定期向其他合伙人报告事务执行情况以及合伙企业的经营和财务状况,其执行合伙事务所产生的收益归合伙企业,所产生的费用和亏损由合伙企业承担。

(2)合伙人为了解合伙企业的经营状况和财务状况,有权查阅合伙企业会计账簿等财务资料。

3. 事务表决

(1)合伙人对合伙企业有关事项作出决议,按照合伙协议约定的表决办法办理。

(2)合伙协议未约定或者约定不明确的,实行合伙人一人一票并经全体合伙人过半数通过的表决办法。

4. 竞业禁止

(1)合伙人不得自营或者与同他人合作经营与本合伙企业相竞争的业务。

(2)除合伙协议另有约定或者经全体合伙人一致同意外,合伙人不得同本合伙企业进行交易。

(3)合伙人不得从事损害本合伙企业利益的活动。

5. 收益分配

(1)合伙企业的利润分配、亏损分担,按照合伙协议的约定办理;合伙协议未约定或者约定不明确的,由合伙人协商决定;协商不成的,由合伙人按照实缴出资比例分配、分担;无法确定出资比例的,由合伙人平均分配、分担。

(2)合伙协议不得约定将全部利润分配给部分合伙人或者由部分合伙人承担全部亏损。

(四)合伙企业与第三人的关系

1. 善意第三人

(1)合伙企业对合伙人执行合伙事务以及对外代表合伙企业权利的限制,不得对抗善意第三人。

(2)对内而言,合伙人的权利行使有所限制,但是对外而言,合伙企业是个整体,合伙人对外执行事务代表合伙企业,所以不能对抗善意第三人。

2. 债务清偿

(1)合伙企业对其债务,应先以其全部财产进行清偿。

(2)合伙企业不能清偿到期债务的,合伙人承担无限连带责任。

(3)合伙人由于承担无限连带责任,清偿数额超过其亏损分担比例的,有权向其他合伙人追偿。

3. 他项权利

(1)合伙人发生与合伙企业无关的债务,相关债权人不得以其债权抵消其对合伙企业的债务,也不得代位行使合伙人在合伙企业中的权利。

(2)打个比方,某甲欠合伙企业A一万元,而某乙是合伙企业的合伙人,乙又欠了甲一万元,甲不可以进行抵消债权债务,同样也不得代位行使合伙人在合伙企业中的权利。

4. 财产份额清偿

(1)合伙人的自有财产不足清偿其与合伙企业无关的债务的,该合伙人可以以其从合伙企业中分取的收益用于清偿;债权人也可以依法请求人民法院强制执行该合伙人在合伙企业中的财产份额用于清偿。

(2)人民法院强制执行时应当通知全体合伙人,其他合伙人有优先购买权;其他合伙人未购买,又不同意将该财产份额转让给他人的,应为该合伙人办理退伙结算,或者办理削减该合伙人相应财产份额的结算。

三、有限合伙企业

(一)立法旨意

1. 发展风险投资迫切需要在法律中规定有限合伙制度。风险投资是20世纪60年代快速发展起来的一种股权投资方式,这种投资常用的组织形式是有限合伙,即在至少有一名合伙人承担无限责任的基础上,允许其他合伙人承担有限责任,从而将具有投资管理经验或技术研发能力的机构或个人,与具有资金实力的投资机构有效地结合起来。这种组织形式由具有良好投资意识的专业管理机构或个人作为普通合伙人,承担无限连带责任,行使合伙事务的执行权,负责企业的经营管理;作为资金投入者的有限合伙人依据合伙协议享受合伙收益,对企业债务只承担有限责任,不对外代表合伙,也不直接参与企业的经营管理。

2. 有限合伙融合了普通合伙和公司的优点。与公司相比,普通合伙人直接从事合伙的经营管理,使合伙的组织结构简单,节省管理费用和运营成本;普通合伙人对合伙要承担无限责任,可以促使其对合伙的管理尽职尽责。同时,对有限合伙企业本身不征所得税,直接对合伙人征收所得税,避免了公司的双重税负。

3. 与普通合伙相比,允许投资者以承担有限责任的方式参加合伙成为有限合伙人,解除了投资者承担无限责任的后顾之忧,有利于吸引投资。由于有限合伙的上述特点,实践中为资本与智力的结合提供了一种便利的组织形式,即拥有财力者作为有限合伙人,拥有专业知识和技能者作为普通合伙人,两者共同组成以有限合伙为组织形式的风险投资机构,从事高科技项目的投资。

(二)合伙人数

1. 有限合伙企业由 2 人以上 50 人以下合伙人设立,另有规定的除外。有限合伙企业至少应当有一个普通合伙人。

2. 关于有限合伙企业的合伙人数,法律规定是 2 人以上 50 人以下合伙人。这个问题在起草中曾有三种设想,第一种是能不能像公司法一样把合伙人规定在 200 人以下,因为 200 人以下叫私募,200 人以上是公募。还有一种就是定到 100 人。由于在这方面没有经验,同时目前社会生活中地下私募基金太多,有些人会不会利用这个钻空子,所以比较谨慎地设定为 50 人。同时还有人提出能不能限定为 20 人,因为国外有设定为 20 人的,最后立法机关经过反复权衡,将这个人数限定为 50 人。这里还有一点要注意,就是法律规定的那一条还留了一句话,就是“法律另有规定的除外”,也就是说,我们将来如果制定的法律,如搞一个风险投资法,规定“从事风险投资的有限合伙人可以达到 100 人”,那么就可以不受 50 人的约束了。

(三)出资方式

1. 有限合伙人可以用货币、实物、知识产权、土地使用权或者其他财产权利作价出资。

2. 有限合伙人不得以劳务出资。

3. 有限合伙人应当按照合伙协议的约定按期足额缴纳出资;未按期足额缴纳的应当承担补缴义务,并对其他合伙人承担违约责任。

(四)事务执行

1. 有限合伙企业由普通合伙人执行合伙事务,执行合伙事务的合伙人可以要求在合伙协议中确定执行事务的报酬及报酬提取方式。

2. 有限合伙人不执行合伙事务,不得对外代表有限合伙企业。

（五）收益分配

1. 有限合伙企业不得将全部利润分配给部分合伙人，但是合伙协议另有约定的除外。

2. 对于普通合伙企业来说，合伙协议不得约定将全部利润分配给部分合伙人或者由部分合伙人承担全部亏损，这样的规定是公平原则的体现。但是在有限合伙中，合伙人承担责任的形式而言，本来就是不公平的，所以法律作出了不同的规定。

（六）竞业禁止

1. 有限合伙人可以同本有限合伙企业进行交易，但是合伙协议另有约定的除外。

2. 有限合伙人可以自营或者同他人合作经营与本有限合伙企业相竞争的业务，但是合伙协议另有约定的除外。

3. 普通合伙中，合伙人不可以同本企业进行交易，除非合伙协议有规定，或者是其他合伙人一致同意。普通合伙中合伙人不得自营或者同他人合作经营与本合伙企业相竞争的业务，但法律却赋予了有限合伙人这项权利，只不过这项权利受到合伙协议的限制。

（七）份额出质

1. 有限合伙人可以将其在有限合伙企业中的财产份额出质，但是合伙协议另有约定的除外。

2. 对比普通合伙规定：合伙人以其在合伙企业中的财产份额出质的，须经其他合伙人一致同意；未经其他合伙人一致同意，其行为无效，由此给善意第三人造成损失的，由行为人依法承担赔偿责任。

（八）份额转让

有限合伙人可以按照合伙协议的约定向合伙人以外的人转让其在有限合伙企业中的财产份额，但应当提前30日通知其他合伙人。

（九）份额清偿

1. 有限合伙人的自有财产不足清偿其与合伙企业无关的债务的，该合伙人可以以其从有限合伙企业中分取的收益用于清偿；债权人也可以依法请求人民法院强制执行该合伙人在有限合伙企业中的财产份额用于清偿。

2. 人民法院强制执行时应当通知全体合伙人，在同等条件下其他合伙人有优先购买权。

（十）合伙解散

1. 有限合伙企业仅剩有限合伙人时应当解散。
2. 有限合伙企业仅剩普通合伙人的转为普通合伙企业。

（十一）资格终止

作为有限合伙人的自然人死亡、被依法宣告死亡或者作为有限合伙人的法人及其他组织终止时，其继承人或者权利承受人可以依法取得该有限合伙人在有限合伙企业中的资格。

（十二）身份转化

1. 除合伙协议另有约定外，普通合伙人转变为有限合伙人，或者有限合伙人转变为普通合伙人的，应当经全体合伙人一致同意。
2. 有限合伙人转变为普通合伙人的，对其作为有限合伙人期间有限合伙企业发生的债务承担无限连带责任。
3. 普通合伙人转变为有限合伙人的，对其作为普通合伙人期间合伙企业发生的债务承担无限连带责任。

四、主要发行审核政策

1. 合伙企业可以做股东，算 1 人，但明显为了规避法律关于 200 人的上限要求的除外：根据《合伙企业法》、《合伙企业章程》以及合伙企业运作实质进行判断。
2. 合伙企业主要应关注信息披露问题。比照有关法人股东的要求进行披露处理，根据合伙人的身份（发起人或非发起人）和持股比例高低（控股股东或实际控制人、5%以上的股东或发起人、持股比例很小的股东）来决定信息披露的详略。由于合伙企业的合伙人安排非常灵活，必须非常关注：合伙企业的真实性、合法性，是否存在代持关系；合伙人之间的纠纷、诉讼；突击入股的合伙企业相关情况等。
3. 合伙企业实际控制人认定：正常情况下是普通合伙人，另外也可以从合伙企业的执行情况来认定。
4. 保荐机构和律师应对合伙企业披露的信息以及合伙企业的历史沿革和最近 3 年的主要情况进行核查。

5. 合伙企业入股发行人的交易存在疑问时，不管持股多少和身份如何，都需要详细全面核查。

【参考法规】

一、《证券登记管理办法》

第十九条增加一款，作为第二款："前款所称投资者包括中国公民、中国法人、中国合伙企业及法律、行政法规、中国证监会规章规定的其他投资者。"

二、《合伙企业法》

第二条 本法所称合伙企业，是指自然人、法人和其他组织依照本法在中国境内设立的普通合伙企业和有限合伙企业。

普通合伙企业由普通合伙人组成，合伙人对合伙企业债务承担无限连带责任。本法对普通合伙人承担责任的形式有特别规定的，从其规定。

有限合伙企业由普通合伙人和有限合伙人组成，普通合伙人对合伙企业债务承担无限连带责任，有限合伙人以其认缴的出资额为限对合伙企业债务承担责任。

第三条 国有独资公司、国有企业、上市公司以及公益性的事业单位、社会团体不得成为普通合伙人。

第十六条 （普通合伙企业）合伙人可以用货币、实物、知识产权、土地使用权或者其他财产权利出资，也可以用劳务出资。

合伙人以实物、知识产权、土地使用权或者其他财产权利出资，需要评估作价的，可以由全体合伙人协商确定，也可以由全体合伙人委托法定评估机构评估。

合伙人以劳务出资的，其评估办法由全体合伙人协商确定，并在合伙协议中载明。

第六十一条 有限合伙企业由二个以上五十个以下合伙人设立；但是，法律另有规定的除外。

有限合伙企业至少应当有一个普通合伙人。

第六十四条 有限合伙人可以用货币、实物、知识产权、土地使用权或者其他财产权利作价出资。

有限合伙人不得以劳务出资。

■第四节　股权高度集中问题

【重要提示】

★小兵觉得，论述一个企业股权是高度集中还是极度分散都是一个伪命题，只要企业的股权结构能够保持稳定且对公司未来的生产经营不会产生不利影响，就应该符合首发上市的条件。

★股权高度分散的情况下，我们可以界定共同控制也可以认定没有实际控制人，而股权高度集中的情况下，中介机构需要提示公司在决策和运行方面的风险。

【案例情况】

一、美邦服饰(002269)：周成建和胡佳佳持有100%股份

2003年11月，上海美邦有限的注册资本由5000万元增加至12,000万元，同时增加徐军、姜义、徐卫东、王泉庚及杨鸽鸽5名自然人股东，5名自然人股东均为上海美邦有限当时的高级管理人员或业务骨干。为保持企业管理层的稳定并提升管理层的工作积极性，公司实际控制人周成建曾计划以股权方式对管理层进行激励，由其出资(合计7000万元)给上述五位高级管理人员或业务骨干，该五位高级管理人员或业务骨干分别认缴出资并担当名义股东，日后再根据管理者的经营表现择机将相关股权实际授予上述人员。该5名自然人与周成建约定其共同持有的上海美邦有限58%权益的所有权由周成建实际享有，且基于该等权益所产生之一切权利(包括企业资产增值等)均为周成建所有，该5名自然人不享有任何实体权利。

2005年12月，由于之后管理层出现变动，出于维护企业的稳定发展的目的，周成建收回了用于激励的股权；另外，经过一系列的股权转让，至此周成建持有90%股份而胡佳佳持有10%股份。此后，尽管经历多次增资，但是父女两个完全掌控美邦的局面没有任何改变，直到2007年。

2007年9月，上海美邦有限股东会决议同意其股东周成建将其所持有的上海美邦有限90%的股权作价23,400万元投入华服投资，并同意因此而发生的股权转让。同日，周成建与华服投资签署《股权转让协议》，将其所持有的上海美邦有限90%的股权

作价23,400万元作为周成建认缴华服投资的增资额,由周成建一次性投入华服投资。此后,华服投资持有90%的股份,胡佳佳持有10%的股份。至此,股权结构不再发生变化。

华服投资的股权结构是:周成建持有70%,上海祺格持有30%,而周成建和胡佳佳分别持有上海祺格90%和10%的股份。可见,美邦股份经历数次股权转让,始终没有逃出父女两人的手掌心。

周成建为发行人的实际控制人,其直接持有发行人控股股东华服投资70%的股权,并拥有华服投资另一股东上海祺格90%的股权。胡佳佳为周成建之女,其直接持有发行人10%的股权及华服投资股东上海祺格10%的股权。

二、恒大高新(审核未通过):朱星河家族持有100%股份

公司实际控制人朱星河及其家族关联自然人合计持有公司100%的股份,本次公开发行后,朱星河及其家族关联自然人持有公司74.67%的股份,仍绝对控股本公司。虽然公司自设立以来未发生过实际控制人利用其控股地位损害公司利益的行为,且公司亦在不断完善相关制度以防范上述情况发生,逐步建立健全了包括"三会"议事规则、累计投票制度、独立董事议事规则、关联交易决策制度、对外担保管理制度、内部审计制度、会计管理制度在内的一系列内部控制制度并予以认真执行,同时在董事会七位董事中设置了四位独立董事。但是,如果控股股东和实际控制人利用其控制地位,通过行使表决权等方式对本公司的人事任免、经营决策等进行控制,仍有可能会出现损害本公司及本公司中小股东的利益的情形。

1993年1月,江西恒大高新技术股份有限公司(以下简称恒大高新)成立,注册资本8万元,股权比例分别为:朱星河30%、淦青30%、胡长清30%、邓士东10%。

1993年10月21日,淦青将其所持公司30%股权转让给朱星河,1994年1月,邓士东将其所持公司10%股权转让给胡恩雪,本次股权转让完成之后,恒大高新股东变更为朱星河、胡长清、胡恩雪,其持股比例分别为60%、30%、10%。公司后经多次增资过程,股权均未发生变化。

2002年3月,经股东会同意将公司注册资本由300万元增加至3000万元,其中增加胡恩莉为公司股东,其出资额为75万元,占公司注册资本比例为2.50%。本次增资完成后,各位股东的出资额及持股比例为:朱星河57.50%、胡恩雪30.00%、胡长清10.00%、胡恩莉2.50%。

2002年4月16日,恒大高新、恒大新材料与朱星河签署协议书,同意恒大高新以土地使用权投入恒大新材料,并直接由朱星河名下过户至恒大新材料。恒大高新以该

土地使用权对恒大新材料增资后，恒大新材料办理了过户至其名下的手续，并取得了《国有土地使用证》[洪北土国用(2002)字第066号]。

朱星河将该土地使用权投入恒大高新前，朱星河对该地块进行了“五通一平”(即通路、通电、供水、排水、通信及场地平整)及围墙等建设；投入恒大高新后，由于与恒大高新将该土地使用权投入恒大新材料的间隔时间较短，恒大高新未实际使用该地块；投入恒大新材料后，恒大新材料对该地块进行了开发，建设了综合楼和生产车间，用于恒大新材料的行政办公、技术研发、非金属系列防磨抗蚀材料的生产及部分对外出租。

三、中能电气(300062)：家族控制96.42%股份

福建中能电气有限公司(以下简称中能电气)为家族控制，实际控制人为陈添旭、陈曼虹、吴昊及周玉成。实际控制人之间的关系为：陈曼虹系陈添旭的妹妹，陈曼虹系吴昊的配偶，周玉成系陈添旭和陈曼虹的舅舅。公司实际控制人在本公司发行前直接和间接共持有中能电气96.42%的股份。上述因素可能导致实际控制人利用其股东的身份，通过行使表决权，对公司的发展战略、经营战略、人事安排、关联交易和利润分配等实施重要影响，从而影响公司决策的科学性、合理性，并可能损害公司及公司其他股东的利益。

2002年12月，中能电气由外资股东加拿大电气设备有限公司出资设立，投资总额为150万美元，注册资本为120万美元，为外商独资企业。

2005年9月，中能电气与福州中能电力设备有限公司签订了《公司合并协议书》，协议约定，中能电气吸收合并福州中能电力设备有限公司，合并后中能电气继续存在，福州中能电力设备有限公司解散，其所有资产并入中能电气，其债权债务及相关业务全部由中能电气承接；合并后中能电气的投资总额为413万美元，注册资本为243万美元。上述合并经福建省对外贸易经济合作厅于2006年8月21日的《福建省对外贸易经济合作厅关于同意福建中能电气有限公司吸收合并福州中能电力设备有限公司的批复》[闽外经贸资(2006)第272号]批准。中能电气的企业类型变更为中外合资企业，投资总额变更为413万美元，注册资本变更为243万美元。加拿大电气设备有限公司持有49.38%、周爱贞持有31.11%、陈添旭持有19.51%。

2007年6月，中能电气新增三名股东，上述增资及相关变更事项经福建省对外贸易经济合作厅于2007年6月22日的《福建省对外贸易经济合作厅关于福建中能电气有限公司增加投资等事项的批复》[闽外经贸资(2007)第233号]批准。本次增资扩股完成后，中能电气的股东、出资额及出资比例如下：加拿大电气设备有限公司44.11%、周爱贞27.79%、陈添旭17.42%、福州科域电力技术有限公司7.10%、上海信前投资管

理有限公司 2.95%、福州华金盛投资管理有限公司 0.63%。

2008 年 12 月 8 日，加拿大电气设备有限公司将其持有的中能电气 36% 的股权和 8.11% 的股权分别转让给陈曼虹和吴昊，转让后加拿大电气设备有限公司不再持有中能电气的股权；周爱贞将其持有的中能电气 10.82% 的股权和 16.97% 的股权分别转让给吴昊和陈添旭，转让后，周爱贞不再持有中能电气的股权。上述股权转让事项经福建省对外贸易经济合作厅于 2008 年 12 月 29 日的《福建省对外贸易经济合作厅关于福建中能电气股份有限公司股权转让等事项的批复》［闽外经贸资（2008）第 529 号］批准。

四、誉衡药业（002437）：家族持有 90% 股份

2000 年 3 月，誉衡药业成立，注册资本为 200 万元，股权比例为朱吉满 80%、芦山峰 10%、陈述 10%。

2000 年 8 月，鉴于誉衡药业设立时，股东朱吉满替陈述、芦山峰垫付了两人认缴的全部出资且二人并未向朱吉满归还该等款项。芦山峰、陈述分别把所持有的誉衡药业 20 万元股份转让给白莉惠。至此股权结构为朱吉满 80%、百丽慧 20%。

2002 年 10 月，将注册资本由 1000 万元增加到 3800 万元，其中朱吉满认缴 1670 万元，白莉惠认缴 560 万元，王东绪、魏学宁分别认缴 380 万元和 190 万元。至此，朱吉满持有 65%、百丽慧持有 20%、王东绪持有 10%、魏学宁持有 5%。

2006 年 2 月，魏学宁将其持有的誉衡药业 190 万元出资（5% 股权）转让给朱吉满，此次股权转让完成后，誉衡药业股权结构如下：朱吉满 70%、百丽慧 20%、王东绪 10%。

【案例评析】

1. 股权高度集中或者高度分散的问题都是一个伪命题，该问题既没有一个明确的标准，也没有相对可行的处理意见。当然，股权高度集中往往会给大家一个“一言堂”或者“一个人的公司”的印象，因此，在风险因素的披露中，家族控制风险往往在该类企业中成为标准配置。

2. 从发行审核的角度来说，股权集中问题也是一个仁者见仁、智者见智的问题，不过不管怎样，这都不算是一件好事情。往大了说，这表明你的公司治理存在严重障碍，导致不符合首发上市的有关规定；往小了说，那也会成为一家企业一个减分项。

3. 因此，这个问题也需要有适当的处理措施：引入战略投资者无疑是最好的方式，既合理又合法还好看；适当增加公司董事会外部董事的比例，如投资者委派董事或者

独立董事等；在公司有关规则上就大股东的职权做出某些限定，同时可以在小投资者的权利保护上另外做出一些安排。

4. 该问题非常普遍但也不能算作是重要的问题，小兵选取的案例也并非典型，只是借此给大家提个醒的同时，也提示个思路。

【参考法规】

《公司法》

第二百一十七条　本法下列用语的含义：

……

（二）控股股东，是指其出资额占有限责任公司资本总额百分之五十以上或者其持有的股份占股份有限公司股本总额百分之五十以上的股东；出资额或者持有股份的比例虽然不足百分之五十，但依其出资额或者持有的股份所享有的表决权已足以对股东会、股东大会的决议产生重大影响的股东。

（三）实际控制人，是指虽不是公司的股东，但通过投资关系、协议或者其他安排，能够实际支配公司行为的人。

■第五节　引入上下游作为股东

【重要提示】

★ 关于这个问题，好像有着一个非常明显的悖论，那就是引入上下游作为股东本来是一件两全其美的事情，可是关联交易的问题却怎么也绕不开。小兵个人觉得这个问题很重要，甚至可以上升到政策的层面来做研讨。

★ 当然，该问题的存在也有很多潜规则的因素，因此，在实务操作中还要谨慎处理，最关键的一点是能够让审核人员相信你对所引入的上下游不存在重大依赖和显失公允的关联交易。

【案例情况】

一、金刚玻璃(300093):上市前引进客户兼供应商南玻集团

发行人成立于1994年。2008年2月引入南玻集团和南玻香港公司,两者在发行前合计持股11.11%。双方之间的合作关系很深。在上游,广东金刚玻璃科技股份有限公司(以下简称金刚玻璃)向南玻集团的子公司(深圳南玻、广州南玻等)采购浮法玻璃原片;在下游,金刚玻璃向南玻集团的子公司(东莞南玻工程、吴江南玻工程、天津南玻工程等)销售特种玻璃产品。

招股书指出,本公司2007年度、2008年度、2009年度向关联方采购金额分别占公司同类业务的比例为8.59%、15.59%、28.37%。本公司向关联方采购的商品主要为生产特种玻璃产品的原材料,采取市场化定价原则,价格与向第三方采购无明显差异,采购定价公允、合理,关联采购对本公司经营成果无重大影响。若公司与关联方以非关联方价格进行采购,2007年公司利润总额将增加3.94万元,2008年和2009年公司利润总额将分别减少4.16万元和24.99万元,关联方与公司的采购交易对公司利润总额影响较小。

报告期内,公司向南玻集团及其关联方采购金额及比例均有所上升,主要原因系公司产销量逐年增加,相应增加玻璃原片的采购;另外,由于南玻集团生产的浮法玻璃产品质量优异、品牌影响力较强,公司的一些客户[瑞和(香港)装饰工程有限公司、陕西瑞森建筑工程股份有限公司、香港喜而利幕墙工程有限公司、广州江河幕墙系统工程有限公司等]均指定使用南玻集团生产的玻璃原片加工特种玻璃产品,因此,公司向南玻集团及其关联方的采购金额及比率均有所上升。

公司2007年度、2008年度、2009年度向关联方的销售金额分别占公司同类业务的比例为1.42%、7.78%、9.65%。本公司向关联方销售商品主要为建筑工程用安防玻璃产品和用于出口的安防玻璃产品,销售价格与向第三方销售价格无明显差异,销售定价公允、合理,关联交易对本公司的经营成果无重大影响。若公司与关联方以非关联方价格进行销售,2007年和2008年公司利润总额将分别减少10.73万元和13.70万元,2009年公司利润总额将增加6.77万元,关联方与公司的销售交易对公司利润总额影响较小。

公司2008年度、2009年度安防玻璃产品销售收入分别为16,301.33万元和20,206.50万元,增长3905.17万元;而公司与南玻集团及其关联方之间的销售收入分

别为1500.83万元和2461.46万元，增长960.63万元。虽然报告期内公司与南玻集团及其关联方的销售金额有所上升，但远低于公司安防玻璃产品销售收入的增长。

报告期内，公司向南玻集团及其关联方销售金额和比例均有所上升，主要原因系：目前，我国在建筑防火方面已出台了一系列的规范性文件，其中《建筑安全玻璃管理规定》明确要求建筑物的11个部位必须使用安全玻璃，同时公众的安防意识不断加强，安防玻璃市场迅速增长。南玻集团作为国内著名的建筑玻璃材料供应商，承接的项目所需的安防玻璃产品亦有所增加。而本公司作为国内知名的安防玻璃生产商，同时与南玻集团均位于华南地区，地缘优势明显，而两者又具有产品功能上的互补性，因此，南玻集团在华南地区承接的项目所使用的安防玻璃产品部分从本公司采购，使得公司向南玻集团及其关联方销售金额和比例均有所上升。本公司销售给南玻集团及其关联方的产品均使用本公司的注册商标，与南玻集团自身生产的产品区分明显。

至于这个问题，审核人员看来还是非常重视，在反馈意见的第2条意见里重点提出（第1条是对赌协议），发行人律师对此作了解释：

1. 发行人履行了关联交易的内部审议程序。2009年8月15日，发行人第三届董事会第八次会议审议通过了《关于与南玻集团及其子公司关联交易的议案》。确认公司2008年度及2009年度1～6月与股东南玻集团及其子公司已发生的关联交易金额，其中采购原材料：2008年度发生金额为12,474,917.86元，2009年度1～6月发生金额为13,990,105.01元；销售货物：2008年度发生金额为15,008,369.32元，2009年1～6月发生金额为17,434,832.84元。会议同时批准2009年7月至2010年6月一年期间，公司与南玻集团及其子公司发生关联交易的额度为采购原材料3600万元，销售产品4200万元。前述关联交易遵循市场化定价原则，确保关联交易的公允性。关联董事吴国斌对本议案回避表决。发行人独立董事发表了《关于公司与南玻集团及其子公司关联交易的独立意见》，认为公司拟与南玻集团及其子公司进行的关联交易，以市场价为定价原则，没有违反公开、公平、公正的原则，不存在损害公司和中小股东利益的行为；该项关联交易事项的审议、决策程序符合相关规定，关联董事在审议该关联交易事项时进行了回避表决。2009年8月31日，发行人2009年度第二次临时股东大会审议通过了前述议案，关联股东南玻集团及其子公司南玻香港对该议案予以回避表决。

2. 不存在不恰当的利益输送和对关联方的重大依赖

本所律师经核查认为，发行人与关联方之间的关联交易基于市场化定价原则，不存在不恰当的利益输送。根据《法律意见书》第五部分“发行人的独立性”的论述，以及发行人与关联方交易金额占同类全部交易金额的比例，本所律师认为发行人具有良好的独立性，对关联方不存在重大依赖。

3. 规范未来关联交易的具体安排

2009 年 7 月 31 日,发行人召开 2009 年度第一次临时股东大会,审议通过了《广东金刚玻璃科技股份有限公司章程》、《关联交易决策制度》和《独立董事工作制度》等公司规章制度,对公司关联交易的定价原则、决策权限及程序、监督机制等事宜做了明确的规定。因此,发行人律师认为,发行人已经为规范未来关联交易做了明确的制度安排。

4. 南玻集团对发行人独立性的影响

如《律师工作报告》第 5 部分、《法律意见书》第 5 部分所述,发行人在资产、业务、人员、财务和机构等方面具有良好的独立性,虽然和南玻集团及其子公司存在关联交易,但交易都是按照市场化原则进行,南玻集团对发行人的独立性不存在影响。

二、棕榈园林(002431):上市前引进客户做战略投资者

发行人成立于 1984 年,当时为合伙企业。经过 7 次股权转让和 4 次增资之后,公司于 2008 年 6 月整体变更为股份公司。2008 年 7 月,栖霞建设向棕榈园林增资 2100 万元,其中 870 万元记入注册资本(增资后成为第三大股东),其余 1230 万记入资本公积金。栖霞建设本次增资的价格为 2.41 元/股,较棕榈园林 2008 年 6 月 30 日的每股净资产值 1.64 元溢价 46.95%。2008 年 8 月 1 日,滨江控股向棕榈园林增资 555.17 万元,其中 230 万记入注册资本(增资后成为第 11 大股东),其余 325.17 万元记入资本公积金。滨江控股本次增资的价格亦为 2.41 元/股。

2009 年,棕榈园林与两家客户型关联方发生交易 4000 万元,占棕榈园林同期营业收入的 6.07%。总体来看,棕榈园林在报告期内与两家客户型关联方的交易金额占比不大。接下来的问题便是通过图表的方式解释价格是否公允以及与两家关联公司的交易对收入和毛利的影响不大。

在反馈意见中,对于新增关联方栖霞建设和滨江控股同样没有放过,在第一次反馈中就要求中介机构详细披露关联交易的情况;而在临上市之前,会计师事务所再一次要求中介机构补充披露新增关联交易的情况,可见其关注和不放心的程度。

三、华伍股份(300095):股东系公司重要客户

江西华伍与振华重工历史渊源较深。自发行人成立之日起,振华就是其股东之一。综观江西华伍的成长历程,振华重工在当中起到了决定性的作用,不仅在公司的几轮增资中累计出资 1900 万元,更重要的是,振华重工是江西华伍的第一大客户。

据招股说明书披露,2007 年至 2009 年期间,江西华伍对振华重工和上海兴港(振

华重工旗下企业)的合计销售收入分别为1.15亿元、1.12亿元和1.12亿元,占同期营业收入的比例分别为63.52%、34.05%和30.78%。

四、(审核未通过)西安隆基:上市前引入客户做投资者但关联交易有失公允

西安隆基硅材料股份有限公司(以下简称西安隆基)先后进行过六次增资与七次股权转让。报告期(2007~2009年)内,发行人进行了三次增资与四次股权转让。除了无锡尚德与国信弘盛增资外,其他增资、股权转让大多带有明显的激励性质。国信弘盛增资在整体变更之后,带有明显的Pre-IPO性质。需要引起关注的是,2008年无锡尚德的进入。2008年5月6日,西安隆基通过股东会决议,同意新增注册资本人民币131.025万元,占变更后公司注册资本的4.98%(第7大股东),由无锡尚德以现金5136.1818万元予以认购。

2009年无锡尚德生产的电池单元占全球总量的8%,生产的电池组件占全球总量的9.21%,是目前全球最大的太阳能电池生产厂商之一。正是这一原因使得发行人决定引入无锡尚德作为公司的投资者。也正是这一增资,引发了大量的关联交易。

无锡尚德及其关联方洛阳尚德在报告期内均为西安隆基的第一大客户,西安隆基向洛阳尚德及无锡尚德的销售(劳务)收入占当年营业收入的比重分别为18.00%、35.83%、67.61%,销售额在2009年更是达到了5.18亿元,而2009年的信息显示,西安隆基对第二大客户中电电气的销售额却仅为6268万元。

更为关键的是,公司2009年净利润、毛利率均高于同行业的主要原因是其2009年上半年执行了2008年延迟下来的关联销售合同。

2008年延迟执行的与关联方单晶硅片合同,累计合同金额为10,564万元,上述执行价格大约为48元/片,而2009年6月单晶硅片市场价格为17.8元/片。若以2009年的市场价格测算,公司2009年多计入毛利为6300万元,这样的话公司的业绩则会大幅下降。

【案例评析】

1.其实,企业在上市之前将重要客户或者供应商引入作为股东共同分享上市的收益应该是一件比较容易想通的事情,毕竟企业的发展离不开上下游的鼎力相助。当然,或许还有一种情况,那就是企业的发展对于上下游有着很大的依赖,让他们入股也是被逼无奈的事情。

2.以上两种情况会直接导致两种不同的结果:前者拟上市企业有很大的自主权,

不论是生产经营上，还是投资入股方面，他可以自主决定上下游投资者的入股比例和决策权限，由于没有重大依赖就算是入股之后的关联交易也是会在可控范围之内的，会里一般会认可这种情况。而如果是后者，拟上市企业则会被动接受一个大客户或供应商入股，审核人员首先质疑你的独立性，而入股之后巨额的关联交易也会成为很大的障碍，如江西隆基的情况。

3. 不管怎样，申报材料之前引入上下游作为投资者的行为，会里一定会重点予以关注，如在金刚玻璃反馈意见的第 2 条意见里就重点提出（第 1 条是对赌协议）此问题。发行人的律师算是作了一个非常普通的解释，其实问题并没有真正解决，就像有人质疑的那样：南玻集团内这么多企业难道就没有生产与金刚玻璃同类产品的企业？南玻集团主页产品展示栏目中有“防火玻璃”和“防爆玻璃”的列示，在南玻集团子公司成都南玻公司的网站中也有“防爆玻璃”的展示，那么金刚玻璃说自己的产品好，南玻集团必须予以采购的解释是不是能站住脚呢？

4. 金刚玻璃和棕榈园林没有被战略投资者关联交易所阻挡的很重要的原因可能是关联交易金额不大，而西安隆基被否的原因或许与无锡尚德的关联交易过大有关。另外，太阳能行业的敏感性以及延迟执行合同从而虚增利润问题都是很大的减分项，曾经第一次上市失败的超日太阳能公司也存在因延迟执行合同从而导致虚增利润的情况。

5. 关于这个问题，好像有着一个非常明显的悖论，那就是引入上下游作为投资者本来是一件两全其美的事情，可是关联交易的问题却怎么也绕不开。小兵个人觉得这个问题很重要，甚至可以上升到政策的层面来做研讨。

【参考法规】

《首次公开发行股票并上市管理办法》

第十九条 发行人的业务独立。发行人的业务应当独立于控股股东、实际控制人及其控制的其他企业，与控股股东、实际控制人及其控制的其他企业间不得有同业竞争或者显失公平的关联交易。

第四章 实际控制人

□ 报告期内实际控制人未发生变更是企业申请首发上市的条件,没有任何余地,因此,该问题在项目中普遍得到重视。

□ 为了保证实际控制人不发生变化,那么就需要做一些工作来界定什么是实际控制人,并解释在股权频繁变动的情况下实际控制人没有发生变更。

□ 如果没有充足的理由解释实际控制人未发生变更,那么小兵建议老实地等三年或者两年(创业板)之后再申报,闯关心态要不得,以免因小失大。

□ 本节内容将主要为大家介绍实际控制人认定中的一些特殊情形,以及实际控制人未发生变更的一些解释思路。

第一节 家庭成员的实际控制人界定

【重要提示】

★ 家庭成员的实际控制人认定问题,小兵觉得并没有任何特殊之处,基本原则是:如果某位家族成员一个人完全可以控制公司,那么可以单独将该人界定为实际控制人,而其他家族成员则是关联股东。

★ 反之,如果一位家族成员并不能控制本公司,而需要其他成员的"帮助"方可控制本公司,那么此时可以认定整个家族成员是共同实际控制人。但值得注意的是,需要关注该种认定是不是具有合理性,如其他家族成员是不是持续持有股权、是不是对公司经营有重大影响等,而不是简单为了实际控制人的认定而专门来帮忙。

【案例情况】

一、宝利沥青(300135)

宝利沥青的控股股东及实际控制人为周德洪、周秀凤夫妇,其中控股股东周德洪持有宝利沥青3000万股股份,占发行前宝利沥青总股本的50%;周秀凤持有宝利沥青1736万股股份,占发行前宝利沥青总股本的28.93%;二人合计持有宝利沥青4736万股股份,占发行前宝利沥青总股本的78.93%。目前周德洪担任公司董事长,周秀凤担任宝利沥青副董事长。

二、合兴包装(002228)

合兴包装的实际控制人包括许晓光、许晓荣、许天津、吕秀英在内的许晓光家族,其中许天津、吕秀英为配偶关系,许晓光、许晓荣为其子女。

汇信投资持有合兴包装4850.25万股的法人股,占本次发行前总股本的64.67%,为合兴包装第一大股东。汇信投资成立于2006年10月8日,注册资本2000万元,法定代表人为吕秀英。汇信投资由许晓光等四位自然人共同出资设立,其中许晓光出资比例58%,为该公司的第一大股东;许晓荣出资比例20%,为该公司的第二大股东;吕秀英、许天津出资比例均为11%。

三、智光电气(002169)

金誉集团持有智光电气2505.07万股的股份,持股比例为49.04%,为智光电气第一大股东。郑晓军持有金誉集团40%的股权,是金誉集团的控股股东,为智光电气的实际控制人。郑晓军是李永喜妹妹的配偶,李永喜持有发行人3.92%股权,李永喜配偶卢静文持有金誉集团15%的股权,其所持有股份应合并计算。根据实质重于形式原则,并参照《上市公司收购管理办法》相关规定,郑晓军、李永喜、卢静文为一致行动人。

金誉集团成立于2001年10月17日,注册资本为10,000万元。该公司股权结构为:郑晓军持股40%;甘田生持股17%;卢静文持股15%;郭亚峰持股13%;饶晓斌持股10%;陈有新持股5%。

四、华峰氨纶(002064)

集团公司目前的股权结构如下:

股东名称	关联关系	在集团公司的出资情况	
		出资额(万元)	比例(%)
尤小平	—	11,950	57.452
尤小平	尤小平弟弟	3430	16.490
尤金焕	尤小平兄长	1560	7.500
陈林真	尤小平的妹夫、尤小平的丈夫	1480	7.115
叶芬弟	无	1280	6.154
尤小玲	尤小平妹妹	600	2.885
尤小燕	尤小平妹妹	500	2.404
合计	—	20,800	100.000

尤小平先生是华峰氨纶的实际控制人,本次发行前持有华峰氨纶17.676%的股权、持有集团公司57.452%的股权,集团公司持有华峰氨纶43.099%的股权;本次发行后,尤小平先生将持有华峰氨纶13.257%的股权,集团公司将持有华峰氨纶32.324%的股权。

五、东方铁塔(002545)

截至本招股说明书签署之日,东方铁塔股东均为自然人,股本结构为:

股东名称	持股数量(万股)	持股比例(%)
韩汇如	9100	70
韩方如	1950	15
韩真如	1950	15
合计	13,000	100

公司股东中,韩方如女士、韩真如女士与韩汇如先生为姐弟关系,韩方如与韩真如为姐妹关系;韩汇如持有9100万股股份,为公司控股股东及实际控制人。

六、江苏宏宝(002071)

序号	股东名称	持股数(万股)	持股比例(%)
1	宏宝集团	5086.15	69.98
2	红塔创新	610.51	8.40
3	恒德金属	363.40	5.00
4	华尔润	356.13	4.90
5	朱剑峰	423.00	5.82
6	衡允恭	356.13	4.90
7	王施涛	72.68	1.00
合计		7268.00	100.00

宏宝集团现有股东40人，其中法人股东1名，自然人股东39名。法人股股东张家港市大新镇资产经营公司持有15%的股份，朱玉宝持有48.50%的股份，高中华持有5.25%的股份，其他37名自然人持有31.25%的股份。集团公司董事长朱玉宝先生持有集团公司48.50%的股权，是宏宝集团的第一大股东，且其他股东的持股比例较小且较为分散，因而朱玉宝先生能对宏宝集团的经营和财务决策施加重大影响，是宏宝集团的实际控制人，而朱玉宝先生与朱剑峰先生为父子关系，因而宏宝集团与朱剑峰存在关联关系。除此之外，江苏宏宝的股东之间不存在关联关系。

【案例评析】

1. 中国民营企业家族控制的现象非常普遍，小兵也专门对此做过研究。对于实际控制人的界定问题，也是各有各的处理思路。

2. 尽管方式不同，但小兵认为一个基本的原则就是：如果其中一个家族成员的持股比例能够保证绝对的控股地位，那么就没必要拉其他人一起界定一致行动人；而如果家族成员本身股权比较分散，那么就需要将家族成员绑定在一起作为实际控制人了。

3. 当然，将家族成员捆绑在一起作为实际控制人有时候可能会存在风险，如宝利沥青案例，会里就关注了将夫妇作为一致行动人的合理性和真实性。因为，有时候会里怀疑家族成员临时拉别的成员入伙以保证实际控制人地位。

4. 下面的观点有些道理，但是小兵认为没必要作为原则看待：一般而言，若夫妻双方均在公司直接或间接持股，则夫妻双方应为共同控制人。父亲与儿子的关系，类同夫妻关系，即父亲或儿子若是实际控制人，则儿子或父亲多半会被认定为共同控制人，但是江苏宏宝的案例并没有将儿子和父亲一起界定为实际控制人。

■第二节　共同控制人和无实际控制人

【重要提示】

★ 该种情形一般存在于公司股权高度分散下的情形，而这两种实际控制人的认定方式从某种意义上来讲，也算是投行实务界的一种创新。

★ 尽管存在认定无实际控制人的案例，但小兵还是主张该种处理存在较大的审核风险,不到万不得已建议不要轻易采用。

★ 认定共同控制一般需要多方签署一致行动协议,但是仅仅依据该协议认定共同实际控制人很难被认可,因为协议非常容易倒签,需要找足其他方面的补充证据。

★ 下述案例小兵觉得均较为典型,且在解释思路和解决措施方面均做出了较为深入的尝试和探索,个人觉得非常值得借鉴。

【案例情况】

一、泰岳科技(300002)

(一)基本情况

王宁、李力为公司的共同实际控制人,报告期内未发生变化;截至本招股说明书签署之日,两人各持有公司18.5756%的股权,并列为公司第一大股东。王宁自2001年5月起至今历任公司董事长、总经理、财务负责人,现任公司董事长;李力自2001年10月起至今历任公司董事、常务副总经理、总经理,现任公司董事、总经理。

(二)认定依据

自报告期初至今,王宁、李力两人各自直接、间接持有公司股权的比例在公司股东中一直并列第一,两人合并直接、间接持有公司股权的比例在公司股东中一直位列第一;两人都一直担任公司董事和高级管理人员等重要职务,对公司股东大会、董事会的重大决策和公司经营活动能够产生重大影响;同时,根据历史上的合作关系、公司实际运作情况以及王宁、李力两人共同签署的关于一致行动的《协议书》,认定王宁、李力两人为公司的共同实际控制人,报告期内未发生变化,且在本次发行后的可预期期限内将继续保持稳定、有效存在。具体说明如下:

1. 自报告期初至今,王宁、李力两人合并持有公司股权的比例在公司股东中一直位列第一,对公司构成了共同控制。(1)王宁、李力两人直接、间接合并持有公司股权的比例一直保持在40%左右,位列第一;(2)两人各自分别直接、间接持有公司股权的比例一直相同,保持在20%左右,并列第一,两人任何一人凭借其股权均无法单独对公司股东大会决议、董事会选举和公司的重大经营决策实施决定性影响;(3)自2001年10月起,王宁、李力两人即已形成上述对公司的持股结构,两人一直密切合作,对公司发展战略、重大经营决策、日常经营活动均有相同的意见、共同实施重大影响,在公司历次股东会、股东大会、董事会上均有相同的表决意见。综上,王宁、李力两人在股权关系上构成了对公司的共同控制。

2. 自报告期初至今，王宁、李力两人一直在公司担任董事和高级管理人员等重要职务，对公司经营决策具有重大影响。王宁、李力两人自报告期初至今一直在公司担任重要职务，基于共同的利益基础和共同认可的公司发展目标，两人彼此信任，历史上合作关系良好，在公司所有重大决策上均是在事前充分沟通的基础上达成了一致意见，对公司经营决策具有重大影响，事实上构成了对公司经营上的共同控制。

3. 报告期内王宁、李力两人持有公司股权的比例没有重大变化，股权不存在重大不确定性。报告期内，因股权转让、转增股本、增资扩股等情形导致王宁、李力两人持有公司股权的比例有小幅的波动，但两人单独、合并持有公司股权的比例基本保持稳定：两人各自持有公司股权的比例一直稳定在20%左右，两人合并持有公司股权的比例一直稳定在40%左右，且历次股权变化均履行了必要的法律程序，进行了工商变更登记，股权关系清晰、明确，两人持有公司的股权合法有效，不存在重大不确定性。

4. 公司报告期内治理结构健全、运行良好。公司自2002年6月整体改制设立为股份有限公司起，即开始逐步建立健全公司法人治理结构。自报告期初至本招股说明书签署之日，公司治理结构逐步完善，在原有董事会、监事会的基础上，建立了独立董事制度和战略、提名、薪酬与考核以及审计等专业委员会，公司治理运行良好。王宁、李力两人对公司的共同控制未对公司的规范运作产生不利影响。

5. 王宁、李力两人签署了一致行动协议，以保证公司控制权的持续稳定。为保证公司控制权的持续、稳定，王宁、李力于2009年6月10日共同签署了关于一致行动的《协议书》，主要条款包括：(1)对两人历史上的一致行动行为进行了确认。(2)本协议一方拟向董事会或股东大会提出应由董事会或股东大会审议的议案时，应当事先就议案内容与另一方进行充分的沟通和交流，如果另一方对议案内容有异议，在不违反规定的前提下双方均应当做出适当让步，对议案内容进行修改，直至双方共同认可议案的内容后，以其中一方的名义或双方的名义向董事会或股东大会提出相关议案，并对议案做出相同的表决意见。(3)对于非由本协议的一方或双方提出的议案，在董事会或股东大会召开前双方应当就待审议的议案进行充分的沟通和交流，直至双方达成一致意见，并各自以自身的名义或一方授权另一方按照形成的一致意见在董事会会议或股东大会会议上做出相同的表决意见。如果难以达成一致意见，在议案的内容符合法律法规、监管机构的规定和软件公司章程规定的前提下，一方拟对议案投同意票，而另一方拟对该议案投反对票或弃权票的，则双方在正式会议上均应对该议案投同意票；如果一方拟对议案投反对票，而另一方拟对该议案投弃权票的，则双方在正式会议上均应对该议案投反对票；如果议案的内容违反法律法规、监管机构的规定和软件公司章程规定，则双方均应对该议案投反对票。(4)在本协议生效后至公司股票在证券交易所上市之日的期间内以及公司股票在证券交易所上市之日起的36个月内，不转让或委托他人管理其所持有的软件公司股份，也不由软件公司回购其所持有的软件公司股份；在上述期限过后，双方均应严格执行法律法规和监管机构关于转让上市公司股票限制的相关规定。

6. 保荐人和北京市天元律师事务所关于公司实际控制人认定的意见。保荐人和北京市天元律师事务所均认为：发行人关于实际控制人的认定符合《〈首次公开发行股票并上市管理办法〉第12条“实际控制人没有发生变更”的理解和适用——证券期货法律适用意见第1号》[证监法律字(2007)第15号]的要求，王宁、李力两人共同签署的关于一致行动的《协议书》合法有效，两人的权利义务清晰、责任明确，王宁、李力两人为发行人的共同实际控制人，报告期内未发生变化，并且在未来可预期的期限内将继续保持稳定。

二、江海股份(002484)

(一)重大风险提示：股东共同控制公司的风险

本次发行前，江海股份股东香港亿威投资有限公司(以下简称香港亿威)直接持有6000万股股份，占总股本的50%；其他47名境内自然人(中方股东)股东合计持有6000万股股份，占总股本的50%；公司由香港亿威和中方股东共同控制。

中方47名自然人股东中其中46名自然人已签署了《委托协议书》，授权公司股东、董事长陈卫东先生代为行使其持有的公司股份所享有的股东大会的投票权、提案权、提名权、临时股东大会的召集权，在行使上述权利时，经47名自然人股东召开会议进行讨论后，由董事长陈卫东先生按照统一表决意见(占所有自然人股东所持股份总数50%以上的股东意见为统一表决意见，如不能形成50%以上的统一意见，则股东意见中支持比例最高的表决意见为统一表决意见)进行投票表决，授权期限为委托协议签署之日起至公司股票发行上市后的36个月内。

本次发行后，香港亿威持股37.5%，上述自然人股东持股37.5%，社会公众股东持股25%。公司已经建立起规范有效的法人治理结构，且自2002年改制为有限公司以来，主营业务及核心经营团队稳定，但上述共同控制的状况可能给公司经营财务决策、重大人事和利润分配等方面给公司及中小股东带来一定的风险。

公司报告期内历次股权变更的过程中，外资股东继续追加投资活动的行为为公司经营业绩的持续增长提供了必要的资金支持，经营业绩得到较大提升；最近3年，香港亿威作为公司单一最大股东持股50%，中方自然人股东作为一方持股50%，公司共同控制的状况未发生变化，主营业务和管理层也未发生重大变化。

（二）共同控制的认定依据

根据《〈首次公开发行股票并上市管理办法〉第12条"实际控制人没有发生变更"的理解和适用——证券期货法律适用意见第1号》第3条的规定，江海股份由香港亿威和中方股东共同控制，符合以下条件：

1. 共同控制人持股情况

香港亿威和中方股东均直接持有公司股份，分别持有50%的股份。

2. 公司治理结构情况

（1）有限公司阶段：①香港亿威对江海股份增资时，中方股东共同授权股东陈卫东在与香港亿威合资的相关法律文件中签字并处理相关事宜。②香港亿威对江海股份第一次增资后持有江海股份40%的股权，中方股东持有江海股份的60%股权，有关文件确认合资公司中董事人数为8人，中方股东、香港亿威各自选举4名董事进入董事会；因江海股份为中外合资企业，董事会为公司最高权力机构，中方股东和香港亿威委派等额的董事，享有公司最高权力机关董事会相同的表决票数，中方股东、香港亿威对公司共同控制。③香港亿威第二次增资持股比例变为50%，中方股东持股比例变为50%，江海股份董事会、董事人选未发生变化。虽然持有实际支配公司股份最高的人发生了变化，但表决权比例未发生变化，公司控制权未发生变更。④香港亿威第三次增资4000万，持股比例未发生变化，江海股份董事会、董事人选未发生变化，保持中方股东、香港亿威对公司共同控制的局面。⑤公司自2005年年底变更为中外合资企业以来，公司高级管理人员的构成未发生变化。

（2）股份公司阶段：①2008年7月18日中方股东其中的45名自然人签署《授权委托书》，授权公司股东、董事长陈卫东先生代为行使其持有的公司股份所享有的投票权、提案权等。②2009年5月31日，为完善委托形式朱祥等45名自然人股东与陈卫东进行了协商，各方一致同意将《授权委托书》形式上调整为《委托协议书》。公司整体变更为股份公司后的历次股东大会表决中，中方股东在股东大会层面保持一致的表决意见，股东大会层面中方股东和香港亿威因各持有公司50%的股权，从而形成对公司的共同控制。③公司变更为股份公司后，中方股东、香港亿威在召开创立大会选举董事前沟通达成共识：股份公司阶段的非独立董事由中方股东、香港亿威各提名三名，双方提名的董事人数相同。董事会层面各方拥有等额的董事也证明中方股东、香港亿威对公司共同控制。④公司自股份公司成立以来，公司高级管理人员的构成未发生变化。

3. 共同控制的情况不影响公司的治理结构

江海股份自2005年引进港方股东香港亿威成为中外合资经营企业后，就按照规定建立了良好的治理结构。为了提高治理效率，公司还建立了董事管理工作会议制度（每月召开一次），董事管理工作会议由中方股东、香港亿威各自选举的董事出席，就公司经营过程中的重大事项进行协商、论证。根据公司2005年12月以来的历次股东大会、董事会、董事管理工作会议的相关决议、会议资料、会议记录文件，中方股东、香港亿威、董事各自发挥其在经营管理方面的优势促进企业发展，双方配合默契，历次决策均经过充分沟通、论证。

公司自2005年12月以来一直保持上述治理结构，近三年公司的经营决策科学、高效，管理团队未发生变化，公司的经营业绩逐年提升。公司稳定的治理结构和经营业绩表明共同控制的情况未影响公司治理结构的有效性。

（三）关于共同控制情况的真实性、合理性

1. 中方股东一致行动的真实性、合理性：(1)陈卫东担任公司领导达10年以上。在多年的经营实践中，陈卫东以良好的经营业绩证明了其突出的经营管理能力，赢得了公司股东的信任。公司股东充分认可其经营理念，在公司重大事项决策上均与其保持一致。(2)朱祥系公司第二大股东，持股比例21%，朱祥对电容器行业并没有直接的管理经验，在生产经营方面倚重陈卫东为首的管理团队的判断，并在股东大会、董事会层面与其保持一致。

2. 关于香港亿威与中方股东共同控制的真实性、合理性：(1)香港亿威是香港上市公司亿都控股的全资子公司，系按照香港商业惯例成立的持股公司。亿都控股主营业务是生产、开发及买卖液晶体显示器，其对电容器行业无实际经营的经验。因此，香港亿威在公司的具体生产经营方面始终与以陈卫东为首的中方股东协商、论证后方做出相关决议。(2)根据亿都控股于2008年9月作出的《确认函》确认：亿都控股在其会计报表及公开的信息披露资料中从未有控制江海股份或江海股份董事局的组成；亿都控股从未与其他相关股东签署任何协议以让其可委任全数或过半数的董事或将其免任；亿都控股从来只视南通江海股份为与他方共同持有之合营企业，而从未把南通江海股份作为附属公司看待。(3)通过对香港上市公司亿都控股的公开信息披露资料的核查，香港亿威自2005年入股公司后，香港亿威的股东亿都控股均视公司为其合营企业，从未将公司作为其子公司纳入公司的合并范围。

（四）公司股东关于稳定治理结构的安排

1. 朱祥等45名自然人股东与陈卫东先生于2008年7月18日签署《授权委托书》，

授权公司股东、董事长陈卫东先生代为行使其持有的公司股份所享有的股东大会的投票权、提案权、提名权、临时股东大会的召集权。2009年5月31日,朱祥等45名自然人股东与陈卫东进行了协商,对《授权委托书》进行调整。

2. 委托方和受托方一致同意按照如下规则行使上述股东权利:受托方和委托方应在公司股东大会召开前,召集全体委托方、受托方,就股东大会会议议案进行讨论,形成统一表决意见。并按照相关规定出具股东大会的授权委托书,当某个委托方违反本授权委托书的约定,不出具授权委托书时,应当向其他委托方就这样的违约行为支付100万元的违约金。在行使提案权、董事、独立董事、监事候选人的提名权、临时股东大会的召集权时召集委托方、受托方进行讨论,形成统一意见。在委托方、受托方违反本委托协议书约定时,应当向守约方就每次违约行为支付共计100万元的违约金。占全体委托方、受托方所持股份总数50%以上的股东意见为统一表决意见(如不能形成50%以上的统一意见,则股东意见中支持比例最高的表决意见为统一表决意见),受托方应当按照此统一意见行使本协议项下的股东权利。委托方、受托方同意接受统一表决意见的约束。

3. 受托方如有下列情形之一的,由委托方中持股比例最高且能够出席股东大会的自然人股东代行本协议项下的股东权利,也可由委托方协商更换成其他受托方:(1)受托方不能履行或不履行上述受托事项;(2)受托方不再担任公司董事;(3)占全体委托方所持股份总数50%以上的股东同意更换的其他情形。

4. 受托方或继任受托方不按本委托协议书确定的表决规则统一行使本协议项下股东权利的,应承担法律责任。

5. 受托方必须遵守法律和股份公司章程,不得利用委托方的授权损害公司的利益或者其他股东的利益。

6. 未经全体委托方书面同意,受托方不得将本委托书中列明的股东权利全部或者部分授予他人行使。

7. 本委托协议书一经签署即具有法律约束力,且未经全体委托方和受托方同意不得予以变更。

发行人律师认为:朱祥等45名自然人股东将其所拥有的相关股东权利委托陈卫东先生按照约定的规则统一行使。该等委托股东权利的行为是上述自然人股东真实的意思表示,公司股东有权委托他人行使自己享有的股东权利;该等委托行使相关股东权利的行为未损害他人和公司的合法利益。该等委托行使股东权利的行为合法有效,对全体委托人、受托人均具有法律约束力。

香港亿威、陈卫东等46名自然人股东分别于2009年3月18日,出具《承诺函》:本人作为公司股东,在公司股票上市之日起三十六个月内,不会转让或者委托他人管理,也不要求公司回购本人直接或间接持有的公司股份。

综上,《授权委托书》及《委托协议书》的签订合法有效、权利义务清晰、责任明确,该情况在最近3年内且在首发后的可预期期限内是稳定、有效存在的。

对于上述问题,保荐机构和律师均发表了核查意见。

三、天源迪科(300047)

(一)认定理由

天源迪科不存在控股股东和实际控制人。

1. 天源迪科的股权结构分散,不存在控股股东和实际控制人

最近两年内,天源迪科的股权结构未发生任何变化,股权结构一直维持在比较分散的状态,不存在控股股东和实际控制人。自2007年5月21日天源迪科完成最后一次增资以来,天源迪科的股权至今未发生任何变化,具体情况如下:陈友持股19.82%;吴志东持股15.68%;陈鲁康持股13.50%;天泽投资持股12.86%;谢晓宾持股10.45%;李谦益持股10.45%;李堃持股6.44%;王怀东持股6.44%;杨文庆持股4.36%。

2. 本公司单一股东无法控制股东大会

根据《公司法》及公司章程的规定,股东大会作出决议,须经出席会议的股东所持表决权过半数通过,特殊事项须经出席会议的股东所持表决权的2/3以上通过。天源迪科任何单一股东所持有的公司股份均未超过公司总股本的20%,因此,天源迪科任何单一股东均无法控制股东大会或对股东大会决议产生决定性影响。

3. 天源迪科单一股东无法控制董事会

天源迪科的自然人股东陈友、吴志东、陈鲁康、谢晓宾、李谦益、杨文庆均在公司董事会中担任董事,上述股东在董事会席位上的分配比较均衡。

根据公司章程的规定,董事会成员和监事会成员的任免由股东大会以普通决议通过。天源迪科的董事均由其股东大会选举产生,且各股东均按照各自的表决权参与了董事选举的投票表决。因此,天源迪科任何单一股东均没有能力决定半数以上董事会成员的选任。

根据《公司法》及公司章程的规定:董事会会议应有过半数的董事出席方可举行。董事会作出决议,必须经全体董事的过半数通过。董事会决议的表决实行一人一票。天源迪科任何担任董事的自然人股东均无法控制董事会或对董事会决议产生决定性影响。

天源迪科全体董事均参加了历次董事会，并进行了相应的表决，且该等董事均依据自己的意愿对会议议案进行表决。不存在任何单一股东单独控制董事会的情形。

4. 天源迪科的股东间无一致行动

在天源迪科历次股东大会中，股东在进行表决前均没有一致行动的协议或意向，亦不存在任何股东的表决权受到其他股东控制或影响的情形。

天源迪科历次董事会中，董事在进行表决前均没有一致行动的协议或意向，亦不存在任何董事的表决权受到他方控制或影响的情形。

天源迪科的股东陈友、吴志东、陈鲁康、天泽投资、谢晓宾、李谦益、李堃、王怀东、杨文庆于2009年7月20日出具《声明》：各股东之间未签订任何一致行动协议或实施其他任何可能约束数名股东共同行使股东权利而实际控制本公司的行为。

综上，天源迪科的股权结构一直较为分散，不存在控股股东和实际控制人，亦不存在多人共同拥有公司控制权的情形。

（二）解决措施

针对天源迪科股权分散、无实际控制人的情况，天源迪科采取如下措施保证公司经营决策的稳定性、公司治理的有效性以及避免公司内部人控制对股东利益带来的不利影响。

1. 天源迪科股东承诺上市后锁定股份

天源迪科股东陈友、吴志东、陈鲁康、天泽投资、谢晓宾、李谦益、杨文庆、李堃、王怀东于2009年7月20日均签署了《关于本次发行前股东所持股份的流通限制和自愿锁定股份的承诺函》，其中，陈友、吴志东、陈鲁康、天泽投资、谢晓宾、李谦益、杨文庆承诺其所持有的股份自公司本次发行的股票上市之日起锁定期为36个月；李堃、王怀东承诺其所持有的股份自公司本次发行的股票上市之日起锁定期为12个月。天源迪科通过股东承诺锁定股份的方式，保持天源迪科在上市后的股权结构稳定，保证股东大会作为经营决策层的稳定性。

2. 天源迪科建立了健全的内部管理制度保证公司治理的有效性

天源迪科依法制定了健全的内部管理制度：设置了独立董事，强化对董事会及经理层的约束和监督；公司董事、监事的选任实施累积投票制，任何股东均不能单独通过实际支配公司股份表决权决定公司董事会半数以上成员的选任。公司历次股东（大）会、董事会、监事会均按照《公司法》和公司章程规定的职权履行职责，该等股东（大）会、董事会、监事会会议议案均是由全体股东、董事、监事一致表决通过。

3. 天源迪科建立了健全的内部控制制度，防范内部人控制以保障股东利益

公司制定了《对外担保管理规定》、《关联交易公允决策制度》、《投资管理制度》，从而避免因可能存在的内部人控制而发生损害股东利益的情形出现；同时考虑到上市后公众股东的利益保障，公司还制定了《投资者关系管理制度》、《信息披露管理制度》，确保天源迪科上市后公众股东能及时、准确地获取公司对外披露的信息，从而有利于公众股东有效地参与公司的治理，保障公众股东的利益。公司还制定了一套包括组织架构、治理结构、管理制度、财务制度等在内的较为健全有效的内部控制体系，以确保公司的各项生产、经营活动都能有章可循。

深圳南方民和会计师事务所已向天源迪科出具深南专审报字（2009）第 ZA197 号天源迪科内部控制鉴证报告，证明天源迪科的内部控制制度健全且被有效执行，能够合理保证财务报告的可靠性、生产经营的合法性、营运的效率与效果。

综上所述，天源迪科的股权分散、无实际控制人的状况，并未影响公司经营业绩的稳定和公司治理的有效性，公司已采取了有效措施确保公司股权结构的稳定性、经营决策的稳定性和避免内部人控制。

四、硅宝科技（300019）

（一）重大风险提示第一项：控制权风险

公司股东全部为自然人股东，前三大股东的持股比例分别为 27%、24.75% 和 20.25%，没有单一股东持有本公司 30% 以上的股权，没有一个单一股东可以对公司决策形成实质性影响，股权比较分散，公司没有实际控制人。硅宝科技前三大股东已经作出承诺，在本次成功发行上市后，36 个月内不转让或者委托他人管理其持有的公司股份，亦不以任何理由要求公司回购其持有的公司股份。但是由于公司前三大股东持股比例较为接近，上市后公司控制权仍存在发生变动的风险。

（二）解释原因

由于发行人的股权结构、董事会决议及成员构成特点，公司的经营方针及重大事项的决策系由全体股东充分讨论后确定，无任何一方能够决定和作出实质影响，因此，公司无实际控制人。

1. 股权结构特点

发行人第二大股东王有治担任公司总经理及董事，尽管其与股东王有华系兄弟、为股东蔡显中配偶的姐妹的配偶，3 人合计持有硅宝科技 34.75% 的股份，但根据 3 人

于2009年7月20日出具的《确认函》,确认该等3人自成为发行人股东以来,各自均独立行使表决权,彼此间不存在一致行动的情形;其各自亦与其他发行人股东之间不存在通过协议、其他安排,与其他股东共同扩大其所能够支配的发行人股份表决权数量的行为或者事实。除前述股东外,发行人的其他股东均于2009年7月20日出具《确认函》,确认其自成为发行人股东以来,与发行人其他股东之间不存在亲属关系,亦不存在通过协议、其他安排,与其他股东共同扩大其所能够支配的发行人股份表决权数量的行为或者事实,即无通过投资、协议或者其他安排实现共同拥有公司控制权的情形。发行人第一大股东王跃林担任公司董事长及法定代表人,召集和主持董事会会议及主持股东大会会议,对外代表发行人,对发行人亦具有重要的影响力。

2. 公司董事会决议及成员构成特点

发行人的公司章程及董事会议事规则规定,公司董事会需经全体董事2/3以上通过方可作出决议。发行人于2008年5月4日召开的创立大会暨第一次股东大会选举产生了7名董事(其中三名独立董事);王跃林、王有治、郭弟民、曾永红4位股东当选为董事。王有治、王有华、蔡显中3人无法选出过半数的董事会成员,其他股东亦无法选出过半数的董事会成员。由此,无发行人股东对董事会有实质影响。

3. 主要股东所持表决权对发行人的影响

根据发行人的公司章程规定:股东大会决议分为普通决议和特别决议。股东大会作出普通决议,应当由出席股东大会的股东(包括股东代理人)所持表决权的过半数通过。股东大会作出特别决议,应当由出席股东大会的股东(包括股东代理人)所持表决权的2/3以上通过。第一大股东王跃林持股比例为27%,第二大股东王有治持股比例为24.75%,第三大股东郭弟民持股比例为20.25%,均无法单独通过实际支配的公司股份表决权决定公司董事会2/3以上人员的选任,通过实际支配的公司股份无法决定公司的重大事项。另外,王有治与王有华、蔡显中3人合计持有公司34.75%的股份,与公司第一大股东王跃林持有公司27%的股份,公司第三大股东郭弟民持有公司20.25%的股份相比较,王有治、王有华和蔡显中三人的持股比例并无明显优势,合并3人所持有的股份无法选出2/3以上的董事会成员,3人亦无法单独决定公司的重大事项。

发行人律师和保荐机构认为:首先,基于王有治、王有华、蔡显中3人持股比例之和在发行人股本结构中并不具有优势,以及就王有治和王有华、蔡显中3人对发行人董事会成员选任、对发行人重大事项决策的影响力等因素而言,王有治、王有华、蔡显中3人无法通过一致行动关系而拥有公司控制权;同时,根据王有治、王有华、蔡显中3人的确认,以及发行人律师向发行人其他股东、董事、监事、高级管理人员走访调查所了解的情况,王有治、王有华、蔡显中3人实际上均独立行使表决权,相互间并不存在互为一致行动关系的情形,因此,从实质重于形式的原则出发,王有治、王有华、蔡显中

3 人之间的亲属关系不足以作为认定其 3 人为一致行动人且拥有公司控制权的依据。此外根据公司股权结构、股东表决权行使情况、公司的经营方针及重大事项的决策形成、董事会人员组成及决策规则等事实，发行人其他股东亦不能单独拥有公司控制权并且也不存在联合其他股东而共同控制公司的情形。因此，公司无实际控制人。

4. 发行人控制权两年内没有发生变更

2005 年 12 月至今，发行人前两大股东王跃林、王有治分别持有发行人 27% 和 24.75% 的股份，持股比例均未发生过变化。2007 年 5 月，发行人股东蔡显中将其所持发行人 10% 的股份中的 5% 转让给王有华，本次股权转让完成后，蔡显中及王有华各自持有发行人 5% 的股份。本次股权转让的标的股份占发行人股本总额的比例较小；并且，王有治与蔡显中系连襟，王有治与王有华系兄弟，因此，本次转让不会导致发行人股权结构发生重大变化。2007 年 12 月发行人原股东郭斌、郭越、贺瑜瑜分别将其 3 人各自所持发行人 6.75% 的股份转让给郭弟民。该次股权转让完成后，郭弟民持有发行人 20.25% 的股份，成为发行人的第三大股东。因贺瑜瑜与郭弟民系夫妻关系，郭斌与郭越为贺瑜瑜与郭弟民之子女，且该次股权转让完成后郭弟民持有的发行人股份未达 30%，并不会导致发行人控制权发生变更，亦不会导致发行人股权结构发生重大变化。除此之外，最近 3 年发行人其他股东（合计有发行人 69.75% 的股份）的持股比例均未发生过变动。因此，发行人最近 3 年的控制结构未发生重大变化。

【案例评析】

1. 无论是认定为同一实际控制人还是无实际控制人，都是在公司股权相对分散没有绝对较高持股比例的情况下，而这样的情况在一些高科技企业中由于存在管理层和核心技术人员持股现象倒也算普遍。

2. 认定同一实际控制人是比较常用的方式，需要做的工作是解释一致行动人的意思和行动一致。根据以上案例分析来看，在申报前签署一致行动协议保证上市后股权的稳定是可以被认可的，但是需要解释申报期内同一控制人虽然没有一致行动协议，但是共同决策却从未出现分歧的情形。至于通过签署一个一致行动协议而一劳永逸解决该问题的方式在审核人员是不被认可的，因为审核人员认为你的一致行动协议很容易倒签，也就是说，就算是你的协议是在申报期初甚至更早签署的，如果没有详细的证据来证明一致行动，也是不认可的。以上案例对于认定共同控制或者没有实际控制人的解释都还算全面和到位，可做参考。

3. 认定无实际控制人是要冒风险的，现实中采用的也不多。认定无实际控制人的原因往往与认定共同控制相反：一来一直没有签署一致行动协议，二来任何一个股东都控制不了股东大会和董事会的决策,三来股东并保证不一致行动。其实,小兵对于无实际行动人的解释是不看好甚至认为是不对的,理由是:你界定为无实际控制人,你没有解决任何问题而留下了全部风险,既然你没有实际控制人,那么几个股东可以任意组合作出对公司来讲互相矛盾甚至是不利的决策,当然上市前可以签订任何人不能抱团控制决策的承诺函,但是小兵对于这样的处理方式并不认同。不知审核人员认可该种处理方式的理由是什么,反正小兵不建议这样的方式。

4. 当然,在股权相对分散的情况下也可以尝试认定一个股东为实际控制人。解释的思路如此:(1)该股东虽然股权比例并不绝对突出,但是公司的创始人,一直以来担任公司的重要职务,并能够作出重要决策。(2)其他股东签署保证书,保证不与他人签署一致行动协议,不作出危害实际控制人控制权的行为。如金刚玻璃的处理,持有公司5%以上股份的非控股股东均承诺:不以任何形式谋求成为公司的控股股东或实际控制人;不以控制为目的增持本公司股份;不与公司其他股东签订与控制权相关的任何协议,且不参与任何可能影响公司实际控制人地位的活动。另外,公司股东均就本次发行前所持有的股份按照相关规定出具了关于股份限制流通及锁定的承诺。

5. 江海股份46名自然人股东委托一名股东行使表决权从而实现与香港亿威的共同控制,不然的话香港股东作为第一大股东就与事实不符合。

6. 小兵认为该问题处理模式还是相对灵活的,小兵仅是就一些问题作出简要性的分析,仅做参考,在实务中还是要具体问题具体分析了。

7. 限于篇幅的原因,本节并没有将全部案例留存,银河磁体、金风科技、三聚环保、荃银高科、生益科技和沃森生物等案例也存在没有实际控制人的情况。

【思路总结】

一、问题的由来

1. 控股股东和实际控制人的最权威定义来自2006年新《公司法》第217条第2款和第3款,即

控股股东,是指其出资额占有限责任公司资本总额50%以上或者其持有的股份占股份有限公司股本总额50%以上的股东;出资额或者持有股份的比例虽然不足50%,但依其出资额或者持有的股份所享有的表决权已足以对股东会、股东大会的决议产生重大影响的股东。

实际控制人,是指虽不是公司的股东,但通过投资关系、协议或者其他安排,能够实际支配公司行为的人。

2. 至于《公司法》的规定是否有值得商榷之处先暂时不论，而实际控制人和控股股东问题在投行实务界能够引起如此波澜的根源来自《首次公开发行并上市管理办法》第12条：发行人最近3年内主营业务和董事、高级管理人员没有发生重大变化，实际控制人没有发生变更。这一条也被理解为实际控制人是否发生变更将成为是否符合首发条件的重要标准，甚至成为"一票否决"的决定性因素，所以投行人员在做任何一个项目的时候都会对该问题非常重视，而这个问题恰恰在中国五花八门的股权结构中又是非常难以把握的。

3. 也就是在这样的情况下，我们的投行人员为了解释好实际控制人的问题做出了很多的尝试和创新，如共同实际控制人的问题、没有实际控制人的问题、股东变化而实际控制人没有发生变化的问题等。也就是在这一系列的努力中，把控股股东和实际控制人慢慢地混成了一个概念，而忘却了《公司法》上对该问题的界定。

二、《〈首次公开发行股票并上市管理办法〉第十二条"实际控制人没有发生变更"的理解和适用——证券期货法律适用意见第1号》的继续探讨

显然证监会也意识到了实际控制人问题的混乱，于是在2007年12月出具了《〈首次公开发行股票并上市管理办法〉第十二条"实际控制人没有发生变更"的理解和适用——证券期货法律适用意见第1号》（以下简称1号意见），就"实际控制人没有发生变更"的理解和适用出具了明确的意见。这个意见应该说对指导实务有非常重要的意义，但稍微有些遗憾的是，这个来自于实践又回归去指导实践的值得赞扬的指导意见同样犯了一个错误，那就是没有就实际控制人有一个明确的界定。

如曾经有一位朋友曾与小兵提出这样的见解。根据1号意见在界定共同实际控制人时，如果发行人最近3年内持有、实际支配公司股份表决权比例最高的人发生变化，且变化前后的股东不属于同一实际控制人，视为公司控制权发生变更。那么在下面这种情况下对该句话的解释就略显吃力。

ABC三人分别持有30%、34%、36%，他们共同控制公司；现C将持有6%的股份转让给A，那么公司实际控制权有没有发生变更呢？显然没有，根据适用1号意见给出的解释或许我们可以有两个理解的角度：(1)在这种情况下，可以理解为实际支配公司表决权比例最高的人不是C而应该是ABC的共同控制主体；(2)当然也可以这样解释，那就是最高表决权的C虽然发生变化但是是在同一实际控制人下的变更，所以视为控制权没有发生变更。

那么如果现在有个股权投资者D，C将其股份35%转给D，结果D成了持股比例

最大的人,那么公司是否发生了变更呢?根据上面的思路,如果按照第一种解释我们还可以把ABC作为支配最高表决权的人,不管是股权转让前还是转让后,这样还是可以认定实际控制人没有发生变更的;但如果根据第二种解释则就是完全不同的一个结果了。回到实务中,如果D仅是财务投资者不对公司生产经营产生重要影响,则认定实际控制人没有变更是现实的,这主要是看对1号意见的规定是如何理解的,看来这个问题还不是一个1号意见就能一劳永逸了。

顺便提一下,在1号意见中还规定了在国有股权划转情况下可以认定实际控制人没有发生变更的情形。这个规定本身是没有问题的,只是让小兵想到另外一个状况,那就是《公开发行证券的公司信息披露内容与格式准则第1号——招股说明书》要求实际控制人要披露至自然人或最终国有控制主体,如果国有股份果真要披露到国资委那一级的话,那就会发生永远不存在实际控制人发生变更的怪诞局面。从这个规定来看,证监会显然是不认可国资委没变化则实际控制人就没有变更的解释,或许最稳妥的办法就是在披露国有股份实际控制人的同时还是披露股东的上一控制层级从而判断是否变更。

三、对《公司法》规定的斟酌

在投行实务中对于一些问题的处理虽然与《公司法》的规定会有出处,但是却不能认为中国数千投行从业人员不懂法规,很多游离在《公司法》之外的做法使我们有理由回头斟酌并挑战《公司法》的权威。很高兴的是,这个问题已经有所讨论,曾有网友指出,《公司法》对实际控制人的规定应该调整为:虽不是公司的控股股东,但通过投资关系、协议或者其他安排,能够实际支配公司行为的人。

修改之后的定义可以很好地解释一个现实中的悖论,试举例来说明:假设自然人甲直接持有某公司70%的股份,那么甲是该公司的控股股东确认无疑,至于我们会不会将甲认定为实际控制人那是另外一个问题了;如果甲直接持有某公司20%的股份,通过全资子公司或其他途径合计持有公司50%的股份,而公司另外一个股东持有30%的股份,如果持有30%股份股东不能控制公司的表决权,那么根据《公司法》的规定,该情况下公司是既没有控股股东也没有实际控制人的,而显然这种情况下认定甲为公司实际控制人是合理的,现实中也都是这样操作的。

小兵无从揣测《公司法》立法者当初作出实际控制人定义的时候是出于疏忽还是另有深意,但是不管怎样经过实践检验之后,证明《公司法》的这个规定是值得商榷,或许我们只能期望下一次《公司法》的修正来真正解决这个问题。

【参考法规】

一、《公司法》

第二百一十七条　第二款和第三款：

控股股东，是指其出资额占有限责任公司资本总额百分之五十以上或者其持有的股份占股份有限公司股本总额百分之五十以上的股东；出资额或者持有股份的比例虽然不足百分之五十，但依其出资额或者持有的股份所享有的表决权已足以对股东会、股东大会的决议产生重大影响的股东。

实际控制人，是指虽不是公司的股东，但通过投资关系、协议或者其他安排，能够实际支配公司行为的人。

二、《首次公开发行并上市管理办法》

第十二条　发行人最近 3 年内主营业务和董事、高级管理人员没有发生重大变化，实际控制人没有发生变更。

三、《公开发行证券的公司信息披露内容与格式准则第 1 号—招股说明书》

第三十五条　发行人应披露发起人、持有发行人 5% 以上股份的主要股东及实际控制人的基本情况，主要包括：

（1）发起人、持有发行人 5% 以上股份的主要股东及实际控制人如为法人，应披露成立时间、注册资本、实收资本、注册地和主要生产经营地、股东构成、主营业务、最近一年及一期的总资产、净资产、净利润，并标明有关财务数据是否经过审计及审计机构名称；如为自然人，则应披露国籍、是否拥有永久境外居留权、身份证号码、住所；

（2）控股股东和实际控制人控制的其他企业的成立时间、注册资本、实收资本、注册地和主要生产经营地、主营业务、最近一年及一期的总资产、净资产、净利润，并标明这些数据是否经过审计及审计机构名称；

（3）控股股东和实际控制人直接或间接持有发行人的股份是否存在质押或其他有争议的情况。

实际控制人应披露到最终的国有控股主体或自然人为止。

四、《〈首次公开发行股票并上市管理办法〉第十二条“实际控制人没有发生变更”的理解和适用——证券期货法律适用意见第1号》

进来，一些申请首次公开发行股票并上市的发行人及其保荐人和律师多次向我会咨询《首次公开发行股票并上市管理办法》（以下简称《首发办法》）第12条发行人最近3年内“实际控制人没有发生变更”的理解和适用问题，如在公司最近3年内控股股东发生变更的情况下，如果主张多个共同控制公司的小股东没有发生变化，是否符合《首发办法》的上述规定；在公司股权比较分散（如有些中小企业）、没有实际控制人，或者因国有资产重组导致公司控股股东发生变更等情况下，应该如何理解和适用《首发办法》的上述规定。经研究，我会认为：

1. 从立法意图看，《首发办法》第12条规定要求发行人最近3年内实际控制人没有发生变更，旨在以公司控制权的稳定为标准，判断公司是否具有持续发展、持续盈利的能力，以便投资者在对公司的持续发展和盈利能力拥有较为明确预期的情况下做出投资决策。由于公司控制权往往能够决定和实质影响公司的经营方针、决策和经营管理层的任免，一旦公司控制权发生变化，公司的经营方针和决策、组织机构运作及业务运营等都可能发生重大变化，给发行人的持续发展和持续盈利能力带来重大不确定性。

2. 公司控制权是能够对股东大会的决议产生重大影响或者能够实际支配公司行为的权力，其渊源是对公司的直接或者间接的股权投资关系。因此，认定公司控制权的归属，既需要审查相应的股权投资关系，也需要根据个案的实际情况，综合对发行人股东大会、董事会决议的实质影响、对董事和高级管理人员的提名及任免所起的作用等因素进行分析判断。

3. 发行人及其保荐人和律师主张多人共同拥有公司控制权的，应当符合以下条件：

（1）每人都必须直接持有公司股份和/或者间接支配公司股份的表决权；

（2）发行人公司治理结构健全、运行良好，多人共同拥有公司控制权的情况不影响发行人的规范运作；

（3）多人共同拥有公司控制权的情况，一般应当通过公司章程、协议或者其他安排予以明确，有关章程、协议及安排必须合法有效、权利义务清晰、责任明确，该情况在最近3年内且在首发后的可预期期限内是稳定、有效存在的，共同拥有公司控制权的多人没有出现重大变更；

(4)发行审核部门根据发行人的具体情况认为发行人应该符合的其他条件。

发行人及其保荐人和律师应当提供充分的事实和证据证明多人共同拥有公司控制权的真实性、合理性和稳定性，没有充分、有说服力的事实和证据证明的，其主张不予认可。相关股东采取股份锁定等有利于公司控制权稳定措施的，发行审核部门可将该等情形作为判断构成多人共同拥有公司控制权的重要因素。

如果发行人最近3年内持有、实际支配公司股份表决权比例最高的人发生变化，且变化前后的股东不属于同一实际控制人，视为公司控制权发生变更。

发行人最近3年内持有、实际支配公司股份表决权比例最高的人存在重大不确定性的，比照前款规定执行。

4.发行人不存在拥有公司控制权的人或者公司控制权的归属难以判断的，如果符合以下情形，可视为公司控制权没有发生变更：

(1)发行人的股权及控制结构、经营管理层和主营业务在首发前3年内没有发生重大变化；

(2)发行人的股权及控制结构不影响公司治理有效性；

(3)发行人及其保荐人和律师能够提供证据充分证明。

相关股东采取股份锁定等有利于公司股权及控制结构稳定措施的，发行审核部门可将该等情形作为判断公司控制权没有发生变更的重要因素。

5.因国有资产监督管理需要，国务院或者省级人民政府国有资产监督管理机构无偿划转直属国有控股企业的国有股权或者对该等企业进行重组等导致发行人控股股东发生变更的，如果符合以下情形，可视为公司控制权没有发生变更：

(1)有关国有股权无偿划转或者重组等属于国有资产监督管理的整体性调整，经国务院国有资产监督管理机构或者省级人民政府按照相关程序决策通过，且发行人能够提供有关决策或者批复文件；

(2)发行人与原控股股东不存在同业竞争或者大量的关联交易，不存在故意规避《首发办法》规定的其他发行条件的情形；

(3)有关国有股权无偿划转或者重组等对发行人的经营管理层、主营业务和独立性没有重大不利影响。

按照国有资产监督管理的整体性调整，国务院国有资产监督管理机构直属国有企业与地方国有企业之间无偿划转国有股权或者重组等导致发行人控股股东发生变更的，比照前款规定执行，但是应当经国务院国有资产监督管理机构批准并提交相关批复文件。

不属于前两款规定情形的国有股权无偿划转或者重组等导致发行人控股股东发生变更的，视为公司控制权发生变更。

6. 发行人应当在招股说明书中披露公司控制权的归属、公司的股权及控制结构，并真实、准确、完整地披露公司控制权或者股权及控制结构可能存在的不稳定性及其对公司的生产、经营及营利能力的潜在影响和风险。

7. 律师和律师事务所就公司控制权的归属及其变动情况出具的法律意见书是发行审核部门判断发行人最近3年内“实际控制人没有发生变更”的重要依据。律师和律师事务所应当确保法律意见书的结论明确，依据适当、充分，法律分析清晰、合理，违反相关规定的，除依法采取相应的监管措施外，监管部门还将对法律意见书的签字律师和签字的律师事务所负责人此后出具的法律意见书给予重点关注。律师和律师事务所存在违法违规行为的，将依法追究其法律责任。

■第三节　控股股东和实际控制人的特殊情形

【重要提示】

★ 其实，控股股东和实际控制人的问题在理论上的探讨已经说了很多了，这里只想在别人成果的基础上略作总结，找出在现实案例中的一些特别之处。

★ 或许这些案例并没有可以普遍适用的条件，甚至现行的审核政策早已推翻了曾经的案例，但仅供大家参考。

【案例情况】

一、新野纺织(002087):控股股东为县财政局

1994年3月，新野棉纺厂作为独家发起人，在整体改制的基础上，采取定向募集方式设立了新野股份。股份公司成立后，新野棉纺厂的生产经营性资产、业务、人员全部由股份公司承继，新野棉纺厂的法人主体资格依法注销，其评估后作价入股所形成的国有股权由新野县国有资产管理局持有。发行人设立时的第一大股东为河南省新野县国有资产管理局，2002年3月，新野县国有资产管理局撤销，其相关职能并入新野县财政局。新野县财政局上市前为新野股份的控股股东，持有该公司71.31%的股份，另外通过汇丰公司间接持有该公司4.77%的股份。

二、三房巷(600370):实际控制人为村委会和同一家族

发行前公司实际控制人江阴市周庄镇三房巷村村民委员会持有控股股东三房巷集团95%的股权,同时拥有第二大股东100%的权益。发行人三房巷股份和控股股东三房巷集团的管理层主要由同一家族成员组成,因此,存在一定的家族控制风险。发行人为此做出的解决措施有:(1)将董事会成员人数由5名增至7名,且聘请3名独立董事,同时将家族董事人数控制在3名以内;(2)在由董事长、总经理、副总经理、财务负责人和董事会秘书组成的高级管理层中,将家族成员人数控制在半数以下(发行前为2名)。

三、江苏通润(002150):控股股东为股东人数过千的股份合作制企业

发行人控股股东常熟千斤顶厂(以下简称千斤顶厂)为拥有1326名股东的股份合作制企业。证监会在审核过程中详细询问了千斤顶厂改制设立股份合作制企业所履行的法律程序、产权界定的依据、企业内部运作机制、股东权利及改制程序和产权界定的合法性等问题,并明确提问"千斤顶厂改制为股份合作制企业是否涉及公开发行股票及是否对公司股权产生纠纷存在潜在法律风险?"发行人律师北京天银律师事务所对此的解释可简要归结如下:(1)千斤顶厂改制为股份合作制企业时,在国内尚无具有普遍指导意义的建办股份合作制企业的规范性法律文件。千斤顶厂改制时的主要法律依据为常熟市人民政府发布的常政发(1993)第28号文、常政发(1993)第51号文、常发(1996)第50号文和《常熟市股份合作制企业试行办法》等相关地方性法规。千斤顶厂改制时按上述文件的规定履行了相应的法律程序,并取得了相关政府职能部门的批准,其改制操作程序及产权界定符合当时的法律法规及规范性文件的规定。(2)江苏省政府办公厅已于2007年5月21日出具了《省政府办公厅关于确认常熟市千斤顶厂股份合作制改制中量化股合规性的函》[苏政办函(2007)第46号]。(3)根据我国现行法律规定,公开发行股票为股份公司特有的规定,股份合作制企业不是股份公司,其不适用"公开发行"这一法律概念。(4)千斤顶厂改制为股份合作制企业时,我国证券法律框架中尚无"公开发行"的法律定义,在当时的历史条件下,股份合作制企业职工集资入股,符合当时的国家政策,并不违反当时的法律法规。

四、横店东磁(002056):实际控制人为社团法人

公司终极控制人为横店集团企业的劳动群众集体,其通过横店三会(横店社团经

济企业联合会、横店经济发展促进会及东阳市影视旅游促进会3个社团法人）行使权利。其中，作为经浙江省东阳市民政局登记的非营利性（公益性）社团组织，横店社团经济企业联合会持有横店集团70%的股份。横店社团经济企业联合会会员均为横店集团企业的员工，横店社团经济企业联合会的业务范围包括对横店集团等企业实行资本投入、开展企业经营管理的理论研究等。招股意向书特别提示，虽然横店社团经济企业联合会目前是合法的社团经济组织，但随着其资产规模的不断扩大，不能排除将来横店社团经济企业联合会因完成其宗旨或管理机制出现重大问题而被终止或注销的可能性。因此，横店集团存在大股东控制和实际控制人发生变化的风险。

五、敦煌种业（600354）：二股东和三股东为供销社

根据公开披露的信息，敦煌种业排名第2位至第4位的股东分别为：教煌供销合作联合社、金塔县供销合作联社和安西县供销联合社。

【案例评析】

1. 关于控股股东和实际控制人的资格问题，法律法规并没有明确的限制性规定，小兵认为只要是能够登记并能开具证券登记账户的主体就可以，而不一定要是法人，如合伙企业。而根据信息披露准则的有关要求，实际控制人的披露需要披露到自然人或者国有控股主体。

2. 关于实际控制人是否变更的问题，由于涉及首发上市审核的基本性条件，因此，中介机构对该问题非常重视。而对于实际控制人变更的问题实践中也没有明确的解决思路，要从股权变动以及生产经营等各个方面进行综合判断。

■第四节　委托投票权

【重要提示】

★ 由于现行审核政策过于谨慎，这也导致中介机构在处理问题上没有创新意识，有些新鲜的处理思路也都是被动的创新，在采用常规思路无法解决的情况下才独辟蹊径。

★ 委托投票权的思路对于认定实际控制人应该算是一种新的方式，也逐渐得到了

会里的认可。

【案例情况】

一、天虹商场(002419)

(一)事实背景

1.1984年4月,中航技深圳作为天虹商场的主要出资人,为满足公司发展的资金需要,响应深圳市市政府对外开放、吸引外资的政策导向,引进香港五龙成立中外合资企业,1997年香港五龙将股权全部转让给五龙贸易,两者均为香港居民黄俊康实际控制。

2.中航技深圳公司是天虹商场发行前的第一大股东,持股46.611%;五龙贸易是天虹商场发行前的第二大股东,持股44.298%。天虹商场的控股股东和实际控制人为中航技深圳公司,为了保持其第一大股东的地位,中航技深圳公司和五龙贸易于2006年6月6日签署的《股东契约》,同时根据公司各发起人于2007年2月6日签署的《发起人协议》,公司的发起人股东存在以下特别约定:

在公司维持持续上市地位的期间及中航技深圳公司是公司单一最大股东的期间,在不损害五龙贸易利益的前提下,五龙贸易不可撤销地、不设限制地及无偿地将其持有的、占公司总股本16%的股份的全部投票权授予中航技深圳公司行使,并确认中航技深圳公司可随其意愿自由行使该等投票权。

上述就投票权授权行使所做出的特殊约定已载入现行的公司章程及公司上市后适用的章程文本中。

(二)特别约定内容

1.在公司维持持续上市地位的期间及中航技深圳公司是公司单一最大股东的期间,在中航技深圳公司不自行减持到少于五龙贸易持有的公司股份的前提下,五龙贸易在任何时候持有的公司股份均不得超过中航技深圳公司持有的公司股份;如果五龙贸易拟以任何方式增持公司股份或使其持有公司股份的比例增至等于或超过中航技深圳公司持有的股份比例时,须事先取得中航技深圳公司的书面同意。

2.在公司维持持续上市地位的期间及中航技深圳公司是公司单一最大股东的期间,在不违反中国有关法律、法规和公司章程规定的前提下,在任何时候如五龙贸易欲出售其持有的公司股份,中航技深圳公司享有优先购买权;如五龙贸易拟出售股份多于公司总股本的5%时，须事先书面通知中航技深圳公司，中航技深圳公司应在收到通知后2个工作日内作出是否同意受让的回复，否则视为放弃优先购买权；除非中航技深圳公司放弃行使上述优先购买权，否则五龙贸易不得将其持有的全部或部分股份以任何方式出售予第三方，但五龙贸易通过证券交易所出售少于5%的股份时，不受前述限制。

3. 在公司维持持续上市地位的期间及中航技深圳公司是公司单一最大股东的期间，在不损害五龙贸易利益的前提下，五龙贸易不可撤销地、不设限制地及无偿地将其持有的、占公司总股本16%的股份的全部投票权授予中航技深圳公司行使，并确认中航技深圳公司可随其意愿自由行使该等投票权。

4. 未来公司成功实现公开发行股票及上市，则《发起人协议》以及公司章程中有关股东大会、董事会、监事会及经营管理机构的规定，将根据法律、法规及证券主管机构的规定在公司章程中另行作出规定。

根据上述安排，在公司本次发行后，并根据《境内证券市场转持部分国有股充实全国社会保障基金实施办法》[财企(2009)第94号文]实施完毕国有股转持后，中航技深圳公司和五龙贸易分别将拥有相当于公司发行后总股本55.522%和22.751%的投票权。五龙贸易向中航技深圳公司让度投票权的行为，加强了中航技深圳公司对天虹商场的实际控制地位，保证国有控股地位，保持天虹商场经营发展战略的持续性；五龙贸易只是让渡投票权，保留对天虹商场投资的收益权，符合五龙贸易的投资意图。

(三)律师分析意见

1. 中航技深圳公司与作为外商的五龙贸易同为天虹商场的股东，就投票权的行使作出特殊约定的行为并未违反《公司法》及原对外贸易经济合作部于1995年发布的《关于设立外商投资股份有限公司若干问题的暂行规定》的规定。

2. 根据中航技深圳公司、五龙贸易分别于2007年11月23日出具的书面承诺，经本所适当核查，除上述已披露的中航技深圳公司、五龙贸易之间就投票权所作的特别约定外，中航技深圳公司与五龙贸易之间不存在其他的有关投票权的特殊安排。

3. 五龙贸易已经出具书面声明，确认“有关《股东契约》是本公司的真实意思表示；除上述《股东契约》及其后的《发起人协议》、《公司章程》的约定外，本公司与中航技深圳、天虹商场其他股东及天虹商场管理层之间不存在其他有关天虹商场的未予披露的约定及安排”。

4. 天虹商场于2007年变更为股份有限公司时，各发起人对中航技深圳公司、五龙贸易之间的上述特殊约定均予以同意，并签订了《发起人协议》，载入现行的公司章程，《发起人协议》和公司章程已经获得商务部的批准，在深圳市工商行政管理局办理了备案登记，因此，上述特殊约定是合法、有效的，对签约各方具有法律约束力。

5. 发行人上市后，将适用经公司2010年第一次临时股东大会通过的章程（修订稿），章程（修订稿）也规定了中航技深圳公司、五龙贸易有关投票权的特殊约定的内容。我们认为，上述章程规定也是各方在自愿的基础上达成的一种契约，将有利于天虹商场在发行上市后保持主要股东的稳定性及经营管理的持续性，不构成对天虹商场小股东合法权益的侵害，因此，亦不违反上市公司治理准则的相关要求。

（四）保荐机构核查意见

基于上述情况，保荐机构经研究认为，让渡投票权的行为不违反相关法律、法规的规定，取得了其他股东及相关政府机构的认可，没有侵犯其他股东的利益，且有利于保持天虹商场自设立以来一贯的实际控制关系，提高了天虹商场发行上市后经营发展战略的稳定性，是保证天虹商场持续、稳定、健康发展的有效手段。

二、新北洋（002376）

（一）控股股东控制力风险

山东新北洋信息技术股份有限公司（以下简称新北洋）设立时总股本为6000万股，其中威海北洋电气集团股份有限公司（以下简称北洋集团）持有2056.47万股股份，持股比例为34.27%，为新北洋的控股股东。2004年、2007年新北洋进行了两次增资，注册资本增加至11,200万元。截至本招股说明书签署日，北洋集团仍持有新北洋2056.47万股股份，占发行前总股本的比例降低至18.36%，为新北洋的控股股东。本次公开发行3800万股后，北洋集团持股比例将下降至13.71%。

北洋集团对新北洋绝对持股比例较低，且新北洋上市后的持股比例存在进一步稀释的可能。为保持新北洋控制权的稳定，2007年7月新北洋增资扩股时，新股东威海联众利丰投资股份有限公司（以下简称联众利丰）将其增持的新北洋2000万股股份的股东表决权、董事及监事提名权等股东权利委托北洋集团行使，委托期限5年；同时，联众利丰还承诺自发行人股票上市后36个月内不转让其所持发行人股份。上述安排虽有利于保持发行人治理结构和管理团队的稳定，但新北洋仍面临控股股东控制力下降的风险。

（二）联众利丰委托北洋集团代为行使股东权利的情况

经联众利丰2007年第二次临时股东大会审议通过，联众利丰于2007年7月26日出具授权委托书，将其所持发行人2000万股股份的股东表决权、董事及监事提名权等股东权利委托北洋集团行使。北洋集团行使联众利丰前述权利的行为，联众利丰均予以承认并承担相应的法律责任。委托期限自联众利丰成为新北洋股东之日起5年。自2007年7月26日至本招股说明书签署日，发行人共召开十次股东大会，北洋集团均根据联众利丰的授权委托行使了相应的股东权利。

（三）关于委托投票权是否合规的解释

1.经核查，联众利丰根据其股东大会决议于2007年7月26日与北洋集团签订《授权委托书》，将股东提案权、董监事提名权、股东大会表决权等股东权利授权委托北洋集团行使，联众利丰对所持发行人股权的收益权、处置权等权利仍由其自己行使。

2.经核查，联众利丰的股东大会决议、发行人相关股东大会决议、会议记录，北洋集团与联众利丰之间关于对联众利丰所持发行人股权的授权委托行使情形真实、合法、有效，且目前双方均正常执行，未产生权属纠纷。

3.经核查，发行人的《公司章程》、发行人工商备案登记资料以及发行人持有的《企业国有资产产权登记证》，北洋集团持有发行人2056.47万股，联众利丰持有发行人2000万股，两者持有发行人股权权属清晰。

4.经核查，发行人自2002年12月6日成立至2006年12月底期间曾存在自然人股东委托持股的情况，该委托持股情形已于2006年年底全部清理完毕。发行人全体自然人股东已明确确认，自委托持股清理完成后，各自然人股东之间再无任何委托持股情形，各法人股东也承诺各自所持发行人股份无任何权属争议，也无质押或其他权利限制情形。

本所律师认为：联众利丰将其部分股东权授权委托北洋集团行使系其对自身股东权利的处置，并经联众利丰股东大会决议通过，与我国现行法律、法规不相冲突。该情形不改变联众利丰系为发行人股东的合法身份，联众利丰与北洋集团分别持有发行人股权清晰无误，发行人仍符合相关法律、法规规定的“发行人股权清晰”的要求。联众利丰将股东提案权、董监事提名权、出席股东大会权利等股东权利授权委托北洋集团行使，其仍保留和控制股东身份权、股份处置权、股息红利分配请求权等股东财产权，对所持有发行人股份拥有最终的处置和支配权利。我国《信托法》规定，信托是指“委托人基于对受托人的信任，将其财产权委托给受托人，由受托人按委托人的意愿以自己的名义，为受益人的利益或者特定目的，进行管理或者处分的行为”，因此，联众利丰委托北洋集团行使部分股东权利的行为在法律上不属于信托持股性质。且发行人已对历史上存在的自然人股东委托持股进行了清理，发行人目前不存在委托持股情形。

联众利丰所持发行人股份的权属是确定的、清晰的，未曾因授权委托北洋集团行使部分股东权而产生权属争议，也不会因此而存在潜在的权属纠纷。

(四)关于发行人实际控制人是否发生变化的说明

本所律师认为，发行人的控股股东为北洋集团，实际控制人为威海市国资委(2005年以前为威海市国有资产管理办公室)，发行人的控股股东及实际控制人至今未发生变更。

1. 发行人设立时的控股股东为北洋集团，实际控制人为威海市国资委。

北洋集团以完整的与专用打印机相关的经营性资产发起设立发行人新北洋，北洋集团为发行人新北洋的主发起人；北洋集团发起设立发行人时持有发行人34.27%的股份，为发行人第一大股东；北洋集团向发行人第一届董事会提名并经选任的董事为5名，超过发行人董事会成员的半数，因此，北洋集团为发行人的控股股东。

北洋集团系为威海市国资委控股的国有企业。在2002年前威海市国资委一直为北洋集团的控股股东，华融资产公司和信达资产公司通过债权转股权成为北洋集团股东后，威海市国资委仍为北洋集团的第一大股东，持有38.54%的股份；北洋集团的多数董事及主要管理人员均由威海市国资委提名。威海市国资委为北洋集团的控股股东。威海市国资委为发行人新北洋的实际控制人。除北洋集团外，发行人新北洋的发起人股东丰润资产公司亦为威海市国资委的控股子公司，威海市国资委通过北洋集团和丰润资产公司实际控制发行人新北洋49.61%的股份；在发行人新北洋第一届董事会9名董事成员中，由威海市国资委控制的北洋集团和丰润资产公司合计提名的董事人数为6名。因此，威海市国资委为发行人新北洋的实际控制人。

2. 威海市国资委作为发行人新北洋实际控制人的地位至今未发生变更。

(1)北洋集团目前持有发行人新北洋18.36%的股份，仍为发行人新北洋第一大持股股东；丰润资产公司持有发行人新北洋8.21%的股份，威海市国资委目前实际控制发行人新北洋的股份合计为26.57%。

(2)威海市国资委通过北洋集团和丰润资产公司向发行人新北洋董事会提名并经选任的董事人数仍占半数以上。发行人新北洋第一届董事9名成员中，由北洋集团和丰润资产公司提名的董事有6名；发行人新北洋第二届董事会成员中，6名非独立董事中有4名由北洋集团和丰润资产公司提名。

(3)发行人新北洋的股份中,国有股份一直占主导地位。除北洋集团和丰润资产公司的控股股东为威海市国资委外,山东省国托和山东省高新投的实际控制人均为山东省国资委,华融资产公司与信达资产公司亦均为国有控股企业,发行人新北洋从设立起即为国有股权处绝对主导地位的公司,且目前股权结构中国有股权的比例仍超过50%。

(4)门洪强、丛强滋、谷亮、宋军利4人为非一致行动关系人,该4人持有联众利丰及发行人新北洋的股份不构成对威海市国资委控制人地位的影响。

① 经核查,门洪强、丛强滋、谷亮、宋军利4人(以下统称门洪强等4人)之间无任何亲属关系;门洪强等4人于2008年2月28日分别出具《确认函》,明确确认"本人与联众利丰的其他股东之间不存在一致行动关系或类似关系";2008年7月10日,门洪强等4人又分别出具书面《承诺函》,明确确认相互之间从未有过联合或一致行动或签订一致行动关系的协议或类似文件,并承诺今后相互之间也不会联合或一致行动或签订一致行动关系的协议或类似文件。

② 经核查联众利丰及发行人新北洋的历次股东大会会议资料,门洪强等4人从未有过联合一致行动的情形。

③ 2007年7月26日,联众利丰与北洋集团签订《授权委托书》,联众利丰将其作为发行人股东所享有的股东大会股东表决权、董事(含独立董事)及监事提名权、提案权、召集临时股东大会等权利授权委托给北洋集团行使,授权委托期限为5年。因此,门洪强等4人在客观上已无法通过联合或一致行动来控制联众利丰持有的发行人新北洋2000万股股份。

本所律师认为,门洪强等4人之间不存在任何一致行动关系的事实,且客观上没有,也无法通过一致行动来控制联众利丰持有的发行人新北洋的股份,因此,联众利丰所持发行人股份和门洪强等4人持有的发行人新北洋的股份联合计算缺乏事实和法律依据,威海市国资委实际控制的发行人新北洋的股权比例超过其他股东的持股比例,其作为发行人实际控制人的地位仍未变化。

(5)发行人新北洋不存在实际控制人已发生变更的客观事实。

公司实际控制人发生了变更,通常情况下,首先应是公司股权结构发生重大调整,并进而引起公司董事会、经营管理层的变化以及公司主营业务的重大变化。经核查发行人新北洋的实际情况,发行人新北洋目前不存在该等方面变化的情况:

① 发行人新北洋的股权及控制结构未发生重大变化。发行人新北洋自成立至今,虽然经过了两次增资扩股,但各股东持股比例的排序未发生重大调整,北洋集团始终保持第一大股东位置,威海市国资委通过北洋集团和丰润资产公司始终保持着对发行人新北洋的有效控制。

② 发行人新北洋董事会成员未发生重大变化。发行人新北洋第一届董事会成员为门洪强、邵乐天、宋军利、孙龙熙、阮希昆、邱林、吴庆平、孙福柱(后改选为丛强滋)、徐志远9人,发行人新北洋于2005年10月份成立的第二届董事会成员中,除新增的3名独立董事外,其余的6名非独立董事中有5名董事为第一届董事连任,分别为门洪强、邵乐天、宋军利、孙龙熙、丛强滋。发行人新北洋的董事会成员自设立以来一直保持着稳定性。

③ 发行人新北洋经营管理层和核心技术人员未发生重大变化。发行人新北洋自2002年12月成立至今,其董事长一直为门洪强,总经理一直为丛强滋。发行人新北洋目前的核心技术人员为丛强滋、黄明东、袁勇、姜天信、于海波、王国强、王春涛、杨民、刘锋、区敏刚、彭远斌。该等核心技术人员自发行人新北洋设立起即与发行人新北洋建立了劳动关系并一直延续至今。发行人新北洋自设立以来的经营管理层和核心技术人员未发生重大变化。

④ 发行人新北洋的主营业务至今未发生重大变化。发行人新北洋于2002年12月成立至今,始终以专用打印机及相关产品的开发、生产、销售和服务为其主营业务范围,发行人新北洋的主营业务自发行人新北洋设立至今未发生重大变化。

综上,本所律师认为,结合发行人新北洋股权结构的演变历程和现状,以及发行人新北洋近3年董事会成员的构成情况、核心管理人员及主营业务保持着稳定性的客观事实,发行人新北洋的实际控制人未发生变更,联众利丰是否将部分股东权委托北洋集团行使均不影响威海市国资委为发行人新北洋实际控制人的地位。

从威海市国资委目前实际控制的发行人新北洋的股份比例的角度来看,威海市国资委虽然为发行人新北洋的实际控制人,但对发行人新北洋的控制力相对偏弱。联众利丰将部分股东权授权委托北洋集团行使后,在客观上强化了威海市国资委对发行人新北洋的实际控制人地位。

(五)关于联众利丰委托北洋集团行使部分股东权情况核查

1.2007年4月25日,北洋集团向威海市国资委提交《关于山东新北洋信息技术股份有限公司向核心管理团队和技术骨干人员定向增发的请示》,申请对发行人新北洋的主要管理人员实施长期激励方案。威海市国资委于2007年7月27日以《关于同意向威海联众利丰投资股份有限公司提供借款的复函》[威国资函(2007)第48号],同意实施以发行人新北洋的主要管理层出资设立的投资公司认购发行人新北洋的股份的长期激励方案,并要求对该投资公司持有的发行人新北洋的股份采取相应的约束措施,以保证长期激励方案的效果以及北洋集团在发行人新北洋的控制地位。基于上述背景，联众利丰于2007年7月注册成立。

2. 根据威海市国资委的文件要求，联众利丰在出资认购发行人新北洋的股份时，对所持股份的流通进行了适当限制，并将所持发行人新北洋的股份的部分股东权利委托北洋集团行使，具体情况如下：

（1）股份流通限制情况。根据联众利丰提供的资料并经本所律师查询威海市工商行政管理局档案资料后核实，联众利丰各股东在《发起人协议》、《公司章程》中已明确约定对所持有发行人新北洋的股份流通予以限制：①发行人新北洋上市前，公司不会减持对发行人新北洋的持股。②发行人新北洋上市后，公司所持有发行人新北洋的股份将自发行人新北洋上市之日起锁定3年。③发行人新北洋上市满3年后，公司可以对所持有发行人新北洋的股份进行交易。从允许交易之日起3年内，每次减持股份后，公司所持有的发行人新北洋的股份比例不低于发行人新北洋总股份的8%。④发行人新北洋上市满6年后，关于公司所持有发行人新北洋的股份的处置，视具体情况另行规定。

（2）股东权利委托行使情况。联众利丰于2007年7月26日根据其2007年第二次临时股东大会决议，与北洋集团签订《授权委托书》，将所持有发行人新北洋的2000万股股份所对应的部分股东权授权委托北洋集团行使。该《授权委托书》约定：

“兹授权威海北洋电气集团股份有限公司（下称北洋集团），代表本公司行使本公司拥有的山东新北洋信息技术股份有限公司（下称新北洋）全部2000万股的相关股东权利，包括：股东大会股东表决权、董事（含独立董事）及监事提名权、提案权、召集临时股东大会等权利。关于股东的股利分红请求权、股份转让等涉及股东财产权利，由本公司自行行使或在事先取得本公司专项授权情况下由北洋集团代为行使。北洋集团行使本公司上述权利的行为，本公司均予以承认并承担相应的法律责任。授权委托期限：自本公司成为新北洋股东之日起的5年内。本授权委托无转委托权。”

本所律师认为，联众利丰授权北洋集团行使部分股东权是基于威海市国资委针对发行人新北洋的管理层采取长期激励措施的要求，非为有意规避《首发管理办法》关于最近3年实际控制人不得变更的相关规定。

【案例评析】

1. 在认定实际控制人的问题上，投票权的委托行使是一个全新的思路且非常有必要性。在股权分散且几个股东股权比例非常接近的情况下，中介机构一般会选择将上述几个股东绑定并认定为一致行动人；在个别情况下，也会直接认定没有实际控制人。但是如果股权比例较高的一方股东是纯粹的财务投资者的话，或许人家并不愿意被绑定，那么就会存在问题，且将财务投资者强行认定为一致行动人也的确有些不伦不类，或许委托投票权能够解决这个问题。

2. 小兵将这样的处理方式看做是一种创新，虽然很多朋友认为这样的方式是换汤不换药，且解决不了根本的问题，但是这样的潜在风险不是由处理方式本身所导致，而是由整个制度框架和信用现状所致。其实，认定一致行动人时，谁能保证不是为了上市而面和心不合呢？

3. 当然，虽然证监会一直没有否认甚至在鼓励创新，但是任何一点创新都是要付出代价的。从以上的两个案例可以明显地看出，审核人员的反馈意见对该问题进行了重点关注，中介机构也是不惜笔墨进行了大篇幅的解释。现在看来，虽然在论证和解释的时候有些吃力，但是最后能够得到审核人员的认可并做出了一些适当的尝试，这是中介机构的荣光所在。当然，也不排除有时候是无奈之举，如新北洋的情况，很可能是实在无法解释实际控制人变更的问题，就只能创造性的想出这么一招了。

4. 具体到问题，投票权委托要重点关注以下几个问题：(1)是否构成信托持股、委托持股；(2)是否存在潜在纠纷和风险；(3)是否构成实际控制人变更；(4)是否存在故意规避证券期货法律解释第3号的情形等。小兵觉得新北洋的解释很全面，尽管有些啰唆，但是小兵没有做太多删减，以期给大家一个完整的印象。

5. 投票权委托内容一般就是股东表决权、董事、监事的提名权和表决权等。其实，在国外先进的公司治理制度中，股东控制权的重点考量因素是对公司管理层和经营决策的控制力，而不一定是股权的比例大小，对该问题的关注或许也是向着这个趋势迈出的小小一步。

第五章　红筹架构回归

□ 红筹回归问题审核人员一直持相对开放的态度，只要是在满足股权清晰稳定、控股权在境内以及资金轨迹基本清晰的前提下可以有适当的创新处理。

□ 红筹架构回归境内上市，控制权必须回到境内，但是可以留部分外资在境外，如超过25%可以继续享受外商投资企业的待遇。如果控制权回归境内，那么如果当地税局能够出具证明，则以前的税收优惠可以不用补缴。

□ 境内主体境外投资以及后来回归境内首发上市的外汇登记问题，根据规定外资出去和回来都是要进行外汇登记的。一般情况下，外资的回归都是在中介机构的指导下进行的，因此，该项外汇登记手续一般情况下会做得比较完备。但是如果外资出去时没有登记呢，根据第75号文的规定，是可以在2006年3月31日前补充外汇登记，如果过了这个期限很多地方是可以放开的，但是据了解现在北京等地已经不再允许外汇补充登记了。不过，上有政策下有对策，根据这种现状律师创造性的做出"75号文仅对设立境外特殊目的公司有关情况"的解释，如嘉寓股份案例。

□ 关于红筹架构回归的案例中，BVI公司是否可以保留的问题，经咨询有关专业人士是可以保留的，但是小兵认为从投行业务的角度来讲，这可能会增加部分工作量。

□ 红筹架构回归还存在实际控制人是否变更的问题，尤其是当企业在境外上市时，战略投资者作为第一大股东和实际控制人的情况下，实际控制人变更问题至少存在以下障碍：(1)战略投资者作为实际控制人的上市公司至今没有成功案例，且该种模式尚在探讨中，尚未成熟；(2)境内某些行业对外资投资者存在政策性障碍。

□ 如果存在新浪模式的协议控制的情况，则还可能出现境内上市主体不能连续计算业绩的问题。

■第一节 二六三(002467)

【案例情况】

一、二六三初始的红筹架构

2005年二六三网络通信股份有限公司(以下简称二六三网络)拟于境外(美国)申请上市并于上市前进行了一轮海外私募,鉴于境内对增值电信行业的产业政策限制,二六三网络通过以"新浪模式"命名的"协议控制"方式建立了相关境外上市、返程投资的架构。二六三网络为了海外上市,搭建了堪称模板式的红筹架构:先在维尔京群岛设立BVI公司NET263[以下简称NET263(BVI)],然后在境内设立全资子公司二六三信息服务有限公司(以下简称二六三信息);二六三信息再与二六三网络签订包括顾问服务、股权质押等一系列控制协议,以使得二六三网络的收益顺利转移到二六三信息;同时NET263(BVI)向四家海外投资机构进行了私募;接着在开曼群岛设境外拟上市主体二六三控股,换股收购NET263(BVI)。

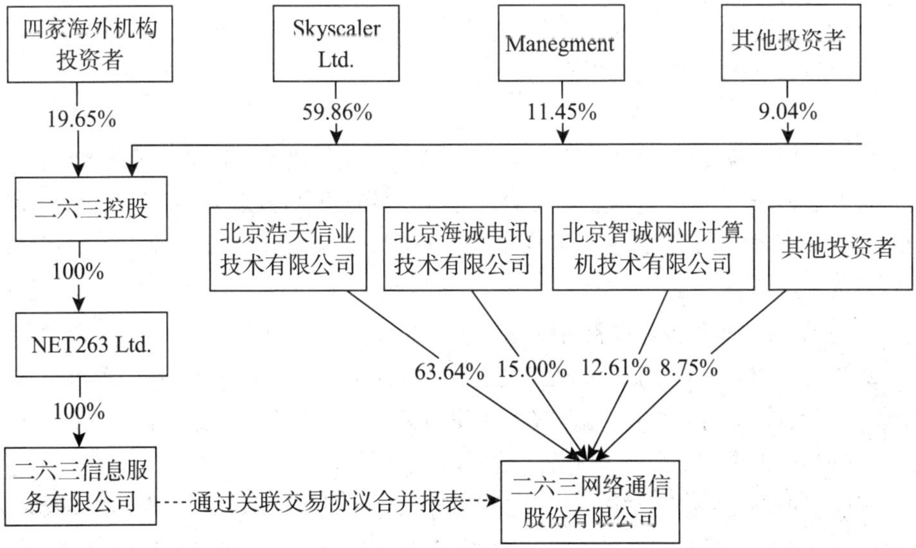

图1

二六三网络搭建完红筹架构的权益结构如图 1 所示。

二、二六三红筹架构的废止

1. 二六三控股股权结构的调整

2007 年 5 月，二六三控股分别与四家海外机构投资者签署股份回购协议，对四家海外机构投资者的股份进行了回购，回购和转让之后，海外投资者不再持有二六三控股任何的股份。二六三控股在赎回海外机构投资者所持股份的同时，对部分自然人股东的股份进行了回购，并向部分自然人新发股份。同时，二六三控股的大股东 Skyscaler Ltd. 将其持有的二六三控股股份转让给李小龙等 12 个自然人各自 100% 控制的 12 家公司。

2. 境内交易安排的终止

由于二六三网络红筹架构采取了协议控制的模式，因此，在还原的过程中的交易安排终止的处理就显得尤为重要。

2006 年 8 月，二六三网络股东大会作出决议，决定公司与二六三信息之间签署的有关服务、资产租赁等协议均不再继续履行，公司不再向二六三信息支付任何服务及许可费用。同时，二六三网络分别两次与二六三信息签订《资产转让协议》，二六三信息将其所有的办公设备、网络设备、软件著作权和商标按照账面价值转让给二六三网络；二六三信息将其所有的包括新闻系统软件在内的 48 件软件按照账面价值转让给二六三网络。上述交易完成后，二六三网络自主拥有能够正常进行生产经营所需要的设备、无形资产的所有权或使用权。

3. 股份公司的股权调整

为了还原真实的股权构成，2007 年 6 月，二六三网络股份公司进行了股权调整，由浩天信业、海诚电讯与智诚网业将其持有的本公司的全部股权转让给李小龙等 12 个自然人、利平科技开发有限公司、武汉星彦技术有限公司、兆均创富技术有限公司及其他自然人。

4. 境外上市、返程投资涉及主体的处置

2007 年 8 月，二六三控股（开曼）董事会及股东大会、NET263（BVI）的董事会及股东大会、二六三信息的唯一股东 NET263（BVI）分别作出了关于清算二六三控股（开曼）、NET263（BVI）及二六三信息的决定。

根据三个公司的控股结构，二六三网络计划先注销二六三信息，再注销其股东公司 NET263（BVI），最后注销 NET263（BVI）的股东公司二六三控股（开曼）。之后，三家公司分别向所在地的公司注册机构提交了注销申请，截至 2008 年年底，三家公司均已完成注销手续，并获得了当地公司注册机构出具的注销证明。

5. 境外上市、返程投资架构废止后的公司架构图

二六三网络将红筹架构还原之后，境内上市主体二六三网络的股权结构真正实现了股权清晰，且不存在潜在的股权纠纷的目的，调整之后公司的股权结构如图 2 所示：

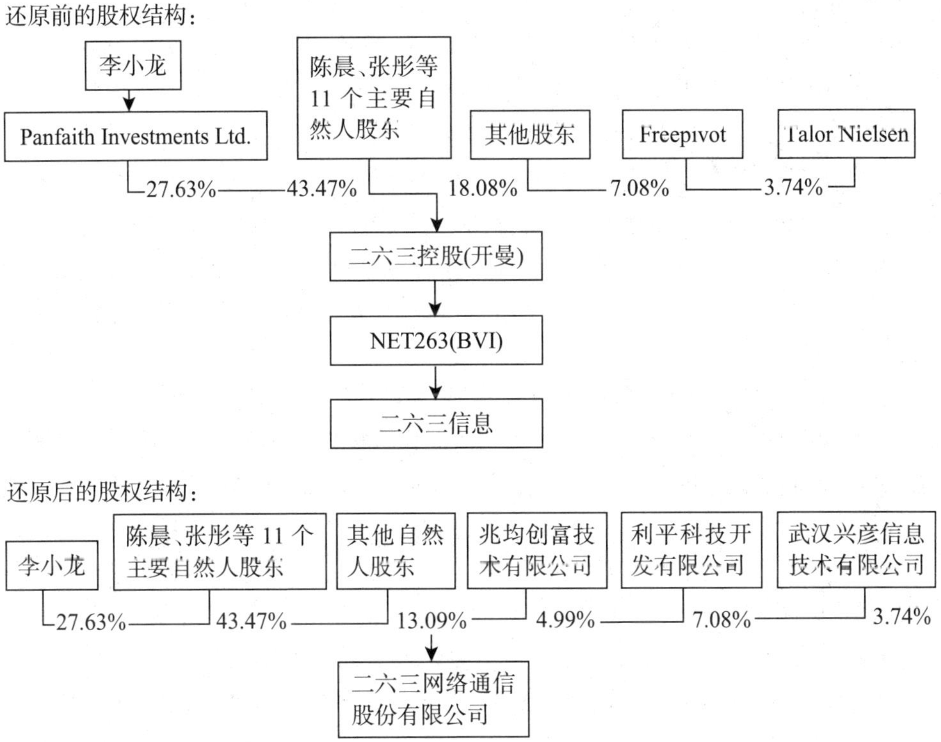

图 2　二六三网络红筹架构还原前后对比

6. 解释架构解除前后权益一致、实际控制人没有变更

二六三网络在境外红筹架构的废止过程中，境外所有股权变动均符合当地法律的规定。在上述过程中，李小龙在二六三控股的控股股东 Skyscaler Ltd.、公司当时的前三大股东昊天信业、海诚电讯、智诚网业分别持有 38.5% 的股份，同时又担任二六三控股及二六三网络的法定代表人。因此，李小龙是二六三控股及本二六三网络实际控制人，并且未发生变化。

二六三网络董事会构成及高级管理人员的任职并未因境外上市事宜而发生重大变更，原有主要经营人员及技术人员未发生重大变动。

二六三网络的相关资产虽然出售给了二六三信息，但该部分资产的实际经营权仍

在二六三网络,且该部分资产仍被二六三网络所使用。同时,2005 年二六三网络转出的资产占 2004 年年底二六三网络总资产的比例仅为 0.60%,因此,上述转让行为对公司的实际生产经营没有实质影响。

同时,二六三网络实际控制人李小龙出具承诺:在公司境外上市、返程投资架构的建立及废止过程中,涉及的股权转让等全部事项均符合当地法律的规定,股权转让手续已全部办理完毕,不存在潜在的纠纷和隐患。如果因上述事项产生纠纷导致二六三网络利益遭受损失,所有损失由李小龙全部承担。

【案例评析】

总体上来讲,二六三网络的红筹架构调整境内首发上市完全按照“怎么出去再怎样回来”的还原形式,其优点是保证了思路的清晰和方式的得当,尽管二六三网络存在二次上会的问题,但是在该问题的处理上两家不同的保荐机构秉承了一贯的解决思路,值得参考和借鉴。另外,具体到本案例来讲,有以下几点值得特别注意:

第一,二六三网络当初准备境外上市时,红筹架构的搭建完全参照了“新浪模式”,即通过签署一系列的关联交易以协议控制的模式达到将利润转移给境外上市主体的目的。因此,在还原过程中,一系列交易协议的处理需要谨慎且周全,同时需要控股股东、实际控制人就可能存在的风险出具有关承诺。

第二,该案例最基本的处理思路就是严格按照红筹架构搭建的过程来进行逆向还原,优点是思路清晰也容易得到监管部门的认可,同时红筹架构还原中关于“股权调整前后股东权益没有发生重大变化”这一永恒命题的论证也就水到渠成。

第三,二六三网络在境外上市之前还进行了一轮海外私募,回到国内上市的首要工作就是要回购该部分股份,这一点对于进行过私募的红筹架构企业来讲具有重要的参考意义。

第四,案例中提到了公司红筹架构搭建过程中,主要股东在外汇部门办理外汇登记的情况,因此,在该问题的处理过程中外汇登记也是一个比较复杂和关键的点。

■第二节　启明星辰(002439)

【案例情况】

一、启明星辰初始红筹架构

2005年,北京启明星辰信息技术有限公司(以下简称启明星辰)启动境外上市计划,为此搭建了常见的红筹架构,基本情况如下:

2005年3月23日,在开曼群岛注册成立境外上市主体唯圣控股有限公司(以下简称唯圣控股)。设立时股东王佳持有1股,后来王佳将股份转让给Sea Deep Services Limited(BVI公司);BVI公司注册地为英属维尔京群岛,授权资本为US $50,000.00,股东为严军持有1股,严军拥有澳大利亚国籍,为启明星辰实际控制人严立的兄长。

2005年11月30日,唯圣控股与五家境外投资者共同签署《股份认购协议》,约定五位境外投资者可分两次认购唯圣控股A类优先股股份。

2005年12月8日,唯圣控股与BVI公司签署《股份认购协议》,约定由BVI公司认购唯圣控股普通股股份478,660,000股,2005年12月9日唯圣控股向BVI公司发行了该等股份,并注销了BVI公司此前持有的唯圣控股的1股股份。

2005年12月12日,BVI公司与启明星辰的七名股东王佳、严立、刘恒、邱维、茆卫华、潘重予和刘兴池签署了《购买选择权协议》,赋予七名原始股东认购其股份的选择权。若原始股东行使该项选择权,则可通过BVI公司而间接持有唯圣控股的股权。

唯圣控股在北京市注册成立外商独资企业北京天辰龙源信息技术有限公司(以下简称天辰龙源)。设立天辰龙源主要是为实现公司境外上市的目的,其业务服从于境外上市整体架构的安排。2005年12月12日,天辰龙源与启明星辰及王佳、严立签署了《独家业务合作协议》等相关协议,如果上述重组协议得到执行,启明星辰可以通过接受天辰龙源提供的独家咨询和服务并支付服务费的方式,将其利润转移至天辰龙源,最终达到唯圣控股合并有限公司报表,从而实现境外上市的目的。这也就是典型的协议控制的方式。

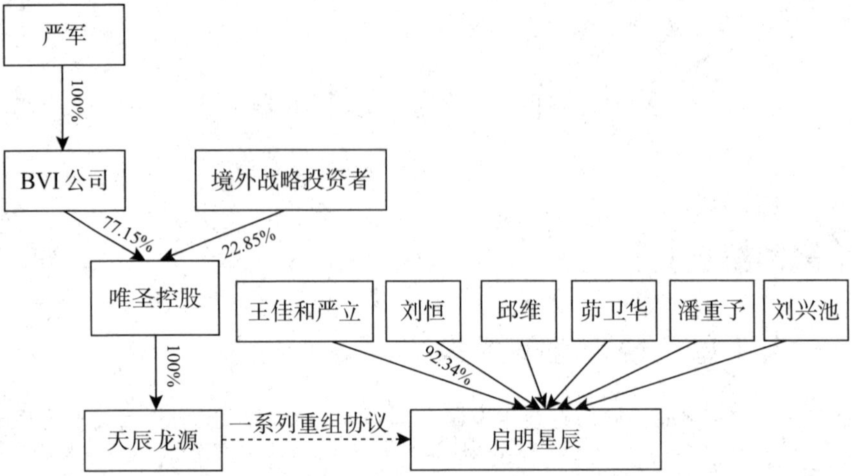

二、红筹架构的终止

1. 重组协议终止不再执行

公司终止境外上市计划,那么首先要做的第一步就是终止执行为了通过协议实现控制境内资产、境外上市的一系列重组协议。律师和保荐机构在境内上市的申请文件中均发表了明确的核查意见:为实现启明星辰的控制权及利润转移而签订的相关协议均未实际履行,启明星辰未出现导致其控制权和利润转移的情形。

2. 回购境外投资者股份

唯圣控股与五名境外投资者于2008年2月5日签订了《回购协议》,约定由唯圣控股以每股0.07875美元的对价回购五名境外投资者所持唯圣控股的全部A类优先股股份,回购总价款为1260万美元。2008年2月29日,唯圣控股股东会和董事会作出决议,同意本次回购,同时完成了回购股份的注册登记。

3. 天辰龙源的股权转让

由于员工虚拟股份及王佳等7人对BVI公司的认股选择权未能实现,且唯圣控股回购五名境外投资者所持有的全部股份后,BVI公司持有唯圣控股100%股权,同时唯圣控股持有天辰龙源100%股份。

2009年12月11日,BVI公司与Bondwa公司签署《股权转让协议》,约定BVI公司将其持有的唯圣控股100%股权以及其间接持有的天辰龙源100%股权全部转让给Bondwa公司,转让价款为唯圣控股截至2009年10月30日合并报表中的净资产值(合计人民币41,427,058.36元)。

2010年2月1日,BVI公司、Bondwa公司和张尔惠及Jonathan Simon Bond签署

《补充协议》约定：鉴于《股权转让协议》项下的唯圣控股股权转让尚未实际发生，为提高公司决策效率，协议各方同意张尔惠和 Jonathan Simon Bond 承继 Bondwa 公司在《股权转让协议》项下的权利义务，两人分别受让唯圣控股全部已发行股权的 50%。

通过律师核查验证和本人出具承诺函确认：唯圣控股股权受让方张尔惠和 Jonathan Simon Bond 及其控制的公司与发行人及其控股股东、董事及高级管理人员之间不存在关联关系，唯圣控股和境内外商独资企业天辰龙源的股权转让亦不存在关联第三方。

4. 境外上市主体的注销

2010 年 2 月 5 日，BVI 公司召开董事会，决议终止并解散公司；同日，严军作为该公司唯一股东，同意终止并解散公司，并授权公司注册代理机构处负责办理公司注销相关事宜。截至招股说明书签署日，BVI 公司的注销手续正在办理之中。

发行人控股股东及实际控制人王佳和严立于 2010 年 2 月 1 日出具《承诺函》，不可撤销地承诺其将不谋求发行人在境外上市。保荐人和发行人律师分别发表核查意见。

上述境外上市架构解除过程如下图所示：

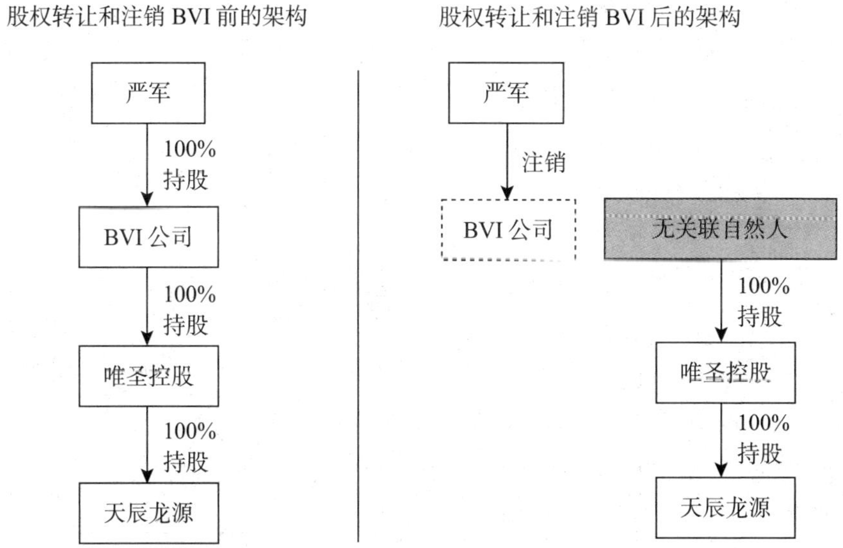

5. 有关利益的协调

由于境外上市终止，因而某些主体通过境外上市可能实现的收益需要通过境内某种方式得以弥补，如境外战略投资者和公司员工的股权激励问题，对此，启明星辰做出了具有代表性的处理。

境外上市计划终止后，为兑现历史形成的员工股权激励计划，启明星辰召开股东会并作出决议，同意由七名自然人和西藏天辰认购启明星辰新增注册资本并成为启明星辰的股东。

上述增资完成后,由启明星辰全体10名股东共同作为发起人,将启明星辰整体变更设立股份有限公司。发行人经整体变更设立后,发行人、发起人股东与5名境外投资者于2008年2月5日共同签署《增资扩股合同》,约定由五名境外投资者认购发行人新增注册资本,每股认购价格为0.74737美元,认购股份占该次增资后股份总额的22.8570%。同日,唯圣控股、天辰龙源、启明星辰以及五名境外投资者共同签署《终止协议》,约定各方签署的《股份认购协议》、《独家业务合作协议》、《独家购买权合同》、《股权质押合同》、《借款协议》及其他涉及启明星辰境外上市相关协议项下的权利义务终止。

6. 控制权及利润在红筹架构下未发生转移的论证

启明星辰及其股东实施的境外上市计划以及为此设置的境内外结构已于商务部批准发行人向境外投资者增发新股及各方签订《终止协议》后解除。在上述境内外结构存续期间,各方未实现启明星辰控制权和利润转移的情形(见表1、表2)。

表1 境外结构安排(唯圣控股股权结构安排)

直接或间接持有人	持股数量(股)	持股比例
王佳和严立	442,000,000	63.14%
刘恒	8,270,080	1.18%
茆卫华	7,862,580	1.12%
邱维	7,767,500	1.11%
潘重予	7,197,580	1.03%
刘兴池	6,515,080	0.93%
曾岩	6,500,000	0.93%
傅世敏	4,280,000	0.61%
其他员工虚拟股份	49,607,180	7.09%
KPCB Holdings, Inc.	100,000,000	14.29%
Ceyuan Ventures Advisors Fund, LLC, Ceyuan Ventures I, L. P.	50,000,000	7.14%
Bidzos	5,000,000	0.71%
Robertson	5,000,000	0.71%
合计	700,000,000	100.00%

表2 境内结构(启明星辰2008年境外投资者增资后的股权结构)

股东	持股比例
王佳	52.21%
严立	10.93%
刘恒	1.18%
茆卫华	1.12%
邱维	1.11%
潘重予	1.03%
刘兴池	0.93%
曾岩	0.93%
傅世敏	0.61%
西藏天辰	7.09%
KPCB VT Holdings Limited	14.29%
Ceyuan Ventures HK Limited	6.84%
Ceyuan Ventures Advisors HK Limited	0.30%
Bidzos	0.71%
Robertson	0.71%
合计	100.00%

通过比较拟境外上市的股权结构安排和启明星辰现有的境内股权结构可以看出，公司终止境外上市计划后，境外投资者按照与境外结构安排相同的持股比例认购公司于2008年发行的新股并直接投资于启明星辰，所有股东在境外结构和境内结构中的持股比例保持一致。

7. 终止境外上市计划的解释

红筹架构企业选择境内上市均涉及回归的理由和原因，其中要点不外乎对于境内资本市场发展的认可以及公司实际发展的需要。在该方面的解释上，启明星辰的解释比较到位且典型：

（1）启明星辰在2005年初开始筹划在境外上市，是在国内股权分置改革尚未正式实施、通过国内证券市场上市融资困难的背景下，企业所做出的决定。随着国内资本市场的迅速发展，以及国内证券市场上市融资功能的恢复，国内证券市场也越来越完善，制度建设更加健全，运作更加规范，具有清晰的预期前景。

（2）国家及相关主管部门鼓励具有自主创新能力的企业在国内资本市场上市融资。同时，从通常情况判断，在国内上市更易获得较高的市盈率。

（3）由于公司客户中政府部门、金融机构、军队和军工企业占有较大比重，境外资本市场对于信息披露的要求和接受程度存在差异，相比之下境内证券投资者则更易理解此种信息披露差异，也更易理解和认同公司业务的稳定性和广阔前景。

（4）公司主要客户均在国内，且国内市场增长潜力巨大，开拓和后续服务较国外客户更加便利，因此，在国内上市会有利于发行人更快拓展国内市场。

【案例评析】

1. 启明星辰在境外注册BVI公司时，适用当地授权资本制的法律原则，这与我国实收资本制有着本质的区别，而授权资本制也就是常见的“一元公司”、“一股公司”等公司形态的基本依据。另外，BVI公司在注册时利用了实际控制人兄长为澳大利亚国籍的一个优势，这也是在搭建红筹架构时非常常见的一种变通方式。

2. 与二六三相同，启明星辰在搭建红筹架构时也采取了协议控制的新浪模式，而新浪模式在高科技软件企业中更是备受青睐。

3. 在境外上市主体的处理中，启明星辰保留了唯圣控股和天辰龙源两个壳公司而仅仅注销了BVI公司，这也是其一个比较重要的特别之处，但是这样的处理方式并非为小兵所提倡，因为壳公司的继续存续会引起利益输送的怀疑。另外需要注意的是，BVI公司通过转让唯圣控股的股权而获取了一笔能够作为净资产的收益，唯圣控股合并报表的净资产主要来自天辰龙源，而天辰龙源的最近 3 年经审计没有业务收入也就是当初设立时的净资产。

4. 启明星辰在红筹架构的搭建过程中，存在境外战略投资者和员工虚拟持股的情况，而在境内上市的过程中则通过直接持有发行人股份的形式实现了利益的协调和弥补。该案例在本问题的处理上思路清晰、论证条理，具有非常大的参考价值。

5. 在论证红筹架构废止前后不存在控制权转移和利益转移时，采取了直接通过图表对比的方式，既简洁又方便地说明了问题，值得借鉴。

■第三节 海联讯（审核未通过）

【案例情况】

一、红筹架构的搭建

2003 年 6 月 27 日，海联讯深圳海联讯科技股份有限公司（以下简称海联讯信息）的董事会决议，同意捷讯通信将拥有的海联讯信息全部出资转让给 TEAMWEALTH。2003 年 8 月 18 日，捷讯通信与 TEAMWEALTH 签订了《股权转让协议书》，转让价款为注册资本 220 万美元。本次变更后，TEAMWEALTH 全资拥有海联讯信息。2003 年 9 月，捷讯通信将海联讯信息 100% 的股权转让给 TEAMWEALTH 时，两公司的终极股权结构一致。

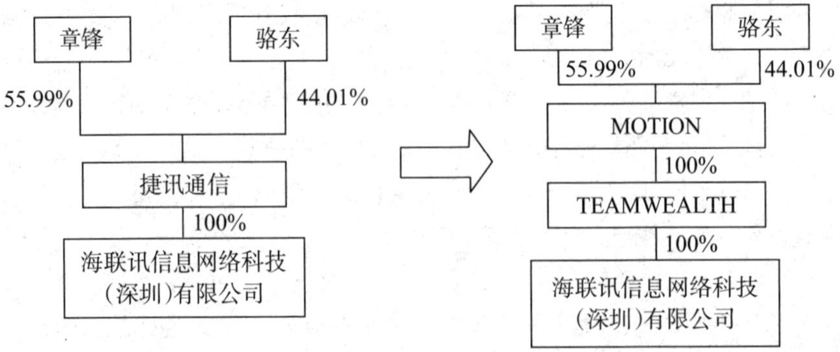

捷讯通信与 TEAMWEALTH 均为控股型公司，无实际生产经营业务，两公司间无

业务往来，除由于海联讯信息的股权转让产生的该笔债权债务外，无其他债权债务关系。

2004年3月23日，双方亦签订《解除债务协议书》，约定：捷讯通信免除TEAMWEALTH所欠款项17,028,000港元（等值220万美元）。TEAMWEALTH今后不需偿还以上款项，捷讯通信不得异议。由于捷讯通信、TEAMWEALTH终极权益持有人及其各自的权益持有比例一致，双方解除债权债务行为履行了必要的程序，债权债务豁免合法、有效。

保荐机构认为，根据海联讯信息的工商登记材料、捷讯通信与TEAMWEALTH签订的《股权转让协议》、《解除债务协议书》、捷讯通信的登记材料、TEAMWEALTH及其股东的登记材料，捷讯通信与TEAMWEALTH均无实际经营业务，仅有该笔因股权转让产生的债权债务。捷讯通信与TEAMWEALTH终极股权结构一致，不存在因解除债权债务产生纠纷的可能，《股权转让协议》与《解除债务协议书》相关内容真实、合法、有效。

发行人律师认为，股权转让协议系双方真实意思的表示，协议书中约定的价格、付款方式等条款具体、明确，且该协议经深圳市南山区公证处出具深南内经证字（2003）第386号《公证书》公证，为有效合同。解除债务协议书亦系双方意思的真实表示并经双方签订，根据发行人提供的材料并经本所律师核查，其免除所欠款项为股权转让协议约定数额，其免除债务的行为真实、合法、有效。

二、红筹架构的清理

2003年因为SARS的原因海联讯信息的生产经营受到了较大的影响，公司也于2004年终止了境外上市的计划。2008年公司决定回归境内上市，从而开始了红筹架构的清理工作。

（一）股权转让方式还原股权结构

2008年2月15日，海联讯信息董事会决议，同意TEAMWEALTH将持有的全部海联讯信息股权分别转让给章锋（40.19%）、孔飙（27.92%）、邢文飚（21.92%）、苏红宇（9.97%），将企业类型由外商独资企业变更为内资有限公司，修改章程的相应内容。2008年3月6日，TEAMWEATH分别与章锋、孔飙、邢文飚、苏红宇签订了《股权转让协议书》，股权转让价格以原始出资额定价。由于SARS影响，2004年海联讯信息停止海外上市计划公司股东骆东将全部股权转让给章锋后退出，后因公司业务扩张资金不足，2006年和2007年章锋便引进新的投资者间接持股，股东MOTION（由章锋100%持股)持有 40.19% 的股权,ONTING(由孔飙 100% 持股)持股 27.92%,RIGHT(由邢文飙 100% 持股)持股 21.92%,SYSTEM(由苏红宇 100% 持股)持股 9.97%。

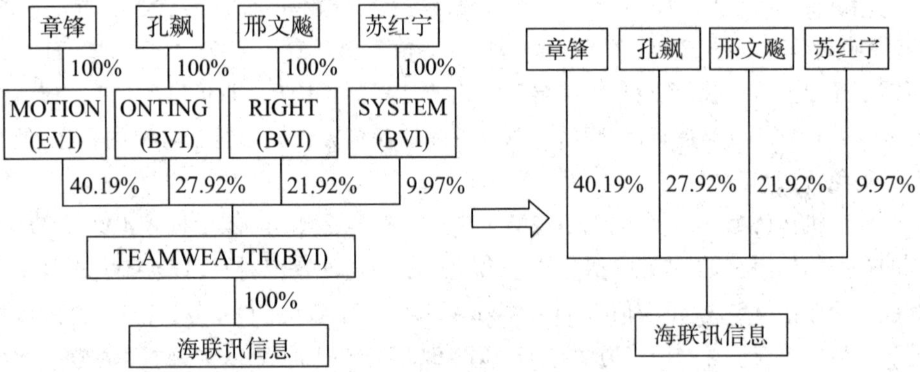

取消 TEAMWEALTH、MOTION 等直接或间接持股公司,由章锋等自然人直接持股。股权结构调整完成后,海联讯信息实际控制人保持不变,公司的主营业务、董事、监事及其他管理人员保持不变,公司的股权结构更为透明、稳定。发行人由外商独资有限责任公司变更为内资有限责任公司前后的终极权益人实际拥有的权益比例未发生变化。

章锋已出具《证明函》,声明其本人所持公司股权为真实持有,不存在接受他人委托代其持股的情形;不存在可能导致其行使股东权利受到限制的情形;所持股份不存在纠纷或潜在纠纷。

保荐机构认为:"章锋受让海联讯信息网络(深圳)有限公司的股权不存在委托持股的情形。"

发行人律师认为:"根据发行人的股权演变情况、MOTION 等公司的持股情况和章锋的证明函,章锋受让海联讯信息的股权不存在委托持股的情形。"

(二)股权转让的公证

2008 年 3 月 11 日深圳市南山区公证处为该次股权转让出具了深南华内经证字第 22 号《公证书》。并且,TEAMWEALTH 董事会同意此次股权转让的会议记录及 TEAMWEALTH 截至 2008 年 2 月的注册登记情况由 TEAMWEALTH 的英属维尔京群岛注册代理人出具的证明文件予以证明,且该证明文件的真实性也已经英属维尔京群岛公证人、注册登记总署以及英国外交和联邦事务部证明,并已经中国驻英使馆认证,英领认字(2008)第 0002230 号认证文件认证的 TEAMWEALTH、MOTION、ONTING、RIGHT、SYSTEM 等公司的登记材料证明了有关外资股权及股权转让行为的真实性。

该次股权转让的目的主要是将当时由章锋、孔飙、邢文飚、苏红宇通过TEAMWEALTH间接持有的海联讯信息的股权架构调整为该等自然人直接持有海联讯信息的股权架构。

（三）框架公司注销

MOTION、ONTING、RIGHT、SYSTEM 、TEAMWEALTH是外资化架构下设立的BVI持股公司，无具体的生产经营业务。ONTING已于2009年10月20日解散；SYSTEM、RIGHT已于10月28日解散；MOTION、TEAMWEALTH已于2009年11月2日解散。捷讯通信为海联讯信息设立时的股东，已长期无经营业务及对外投资，2009年7月31日，捷讯通信已注销。

【案例评析】

1. 海联讯在搭建红筹架构时，采取了通过股权转让的方式由境外上市主体直接持有境内法人主体的股权从而控制境内资产和收益的方式，这与新浪模式通过协议控制的方式截然不同。

2. 捷讯通信与TEAMWEALTH通过债务豁免的方式实现了股权零对价转让的结果，此处理值得关注。

3. 公司股权转让不仅经境内公证而且通过大使馆取得了境外公证的程序，保证了境外股权权属及转让行为的真实性，同时这对于撩开BVI公司神秘面纱，关注真实股权状况有着很好的帮助作用。

4. 从技术处理上来看，操作者由于没有将红筹架构模式的搭建过程描述清楚（包括设立主体和决策程序），从而为后来很多问题的解释带来了障碍，包括红筹架构股权的清理、股东权益没有发生变化、实际控制人没有发生变更等。

■第四节 日海通讯(002313)

【案例情况】

一、红筹架构的搭建过程

(一)深圳市日海通讯技术有限公司的设立背景

1994年9月,深圳市日海通讯技术有限公司(以下简称日海有限)成立,其中允公投资持有51.72%股权,海若技术持有47.95%股权,华王网络持有0.33%股权,其中允公投资为周展宏控制的公司。2003年,公司计划在海外上市并引进新的战略投资者(IDG),但之前日海有限的资产及业务分布于日海设备、五洲讯和海延实业,因此,经多方协商就设立新的上市主体达成一致,并同意以新的上市主体承接原日海设备、五洲讯及海延实业的资产、人员及业务。2003年11月王文生先生为核心的管理团队、周展宏先生、IDG共同设立深圳日海通讯技术股份有限公司(以下简称日海通讯)。

(二)日海通讯的红筹架构

日海通讯系经深圳市对外贸易经济合作局深外经贸资复(2003)第3688号文批准,由易通光和日海国际共同设立,公司设立日期为2003年11月14日,法人代表为周展宏先生。公司设立时的股权结构如下:

单位:万元

股东	出资额	出资比例
日海国际	4800	80%
易通光	1200	20%
合计	6000	100%

日海国际为王文生先生、周展宏先生、IDG等于2003年在英属开曼群岛注册的公司。日海国际对日海通讯的出资已于2004年1月向国家外汇管理局深圳市分局办理外汇登记。易通光由王文生先生、周展宏先生、日海通讯中高层管理人员共同设立。至此,日海通讯为境外上市而搭建的红筹架构已经完毕。

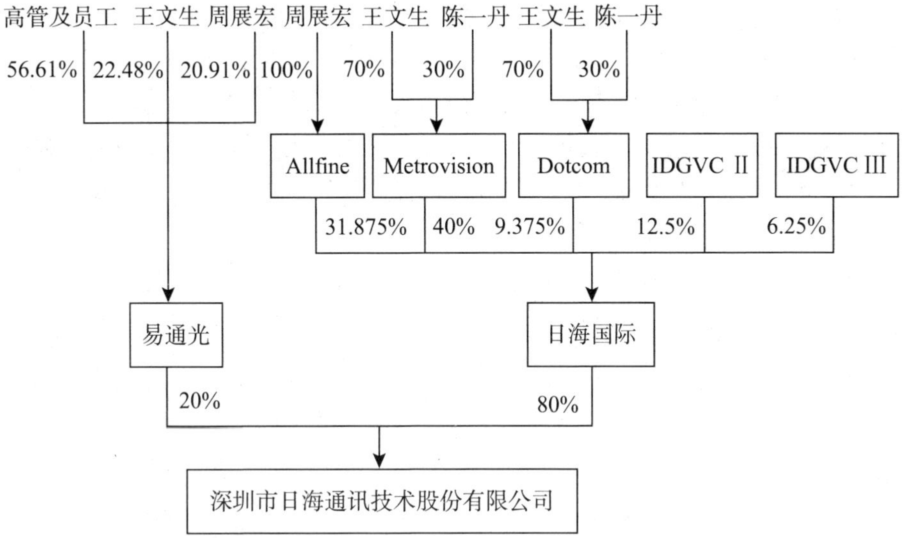

（三）股份回购协议安排

日海国际成立于2003年，注册地为英属开曼群岛。日海国际注册资本为5万美元，其中Allfine公司持有31.875%股权，Metrovision持有40%股权，Dotcom持有9.375%股权，IDGVCⅡ持有12.5%股权，IDGVCⅢ持有6.25%股权。

王文生先生、周展宏先生以及IDG于2003年7月26日签订《日海投资协议》，就有关事项进行了约定，其中对风险投资基金退出的相关协议、安排的主要内容如下：发行人成立之日起四年内若公司仍不能成功上市，其他股东均有权要求王文生先生为首的经营团队回购其持有的日海国际有限公司的股份，回购价格为提出回购时相关股份所对应的资产净值。

截至2007年11月14日，四年内上市的期限已满，股东之间未执行回购的约定，并就股份回购事宜做出新的承诺。承诺方放弃要求王文生为首的经营队伍回购日海国际的股权及相关权益的权利，《日海投资协议》中关于回购日海国际出资的相关约定亦不再执行。

二、红筹架构的废止过程

（一）股权结构调整的处理

为进一步提高日海通讯股权结构的透明性和稳定性，在保持日海通讯实际控制人及其他主要股东的实际控制人不变的前提下，日海通讯的股权结构进行了调整。

2008年9月18日，日海国际与海若技术、允公投资、IDGVC签订《股权转让协议书》，日海国际将持有的日海通讯39.5%、25.5%和15%股份分别转让给海若技术、允公投资、IDGVC，转让价格以评估公司的评估值为基础。转让协议经深圳市贸易工业局批复同意，并在深圳市产权交易中心办理股份过户手续。其实，本次股权调整的目的显然是将红筹架构拆除之后回归境内上市，但让小兵非常不解的是：为什么信息披露者如此讳莫如深。股权调整之后的股权结构如下图所示：

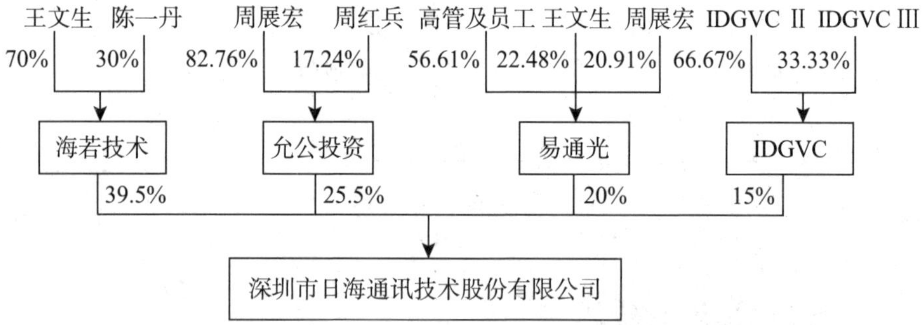

本次股权结构调整，取消了Allfine、Metrovision、Dotcom、日海国际等直接或间接的持股公司，境内自然人王文生、周展宏直接通过其境内公司持股日海通讯；IDGVC Ⅱ、IDGVC Ⅲ则通过其香港子公司IDGVC持股日海通讯。股权结构调整完成后，日海通讯实际控制人及其他主要股东的实际控制人均保持不变，公司的主营业务、董事、监事及其他管理人员保持不变，公司的股权结构更为透明、稳定。

（二）股权结构调整的税收

根据深圳市国家税务局蛇口分局2004年3月4日出具的《减、免税批准通知书》，日海通讯为生产性外商投资企业，自2004年起享受“两免三减半”企业所得税的税收优惠政策。2008年9月，日海通讯经批准调整了股权结构，外资股权比例从80%变更为15%。根据深圳市南山区国家税务局于2008年10月8日出具的证明文件确认，根据相关规定，公司自股权变更之日起停止享受未到期的外商投资企业所得税优惠，但不追缴已经享受的减免税款，即无须补缴2004年1月1日至2008年9月30日期间已免征、减征的企业所得税税款。股权变更前后，即自2004年起公司都属于深圳经济特区内生产型企业、高新技术企业。

依据全国人大常委会1980年8月26日颁布的《广东省经济特区条例》、深圳市1988年8月1日《关于深圳特区企业税收政策若干问题的规定》[深府(1988)第232号]、1999年9月24日《关于进一步扶持高新技术产业发展的若干规定》[深府(1999)

第171号]等规范性文件的有关规定,深圳特区内生产型企业或高新技术企业,均可依法申请享受"两免三减半"企业所得税的税收优惠政策。

(三)控制权由自然人在海外设立的公司控制的解释

1. 日海国际控制权由自然人在海外设立的公司控制的原因

控制权由自然人在海外设立的公司控制,是海外红筹架构上市的通常做法。

2. 海外公司设立程序的合法性

由具有英属维尔京群岛合法执业的律师事务所出具的法律意见书,对Allfine、Metrovision、Dotcom公司以及日海国际的设立情况、法律地位、股东情况、经营范围等合法性出具了证明。

3. 可能存在的风险

由于日海国际股权由自然人设立的海外公司控制,层级较多,若其中的股东变化,将导致公司的股东结构发生变化,可能对公司经营管理带来风险。为稳定股权结构,保障公司发展,王文生先生及其控制的Dotcom、Metrovision,周展宏先生及其控制的Allfine分别就股权的稳定性作出有关承诺。

4. 中介机构发表核查意见

中介结构认为:Allfine、Metrovision、Dotcom、日海国际的设立合法,对于存在的股东结构变化风险,王文生先生、周展宏先生、Allfine、Metrovision和Dotcom已出具相关承诺,有效地保障了公司股权结构的稳定性;王文生先生、周展宏先生和陈一丹女士已向国家外汇管理局深圳市分局补办了境外投资外汇登记,符合现行有效的规范性文件的规定,履行了必要的审批手续。

(四)各自然人海外设立公司出资的审批手续及外汇相关手续

2003年1月6日,王文生先生和陈一丹女士共同出资在英属维尔京群岛设立Dotcom;2003年1月8日,王文生先生与陈一丹女士共同出资在英属维尔京群岛设立Metrovision;2003年1月28日,周展宏先生出资在英属维尔京群岛设立了Allfine。2003年9月24日,Dotcom、Metrovision、Allfine和IDGVC共同出资在英属西印度开曼群岛设立日海国际。

2006年4月11日,王文生等自然人的境外投资行为已根据汇发(2005)第75号文的有关规定补办"境内居民个人境外投资外汇登记表"。日海国际返程投资行为于2004年1月14日取得国家外汇管理局资本项目外汇业务的核准件,文件编号为5440300200400229号。

经律师核查，王文生、陈一丹和周展宏已填写并向国家外汇管理局深圳分局提交了《境内居民个人境外投资外汇登记表》，外汇局深圳分局于2006年4月11日在《外汇登记表》上加盖了资本项目外汇业务专用章。律师认为，在75号文之前，鲜见专门规范境内居民通过境外特殊目的公司融资及返程投资外汇管理的具体规定。王文生、陈一丹和周展宏在境外上例特殊目的公司返程投资，不违反其时有效的规定。在第75号文之后，已向外汇深圳分局补办了境外投资外汇登记，符合现行有效的规范性文件的规定，履行了必要的审批手续。

【案例评析】

1. 信息披露文件并没有就红筹架构的建立和拆除情况作为一个专题单独予以说明，很多关于红筹架构的内容散落在多处，这样的处理非常不利于读者的判断，小兵建议在处理时还是采用专题的方式。当然，还有一个原因或许是处理者想极力淡化境外上市红筹架构、境内回归的印象，因此，在境外上市和境内回归的两个重要时间点，对于红筹架构的解释都是讳莫如深。

2. 虽然从技术上来讲本案例的红筹架构处理并不完美，但是在外汇处理和税收优惠的解释上还是非常值得借鉴的。首先，文中就享受“两免三减半”的税收优惠政策进行了解释，同时从中我们可以得出境内自然人返程投资的“假外资”是可以享受外商投资企业税收优惠的结论。其次，文中对自然人返程投资过程的外汇登记问题做了解释，同时日海国际也是在2006年补充完成了外汇登记，而律师对于该问题的解释也是很有特色，值得参考。最后，对于外汇登记问题是在日海通讯审核过程和反馈意见中要重点关注的问题，因此，在红筹架构的处理过程中外汇登记问题仍旧是一个需要谨慎处理的关键点。

3. 正是因为信息披露文件就日海通讯的红筹架构设立问题上的解释不充分，导致在发行审核过程中反馈意见就该问题也给予了重点关注，问题包括：要求披露日海国际发起协议的有关内容、有关自然人出资是否履行了审批手续、是否存在基金投资退出的相关协议安排、日海国际控制权由自然人设立在海外的公司控制的原因，以及相关程序的合法性和是否存在风险等问题。当然，最终的信息披露文件还是就这些问题进行了补充披露，不过这些反馈意见值得我们重点关注。

4. 公司境外上市引入战略投资者时曾有风险投资退出的协议，这种对赌协议在境内上市是绝对不被认可的，因此，有关协议方2007年就该问题重新进行了承诺和约定。

5. 本案例对于红筹架构的废止是一个相对普遍和经典的处理，就是将中间的有关架构处理掉，使公司股东直接持有拟上市公司的股权。

■第五节　誉衡药业(002437)

【案例情况】

一、红筹架构的设立过程

2006年,哈尔滨誉衡药业有限公司(以下简称誉衡有限)拟在海外上市,誉衡有限的股东对誉衡有限的股权结构进行了调整。制定的股权调整方案如下:由誉衡有限全部自然人股东在国内发起设立两个公司,将誉衡有限的股权转让给国内两个公司,然后由两个国内公司将股权转让给国外的由誉衡有限原自然人股东设立的BVI公司誉衡国际。

股权调整之前的股权结构是:

股东名称	出资额(万元)	出资比例(%)
朱吉满	2660	70
白莉惠	760	20
王东绪	380	10
合计	3800	100

(一)第一次股权调整

2006年3月20日,朱吉满、白莉惠和王东绪出资设立爱衡科技和吉康科技,注册资本均为10万元,设立时三位股东对爱衡科技和吉康科技的持股比例与对誉衡有限的持股比例相一致,均为70%、20%和10%。

2006年5月19日,朱吉满、白莉惠、王东绪与爱衡科技和吉康科技签订《股权转让协议》,转让后爱衡科技持有誉衡有限40%的股权,吉康科技持有誉衡有限60%股权。股权转让为誉衡有限原自然人股东与其控制的公司之间的转让,转让价格为1元/股。

此次股权转让完成后,誉衡有限股权结构如下:

股东名称	出资额(万元)	出资比例(%)
吉康科技	2280	60
爱衡科技	1520	40
合计	3800	100

(二)境外主体的设立情况

誉衡国际是2006年3月16日注册在英属维尔京群岛的BVI持股公司,注册资本为1万元,誉衡国际设立时股权结构如下:

股东名称	持股数(股)	持股比例(%)
朱吉满	7000	70
白莉惠	2000	20
王东绪	1000	10
合计	10,000	100

CHINA GLORIA是于2006年7月19日注册在开曼群岛的境外拟上市主体,是朱吉满通过BRIGHT VISION、白莉惠通过BRIGHT LUCK和王东绪通过BRIGHT GAREER共同控制的公司,BRIGHT LUCK、BRIGHT CAREER和BRIGHT VISION均为注册在英属维尔京群岛的公司。2006年8月21日,朱吉满、白莉惠和王东绪分别将所持有的誉衡国际的股权转让给CHINA GLORIA。此次转让后,誉衡国际的股权结构变为:

股东名称	持股数(股)	持股比例(%)
CHINA GLORIA	10,000	100
合计	10,000	100

(三)第二次股权调整

2006年7月15日,吉康科技、爱衡科技与誉衡国际签订《股权转让协议》,转让价格为0.11美元,股权转让总价款为425万美元。经黑龙江省招商局《关于哈尔滨誉衡药业有限公司股权并购的批复》[黑招函(2006)第211号]文批准,誉衡国际于2006年7月15日向吉康科技和爱衡科技返程收购了本公司100%的股权。

至此,誉衡有限为境外上市而搭建的红筹架构正式建立:

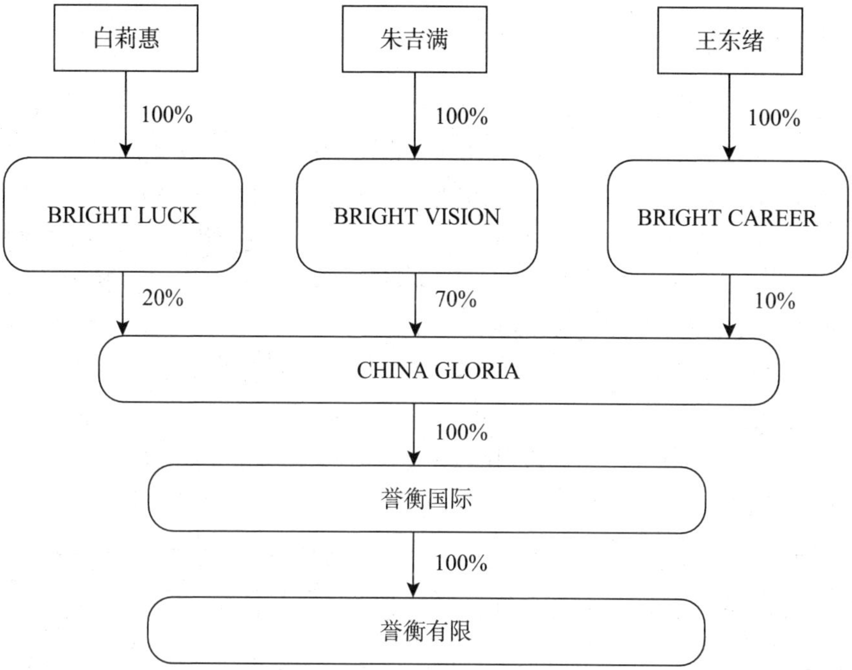

二、红筹架构的调整

2007 年，国内资本市场进入了持续健康发展的新阶段，国家亦鼓励优质企业在国内资本市场发行上市。因此，誉衡有限调整发展方向，拟申请在境内发行股票，并于 2007 年 10 月对公司的股权结构进行调整。

（一）第一次股权调整

2007 年 10 月 30 日，誉衡国际与恒世达昌签订了《股权转让协议》，誉衡国际将其持有的誉衡有限 60% 股权转让给恒世达昌，恒世达昌为朱吉满、白莉惠等人控制的国内公司。此次股权转让为同一控制人下国内外公司之间的相互转让，转让价格按照注册资本定价，转让价款为 2280 万元。此次股权转让由黑龙江省招商局《关于哈尔滨誉衡药业有限公司股权变更的批复》[黑招函（2007）第 143 号]批准，誉衡有限于 2007 年 12 月 14 日换领了《外商投资企业批准证书》。

此次股权转让完成后，誉衡有限变更为中外合资企业，相应修改了公司章程，办理了工商变更登记。恒世达昌用于购买誉衡国际持有的誉衡有限 60% 股权的资金来源为恒世达昌自有资金，主要为恒世达昌设立时股东朱吉满、白莉惠、王东绪的出资。

(二)第二次调整

2008年3月31日,誉衡国际将其持有的誉衡有限12%股权转让给健康科技,转让价格按市盈率法确定,转让价格定为每股17.11元;同日,恒世达昌将其持有的誉衡有限0.5%股权转让给百庚禹丰,鉴于百庚禹丰的股东为朱吉满的好友,本次股权转让价格以公司账面净资产值为基础适当上浮。健康科技上述股权转让资金来源于其股东New Horizon Capital,L.P.。百庚禹丰上述股权转让资金来源于自有资金,百庚禹丰于2008年7月22日支付了上述股权转让款75万元。

此次股权转让由黑龙江省招商局《关于哈尔滨誉衡药业有限公司股权转让及调整经营范围的批复》[黑招外资函(2008)第53号]批准,公司于2008年4月25日换领了《外商投资企业批准证书》。此次股权转让完成后,誉衡有限相应修改了公司章程,并办理了工商变更登记。

至此,誉衡有限通过股权转让的方式实现了满足境内上市条件的股权结构:

股东名称	出资额(万元)	出资比例(%)
恒世达昌	2261.00	59.50
誉衡国际	1064.00	28.00
健康科技	456.00	12.00
百庚禹丰	19.00	0.50
合计	3800.00	100.00

【案例评析】

1. 根据公开披露文件透露的有关信息,誉衡有限拟上市的地点为日本,但是对于红筹架构的理解和处理与其他案例并没有差别。不过,由此引起的一个誉衡国际向日本居民井关清借款事项还是引起了会里的重点关注。该红筹架构的处理由于有特殊因素在内,因此,不一定具有普遍的推广价值,不过公司在收购资金来源、股权转让价格以及外汇登记问题上的关注值得借鉴。

2. 客观上讲,该案例对于红筹架构的处理极其取巧。处理思路并不是我们经常见到的将境外有关上市主体和BVI公司注销之后将股权全部转移到国内的方式,而是通过股权转让的方式仅将控股权回归到境内,以满足境内上市的股权结构要求。

3. 据小兵了解,公司这样的巧妙处理应该是在与监管机构深入沟通并得到其许可之后得出的,但是处理之后的架构不可避免存在以下问题:(1)公司调整之后是典型的返程投资的股权结构,就当下一些返程投资的处理来看,一般原则就是控股权必须回归到境内，且所享受的税收优惠政策不必返还，甚至还可能会继续享受。（2）调整之后誉衡有限的股权比例也很有玄机，28%的股份恰好满足外商投资企业享受税收优惠的门槛。（3）该调整最大的隐患是誉衡国际作为BVI公司，其持有的上市公司28%的股东权益由于离岸公司的特殊性质而几乎成为监管盲区，这可能会成为一个很大的潜在风险。

4. 由于誉衡有限存在多次股权转让行为，且原因和背景各不相同，因此，会里对历次股权转让是否履行审批手续、转让款资金来源、股权公司经营情况、股权定价依据，以及涉及税收问题进行了重点关注。另外，由于公司通过股权收购方式实现了红筹架构的拆除，因此，会里对此次股权转让的批复情况更加重点关注。

5. 会里同样对誉衡国际的设立、股权变动以及其返程收购誉衡有限等行为是否履行了外汇登记手续，是否符合外汇进出管理规定进行了重点关注。信息披露内容显示：以上行为严格依据第75号文向国家外汇管理局黑龙江省分局申请办理了境外投资外汇登记手续，并由国家外汇管理局黑龙江省分局在朱吉满、白莉惠和王东绪提交的《境内居民个人境外投资外汇登记表》加盖了资本项目外汇核准章。

6. 对于公司自2007年度搭建红筹架构起，享受的外商投资税收优惠政策是否符合《外国投资者并购境内企业暂行规定》（3号令），会里也进行了重点关注，这也是红筹架构回归境内过程中非常普遍的一个问题，律师的解释值得借鉴，其理由主要如下：（1）股权并购是在10号文施行（2006年9月8日）之前，不适用第9条第3款关于“境内公司、企业或自然人以其在境外合法设立或控制的公司名义并购与其有关联关系的境内公司，所设立的外商投资企业不享受外商投资企业待遇”的规定。（2）3号令规定股权并购需要省级商务主管部门批准且公司也取得了批准，符合3号令的有关规定。根据2003年5月28日颁布的《国家税务总局关于外国投资者并购境内企业股权有关税收问题的通知》外资比例超过25%的可以享受税收优惠。（3）根据2007年颁布的《企业所得税法》，誉衡有限自2007年享受外商投资企业所得税“两免三减半”的税收优惠，根据有关过渡政策，誉衡有限“两免三减半”的所得税的税收优惠可享受至期满为止，但2008年后，一律按25%税率计算的应纳税额实行减半征税，即发行人2008年免税，2009年至2011年适用12.5%的企业所得税税率。（4）就前述税收优惠，誉衡有限已取得了哈尔滨市呼兰区国家税务局的同意，同意其自2007年获利年度起，享受“两免三减半”税收优惠政策的书面确认文件。据此，发行人自2007年度起享受外商投资企业所得税优惠符合当时所适用的《外国投资者并购境内企业暂行规定》（即3号令）的相关规定，合法有效。

■第六节　同济同捷(审核未通过)

【案例情况】

一、红筹架构的建立过程

公司曾一度计划在海外以红筹架构的模式上市,为配合红筹架构模式发行上市,2004 年 9 月 30 日,公司实际控制人雷雨成受托设立了 Tj Innova International Limited(注册于维尔京群岛),并拟通过该公司收购公司股东持有的全部股份。

红筹架构搭建之前,公司的股权结构如下:

序号	股东名称	出资额(万元)	出资比例(%)
1	Sino-JP Fund Co. Ltd	1446.0000	20.9930
2	China Science & Merchants New Material Technology Int'l Co. Ltd	1382.0000	20.0639
3	雷雨成	1178.3029	17.1066
4	杭州华索投资管理公司	720.0000	10.4530
5	郭健辉	679.8868	9.8706
6	邓建国	410.6943	5.9625
7	李小华	234.7472	3.4081
8	上海同济企业管理中心	152.7770	2.2180
9	郭孔辉	83.9434	1.2187
10	孙丽蓉	83.6491	1.2144
	其余 32 名自然人股东	515.9993	7.4912
合计		6888.0000	100.0000

(一)第一次股权调整

2005 年 11 月 16 日,公司董事会通过《公司重组的决议》,同意 Tj Innova International Limited 受让雷雨成等 38 名自然人及杭州华索投资管理有限公司持有上海同济同捷科技有限公司(以下简称同济同捷)的全部股权,占同济同捷注册资本的 56.7251%。就上述事项,2005 年 11 月 16 日,各方通过了《合资经营上海同济同捷科技有限公司合同修正案》和《上海同济同捷科技有限公司章程修正案》。2005 年 12 月 23 日,上海市张江高科技园区领导小组办公室出具了《关于上海同济同捷科技有限公司股权转让的批复》[沪张江园区办项字(2005)第 808 号],批准了上述变更。

就上述变更,同济同捷取得了上海市人民政府于 2006 年 2 月 12 日核发的《外商投资企业批准证书》及上海市工商行政管理局浦东分局 2006 年 2 月 17 日核发的《企业法人营业执照》(注册号:企合沪浦总副字第 320791 号)。

此次变更完成后,公司各股东出资情况及股权架构如下:

序号	股东名称	出资额(万元)	出资比例(%)
1	Tj Innova International Limited	3907.2230	56.7251
2	Sino-JP Fund Co. Ltd	1446.0000	20.9930
3	China Science & Merchants New Material Technology Int'l Co. Ltd	1382.0000	20.0639
4	上海同济企业管理中心	152.7770	2.2180
合计		6888.0000	100.0000

(二)第二次股权调整

2006 年 4 月 12 日,公司董事会通过《关于公司重组的决议》,决议通过由 Tj Innova International Limited 受让公司原股东 Sino-JP Fund Co. Ltd 持有的同济同捷 20.9930% 的股权和 China Science & Merchants New MaterialTechnology Int'l Co. Ltd 持有的同济同捷 20.0639% 的股权。

2006 年 5 月 5 日,各方通过了《合资经营上海同济同捷科技有限公司合同修正案》和《上海同济同捷科技有限公司公司章程修正案》。2006 年 6 月 12 日,上海市张江高科技园区领导小组办公室出具了《关于上海同济同捷科技有限公司股权转让的批复》[沪张江园区办项字(2006)第 337 号],批准了上述事项。

就上述变更,同济同捷取得了上海市人民政府于 2006 年 7 月 1 日核发的《外商投资企业批准证书》以及上海市工商行政管理局浦东分局 2006 年 7 月 5 日核发的《企业法人营业执照》(注册号:企合沪浦总副字第 320791 号)。

本次变更完成后,公司各股东出资情况及股权架构如下:

序号	股东名称	出资额(万元)	出资比例(%)
1	Tj Innova International Limited	6735.2230	97.7820
2	上海同济企业管理中心	152.7770	2.2180
合计		6888.0000	100.0000

综上，通过上述股权转让后，同济同捷除上海同济企业管理中心外的股东均将其所持有的股权转让给 Tj Innova International Limited，股权转让后，TjInnova International Limited 名义上持有同济同捷 97.7820% 的注册资本，而 Tj Innova International Limited 的股东均为股权转让前同济同捷的股东，持股比例也与股权转让前该等股东之间的持股比例一致。即同济同捷除上海同济企业管理中心外的其他所有股东均由直接持股变为通过 Tj InnovaInternational Limited 间接持股。

至此，同济同捷为了境外上市的红筹架构，通过股权转让的方式正式建立了。此外，需要注意的是，由于该次股权转让款项直至发行人恢复原股权架构之时尚未支付，因此，上述股权转让并未完全履行。

二、红筹架构的废止

（一）停止境外上市的原因

2006 年 8 月 8 日，商务部等六部委颁布了《关于外国投资者并购境内企业的规定》，并于 2006 年 9 月 8 日起实施。该规定增加了同济同捷拟进行的红筹架构方式上市的难度。与此同时，中国证券市场股权分置改革成功，证券市场发生了根本性的变化，公司各股东决定终止以红筹架构方式上市的计划，并重新启动在国内证券市场的发行上市。

（二）股权调整

2007 年 1 月 12 日，公司董事会通过《关于公司股权调整的决议》，决定恢复 2006 年 2 月前公司的股权架构，并解除与 Tj Innova International Limited 签署的一切股权转让协议。上述变更完成后，Tj Innova International Limited 不再持有公司的股权。同日，Tj Innova International Limited 与 CSM、Sino-JPFund 签署《关于解除〈股权转让协议〉的合同》，解除各方 2006 年 5 月 5 日签署的《股权转让协议》，将 CSM 和 Sino-JP Fund 持有的公司股权恢复到该协议签署之前的状态，即 CSM 持有本公司 20.0639% 股权，Sino-JP Fund 持有本公司 20.9930% 股权。Tj Innova International Limited 于 2008 年 5 月注销。

2007 年 1 月 12 日，公司董事会通过《合资经营上海同济同捷科技有限公司合同修改协议》和《上海同济同捷科技有限公司章程修正案》。2007 年 3 月 27 日，上海市张江高科技园区领导小组办公室出具了《关于同意上海同济同捷科技有限公司股权变更的批复》［沪张江园区办项字（2007）第 146 号］，批准了上述变更。

就上述变更，同济同捷取得了上海市人民政府于2007年4月2日核发的《外商投资企业批准证书》及上海市工商行政管理局浦东分局于2007年4月19日核发的《企业法人营业执照》（注册号：310115400063464）。

本次变更完成后，公司的股权结构恢复如下：

序号	股东名称	出资额（万元）	出资比例（%）
1	Sino-JP Fund Co.，Ltd	1446.0000	20.9930
2	China Science & Merchants New Material Technology Int'l Co.，Ltd	1382.0000	20.0639
3	雷雨成	1178.3029	17.1066
4	杭州华索投资管理公司	720.0000	10.4530
5	郭健辉	679.8868	9.8706
6	邓建国	410.6943	5.9625
7	李小华	234.7472	3.4081
8	上海同济企业管理中心	152.7770	2.2180
9	郭孔辉	83.9434	1.2187
10	孙丽蓉	83.6491	1.2144
	其余32名自然人股东	515.9993	7.4912
合计		6888.0000	100.0000

通过对比可以发现，股权架构在红筹架构搭建之前和红筹架构拆除之后的股权结构完全一致。

（三）中介机构核查意见

发行人律师认为，发行人在2006年2月至2006年7月期间以境外上市为目的分别进行的两次股权转让，发行人的最终股权控制结构未发生任何变化；同时因未实际履行，已经主管机关批准恢复至股权转让前的状态。所以，该等“以境外上市为目的的股权转让和股权转让恢复”的过程中，发行人实际控制人没有发生变动。

保荐机构认为，发行人在2006年期间以境外上市为目的分别进行的两次股权转让未完全履行，且已经主管机关批准恢复至股权转让前的状态。在上述“以境外上市为目的的股权转让和股权转让恢复”的过程中未导致发行人的实际控制人发生变化。

【案例评析】

1. 同济同捷红筹架构的搭建过程与普通模式并非完全相同，最主要体现在公司将在维尔京群岛设立的BVI公司作为拟上市主体而非开曼群岛设立的公司，而很多国家的资本市场不接受 BVI 公司的上市,而 BVI 公司在一般红筹架构中的角色是纯粹的持股公司。当然或许还有一种可能,那就是公司的红筹架构尚未搭建完毕就回归了。

2. 公司通过将境内股权转让到境外的方式搭建红筹架构较为常见,这种方式是与新浪协议并购模式等同的另外一种重要的方式,但是披露信息没有交代任何关于外汇登记的情况,以及境外主体的设立情况,这是一个较大的瑕疵。

3. 该红筹架构的设立在 10 号文出台之前,应该不会存在任何问题;而公司回归境内的一个解释理由是 10 号文出台导致境外上市难度加大,不知道这是出于怎样的考虑,难道是公司自知红筹架构尚未搭建完毕,而 10 号文出台后其搭建完毕的可能性已经不大?

4. 公司红筹架构的搭建和废止可以用"来去匆匆"来形容,虽然简约明了,但是同时也忽略了很多关键点,从而有一种处理不彻底的感觉。虽然股权架构问题不是公司被否决的主要原因,但是中介机构在该问题上如果处理得不到位,将会使股权架构成为公司上市不可忽视的减分项。

【思路总结】

一、基本概念

1. 小兵个人认为,较之 H 股上市公司回到国内直接发 A 股的"联通模式",这种情形并非传统意义上的红筹架构回归,具体叫做什么名称也没有定论。简言之,就是这样的一种情形:原本想去境外上市,于是搭建了红筹构架,但是由于最近两年境外资本市场不太好,于是又准备回到境内 A 股上市,就只能把原来搭建的红筹架构拆掉,恢复到搭建前的结构并筹备上市。

2. 这个问题由来已久,虽然证监会一直是持开放态度,但是很长时间以来都没有取得突破,而现在不管是通过会计师事务所审核的还是被否的,其中一些通过红筹架构抽离的方式在境内上市的尝试已经相对完善,且这样的方式值得借鉴。

3. 根据小兵狭窄的知识视野以及网友的资料提供,现在存在该种情形且成功通过会计师事务所审核的公司有:二六三网络(二次过会)、日海通讯、启明星辰以及誉衡药业;而红筹架构结构被否的企业为:海联讯信息和同济同捷。当然,需要说明的是,被否的企业原因有很多,绝对不是单单因为红筹架构,因此,不管是成功通过会计师事务所审核还是被否的企业,这些案例中红筹架构抽离方面的一些尝试和做法值得我们借鉴。

4. 小兵个人认为,上述案例中二六三网络和日海通讯是我们所讲的典型的解决红筹架构的问题,招股说明书也是用专门的篇幅来说明这件事情的始末。而有些企业如得利斯，不过是为了在新加坡上市而多了一层海外上市主体而已，没有红筹架构那么芜杂，在后来的还原过程中应该也会省力些。

二、重要事项

1. 红筹架构的废止一般都会通过股权转让的方式予以实现，这样的处理并不复杂也不陌生，其中一个比较重要的问题就是外汇的管理。这一点，在很多招股书中都没有提及，只有二六三网络提到在红筹架构设立时根据75号文进行了外汇登记。是会计师事务所对这个问题不在意，还是企业通过其他渠道进行了沟通，我们就不得而知。

2. 另外还有税的问题。有些红筹架构的搭建在某种程度上就是假外资的返程投资，但是一般情况下境内企业都会享受外商投资企业"两免三减半"的税收优惠政策，那么如果红筹架构废止，在变成内资企业以前的税收优惠是否要退呢？多数企业没有提到该问题，深圳一家企业没有退还税收优惠是因为当地主管部门出具了批复。小兵个人认为，根据法律法规有关规定，这个税收优惠需要补缴是没有异议的，可能每个地方的政策还是有差别，具体情况具体去协调吧。

3. 由于红筹架构上市之前一般都要进行一轮私募，因此，在还原之时首先要回购私募所持有的BVI公司的股权；当然，作为对投资者的补偿，一般情况下国内拟上市主体会在上市之前允许投资者定向增发。这一点，从现有的案例来看，应该是得到了会计师事务所的认可，并且有的企业是在2009年后才有境外投资者进入的，但是也成功通过了会计师事务所的审核。

4. 红筹架构废止后，境外上市主体也相应开始开展注销工作，该工作不一定要在申报材料之前完成，只要已经开始注销就可以了。另外，为了境外上市，很多公司还会在境内设立外商独资企业（如新浪模式），通过协议的方式来控制境内资产，如果决定回归境内上市，那么境内的外商独资企业也要注销，且有关的一些协议需要签署终止协议。

5. 在具体投行业务工作中还包括招股说明书的撰写，红筹架构废止的工作还需要谨慎，最好是单列一节来解释清楚红筹架构从搭建到废止的全过程，另外，一般还会捎带解释一下为什么回到国内上市。这个原因很好解释也比较趋同，无非就是境外上市环境恶化、股权分置改革实现了全流通、客户和利益均在国内，容易得到认可等方面。

6. 红筹架构还原之后，很重要的一个工作就是证明实际控制人没有变更以及股东权益在变更之前和变更之后没有发生重大的变化，普遍的处理方式就是将处理前后的股权结构图放在一起对照。由于红筹架构的特殊性，一般情况下，这个问题都比较容易证明，但是这个工作还是必须要做的。

7. 最后，就该问题由律师和保荐机构发表核查意见，主要内容无非就是程序合法不再存在潜在纠纷;同时,由大股东出具承诺,保证不存在潜在纠纷并承担因此而产生的一切风险和损失。

8. 小兵一直觉得一个成功的红筹架构模式是很精妙且考验智慧的,因此,从披露的招股说明书来看,有些只是多了一层外资架构的股权结构,这并不能称为红筹架构模式,最典型的莫过于日海通讯。虽然很多人认为这是红筹架构模式,但是小兵觉得不是,其实说白了就是典型的返程投资假外资,人家在招股说明书中也没有提到红筹架构和境外上市的问题。

9. 有些就该部分内容披露的并不充分且思路也不够清楚,不知道是事实很单纯还是保荐机构给省略了,如同济同捷。总觉得有些问题还没有说透彻,据说被否也有这方面的原因。

10. 外资收购国内企业时应按照该企业经评估后的净资产收购,此时该企业的原始股东面临缴纳大笔个人所得税的问题;在 BVI 公司及海外控股公司的构架设计中应该注意,直接上市的海外控股公司的终极股东只能是自然人、上市公司及国有独资公司。

三、其他补充

(一)开曼群岛公司

境内红筹架构上市主体几乎全部在开曼群岛设立,原因有如下几点:

1. 香港在以前只接受四地的注册公司上市,分别为香港、百慕大、开曼和中国内地。中国内地那是属于直接发行 H 股而不是红筹架构上市,而香港公司的监管又相对严格,所以很多企业选择了开曼群岛。另外,据红筹架构达人介绍,现在的联交所在几个月前逐步开放了对 BVI 公司的接受。

2. 美国只接受开曼群岛注册的公司上市,因此,如果拟以红筹架构在美国上市,那么拟上市主体一定要在开曼群岛设立。

(二)BVI 公司

1. 境内企业境外上市主要有两种途径:一来是直接境外发行外资股,二来就是通过红筹架构的模式。前者的上市途径不仅要满足所谓的"四、五、六"条件(净资产不少于 4 亿元人民币、过去一年税后利润不少于 6000 万元人民币、集资额不少于 5000 万美元),仍需满足海外上市地的证券管理部门有关企业上市的规定。通过这种方式上市,首先是程序复杂,其次是对企业的要求非常高,再次是可流通的股份有限。

2. 鉴于 H 股或 S 股上市的严格要求与复杂程序,所以红筹架构模式才会流行。而红筹架构模式中除了境外上市主体外,另外一个重要的角色就是 BVI 公司。通过在直接上市的海外控股公司的上下层面中合理设置 BVI 公司,可以起到的作用主要有:方便大股东对上市公司的控制;可以使公司管理层及某些股东绕开禁售期的限制;可以享受 BVI 公司所得税低税率的待遇;当公司业务发生变化时,可通过出售 BVI 公司的形式放弃原有业务,享受 BVI 公司的税收待遇。

3. 应该说拟上市公司的上层一般情况下都会有 BVI 公司,除了上述比较优惠的政策外,还有一个很重要的原因就是:如果上市公司的上层直接是实际控制人,那么股东在上市公司的分红按照 75 号文的规定必须在 180 天之内汇入境内,而如果中间有 BVI 公司,那么就可以规避这一规定,至今这都是一个灰色地带。另外,BVI 公司的股东可以不是很透明,在隐藏问题股东方面也有很好的优势。

(三)红筹架构简单模型

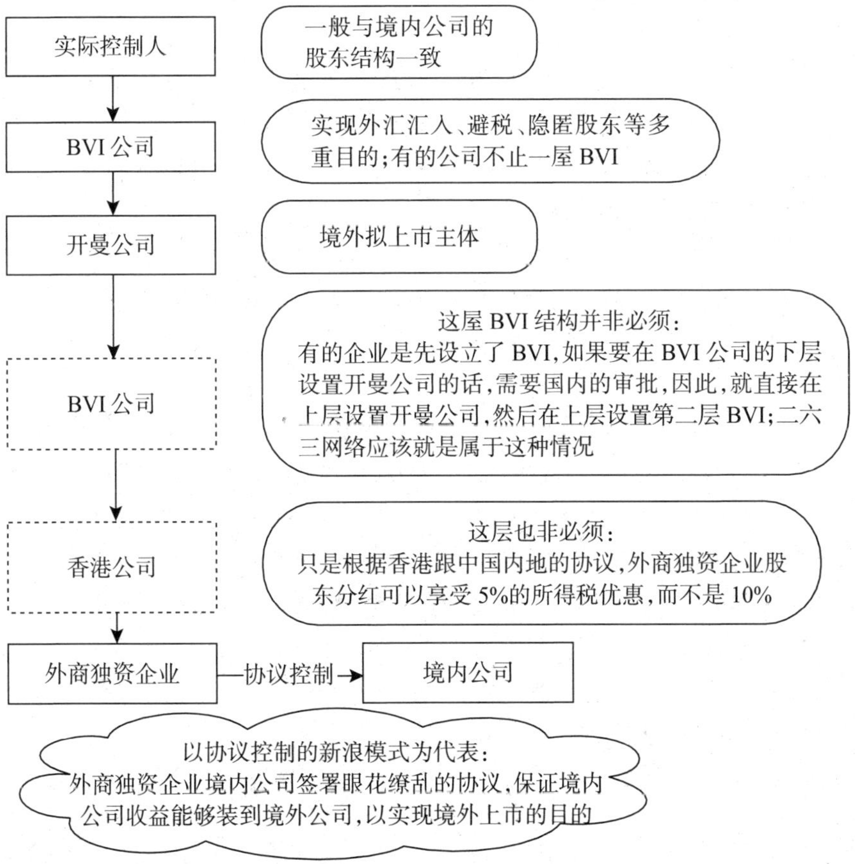

【参考法规】

一、《关于境内居民通过境外特殊目的公司融资及返程投资外汇管理有关问题的通知》[汇发(2005)第75号]

为鼓励、支持和引导非公有制经济发展，进一步完善创业投资政策支持体系，规范境内居民通过境外特殊目的公司从事投融资活动所涉及的跨境资本交易，根据《外汇管理条例》、《境外投资外汇管理办法》、《外国投资者并购境内企业暂行规定》，现就境内居民通过境外特殊目的公司开展股权融资及返程投资涉及外汇管理的有关问题通知如下：

一、本通知所称"特殊目的公司"，是指境内居民法人或境内居民自然人以其持有的境内企业资产或权益在境外进行股权融资(包括可转换债融资)为目的而直接设立或间接控制的境外企业。

本通知所称"返程投资"，是指境内居民通过特殊目的公司对境内开展的直接投资活动，包括但不限于以下方式：购买或置换境内企业中方股权、在境内设立外商投资企业及通过该企业购买或协议控制境内资产、协议购买境内资产及以该项资产投资设立外商投资企业、向境内企业增资。

本通知所称"境内居民法人"，是指在中国境内依法设立的企业事业法人以及其他经济组织；"境内居民自然人"是指持有中华人民共和国居民身份证或护照等合法身份证件的自然人，或者虽无中国境内合法身份但因经济利益关系在中国境内习惯性居住的自然人。

本通知所称"控制"，是指境内居民通过收购、信托、代持、投票权、回购、可转换债券等方式取得特殊目的公司或境内企业的经营权、收益权或者决策权。

二、境内居民设立或控制境外特殊目的公司之前，应持以下材料向所在地外汇分局、外汇管理部(以下简称外汇局)申请办理境外投资外汇登记手续：

(一)书面申请(应详细说明境内企业基本情况、境外特殊目的公司的股权结构以及境外融资安排)；

(二)境内居民法人的境内登记注册文件，境内居民自然人需提供身份证明；

(三)境外融资商业计划书；

(四)境内居民法人的外汇资金(资产)来源核准批复和境外投资主管部门的批准文件；

(五)境内居民法人填写的《境外投资外汇登记证》，境内居民自然人填写的《境内

居民个人境外投资外汇登记表》(附表);

(六)其他真实性证明材料。

外汇局对上述材料审核无误后,应在《境外投资外汇登记证》或《境内居民个人境外投资外汇登记表》上加盖资本项目外汇业务专用章。

三、境内居民将其拥有的境内企业的资产或股权注入特殊目的公司[返程投资],或在向特殊目的公司注入资产或股权后进行境外股权融资,应就其持有特殊目的公司的净资产权益及其变动状况办理境外投资外汇登记变更手续,办理时应提供以下材料:

(一)书面申请(详细说明境内企业与特殊目的公司的股东与股权变更过程、境内企业与特殊目的公司资产或股权的定价方式);

(二)境内居民法人填写的《境外投资外汇登记证》,境内居民自然人填写的《境内居民个人境外投资外汇登记表》;

(三)外商投资主管部门对返程投资的核准、备案文件;

(四)涉及国有资产的,须提供国有资产管理部门对境内企业资产或股权价值的确认文件;

(五)特殊目的公司的境外注册、登记、营业执照等证明文件;

(六)其他真实性证明材料。

四、特殊目的公司完成境外融资后,境内居民可以根据商业计划书或招股说明书载明的资金使用计划,将应在境内安排使用的资金调回境内。

五、特殊目的公司使用境外融资所得资金返程投资或向境内企业提供股东贷款及其他债务资金,相关境内企业应按照现行利用外资、外债管理法律、法规办理有关外汇管理手续。外汇局为相关境内企业办理外商投资企业设立登记及变更登记、外债登记,或者为特殊目的公司办理转股收汇外资外汇登记时,应审核《境外投资外汇登记证》或《境内居民个人境外投资外汇登记表》。

六、境内居民按规定办理境外投资外汇登记及变更手续后,可向特殊目的公司支付利润、红利、清算、转股、减资等款项。

境内居民(包括了居民自然人和居民法人,而在此之前的《境外投资外汇管理规定》仅仅要求"公司、企业、其他经济组织,且不包括外商投资企业")从特殊目的公司获得的利润、红利及资本变动外汇收入应于获得之日起180日内调回境内,利润或红利可以进入经常项目外汇账户或者结汇,资本变动外汇收入经外汇局核准,可以开立资本项目专用账户保留,也可经外汇局核准后结汇。

七、特殊目的公司发生增资或减资、股权转让或置换、合并或分立、长期股权或债权投资、对外担保等重大资本变更事项且不涉及返程投资的,境内居民应于重大事项发生之日起30日内向外汇局申请办理境外投资外汇登记变更或备案手续。

八、本通知实施前,境内居民已在境外设立或控制特殊目的公司并已完成返程投资,但未按规定办理境外投资外汇登记的,应按照本通知规定于2006年3月31日前到所在地外汇局补办境外投资外汇登记。境内居民补办境外投资外汇登记后,外汇局可为相关境内企业办理外资、外债外汇登记手续。

九、境内创业投资企业可参照本通知在境外设立特殊目的公司并从事创业投资活动。

十、上述同一管理事项涉及多个境内居民的,相关境内居民应出具委托书并委托其中1至2个境内居民办理相关外汇管理手续。

十一、本通知未尽事宜,按照现行外商投资和境外投资相关外汇管理法规办理。

十二、境内居民违反本规定构成逃汇及其他外汇管理违规行为的,外汇局应按照《外汇管理条例》及有关规定进行处罚。

十三、本通知自2005年11月1日起实施。《关于完善外资并购外汇管理有关问题的通知》[汇发(2005)第11号]和《关于境内居民个人境外投资登记和外资并购外汇登记有关问题的通知》[汇发(2005)第29号]同时停止执行。

二、《关于外国投资者并购境内企业的规定》(商务部令2009年第6号)

第四章　第三节　对于特殊目的公司的特别规定

第三十九条　特殊目的公司系指中国境内公司或自然人为实现以其实际拥有的境内公司权益在境外上市而直接或间接控制的境外公司。

特殊目的公司为实现在境外上市,其股东以其所持公司股权,或者特殊目的公司以其增发的股份,作为支付手段,购买境内公司股东的股权或者境内公司增发的股份的,适用本节规定。

当事人以持有特殊目的公司权益的境外公司作为境外上市主体的,该境外公司应符合本节对于特殊目的公司的相关要求。

第四十条　特殊目的公司境外上市交易,应经国务院证券监督管理机构批准。

特殊目的公司境外上市所在国家或者地区应有完善的法律和监管制度,其证券监管机构已与国务院证券监督管理机构签订监管合作谅解备忘录,并保持着有效的监管合作关系。

第四十一条　本节所述的权益在境外上市的境内公司应符合下列条件:

(一)产权明晰,不存在产权争议或潜在产权争议;

（二）有完整的业务体系和良好的持续经营能力；

（三）有健全的公司治理结构和内部管理制度；

（四）公司及其主要股东近3年无重大违法违规记录。

第四十二条 境内公司在境外设立特殊目的公司，应向商务部申请办理核准手续。办理核准手续时，境内公司除向商务部报送《关于境外投资开办企业核准事项的规定》要求的文件外，另须报送以下文件：

（一）特殊目的公司实际控制人的身份证明文件；

（二）特殊目的公司境外上市商业计划书；

（三）并购顾问就特殊目的公司未来境外上市的股票发行价格所作的评估报告。

获得中国企业境外投资批准证书后，设立人或控制人应向所在地外汇管理机关申请办理相应的境外投资外汇登记手续。

第四十三条 特殊目的公司境外上市的股票发行价总值，不得低于其所对应的经中国有关资产评估机构评估的被并购境内公司股权的价值。

第四十四条 特殊目的公司以股权并购境内公司的，境内公司除向商务部报送本规定第三十二条所要求的文件外，另须报送以下文件：

（一）设立特殊目的公司时的境外投资开办企业批准文件和证书；

（二）特殊目的公司境外投资外汇登记表；

（三）特殊目的公司实际控制人的身份证明文件或开业证明、章程；

（四）特殊目的公司境外上市商业计划书；

（五）并购顾问就特殊目的公司未来境外上市的股票发行价格所作的评估报告。

如果以持有特殊目的公司权益的境外公司作为境外上市主体，境内公司还须报送以下文件：

（一）该境外公司的开业证明和章程；

（二）特殊目的公司与该境外公司之间就被并购的境内公司股权所作的交易安排和折价方法的详细说明。

第四十五条 商务部对本规定第四十四条所规定的文件初审同意的，出具原则批复函，境内公司凭该批复函向国务院证券监督管理机构报送申请上市的文件。国务院证券监督管理机构于20个工作日内决定是否核准。

境内公司获得核准后，向商务部申领批准证书。商务部向其颁发加注“境外特殊目的公司持股，自营业执照颁发之日起1年内有效”字样的批准证书。

并购导致特殊目的公司股权等事项变更的，持有特殊目的公司股权的境内公司或自然人，凭加注的外商投资企业批准证书，向商务部就特殊目的公司相关事项办理境外投资开办企业变更核准手续，并向所在地外汇管理机关申请办理境外投资外汇登记变更。

第四十六条 境内公司应自收到加注的批准证书之日起 30 日内，向登记管理机关、外汇管理机关办理变更登记，由登记管理机关、外汇管理机关分别向其颁发加注“自颁发之日起 14 个月内有效”字样的外商投资企业营业执照和外汇登记证。

境内公司向登记管理机关办理变更登记时，应当预先提交旨在恢复股权结构的境内公司法定代表人签署的股权变更申请书、公司章程修正案、股权转让协议等文件。

第四十七条 境内公司应自特殊目的公司或与特殊目的公司有关联关系的境外公司完成境外上市之日起 30 日内，向商务部报告境外上市情况和融资收入调回计划，并申请换发无加注的外商投资企业批准证书。同时，境内公司应自完成境外上市之日起 30 日内，向国务院证券监督管理机构报告境外上市情况并提供相关的备案文件。境内公司还应向外汇管理机关报送融资收入调回计划，由外汇管理机关监督实施。境内公司取得无加注的批准证书后，应在 30 日内向登记管理机关、外汇管理机关申请换发无加注的外商投资企业营业执照、外汇登记证。

如果境内公司在前述期限内未向商务部报告，境内公司加注的批准证书自动失效，境内公司股权结构恢复到股权并购之前的状态，并应按本规定第三十六条办理变更登记手续。

第四十八条 特殊目的公司的境外上市融资收入，应按照报送外汇管理机关备案的调回计划，根据现行外汇管理规定调回境内使用。融资收入可采取以下方式调回境内：

（一）向境内公司提供商业贷款；

（二）在境内新设外商投资企业；

（三）并购境内企业。

在上述情形下调回特殊目的公司境外融资收入，应遵守中国有关外商投资及外债管理的法律和行政法规。如果调回特殊目的公司境外融资收入，导致境内公司和自然人增持特殊目的公司权益或特殊目的公司净资产增加，当事人应如实披露并报批，在完成审批手续后办理相应的外资外汇登记和境外投资登记变更。

境内公司及自然人从特殊目的公司获得的利润、红利及资本变动所得外汇收入，应自获得之日起 6 个月内调回境内。利润或红利可以进入经常项目外汇账户或者结汇。资本变动外汇收入经外汇管理机关核准，可以开立资本项目专用账户保留，也可经外汇管理机关核准后结汇。

第四十九条 自营业执照颁发之日起 1 年内，如果境内公司不能取得无加注批准证书，则加注的批准证书自动失效，并应按本规定第三十六条办理变更登记手续。

第五十条 特殊目的公司完成境外上市且境内公司取得无加注的批准证书和营业执照后,当事人继续以该公司股份作为支付手段并购境内公司的,适用本章第一节和第二节的规定。

第六章　返程投资

□ 首先需要明确返程投资并非红筹架构，返程投资较之红筹架构更加普遍，也相对简单些。

□ 外汇登记问题与返程投资就好像是连体婴儿一样不可能分开，因此，本节内容中将该两个问题与返程投资一起论述。

■第一节　外汇登记

【重要提示】

★ 随着红筹架构回归、返程投资以及境外退市回归 A 股案例的逐渐增多，外汇登记问题也逐渐成为一个大热门。

★ 境内资产存在境外红筹架构必然有外汇的流动，因此，根据有关规定进行外汇登记没有任何争议。关键是如果没有进行外汇登记呢？如果能补的话当然去补，如果不能补就只能找别的理由解释了。

★ 在发行审核过程中，外汇登记问题一直是一个审核的重点，但是一般情况也不会成为被否决的主要理由。

【案例情况】

一、圣莱达(002473)

圣莱达的反馈中要求律师就“爱普尔(香港)的设立是否违反外管局 75 号文关于

外汇管理登记方面的规定”补充核查意见。

根据75号文第2条:“境内居民设立或控制境外特殊目的公司之前,应持以下材料向所在地外汇分局、外汇管理部申请办理境外投资外汇登记手续”,根据75号文第1条:“本通知所称‘特殊目的公司’,是指境内居民法人或境内居民自然人以其持有的境内企业资产或权益在境外进行股权融资(包括可转换债融资)为目的而直接设立或间接控制的境外企业。”爱普尔(香港)的上述三名自然人股东投资爱普尔(香港)的目的是在境内进行投资,而并非“以其持有的境内企业资产或权益在境外进行股权融资(包括可转换债融资)”。因此,爱普尔(香港)不属于特殊目的公司。2010年6月7日,国家外汇管理局宁波市分局出具对发行人提交的《关于对圣莱达无须补登记出函的请示》的复函,明确认定爱普尔(香港)不属于75号文规定的特殊目的公司,无须办理特殊目的公司外汇登记。

二、中联电气(002323)

同样是在香港设立公司,中联电气补充意见2“许奇就其2004年在香港设立瑞都有限进行返程投资的行为向外汇主管部门申请补办登记,并获国家外汇管理局江苏省分局的批准”。

根据国家外汇管理局2005年发布的《境内居民通过境外特殊目的公司融资及返程投资外汇管理有关问题的通知》[汇发(2005)第75号],境内居民在2005年11月1日以前,已在境外设立特殊目的公司并已完成返程投资,但未按规定办理境外投资外汇登记的,应当补办境外投资外汇登记。据此,许奇就其2004年在香港设立瑞都有限进行返程投资的行为向外汇主管部门申请补办登记,并获国家外汇管理局江苏省分局的批准。因此,瑞都有限此次向中联电气增资,符合特殊目的公司返程投资外汇管理的相关规定。

三、威创股份(002308)

其发行保荐工作报告项目组认为:第一,75号文所规范的范围是为了将现有的境内企业资产和权益转移到境外并进行融资而设立或控制的境外公司;第二,威创视讯设立时的股东为两位香港居民而非境内居民,由其投资设立了威创视讯,属于境外居民的正常投资行为;第三,威创视讯设立时,境外自然人持有的股权超过半数,境内居民此时既未拥有境内资产或权益,也并非以境外融资为目的,因此,不符合特殊目的公司的认定条件。综上所述,项目组认为广东省外管局出具的意见是合理的,不属于应当根据75号文而进行外汇登记的特殊目的公司。

四、世纪星源(000005)

深圳世纪星源股份有限公司增资收购湖南天景名园置业有限责任公司股权之补充法律意见书:境内企业增资。

这一定义的关键在于如何理解“特殊目的公司”,何谓“特殊目的公司”,汇发75号文第1条第1款规定,“特殊目的公司”是指境内居民法人或境内居民自然人以其持有的境内企业资产或权益在境外进行股权融资(包括可转换债融资)为目的而直接设立或间接控制的境外企业。“特殊目的公司”的用途在于境内居民通过在境外直接投资设立或间接控制一个企业,然后由该企业取得该境内居民的境内资产或权益,同时也吸引其他的投资者,一旦该企业成熟了,就将进行在境外的证券交易市场发行新股(IPO)。因此,所谓“返程投资”,是指境内居民(包括法人和自然人)为了进行股权融资,先在境外直接设立或间接控制一个企业,然后由该企业收购取得该居民的境内资产、权益或在境内直接投资设立外商投资企业。即“返程投资”的交易双方属同一实际控制人,且该实际控制人是境内居民,交易标的物是该实际控制人的境内资产或权益,其目的是为实现该境内居民在境内的资产或权益在境外证券交易市场上市交易。

【案例评析】

1. 随着最近一段时间红筹架构或者假外资企业纷纷回归境内首发上市,75号文以及外汇登记问题逐渐成为一个热点话题。红筹架构的回归没有什么质疑,理应向外汇管理局申请备案登记,在小兵所研习的案例中也的确都做到了这一点,尽管有的企业补办手续的时候已经超过了75号文规定的期限。当然,会里在审核该类企业时也会对外汇问题予以重点关注。

2. 境内主体境外投资以及后来回归境内首发上市的外汇登记问题,根据规定,外资出去和回来都是要进行外汇登记的。一般情况下,外资红筹架构的回归都是在中介机构的指导下进行的,因此,该项外汇登记一般情况下会做得很完备。但是如果外资出去时没有登记,根据75号文的相关规定,可以通过在2006年3月31日前补充外汇登记的方式予以解决,过了这个期限很多地方都放开了,但是据了解现在北京等地已经不再允许外汇补充登记。不过,上有政策下有对策,根据这种现状律师创造性的做出“75号文仅对设立境外特殊目的公司有关情况”的解释,如上面的案例。

3. 那么返程投资问题呢?假外资企业的形成主要是为了享受税收优惠,那么境内居民在境外设立企业也的确是为了返程境内投资,但是这也能成为75号文的一个例外吗?严格对照法条律师的意见也是没有问题的,当然有时候这也是走投无路的选择，证监会就是让你解释而自己也确实没有办理登记，如果找不出个理由企业就无法通过审核了。

4. 当然，这个问题本来就是很混乱，以上的案例也证明同一个问题各地区的外管局还是有着截然不同的理解的。很多情况下他们自己都不清楚到底属不属于返程投资，是不是需要按 75 号文走程序，就乱界定。不管怎样，现在看来以不是特殊目的公司为由解释没有进行外汇登记成为一种主流，像刚刚发行的创业板嘉寓股份也采取了该种措施。

【参考法规】

《国家外汇管理局关于境内居民通过境外特殊目的公司融资及返程投资外汇管理有关问题的通知》[汇发(2005)第 75 号]

为鼓励、支持和引导非公有制经济发展，进一步完善创业投资政策支持体系，规范境内居民通过境外特殊目的公司从事投融资活动所涉及的跨境资本交易，根据《外汇管理条例》、《境外投资外汇管理办法》、《外国投资者并购境内企业暂行规定》，现就境内居民通过境外特殊目的公司开展股权融资及返程投资涉及外汇管理的有关问题通知如下：

一、本通知所称"特殊目的公司"，是指境内居民法人或境内居民自然人以其持有的境内企业资产或权益在境外进行股权融资（包括可转换债融资）为目的而直接设立或间接控制的境外企业。

本通知所称"返程投资"，是指境内居民通过特殊目的公司对境内开展的直接投资活动，包括但不限于以下方式：购买或置换境内企业中方股权、在境内设立外商投资企业及通过该企业购买或协议控制境内资产、协议购买境内资产及以该项资产投资设立外商投资企业、向境内企业增资。

本通知所称"境内居民法人"，是指在中国境内依法设立的企业事业法人以及其他经济组织；"境内居民自然人"是指持有中华人民共和国居民身份证或护照等合法身份证件的自然人，或者虽无中国境内合法身份但因经济利益关系在中国境内习惯性居住的自然人。

本通知所称"控制"，是指境内居民通过收购、信托、代持、投票权、回购、可转换债券等方式取得特殊目的公司或境内企业的经营权、收益权或者决策权。

二、境内居民设立或控制境外特殊目的公司之前，应持以下材料向所在地外汇分

局、外汇管理部(以下简称外汇局)申请办理境外投资外汇登记手续:

(一)书面申请(应详细说明境内企业基本情况、境外特殊目的公司的股权结构以及境外融资安排);

(二)境内居民法人的境内登记注册文件,境内居民自然人需提供身份证明;

(三)境外融资商业计划书;

(四)境内居民法人的外汇资金(资产)来源核准批复和境外投资主管部门的批准文件;

(五)境内居民法人填写的《境外投资外汇登记证》,境内居民自然人填写的《境内居民个人境外投资外汇登记表》(附表);

(六)其他真实性证明材料。

外汇局对上述材料审核无误后,应在《境外投资外汇登记证》或《境内居民个人境外投资外汇登记表》上加盖资本项目外汇业务专用章。

三、境内居民将其拥有的境内企业的资产或股权注入特殊目的公司,或在向特殊目的公司注入资产或股权后进行境外股权融资,应就其持有特殊目的公司的净资产权益及其变动状况办理境外投资外汇登记变更手续,办理时应提供以下材料:

(一)书面申请(详细说明境内企业与特殊目的公司的股东与股权变更过程、境内企业与特殊目的公司资产或股权的定价方式);

(二)境内居民法人填写的《境外投资外汇登记证》,境内居民自然人填写的《境内居民个人境外投资外汇登记表》;

(三)外商投资主管部门对返程投资的核准、备案文件;

(四)涉及国有资产的,须提供国有资产管理部门对境内企业资产或股权价值的确认文件;

(五)特殊目的公司的境外注册、登记、营业执照等证明文件;

(六)其他真实性证明材料。

四、特殊目的公司完成境外融资后,境内居民可以根据商业计划书或招股说明书载明的资金使用计划,将应在境内安排使用的资金调回境内。

五、特殊目的公司使用境外融资所得资金返程投资或向境内企业提供股东贷款及其他债务资金,相关境内企业应按照现行利用外资、外债管理法律、法规办理有关外汇管理手续。外汇局为相关境内企业办理外商投资企业设立登记及变更登记、外债登记或者为特殊目的公司办理转股收汇外资外汇登记时,应审核《境外投资外汇登记证》或《境内居民个人境外投资外汇登记表》。

六、境内居民按规定办理境外投资外汇登记及变更手续后,可向特殊目的公司支付利润、红利、清算、转股、减资等款项。

境内居民从特殊目的公司获得的利润、红利及资本变动外汇收入应于获得之日起180日内调回境内，利润或红利可以进入经常项目外汇账户或者结汇，资本变动外汇收入经外汇局核准，可以开立资本项目专用账户保留，也可经外汇局核准后结汇。

七、特殊目的公司发生增资或减资、股权转让或置换、合并或分立、长期股权或债权投资、对外担保等重大资本变更事项且不涉及返程投资的，境内居民应于重大事项发生之日起30日内向外汇局申请办理境外投资外汇登记变更或备案手续。

八、本通知实施前，境内居民已在境外设立或控制特殊目的公司并已完成返程投资，但未按规定办理境外投资外汇登记的，应按照本通知规定于2006年3月31日前到所在地外汇局补办境外投资外汇登记。境内居民补办境外投资外汇登记后，外汇局可为相关境内企业办理外资、外债外汇登记手续。

九、境内创业投资企业可参照本通知在境外设立特殊目的公司并从事创业投资活动。

十、上述同一管理事项涉及多个境内居民的，相关境内居民应出具委托书并委托其中1至2个境内居民办理相关外汇管理手续。

十一、本通知未尽事宜，按照现行外商投资和境外投资相关外汇管理法规办理。

十二、境内居民违反本规定构成逃汇及其他外汇管理违规行为的，外汇局应按照《外汇管理条例》及有关规定进行处罚。

十三、本通知自2005年11月1日起实施。《关于完善外资并购外汇管理有关问题的通知》[汇发(2005)第11号]和《关于境内居民个人境外投资登记和外资并购外汇登记有关问题的通知》[汇发(2005)第29号]同时停止执行。

特此通知。

第二节　返程投资

【重要提示】

★ 返程投资说白了很多情况下就是假外资，主要是境内主体为了享受税收优惠而将资金在境外转了一圈之后控制境内资产而形成的股权结构。

★ 返程投资境内上市没有政策障碍，不过有几个要点：(1)与红筹架构回归一样控制权必须回到境内；(2)外汇登记等处理程序完备；(3)曾经享受的税收优惠若能得到当地税务部门认可，则可以不补缴。

★ 返程投资在很多问题的处理上与红筹架构回归类似，因此，有些内容可以参照那部分的内容。

【案例情况】

一、向日葵(300111)：股权转让价格为零

1.2005年3月有限公司成立

2005年3月3日，根据绍兴市对外贸易经济合作局《绍兴袍江工业区管理委员会关于同意设立外资企业浙江向日葵光能科技有限公司的批复》[袍委外(2005)第022号]，由香港优创独家出资设立浙江向日葵光能科技有限公司(以下简称向日葵有限)，公司注册资本为712万美元。

2005年3月11日，向日葵有限取得由浙江省人民政府核发的商外资浙府资绍字(2005)第02948号的《批准证书》。

2005年3月21日，向日葵有限取得注册号为企独浙绍总字第003342号的《企业法人营业执照》。

根据绍兴华越联合会计师事务所分别于2005年6月14日、2005年7月28日和2005年12月31日出具的三次验资报告，香港优创分三期(200万美元、300万美元、212万美元)足额缴纳了注册资本712万美元。

2.2007年9月注册资本445万美元

2006年3月30日，根据绍兴市对外贸易经济合作局《关于同意外商独资浙江向日葵光能科技有限公司修改章程的批复》[袍委外(2006)第35号](后经原批文单位绍兴市对外贸易经济合作局核准，该批文有效期延长至2007年10月)，向日葵有限注册资本由712万美元增加到1157万美元，新增注册资本445万美元由香港优创以美元现汇投入。

2007年8月9日，向日葵有限取得了变更后的《批准证书》。

根据绍兴华越联合会计师事务所于2007年9月28日所出具的验资报告，截至2007年9月26日，向日葵有限已收到香港优创以货币缴纳的新增实收资本合计445万美元。

2007年9月30日，向日葵有限取得了注册号为330600400004037的《企业法人营业执照》。

3. 2008年1月注册资本3250万美元

2007年12月19日，根据浙江省对外贸易经济合作厅《关于浙江向日葵光能科技有限公司增加投资总额、注册资本的批复》[浙外经贸资函(2007)第672号]，向日葵有限注册资本由1157万美元增至4407万美元，新增注册资本3250万美元由香港优创以美元现汇投入。

2007年12月19日，向日葵有限取得了由浙江省人民政府核发的商外资浙府资字(2005)第01206号《批准证书》。

根据绍兴宏泰会计师事务所于2008年1月17日所出具的绍宏会验字(2008)第29号验资报告，截至2008年1月15日，向日葵有限已收到香港优创以货币缴纳的新增实收资本合计3250万美元。

2008年1月21日，向日葵有限取得了变更后的《企业法人营业执照》。

4. 2009年2月新增注册资本1154万美元

经2009年2月8日董事会审议同意注册资本为1154万美元，由浙江鸿盛等8家新增投资方以1.5:1溢价认购。

2009年2月23日，根据浙江省对外贸易经济合作厅《关于浙江向日葵光能科技有限公司增资并变更为中外合资经营企业的批复》[浙外经贸资函(2009)第102号]，向日葵有限注册资本增加至5561万美元，由浙江鸿盛等8家新增投资者以现金投入。

2009年2月23日，向日葵有限取得了变更后的《批准证书》。

绍兴宏泰会计师事务所对上述增资进行了审验并于2009年2月27日出具了验资报告。

2009年2月27日，向日葵有限取得了变更后的《企业法人营业执照》。

5. 2009年5月整体变更为股份公司

根据浙江省商务厅《关于浙江向日葵光能科技有限公司整体变更为外商投资股份有限公司的批复》[浙商务外资函(2009)第34号]，发行人于2009年5月31日由向日葵有限整体变更设立，股份总数为40,800万股，每股面值1元。

6. 2009年6月公司增资5000万元

2009年6月18日，公司管理层及员工骨干共71名自然人对公司增加注册资本5000万元。

2009年6月23日，根据浙江省商务厅《关于浙江向日葵光能科技股份有限公司增资的批复》[浙商务外资函(2009)第75号]，发行人增加股本5000万元，股本总额由40,800万元增至45,800万元。

根据立信会计师事务所出具的验资报告，截至2009年6月23日发行人已收到新增股东以货币缴纳的实收资本共计5000万元。

7.2010年6月股权转让

2010年5月31日，根据浙江省商务厅《关于浙江向日葵光能科技股份有限公司股权转让的批复》[浙商务资函(2010)第175号]，公司股东香港优创以0元价格将持有公司的32,333.32万股中的20,608.52万股转让给吴建龙。

二、希努尔(002485)：股权转让方式实现控制权回归

1.2003年12月，发行人前身诸城普兰尼奥服饰有限公司设立

诸城普兰尼奥服饰有限公司(以下简称诸城普兰尼奥)于2003年12月17日注册成立，设立时注册资本为50万美元，为新郎国际出资设立的外商独资企业。

2003年12月12日，潍坊市对外贸易经济合作局出具《关于同意设立独资企业"诸城普兰尼奥服饰有限公司"的批复》[潍外经贸外资字(2003)第652号]，12月16日山东省人民政府颁发商外资鲁府潍字(2003)第3082号《台港澳侨投资企业批准证书》。

2003年12月17日，潍坊市工商行政管理局向诸城普兰尼奥核发了《企业法人营业执照》，注册号为企独潍总字第003455号。

2004年5月9日，诸城千禧会计师事务所对上述出资进行了审验，并出具了诸千禧外资验字(2004)第09号验资报告，确认截至2004年4月20日，该注册资本已全部缴足，出资方式为货币，出资币种为美元。

股东名称	出资额(万美元)	出资方式	占比
新郎国际	50	货币	100%
合计	50	—	100%

2.2008年3月，诸城普兰尼奥增资并变更为中外合资企业

2008年3月19日，新郎希努尔集团向诸城普兰尼奥增资，公司注册资本由50万美元变更为人民币576.17万元。

2008年3月21日，潍坊市对外贸易经济合作局出具《关于对"诸城普兰尼奥服饰有限公司"追加投资及投资者的批复》[潍外经贸外资字(2008)第99号]批准此次增资，诸城普兰尼奥由外商独资企业变更为中外合资企业。并于同日随文换发了批准号为商外资鲁府潍字(2003)第3082号《台港澳侨投资企业批准证书》。

2008年3月24日，山东汇德会计师事务所出具了汇所验字(2008)第3-003号验资报告，确认截至2008年3月24日，诸城普兰尼奥已收到新郎希努尔集团以货币缴纳的新增出资额人民币8000万元。其中162.94万元作为注册资本，其余7837.06万元计入资本公积金，本次增资完成后，公司注册资本增加至人民币576.17万元。

2008年3月25日，潍坊市工商行政管理局向诸城普兰尼奥换发了注册号为

370700400007668 的《企业法人营业执照》。

单位:万元

股东名称	原出资额	增资额	增资方式	增资完成后	
				出资额	占比
新郎国际	413.23	—	—	413.23	71.72%
新郎希努尔集团	—	162.94	货币	162.94	28.28%
合计	413.23	162.94	—	576.17	100%

新郎希努尔集团增资的 8000 万元资金主要来源于 2008 年 3 月山东新郎和诸城希努尔的分红,其中来自山东新郎的分红 2000 万元,来自诸城希努尔分红 6000 万元。

3.2008 年 3 月,诸城普兰尼奥股权转让

2008 年 3 月 26 日,新郎国际转让其持有的诸城普兰尼奥 10% 的股权给欧美尔家居,依据公司的注册资本及转让比例确定此次股权转让价格为人民币 57.617 万元;新郎希努尔集团承诺放弃优先购买权。同日,诸城普兰尼奥召开董事会审议通过此次股权转让。

2008 年 3 月 26 日,潍坊市对外贸易经济合作局出具《关于"诸城普兰尼奥服饰有限公司"股权转让的批复》[潍外经贸外资字(2008)第 107 号]批准此次股权转让。

2008 年 3 月 26 日,潍坊市工商行政管理局向诸城普兰尼奥换发了注册号为 370700400007668 的《企业法人营业执照》。

2008 年 4 月 25 日,山东省人民政府向诸城普兰尼奥换发了批准号为商外资鲁府潍字(2003)第 3082 号《台港澳侨投资企业批准证书》。

股东名称	出资金额(万元)	占比
新郎国际	355.613	61.72%
新郎希努尔集团	162.940	28.28%
欧美尔家居	57.617	10%
合计	576.170	100%

4.2008 年 5 月,诸城普兰尼奥股权转让及资本公积金转增注册资本

2008 年 4 月 20 日及 2008 年 4 月 25 日,欧美尔家居分别与华西集团、北京国鼎瑞丰、青岛金合众科、勒堡织造、宁波富诚及北京伟智签署《股权转让协议书》,将其持有诸城普兰尼奥 8.5% 的股权分别转让给上述受让方。公司其他股东承诺放弃优先购买权。

出让方	受让方	转让股权比例	转让价格(万元)
欧美尔家居	华西集团	4.80%	3600.00
	北京伟智	1.50%	1125.00
	北京国鼎瑞丰	1.00%	750.00
	青岛金合众科	0.50%	375.00
	勒堡织造	0.35%	262.50
	宁波富诚	0.35%	262.50
合计		8.50%	6375.00

2008年5月4日,诸城普兰尼奥召开董事会,全体董事一致决议通过此次股权转让事宜。并决定在此股权转让的基础上,将诸城普兰尼奥的注册资本由人民币576.17万元增至人民币8000万元,增资部分以诸城普兰尼奥的资本公积金按投资者的股权比例转增。

2008年5月14日,潍坊市对外贸易经济合作局出具《关于对"诸城普兰尼奥服饰有限公司"股权变更及增资的批复》[潍外经贸外资字(2008)第167号]批准上述事项;并于同日随文换发了批准号为商外资鲁府潍字(2003)第3082号的《外商投资企业批准证书》。

2008年5月15日,山东汇德会计师事务所出具汇所验字(2008)第3－004号验资报告,经审验,截至2008年5月15日,诸城普兰尼奥已将资本公积金人民币7423.83万元转增为注册资本,变更后注册资本为人民币8000万元。

2008年5月24日,潍坊市工商行政管理局向诸城普兰尼奥换发了注册号为370700400007668的《企业法人营业执照》。

股东名称	出资金额(万元)	占比
新郎国际	4937.60	61.72%
新郎希努尔集团	2262.40	28.28%
华西集团	384.00	4.80%
北京伟智	120.00	1.50%
欧美尔家居	120.00	1.50%
北京国鼎瑞丰	80.00	1.00%
青岛金合众科	40.00	0.50%
勒堡织造	28.00	0.35%
宁波富诚	28.00	0.35%
合计	8000.00	100%

5.2008年6月,诸城普兰尼奥股权转让

2008年6月21日,新郎国际与新郎希努尔集团签署《股权转让协议书》,依据交易

双方协定，依据公司的注册资本及转让比例确定，新郎国际将其持有诸城普兰尼奥28%的股权以人民币2240万元的价格转让给新郎希努尔集团。2008年6月23日，诸城普兰尼奥董事会审议并通过此次股权转让。公司其他股东出具承诺函，同意上述股权转让行为并承诺放弃优先购买权。

2008年6月25日，潍坊市对外贸易经济合作局出具《关于对"诸城普兰尼奥服饰有限公司"股权变更的批复》[潍外经贸外资字（2008）第229号]批准此次股权转让，并于同日随文换发了批准号为商外资鲁府潍字（2003）第3082号《外商投资企业批准证书》。

同日，潍坊市工商行政管理局向诸城普兰尼奥换发注册号为370700400007668的《企业法人营业执照》。本次股权转让完成后，公司的控股股东由新郎国际变更为新郎希努尔集团，但公司实际控制人未发生变化，仍然为王桂波。

股东名称	出资金额（万元）	占比
新郎希努尔集团	4502.40	56.28%
新郎国际	2697.60	33.72%
华西集团	384.00	4.80%
北京伟智	120.00	1.50%
欧美尔家居	120.00	1.50%
北京国鼎瑞丰	80.00	1.00%
青岛金合众科	40.00	0.50%
勒堡织造	28.00	0.35%
宁波富诚	28.00	0.35%
合计	8000.00	100%

6.2008年9月，诸城普兰尼奥整体变更为外商投资股份有限公司

2008年7月27日，诸城普兰尼奥召开董事会并做出决议，全体董事一致同意将诸城普兰尼奥整体变更为股份有限公司。同日，新郎希努尔集团等9家发起人共同签署《希努尔男装股份有限公司发起人协议书》，协定以整体变更的方式发起设立希努尔男装股份有限公司。

2008年8月27日，山东省对外贸易经济合作厅出具《关于同意诸城普兰尼奥服饰有限公司变更为股份有限公司的批复》[鲁外经贸外资字（2008）第755号]，同意诸城普兰尼奥变更为外商投资股份有限公司，并于同日随文换发了商外资鲁府字（2003）第3082号《台港澳侨投资企业批准证书》。

2008年9月3日，山东汇德会计师事务所出具汇所验字（2008）第3－009号验资报告。经审验，截至2008年9月3日，希努尔男装股份有限公司（筹）已收到全体股东

以其拥有的诸城普兰尼奥的净资产折合的实收资本 15,000 万元。

2008 年 9 月 9 日,希努尔男装股份有限公司在山东省工商行政管理局登记注册成立,工商注册号为 370700400007668。

根据 2005 年诸城市国税局向公司下发的《外商投资企业税收优惠资格确认书》,本公司被认定为生产性外商投资企业,并且公司可享受从开始获利年度起,第一年至第二年免征企业所得税,第三年至第五年减半征收企业所得税的税收优惠待遇。2006 年 5 月 24 日诸城市国家税务局颁发了《生产型外商投资企业第一个获利年度确认书》,确定本公司 2005 年度为第一个获利年度。公司享受从 2005 年至 2006 年免征企业所得税,从 2007 年至 2009 年减半征收企业所得税的优惠待遇。

根据 2008 年 1 月 1 日开始执行的《企业所得税法》第 57 条、《企业所得税法实施条例》第 131 条及《国务院关于实施企业所得税过渡优惠政策的通知》[国发(2007)第 39 号]、《财政部国家税务总局关于贯彻落实国务院关于实施企业所得税过渡优惠政策有关问题的通知》的相关规定,企业所得税优惠政策继续执行到 2009 年。从 2010 年起公司执行 25% 的企业所得税税率,不再享有上述税收优惠政策。

为便于投资者了解所得税优惠政策变化后给公司净利润带来的影响程度,假定公司 2007 年度执行的企业所得税税率为 24%,2008 年度、2009 年度执行的企业所得税税率为 25%,则分别减少当期净利润 961.89 万元、1494.18 万元和 1862.93 万元,分别占当期实际实现净利润的 13%、14%、17%。

【案例评析】

1. 希努尔:典型的境内自然人返程投资。信息披露文件中一个明显的瑕疵是就没有将新郎国际的股东背景解释清楚,同时对于股权转让导致实际控制人没有发生变更的解释笔墨较少,当然,中介机构或许是刻意为之,以尽量淡化返程投资的印象。

2. 向日葵:这是一家由外商独资企业通过增加股东变更为股份公司而成功上市的企业。并且,根据招股说明书披露的情况判断,这是一家典型的假外资企业,而不是很多人认为的红筹架构。这家假外资企业在披露材料中明确指出从赢利年度起,享受“两免三减半”的税收优惠政策,根据浙江省绍兴市国家税务局市国税外(2006)第 48 号文件《绍兴市国家税务局关于确认浙江向日葵光能科技有限公司享受外商投资企业定期减免所得税优惠资格的批复》,公司享受外商投资企业和外国企业所得税“两免三减半”的税收优惠政策。公司 2006 年进入获利年度,2007 年免征企业所得税,2008 年至 2009 年减半征收,企业所得税税率为 12.5%。

3. 返程投资应该是境内企业假外资最典型的情形,除此之外,还有找境外具有外籍的自然人或企业对国内投资，由公司实际控制人的关联人取得境外国籍等。返程投资有一个很突出的优势，那就是在经过股权调整之后，论证最近3年的实际控制人没有发生变更上会显得非常合理，而其他的假外资方式却往往是有苦说不出。

4. 当然返程投资也有一个致命的缺陷，那就是曾经外商投资企业所享受的“两免三减半”的税收优惠问题，希努尔甚至在风险提示内容中，第一项就是该内容。从具体审核过程来看，会里对这个问题的态度还是很开朗的，如果当地税务机关不存在追缴的可能，那么会里一般会予以尊重。

5. 另外，该问题还有一个比较值得注意的地方，那就是在申报材料前需要将公司控制权回归到境内，一般主要就是境外主体通过股权转让的方式将控制权转移到境内，从上述案例来看，这是解决假外资问题必须要做的一步。

6. 最后注意一个技术问题。现在外商投资企业整体变更为股份公司只需要省级商务厅批复就可以了，可见商务部审批权下放政策已经在执行；另外，外商投资企业的股权转让或一般事项的变更，一般由市级商务部门审批应该就可以了。

第三部分　规范运行

【一个自律的行为】

一个人的行为需要自律，同样一个企业的经营也需要规范。

法律规范为企业制定了诸多规则，企业若要首发上市，则必须严格执行这些规则，对于不执行规则的情形，有则改之无则加勉。

规范运行，这是企业上市之必要，是保护投资者利益之必要，同样也是企业持续健康发展之必要。

第七章　诉讼和处罚

■第一节　重大安全事故

【重要提示】

★ 对于报告期内的重大违法违规行为如何认定，最新审核政策的基本思路是尊重当地主管部门的意见。如果当地政府或主管部门能够出文证明不属于首发办法规定的重大违法违规行为，一般情况下会里会认可，但是也不能没有任何限制，还是要控制在一个合情合理的范围内。

★ 对于该问题的基本解释思路是：(1)将事故的基本情况介绍清楚；(2)由主管部门界定责任主体和处理结果；(3)认定事故不是重大责任事故；(4)介绍公司的整改情况；(5)公司的生产经营、财务指标和上市条件不会因为该次事故受影响。

【案例情况】

一、联化科技(002250)

(一)江苏联化"11·27"爆炸事故情况

1. 事故简要经过

2007年11月27日6时30分，在江苏联化科技有限公司(以下简称江苏联化)染料业务五车间B7厂房的分散蓝79#滤饼重氮盐生产保温环节中，当班员工未将蒸汽进汽阀门关闭到位导致温度不断上升，加之监控不力，未发现反应釜已处于高温异常状态。10时6分，重氮化釜温度已达100℃，当班人员报警后，所有人员立即撤离。10时

9分，江苏联化内部消防车赶到现场，动用3支水枪用雾状水对烟雾进行稀释、对反应釜进行釜外降温。江苏联化部分管理人员以及其他车间有关人员30多名公司人员参加了应急处置。10时20分，重氮化釜发生化学爆炸，引发储罐发生物理爆炸。

2. 事故涉及厂区范围

江苏联化位于响水县陈家港镇化工园区的生产厂房共22间，建筑面积24,203.46平方米，此次爆炸事故发生在其中的五车间分散蓝79#滤饼重氮化工序B7厂房，发生事故车间建筑面积735平方米，占整个厂区建筑面积的3%。

3. 事故的后果

在事故抢险过程中，由于国内外未见过此类工艺生产发生爆炸事故的案例，抢救人员未能预见可能会发生爆炸事故，因此，参加抢救的人员较多，距离反应釜较近，最终因反应釜爆炸，导致参加应急抢险的人员8人死亡(3人当场死亡)，5人受伤(其中2人重伤)，B7厂房坍塌，直接经济损失达388万元。

4. 事故的原因

操作工违章作业，没有将加热蒸汽阀门关到位，造成重氮化反应釜在保温过程中被继续加热，反应釜内重氮盐剧烈分解造成爆炸，是事故的直接原因。现场抢救处置不当，是导致多人伤亡的主要原因。

5. 整改措施

事故发生后，公司一方面主动向政府相关部门汇报整个事故的过程和发生原因并积极配合相关部门的调查工作，另一方面积极妥善地处理好伤亡员工及家属的安抚和补偿工作。

江苏联化根据盐城市及响水县安全生产监督管理局、环境保护局、质量监督局、消防支队等部门的整改建议，对公司进行了整改，进一步消除了生产中的安全隐患。

首先，江苏联化对相关硬件进行了整改：(1)对现有几个产品生产线硬件进行整改，将一些危险岗位、特殊岗位上人工操作程序增加自动化设备或变更为自动化操作；(2)在原有的消防器材基础上，增加了部分特种消防器材及设施；(3)更换并补充了部分应急救援器材；(4)整改了小部分不符合消防安全要求的设施；(5)提高生产装置自动化水平，并在新项目上首先执行。

其次，江苏联化还对软件进行了整改：(1)按照有关部门的相关规定，完善特种设备管理台账，加强特种作业人员的管理，对特种作业人员进行考试，确保持证上岗；(2)完善危化品台账，按照上级主管部门的要求定期上报；(3)进一步完善隐患整改管理制度并对隐患排查整改记录进行回顾，逐一核对整改完成情况，确保整改落实到位；(4)加强员工安全教育、培训，完善员工培训计划并严格执行；(5)对江苏联化厂区内设施进行全面检查，并通过相关政府部门及专业机构的验收。通过上述整改措施，有效减少了江苏联化生产中的安全隐患。

6. 有关部门的处理意见

2007 年 12 月 29 日，盐城市人民政府事故调查组出具《关于江苏联化科技有限公司"11 · 27"爆炸事故的调查报告》，认定这起事故是江苏联化安全管理存在漏洞、职工操作不当、安全设施配备不全、抢险处置不当造成的一起责任事故。其中，操作工未将蒸汽进汽阀门关闭到位，违章作业，对釜温监控不到位，现场抢险处置不当，抢险现场人员过多，抢险人员与事故点过近，是造成这起事故的直接原因；江苏联化安全管理存在漏洞，安全设施配备不全，监控装置自动化程度不够以及应急预案不完善是该次事故的间接原因。

根据 2007 年 6 月 1 日开始实施的《生产安全事故报告和调查处理条例》，生产安全事故一般分为一般事故、较大事故、重大事故和特别重大事故。2008 年 2 月 18 日，盐城市安全生产监督管理局根据《安全生产法》及《生产安全事故报告和调查处理条例》，查明江苏联化此次事故属于较大责任事故，并出具苏盐安监行罚（2007）第 37 号《行政处罚决定书》，对江苏处罚如下：（1）责令改正；（2）罚款人民币 40 万元。

2008 年 2 月 20 日，江苏联化向盐城市安全生产监督管理局指定账户缴纳 40 万元罚款；并作出苏联化政字（2008）第 6 号《江苏联化科技有限公司关于"11 · 27"事故的处理决定》，对相关责任人给予了记大过、撤职、留用察看以及经济处罚等处分。

2008 年 4 月 10 日，盐城市安全生产监督管理局出具了《关于江苏联化科技有限公司安全生产情况的说明》[盐安监（2008）第 91 号]，确认"目前，该公司安全生产设施投入到位，安全生产管理责任经已经落实到位，安全生产制度、规程较为完善，安监部门提出的各项整改措施已落实到位，发现的事故隐患已全部整改结束"。

（二）中介机构的核查意见

1. 律师的意见

（1）"11 · 27"事故由盐城市政府依法成立事故调查组进行调查认定，调查程序及处理符合《生产安全事故报告和调查处理条例》（国务院令第 493 号）之规定。

（2）事故发生的经过、原因、伤亡及经济损失已经查明，事故的性质和责任已经认定，事故的责任者已经进行了处理，江苏联化已经总结教训，排查隐患，提出并落实了整改措施，各项整改措施已经有关部门复查验收合格。

（3）"11 · 27"事故是一起由于操作工违章作业且抢险处置不当造成的安全生产责任事故，但根据《生产安全事故报告和调查处理条例》之规定，不构成重大或特大事故，事故等级为较大事故。

(4)虽然江苏联化因“11·27”事故受到行政处罚,但综合事故的经过、原因、经济损失、善后处理、整改措施及社会影响等方面进行判断,该起事故不具有严重情节,因而不构成重大违法行为,不构成影响发行人本次发行上市的实质性障碍。

2. 保荐机构意见

联化科技及其子公司江苏联化已按照国家的有关规定办理了与染料中间体业务相关的生产审批手续,设立了专门的安全生产管理部门,建立了相应的安全生产管理制度,此次事故主要是由于公司安全管理存在漏洞,职工操作不当,安全设施配备不全,抢险处置不当造成的。

此次事故发生后,联化科技及江苏联化及时向有关部门做出汇报,并积极做好了相应的善后处理工作。目前,政府有权部门已对此次事故出具了结案的处理意见,并认定此次事故为较大事故,给予江苏联化相应的行政处罚。

联化科技及江苏联化也积极整改,落实了相关的处理意见,针对此次事故带来的不确定事项已落实完毕。2008 年 4 月 10 日,盐城市安全生产监督管理局出具了《关于江苏联化科技有限公司安全生产情况的说明》[盐安监(2008)第 91 号],确认公司安全生产设施投入到位,安全生产管理责任落实,安全生产制度、规程较为完善,安监部门提出的各项整改措施已落实到位,发现的事故隐患已全部整改结束。

虽然江苏联化因“11·27”爆炸事故受到行政处罚,但综合事故的原因、经过、涉及的厂区范围、后果、影响、安全整改措施和有关政府部门的处理意见等方面进行判断,该起事故不构成情节严重,且并未影响公司的持续经营能力。因此,江苏联化此次“11·27”爆炸事故并未构成重大违法行为,所受的处罚并未对联化科技本次公开发行构成实质性障碍,公司符合发行上市的基本条件。

(三)重大期后事项的影响

江苏联化 2007 年 11 月 27 日发生爆炸事故后,全厂 8 条生产线,包括广灭灵、联苯菊酯、氟磺胺草醚、2-氰基-4-硝基苯胺、2-氨基-5-硝基苯酚、索酚磺酰胺、分散蓝、分散橙产品的生产线,立即全面停产整顿。之后,江苏联化一方面进行善后处理工作,另一方面进行恢复生产的准备工作。为尽快恢复生产,同时出于下一步将进行产品结构调整的考虑,江苏联化对染料中间体生产线未提出恢复生产的申请。

2007 年 12 月至 2008 年 1 月,盐城市及响水县政府相继派质监、消防、安监、环保和工商等部门等到企业进行了复查及验收。

2008 年 1 月 7 日,盐城市政府向响水县政府下发了《关于同意江苏联化科技有限公司部分车间复产申请的批复》[盐政复(2008)第 1 号],同意江苏联化恢复广灭灵、联苯菊酯、氟磺胺草醚、2－氰基－4－硝基苯胺、2－氨基－5－硝基苯酚、索酚磺酰胺六种产品的生产。

2008年1月8日，响水县人民政府向江苏联化下发了《关于同意江苏联化科技有限公司部分车间复产申请的批复》[响政复(2008)第1号]，同意江苏联化按照市政府要求恢复生产。此后，江苏联化除染料中间体外的其他产品全面恢复生产。

在上述停产期间，联化科技及江苏联化部分客户对江苏联化进行了实地考察，并发函积极支持联化科技及江苏联化完成整改及后续工作，确认不会因上述短期停产影响其与公司的业务合作。尽管如此，本次事故对公司2007年经营业绩及业务仍产生了一定影响，具体情况如下：

1. 事故的直接损失及对当期利润的影响

根据立信会计师事务所出具的信会师报字(2008)第20447号《关于江苏联化科技有限公司"11·27"爆炸事故及相关后续处理的有关会计处理意见》，江苏联化"11·27"爆炸事故的经济损失共计3,880,332.36元，扣除收到保险公司赔偿款等因素，减少2007年度利润1,946,804.68元。具体明细如下：

(1)财产直接损失合计为1,230,013.36元，其中：中国人民财产保险股份有限公司盐城分公司支付的保险赔款1,228,821.80元已于2008年1月22日收到；其余1,191.56元在2007年公司损益类科目中列支。

(2)死亡人员赔偿款项合计为2,510,319.00元，其中：响水县劳动保险管理处支付的蒋玉华等4名员工工亡补助金249,195.00元已于2008年1月29日收到；胡义灯等4名员工工亡补助金455,510.88元已经台州市黄岩区社会保险事业管理中心确认，具体补助手续正在办理之中；其余1,805,613.12元在2007年度公司损益类科目中列支。死亡员工家属均与江苏联化签订了《和解协议书》，由江苏联化一次性支付死亡职工家属工亡补助金、丧葬补助金、供养亲属抚恤金及精神抚慰金等赔偿金共2,510,319元。

(3)受伤人员赔偿和医药等款项合计为140,000.00元，在2007年度公司损益类科目中列支。

"11·27"爆炸事故后，受伤人员已得到充分的医疗，截至2008年3月20日，江苏联化"11·27"爆炸事故中5名受伤人员的医疗费用共计28.31万元，目前，此次事故中5名受伤的员工均已出院，4人已恢复上班，1人在家疗养。

2. 染料中间体生产业务的处置

江苏联化的业务涉及农药中间体及染料中间体，其中染料中间体生产业务占整体业务比重较小且正逐年降低，按合并报表计算，2007年度江苏联化染料中间体业务收入占联化科技同期合并报表的比重为3.95%，毛利比重为2.85%。

此次事故后，结合业务发展战略，联化科技于2008年1月18日召开了第三届董事会第二次会议，审议并通过《关于处置江苏联化染料生产线部分设备、存货的议案》和《关于撤销染料事业部的议案》，决定终止染料生产业务。2008 年 1 月 18 日，江苏联化召开了 2008 年第一次临时董事会，决议终止染料中间体生产业务。

立信会计师事务所为公司未恢复生产的染料生产线处置出具了信会师报字（2008）第 20447 号《关于江苏联化科技有限公司“11 · 27”爆炸事故及相关后续处理的专项审核报告》，主要情况如下：

（1）未恢复生产的染料生产线固定资产、存货净值及处置

截至 2007 年 12 月 31 日，江苏联化染料生产线固定资产、存货情况如下：

类别	原值	累计折旧	净值	备注
一、固定资产合计	10,466,926.23	444,391.28	10,022,534.95	
1. 建筑物	822,622.00	39,314.49	783,307.51	
2. 通用设备	7,720,578.86	317,843.42	7,402,735.44	
3. 专用设备	1,923,725.37	87,233.37	1,836,492.00	注 1
二、库存原材料			2,310,178.50	注 2
三、库存商品			5,161,142.02	注 2

（2）未恢复生产的染料生产线 2007 年产生的损益占比重情况：

金额：元

项目	公司（合并）	其中：染料中间体		江苏联化占公司比重（%）
		江苏联化	联化科技	
营业收入	986,979,486.56	38,991,487.76	9,895,182.48	3.95
营业成本	777,021,758.44	33,011,298.48	8,171,057.60	4.25
营业毛利	209,957,728.12	5,980,189.28	1,724,124.88	2.85

截至 2008 年 2 月 20 日，江苏联化已经处置完毕相关设备，因停产的染料生产线毛利仅占公司 2007 年毛利总额的 2.85%，故未发现此次出售资产事宜对公司的未来持续经营能力和经营业绩造成重大影响。

目前，江苏联化的染料中间体生产专用设备、原材料及库存商品等相关资产已处置完毕。

3. 保荐机构意见

保荐机构经过审慎核查，认为：江苏联化此次爆炸事故没有影响公司的持续经营能力，江苏联化所受的处罚并未对联化科技本次公开发行构成实质性障碍，公司符合

发行上市的基本条件。

二、辰州矿业(002155)

辰州矿业的金、锑、钨矿产的勘探开采主要在山区及井下,受断层、顶板、滑坡、涌水量等地质条件的影响,存在发生顶板塌落、粉尘污染、局部通风不畅、涌水等多种自然灾害的可能性,若防护不当可能造成人员伤亡或财产损失。另外,生产过程存在爆破、危险化学品、电气设备及锅炉压力容器使用、重型车辆运输等环节,若技术或操作不规范,也可能造成人员伤亡。

报告期内,辰州矿业共发生生产安全重伤事故2起,重伤2人;发生安全生产死亡事故3起,死亡4人。未发生须上报上级主管部门调查的重大生产伤亡事故。

有关事故的发生原因、处理经过及相关责任,具体如下:

1. 重伤事故

2005年11月6日及2006年3月17日,公司冶炼厂及沃溪坑口发生2起操作事故,造成2人重伤。事故原因为作业人员安全意识淡薄、违章操作,负主要责任,相关管理人员负领导责任。各责任人分别处以安全责任罚款。

2. 死亡事故

2004年4月1日、2006年5月30日及2006年11月1日,公司沃溪坑口发生1起冒顶事故和2起机械事故,造成4人死亡。事故原因为相关作业人员违章作业,负主要责任,相关安全主管人员负领导责任。各责任人分别给予行政警告、记大过、撤职等处分以及安全责任罚款,部分责任人解除劳动合同并移交司法机关处理。

针对容易发生安全事故的环节,辰州矿业采取如下若干措施,加强安全生产力度,降低安全生产风险:

(1)建立健全安全组织机构及各项安全管理制度。公司严格遵守《安全生产法》、《矿山安全法》、《劳动法》、《危险化学品安全管理条例》等法律、法规,根据安全生产需要,建立健全各级安全组织机构并层层落实安全责任制。根据主要风险环节,从安全管理、安全检查、安全技术规范上制定有关安全管理规章制度和操作规程,使每个岗位的安全责任、措施、规程更科学、更实用。

(2)加强安全宣传、教育、培训工作。人事部、安全环保部负责员工的安全意识教育及对专(兼)职安全员的安全技术教育和素质考核;对新进、换岗员工或参观人员进行三级安全教育;特殊工种人员须经培训持证上岗;以区(段)为单位,坚持开展每周一次的安全生产活动;利用广播、电视、标语、宣传栏等各种形式向广大员工进行安全教育。

(3)定期进行安全检查。在完善组织和健全制度、加强宣传的同时,积极通过自检、互检、季度检查、专业检查等形式，进行定期检查、维修和隐患的整改。

（4）将安全生产考核内容列入绩效考核。考核内容包括安全目标考核、单位季度考核、合格班组考核、区（段）长安全环保意识考核和安全员工作责任考核等，安全生产的考核结果与各单位的经济责任制挂钩，并严格执行“安全一票否决”制度。每年公司还对各单位的安全生产工作进行评比、表彰。

（5）加强安全技术研究。通过自主研发的“深井通风系统优化降温技术”等技术，成功解决深井通风系统的降温等问题，提高矿井生产安全水平。

三、赣锋锂业（002460）

1. 根据新余市安全生产监督管理局于2006年6月2日分别出具的余安监管罚决字（2006）第202号《行政处罚决定书》和余安监管（2006）第40号《关于新余赣锋有机锂有限公司“4·25”伤亡事故的结案批复》，公司员工在对丁基锂罐内的残留物进行清理处理过程中，由于从业人员违章作业、现场安全管理不严、安全培训教育不到位，造成一死一伤的安全事故，员工李光芳和周小平违章作业，对事故负有直接责任，主要负责人曹志昂对公司安全管理不到位，对事故负有主要责任，处以2万元罚款，主要负责人已经按照要求缴纳罚款。

2. 根据江西省政府2001年7月6日颁布的《江西省人民政府关于重大安全事故行政责任追究的规定》，重大安全事故是指造成重大人身伤亡或造成重大经济损失的事故，包括一次死亡3至9人，一次死亡1至2人同时重伤10人以上，或造成重大经济损失的。根据国务院于2007年4月9日颁布的《生产安全事故报告和调查处理条例》的规定，生产安全较大事故是指造成3人以上10人以下死亡，或者10人以上50人以下重伤，或者1000万元以上5000万元以下直接经济损失的事故；一般事故是指造成3人以下死亡，或者10人以下重伤，或者1000万元以下的经济损失。根据以上规定，公司一死一伤事故处于一般事故等级，不属于较大、重大事故。

3. 发行人并未因本次安全事故受到行政处罚，不构成发行人的违法行为。经律师向新余市安全生产监督管理局进一步核查，根据其出具的证明，公司不存在违法违规行为。

4. 上述被处罚的主要负责人曹志昂目前未担任发行人的董事或高级管理人员，上述处罚不构成发行人的重大违法行为，亦不会对公司资产状况、财务状况造成重大不利影响，不构成本次发行的法律障碍。

【案例评析】

1. 对于报告期内的重大违法违规行为如何认定，最新审核政策的基本思路是尊重当地主管部门的意见。如果当地政府或主管部门能够出文证明不属于《首次公开发行股票并上市管理办法》规定的重大违法违规行为，一般情况下会里会认可，但是也不能没有任何限制，还是要控制在一个合情合理的范围内。

2. 具体是怎样的标准呢？没有定论，不过联华科技的案例给了小兵一些启示。在该案例中，对于事故等级的认定是非常绝妙的，当然人家找到的是国务院的文件，也不会引起太多的质疑。另外，赣锋锂业的案例也可以证明，一死一伤的事故还是可以很轻松过关的。

3. 联化科技应该是在审核过程中发生的重大安全事故，中介机构自然会很紧张，会里的反馈意见予以了重点关注，保荐机构、律师和会计师也是尽可能的作了详细解释。其基本思路是：(1)将事故的基本情况介绍清楚；(2)由主管部门界定责任主体和处理结果；(3)认定事故不是重大责任事故；(4)介绍公司整改情况；(5)公司的生产经营、财务指标和上市条件不会因为该次事故而受影响。

4. 根据网友提供的资料，在矿业类上市中存在安全事故的还有：(1)紫金矿业，2006 年 12 月 27 日，贵州紫金拥有的贵州水银洞金矿尾矿库发生子坝滑脱事故，造成 1 人轻伤，并轻度污染下游水库水体。(2)西部矿业，近三年发生安全事故共 6 起，其中 1 人死亡，6 人重伤。(3)平煤股份，近 5 年发生安全事故共 12 起，共死亡 17 人。其中 2006 年 6 月份的一次事故，死亡人数最多，为 4 人。

5. 最后有一点，小兵查阅了辰州矿业等几家上市企业的披露材料，发现对于安全事故的描述都较少，是因为当时安全意识不强，还是因为矿业公司死个人觉得没有什么大不了的，或者是因为矿老板能耐大，可以搞定很多事情，我们就不得而知了。更过分的是赣锋锂业，就算是事情不大那也不能在招股书里只字不提，该事情只是在律师的反馈意见中进行了简单回复，从会里的反应来看的确不是重大的问题。

第二节　上市前存在行政处罚

【重要提示】

★ 在项目执行过程中大家一般会对行政处罚甚是敏感，其实从已有案例来看，处罚问题还是有很多可以讨论和通融的余地的。另外，最新的保代培训资料也透露，只要当地主管部门对处罚问题的定性不是重大违法违规行为，那么会里应该不会将该问题看做是上市的实质性障碍，当然中介机构要在该问题上多做些功课，以保证核查的客观深入。另外值得注意的是，以前普遍认为的只要被主管部门罚款的行为就是重大违规行为的说法现在看来也是不科学的。

★ 一般情况下，中介机构处理该问题的思路是：(1)将有关处罚的最终结果说清楚，同时解释该处罚不属于《首次公开发行股票并上市管理办法》的情节严重的处罚行为，不是上市的实质性障碍。(2)说明受处罚的原因、详细解释事件的来龙去脉，同时对公司的整改措施予以详细披露，尽管这些整改措施一看就是虚的，但是有时候这样的解释也是会里要求的工作，这个可以参照雅致股份的反馈意见。(3)雅致股份是因为会计处理混乱而受到税收处罚问题，这引起了审核人员对其财务会计处理的怀疑，从而在反馈意见中要求中介机构发表关于发行人是否符合“最近三年财务会计文件无虚假记载”的发行条件的核查意见。

【案例情况】

一、汉钟精机(002158)：存在虚开增值税发票情况(申报期2004～2006年)

公司在2003年度采购原材料的过程中，曾将部分增值税发票向相关税务所申报进项税抵扣，后经税务核查，上述增值税专用发票涉嫌虚开。根据上海市金山区税务局金山区分局于2004年6月26日联合下发之沪税金十六处字(2004)第702号《税务处理决定书》，主管税务机关认为，因汉钟机械与交易对方签订合同，并有货物入库凭证，存在真实交易，且专用发票注明的销售方名称、印章、货物数量、金额及税额等全部内容与实际相符；根据国税发(2000)第187号文的有关规定，主管税务机关要求汉钟机械补缴增值税1,384,822.77元，并从滞纳税款之日起，按日加收滞纳税款万分之五的滞纳金，共24,264.07元。汉钟机械已按时足额向主管税务机关缴纳了增值税及滞纳金。

上海市工商行政管理局机场分局就汉钟机械上述增值税事宜进行调查，于2005年6月21日出具沪工商机案处字(2005)第200200410066号《行政处罚决定书》。该处罚决定书认为汉钟机械上述事项为“经销无合法来源的进出口商品”行为，给予汉钟机械476,543.71元罚款。汉钟机械已按时足额缴纳该罚款。

因公司相关人员没有察觉到上述增值税专用发票涉嫌虚开，存在失误，给公司造成一定损失。鉴于此，公司采取了以下措施：(1)检讨事件发生的过程和原因，完善业务复核流程，从流程和制度上防范类似事情的发生；(2)聘请税务专家来公司培训，强化公司员工的税务意识和法制意识，提高风险防范能力；(3)加强对上下游新老客户的调查，了解客户的资信和实力，从源头上降低类似事件发生的风险。上述措施的实施已收到良好的效果，自上述事件发生至今，公司未再发生类似的事件。

保荐人和律师认为：发行人的主管税务机关上海市金山区国家税务局和上海市地方税务局金山区分局未认定其违反相关法律法规，也未给予其行政处罚，仅要求其补缴增值税和滞纳金；发行人受到上海市工商行政管理局机场分局罚款的行政处罚不构成《首次公开发行股票并上市管理办法》第25条"最近36个月内违反工商、税收、土地、环保、海关以及其他法律、行政法规，受到行政处罚，且情节严重"的情形。

二、大洋电机(002249)：受到海关处罚情况(申报期2005～2007年)

2007年7月9日，中山海关出具《进口及出口业务证明》，证明：中山大洋电机股份有限公司(以下简称中山大洋)从2004年以来，除2006年11月3日因保税原材料违反海关监管规定，受到中山海关[中关缉违罚字(2006)第145号]处罚并罚款220.80万元以外，截至本证明出具之日，该公司进出口经营活动均符合海关相关法律、法规规定，遵守执行海关进出口报关、关税、监管等方面的各项制度，亦未受到过海关的其他行政处罚。

根据中山海关出具的《行政处罚决定书》[中关缉违罚字(2006)第145号]，上述处罚涉及的情况如下：

"(一)2005年4月至6月，公司未经海关许可并补缴应纳税款，将保税货物8688台电机转让给国内客户，违反海关监管规定。该部分货物价值79,438.11元，漏缴税款15,385.45元。根据规定：'未经海关许可，擅自将海关监管货物开拆、提取、交付、发运、调换、改装、抵押、质押、留置、转让、更换标记、移作他用或者进行其他处置的。'可以'处货物价值5%以上30%以下罚款，有违法所得的，没收违法所得'，公司被处以罚款0.8万元。

(二)2004年3月至2004年10月31日，公司在未到海关办理备案手续的情况下，擅自将保税原材料冷轧硅钢板1674.72吨交付给佛山市顺德区北滘镇风威钢铁开料厂加工，违反海关监管规定。2004年11月1日至2005年8月，公司在未经海关许可的情况下，擅自将保税原材料冷轧硅钢板5690.63吨交付给佛山市顺德区北滘镇风威钢铁开料厂加工，违反海关监管规定。该部分货物价值44,045,056.36元。公司已将上述保税原材料冷轧硅钢板加工成的保税货物全部运回，未造成漏缴税款的危害后果，且事后主动采取措施将尚未开割的保税原材料冷轧硅钢板653.29吨收回，减轻了危害后果，根据规定应当从轻处罚，公司被处以罚款220万元。

综上两项，公司被处以罚款220.8万元。”

2007年7月10日，中山海关出具《关于中山市大洋电机有限公司受到海关行政处罚问题的说明》，认为：“(1)根据调查，我关认为，中山大洋的行为虽然违反了海关监管规定，但其违规行为是由于对海关有关监管规定的不熟悉所致，属于非主观故意造成的违规行为，并非主观故意的偷税、逃税行为。(2)在调查过程中，中山大洋认错态度良好，积极配合海关的调查，并及时迅速地采取一系列有效措施纠正违规行为，未造成严重的危害后果。(3)在收到海关的处罚决定书后，中山大洋按照决定书的要求及时、足额地缴纳了罚款。综上所述，我们认为中山大洋的行为属于性质不严重的违法、违规行为。”

同时，公司对上述海关处罚情况作了详细说明，包括事情经过、处罚材料的后续处理情况以及公司的改进措施等。

保荐人认为：2004年3月至2005年8月，发行人在未经海关许可的情况下，将保税进口的7365.35吨冷轧硅钢板交付给保税监管区域外的专业开料厂商进行开料加工，存在保税物资脱离海关监管的情况，但是上述保税硅钢板及加工成的保税货物已全部运回，未造成漏缴税款的危害后果；此外，2005年4月至6月，公司未经海关许可并补缴应纳税款，将保税硅钢板生产的8688台电机用于国内销售，发行人的上述违反海关监管规定的行为属于并非主观故意的偷税、逃税行为，同时发行人已及时采取了有效措施纠正违规行为，未造成严重的危害后果。在收到海关的处罚决定书后，发行人及时地缴纳了全部220.8万元的罚款，罚款金额占2006年净利润的3.95%。根据中山海关2007年7月9日、7月10日和2008年1月9日出具的有关证明，除受到上述处罚外，公司自2004年以来的进出口经营活动符合国家及地方有关海关监管法律、法规的要求，未发现任何情节严重的违法违规行为。报告期内，保荐人认为发行人的上述违规行为不属于重大的违法违规行为，对公司的本次发行上市不构成障碍。

除上述情况外，公司近三年内不存在其他违法违规行为，也不存在其他被相关主管机关处罚的情况。

三、雅致股份(002314)：由于会计处理不当导致税收处罚(申报期2006～2008年)

1. 公司税收违法违规的情况

深圳市南山区国家税务局于2007年12月10日作出深国税南处(2007)第0122号《税务处理决定书》和深国税南罚处(2007)第0418号《税务行政处罚决定书》，认定公司2004年度至2006年度期间存在以下税务违法事实:2004年度至2006年度期间,销售废料未申报纳税;2005年6月至2006年度期间,采取预收货款方式销售货物,没有在货物发出时确认销售收入并进行纳税申报;2004年度至2006年度期间,非应税项目用料未从进项税额中转出。根据《税收征收管理法》第63条的规定,追补公司少缴增值税3,618,801.65元,并对公司处以少缴税款0.5倍的罚款1,809,400.83元。

深圳市南山区国家税务局于2008年6月11日出具证明,证明发行人在2005年1月至2008年3月期间,无重大税收违法违章记录。

经核查,保荐人(主承销商)认为:上述应补缴税款、滞纳金和罚款,公司均已缴纳,违法行为已得到纠正。无论是从违法行为的情节还是从补缴税款的金额角度看,发行人受到的税务处罚事项,不构成重大违法行为,也不构成情节重的行政处罚。主要理由和依据如下:(1)上述发行人少缴增值税的行为不属于公司及其财务人员的故意行为,主要是由于财务人员会计核算的过失造成的,且该违法行为无论从应补缴增值税金额占公司各期实际已缴纳的增值税比例,还是对各期的净利润影响都较小。(2)深圳市南山区国家税务局出具的《税务行政处罚决定书》[深国税南罚处(2007)第0418号],对发行人的罚款为少缴税款的0.5倍,该罚款属于《税收征管法》第63条规定:"……并处不缴或者少缴的税款百分之五十以上五倍以下的罚款"中的最低处罚。(3)根据深圳市南山区国家税务局于2008年6月11日出具的证明,"经查询税收征管信息系统,该公司在2005年1月至2008年3月期间,无重大税收违法违章记录"。

发行人律师认为:发行人于2007年12月10日受到的税务行政处罚不构成重大违法行为,且不构成情节严重的行政处罚。

另外,公司就少缴税款的具体原因和公司下一步的整改措施作了详细的介绍。

关于发行人是否符合"最近三年财务会计文件无虚假记载"的发行条件的核查意见

保荐人(主承销商)对发行人进行了审慎核查,认为发行人最近三年财务会计文件无虚假记载。具体理由和依据如下:

根据最高人民法院《关于审理证券市场因虚假陈述引发的民事赔偿案件的若干规定》[法释(2003)第2号]第17条第3款的规定,虚假记载是指信息披露义务人在披露信息时,将不存在的事实在信息披露文件中予以记载的行为。

(1)发行人因采用预收货款方式销售货物、没有在发出货物的当天确认销售收入并申报纳税而受到的税务行政处罚的原因是,发行人的财务人员对会计核算中的收入确认与税法规定的收入确认存在错误的理解,并非是发行人的会计核算的收入确认不真实。

(2)发行人的因出售废料问题、拆装用料问题而受到的税务行政处罚的原因是,发行人的财务人员由于专业水准存在瑕疵而产生的会计差错，并非是发行人的财务会计文件存在虚假记载。发行人律师认为：发行人符合《首次公开发行股票并上市管理办法》第25条规定的发行条件。

2. 公司子公司税收违规情况

报告期内，苏州雅致发生逾期未缴纳税款违规行为一次，涉及税款17.72万元，滞纳金88.59元，该公司已于2007年4月11日缴纳滞纳金；2006年1月24日，北京雅致因逾期申报行为而受到北京市通州国家税务局第二税务所行政处罚，罚款金额200元。深圳市南山区国家税务局在2006年6月22日出具了《税务行政处罚决定书（简易）》[深国税南罚处（简）（2006）第1189号]：华南建材宝安分公司未按规定开具发票，发票种类：广东省深圳市商品销售发票（千元），发票代码：144030521144，发票起号：02601903，发票止号：02601903，违反了《发票管理办法》第36条的规定，被处以罚款100元。

经核查，中介机构认为：发行人控股子公司——苏州雅致、北京雅致、华南建材宝安分公司，报告期内受到的因逾期未缴纳税款、逾期申报行为、未按规定开具发票的行为等而导致的税收行政处罚，主要是由于财务人员的过失造成的，且处罚金额较小，不构成重大违法行为，也不构成情节严重的行政处罚。

3. 深圳市金开利环境工程有限公司及子公司环保违规情况

2007年4月，深圳市宝安区环境保护局对深圳市金开利环境工程有限公司（以下简称金开利）进行环保检查，检查中发现金开利未经环保部门同意，擅自设置除油、表调、磷化、喷粉等工艺，且未落实配套的污染防治设施既投入生产，产生废水未经治理直接排放。经监测，该外排废水污染物浓度超过规定的排放标准。2007年7月4日，深圳市宝安区环境保护局对金开利下发了《行政处罚决定书》[深宝环罚字（2007）第602号]，认定上述行为违反了《建设项目环境保护管理条例》第16条之规定，依据该条例第28条之规定，责令公司立即停止除油、表调、磷化、喷粉工艺生产，并决定处以罚款5万元。

2007年11月，深圳市宝安区环境保护局对金开利进行了环保检查，检查中发现金开利原污水处理设施正常使用期内出现老化现象，管道破裂、阀门密封胶干硬，致使生产产生的污水未能得到有效处理，不能达到国家的相关标准，属于质量不合格工程。2008年1月16日，深圳市宝安区环境保护局对金开利下发了《行政处罚决定书》[深宝环罚字（2008）第10号]，认为金开利"违反'三同时'，用水汞将酸洗磷化车间清水槽废水抽至下水道直接排放"，违反了《水污染防治法》，并决定处以罚款3万元的处罚。

一年内两次受到深圳市宝安区环境保护局的处罚，金开利管理层高度重视，组建了以总经理牵头的"环保综合治理领导小组"领导环境治理工作，并由质量控制部及工业园区相关领导全程负责污水处理整改工程。按照编制的污水处理整改计划书，金开利首先拆除了出现质量问题致使污水排放不能达标的原废水净化处理工程，然后经严格挑选，确定了由有国家废水处理专业资质同时具有丰富环保工程施工经验的专业环保公司实施金开利污水处理的整改工程。

金开利废水处理工程投资50万元，日处理废水30吨，设计方案及图纸由深圳市环境保护研究所审核并报环保局批准备案。污水处理工程完工后，金开利出水达到了广东省地方标准《水污染物排放限值》(DB4426—2001)的一级标准，符合国家环保相关规定。金开利于2008年4月22日获得深圳市宝安区环境保护局下发的《环境保护设施试运转通知书》，并于2008年4月获得该局下发编号为WS52966的《深圳市污染物排放临时许可证》。2008年6月通过深圳市宝安区环境保护局的验收，获得《深圳市污染物排放许可证》。目前，金开利有质量控制部专门负责日常环保跟踪监测工作，杜绝类似事件再次发生。

2008年6月4日，深圳市环境保护局出具《关于深圳市金开利环境工程有限公司环保守法情况的证明》[深环法证字(2008)第172号]，认定2007年4月、2007年11月公司因废水超标两次被处罚，公司已经履行处罚决定并且采取有效措施整改，上述处罚行为情节轻微，不属于重大环保违法违规行为。

保荐人(主承销商)和发行人律师对发行人受到的环保处罚是否构成重大违法行为、是否构成情节严重的行政处罚等的核查意见。

金开利的环保违法行为不构成重大违法行为，也不构成情节严重的行政处罚。主要理由和依据如下：(1)金开利的环保违法行为情节较为轻微，已经得到改正；(2)2008年6月4日，深圳市环境保护局出具《关于深圳市金开利环境工程有限公司环保守法情况的证明》[深环法证字(2008)第172号]，“经审查，自2005年1月1日至目前，深圳市金开利环境工程有限公司在2007年4月、11月因废水超标两次被我局处罚，该公司已经履行处罚决定并且采取有效措施整改，上述两项被给予行政处罚的行为，情节轻微，不属于重大环保违法违规行为。除上述情况外，该公司遵守了国家和地方有关环境保护方面的法律、法规的规定，没有其他违法和受环境行政处罚的情况”。

四、宁波银行(002142)：多部门的处罚行为(申报期2004～2006年)

本行自2004年至2006年期间受到了以下行政处罚：

(1)2005年11月1日，宁波银监局对宁波银行余姚支行未经核准更换高级管理人员的行为处以50万元罚款，对宁波银行的不正当业务竞争行为处以20万元罚款；

(2)2005 年 11 月 10 日,中国人民银行宁波市中心支行对宁波银行明州支行信贷登记系统信息错登记的行为处以 1 万元罚款;

(3)2006 年 1 月 5 日,在税务检查中,宁波银行因在 2004 年的税务问题,被税务部门处以罚款 24,238.75 元;

(4)2006 年 2 月 10 日,中国人民银行宁波市中心支行对宁波银行违规占压财政资金的行为处以 3 万元罚款。

宁波银行已经全部缴纳了上述罚款,并且纠正了相关违规行为。宁波银行律师认为,导致宁波银行受到上述行政处罚的违法违规行为情节尚不严重,不属于重大违法、违规行为,且已被纠正,不会对宁波银行的经营和财务情况产生重大影响。

【案例评析】

1. 汉钟机械:虚开增值税发票 100 多万元并缴纳滞纳金 2 万元的行为不认定是税务处罚行为;同时保荐机构认为工商行政管理机构开出的 40 多万元的罚单也可以不认定是《首次公开发行股票并上市管理办法》规定的处罚且情节严重的行为。

2. 大洋电机:小兵觉得公司将保税区产品外销到保税区外和将保税区产品拿到外边加工而受到海关处罚的情况还是比较严重的,不仅被处罚了 200 万元的罚款,而且还是连犯两次;另外,中介机构对没有主观逃税恶意的解释显然也是站不住脚的,同时及时缴纳了罚款和税款也不是不存在违法违规的合理理由,因此,该案例是否可推广适用值得探讨。不过,中介机构的一些处理和解释还是值得借鉴的。

3. 雅致股份:也是被税务机关因为增值税问题罚款 180 万元,中介机构也认为这不是重大违法违规行为,其解释的理由虽然有些牵强,但是该问题的解决方式在小兵看来是至今最用心和完善的一个方案了,可以适当借鉴。另外,雅致股份的反馈意见中还有这样的关注:请保荐人和发行人律师对发行人受到的税务处罚、环保处罚等是否构成严重大违法行为、是否构成情节严重的行政处罚等出具明确意见,并说明具体理由和依据;请保荐人和发行人律师结合发行人受到的税务处罚情况,请发行人是否符合"最近三年财务会计文件无虚假记载"的发行条件出具明确意见,并说明具体理由和依据。

4. 一般情况下,中介机构处理该问题的思路是:(1)将有关处罚的最终结果说清楚同时解释该处罚不属于首发办法的情节严重的处罚行为,不是上市的实质性障碍。(2)说明受处罚的原因、详细解释清楚事件的来龙去脉,同时对公司的整改措施详细披露,尽管这些整改措施一看就是虚的,当然有时候这样的解释也是会里要求的工作,这个可以参照雅致股份的反馈意见。(3)雅致股份由于是因为会计处理的混乱而受到税收处罚问题还导致委员对其财务会计处理的怀疑，在反馈意见中要求中介机构发表关于发行人是否符合“最近三年财务会计文件无虚假记载”的发行条件的核查意见。

5. 在项目执行过程中大家一般会对行政处罚甚是敏感，其实从以上案例来看处罚问题还是有很多可以讨论和通融的余地的。另外，最新的保代培训资料也透露，只要当地主管部门对处罚问题的定性不是重大违法违规行为，那么会里应该不会将该问题看做是上市的实质性障碍，当然中介机构要在该问题上多做些功课保证核查的客观深入。另外值得注意的是，以前普遍认为的只要被主管部门罚款的行为就是重大违规行为的说法现在看来也是不科学的。

■第三节 行政诉讼

【重要提示】

★ 不要将拟上市企业的诉讼仲裁事项看做洪水猛兽，这与公司因违法违规行为而受到的处罚不同，诉讼或仲裁对于公司来说不一定是坏事。

★ 对于未完结的诉讼和仲裁，要分为两种情况：其一，公司为提起诉讼或仲裁一方，那么详细介绍事件发生发展过程以及对公司影响就可以，当然同时关注被提起反诉的可能。其二，如果公司作为被告或被仲裁方，那么需要详细估计对公司生产经营尤其是财务数据的影响，充分足额计提或有负债并作重大风险提示；如果金额较大或者对公司影响很大，救急的措施就是大股东出具承诺，承担败诉可能带来的损失。

【案例情况】

一、天邦股份（002124）

公司招股资料披露，2006 年 6 月 29 日，上海大江（集团）股份有限公司以发行人、张钊（原上海天邦自然人股东）、上海天邦（发行人控股子公司）为被告向上海市第一中级人民法院提起民事诉讼，要求被告向原告偿付因股权转让而发生的往来款 825 万元，并承担延期付款滞纳金及诉讼费。2007 年 2 月 2 日，上海市高级人民法院以（2006）沪高民二（商）终字第 196 号《民事裁定书》裁定本案终止。2007 年 2 月 14 日，上海天邦与大江股份签订《支付往来款余额和往来款滞纳金的协议》，上海天邦向大江股份支付往来款825.82万元,支付往来款滞纳金228.84万元。至此,该往来款纠纷一案所有事宜均已处理完毕,预计减少发行人2006年度净利润227.43万元。

2007年3月8日正式签署的天邦股份招股说明书中并未披露公司2006年全年的业绩。截至2006年第3季度末,公司实现净利润1964万元。公司2007年4月24日公布的2006年报显示,2006年公司实现净利润2041万元。前述重大诉讼导致的损失占公司2006年实现净利数的11.12%。

二、七喜控股(002027)

2002年4月16日,广州市黄埔区建筑工程总公司因工程款纠纷向广州市中级人民法院起诉发行人(第一被告)和广州七喜资讯产业有限公司(第二被告,以下简称七喜资讯),要求支付七喜电脑生产基地三号、四号厂房及动力站工程款(包括窝工损失、增加工程款)1189.53万元,违约金238.18万元,诉讼金额合计1427.71万元。该诉讼在发行前仍在广州市中级人民法院一审中,如若败诉,发行人将面临较大的赔偿金额的支付风险(该公司上市的前一年即2003年的净利润为5631万元)。

为此七喜资讯已承诺由其承担本次诉讼的一切诉讼风险,七喜资讯的实际控制人易贤忠(易同时也是发行人的第一控股股东)也已出具《承诺函》,承诺:"如果七喜资讯清算后的全部剩余资产仍不足以承担上述诉讼的赔偿金额,差额部分的赔偿金额,由本人负责补足。"

发行人律师认为,虽然《施工合同》由发行人签署,但该工程属于七喜资讯所有,且七喜资讯承诺承担全部责任并提供了相应的担保。由于该案不存在较大的赔偿金额,且七喜资讯除以其全部资产担保外,还提供了600万元的现金存单担保,因而本案的最终处理结果不会对发行人的持续经营能力产生实质性影响。

三、霞客环保(002015)

2003年12月19日,正当发行人上市筹备工作紧锣密鼓之际,欧盟委员会发布调查公告,对2003年1月1日至2003年12月31日自中国和沙特阿拉伯进口的聚酯纤维展开反倾销调查。发行人被列为调查企业之一。不过幸运的是,发行人的聚酯纤维产品在欧盟成员国的销售收入仅占其2003年主营业务收入的4.79%,主营业务利润仅占其主营业务利润的3.31%。

发行人披露的解释说辞和应对措施包括:(1)公司已根据调查内容做好了准备,根据尊重事实、反对歧视、公平贸易的国际贸易原则积极应诉、主动抗辩。(2)公司符合欧盟"市场经济地位"的条件:①企业的生产经营活动不受国家干预;②符合GAAP标准的会计制度且会计报表经审计；③企业的生产成本和财务状况在从非市场经济转变过程中没有重大扭曲；④企业适用于破产法和财产法；⑤外币兑换按市场汇率执行。(3)公司用聚酯纤维产品，其在原材料成本及生产成本方面均比较低，有比较大的利润空间。而且其环保作用符合欧盟可再生材料重新利用、减少环境污染的产业政策，受欧盟倡导和鼓励。

发行人律师江苏世纪同仁所认为：(1)反倾销案件不同于一般的诉讼案件，反倾销案件的最终裁决结果对公司以往的经营业绩不构成任何影响，也不会给发行人现有财产造成任何损失。(2)发行人已聘请律师积极应诉，相关应诉程序在正常进行之中。根据对欧盟本次反倾销调查的背景、理由、发行人涉案产品的特殊情况及发行人所处的市场经济地位分析，发行人的抗辩理由是充分的。(3)发行人目前聚酯短纤的出口比例逐年下降，聚酯短纤的出口量已从2002年占主营业务收入比例的18.2%下降到了2003年的16.9%。2003年度，涉案产品在欧盟成员国的销售收入仅占发行人2003年主营业务收入的4.79%，主营业务利润占公司主营业务利润的比例仅为3.31%。因此，我们认为，即使欧盟最终作出不利于发行人的裁决，致使发行人全面停止对欧盟的出口，对发行人的影响也是非常有限的，不构成重大影响。

【案例评析】

1. 不要将拟上市企业的诉讼仲裁事项看做洪水猛兽，这与公司因违法、违规行为而受到的处罚不同，诉讼或仲裁对于公司来说不一定是坏事。

2. 对于已经完结的诉讼和仲裁来说，只需要详细说明事件的起因、过程、结果以及对公司生产经营的影响即可；当然，还需要重点关注是否还存在潜在的风险。

3. 对于未完结的诉讼或仲裁，要分为两种情况：其一，公司为提起诉讼或仲裁一方，那么详细介绍事件发生发展过程以及对公司影响就可以，当然同时关注被提起反诉的可能。其二，如果公司作为被告或被仲裁方，那么需要详细估计对公司生产经营尤其是财务数据的影响，充分足额计提或有负债并作重大风险提示；如果金额较大或者对公司影响很大，那么还有救急的措施就是大股东出具承诺，承担败诉可能带来的损失。

4. 当然，对于诉讼和仲裁的标准也需要了解，小额的稍加关注就可以了，而如果金额比较大的话，就需要审慎判断了。至于什么是标准呢，《首次公开发行股票并上市管理办法》没有明确规定，可参照上市规则的规定：上市公司发生的重大诉讼、仲裁事项涉及金额占公司最近一期经审计净资产绝对值10%以上，且绝对金额超过1000万元人民币的，应当及时披露。未达到前款标准或者没有具体涉案金额的诉讼、仲裁事项，董事会基于案件特殊性认为可能对公司股票及其衍生品种的交易价格产生较大影响，或者会计师事务所认为有必要的，以及涉及公司股东大会、董事会决议被申请撤销或者宣告无效的诉讼的，公司也应当及时披露。上市公司发生的重大诉讼、仲裁事项应当采取连续十二个月累计计算的原则，已履行相关义务的不再纳入累计计算范围。

5. 有关诉讼或仲裁的有关事项一定要与公司充分沟通之后做全面调查，如果有必要的话也可以到公、检、法系统或者中国法院网去查询。

【参考法规】

一、《首次公开发行股票并上市管理办法》

第二十五条 发行人不得有下列情形：

（一）最近36个月内未经法定机关核准，擅自公开或者变相公开发行过证券；或者有关违法行为虽然发生在36个月前，但目前仍处于持续状态；

（二）最近36个月内违反工商、税收、土地、环保、海关以及其他法律、行政法规，受到行政处罚，且情节严重；

（三）最近36个月内曾向中国证监会提出发行申请，但报送的发行申请文件有虚假记载、误导性陈述或重大遗漏；或者不符合发行条件以欺骗手段骗取发行核准；或者以不正当手段干扰中国证监会及其发行审核委员会审核工作；或者伪造、变造发行人或其董事、监事、高级管理人员的签字、盖章；

（四）本次报送的发行申请文件有虚假记载、误导性陈述或者重大遗漏；

（五）涉嫌犯罪被司法机关立案侦查，尚未有明确结论意见；

（六）严重损害投资者合法权益和社会公共利益的其他情形。

第三十五条 发行人不存在重大偿债风险，不存在影响持续经营的担保、诉讼以及仲裁等重大或有事项。

二、《企业会计准则第13号——或有事项》（2006）

第二条 或有事项，是指过去的交易或者事项形成的，其结果须由某些未来事项的发生或不发生才能决定的不确定事项。

第四条 与或有事项相关的义务同时满足下列条件的，应当确认为预计负债：

（一）该义务是企业承担的现时义务；

（二）履行该义务很可能导致经济利益流出企业；

（三）该义务的金额能够可靠地计量。

第七条　企业清偿预计负债所需支出全部或部分预期由第三方补偿的，补偿金额只有在基本确定能够收到时才能作为资产单独确认。确认的补偿金额不应当超过预计负债的账面价值。

第十二条　企业应当在资产负债表日对预计负债的账面价值进行复核。有确凿证据表明该账面价值不能真实反映当前最佳估计数的，应当按照当前最佳估计数对该账面价值进行调整。

第十五条　在涉及未决诉讼、未决仲裁的情况下，按照本准则第十四条披露全部或部分信息预期对企业造成重大不利影响的，企业无须披露这些信息，但应当披露该未决诉讼、未决仲裁的性质，以及没有披露这些信息的事实和原因。

第八章　典型税收问题

■第一节　股权转让所得税

【重要提示】

★ 最新审核政策表示,证券发行审核机关并非税收征缴机关,没有要求拟上市企业发行前足额缴纳全部税收的权力,因此,只要公司未缴纳税收不构成发行人股东的违法违规行为以及对发行人的生产经营未造成影响,就不会构成首发上市的障碍。不过,有时候股东所得税是否缴纳完毕代表了股东的态度,因此,有时候还是需要足额缴纳的。

★ 股权转让的所得税问题以前没有受到关注,由于最近几年公司股东之间股权转让频繁,出于对税收收紧的考虑,国家税务总局从2009年开始规范了该部分的税收。

【案例情况】

一、中能电气(300062)

1. 外资法人股东的纳税义务

转让方加拿大电气所转让股权共计25,142,700.00股,其中9,802,727.55股系其原始出资取得,其余系中能有限公司整体变更为股份公司时以资本公积金、盈余公积金、未分配利润转增所得。

根据《财政部　国家税务总局关于企业所得税若干优惠政策的通知》[财税(2008)第1号]第4条关于外国投资者从外商投资企业取得利润的优惠政策的规定:2008年1月1日之前外商投资企业形成的累积未分配利润,在2008年以后分配给外国投资者的,免征企业所得税;2008 年及以后年度外商投资企业新增利润分配给外国投资者的,依法缴纳企业所得税。该部分股权转让价款不超过原出资金额及 2008 年以前未分配利润转增金额,故加拿大电气无须就本次股权转让纳税。

加拿大电气亦已出具书面声明和承诺:若日后国家税务主管部门要求加拿大电气补缴上述股权转让涉及的税款,加拿大电气将全额承担应补缴的税款及因此所产生的所有相关费用。

2. 内资自然人股东纳税义务

转让方周爱贞转让 15,840,300.006 股,其中 6,146,280.00 股系原始出资,其余系发行人整体变更为股份有限公司时以资本公积金、盈余公积金、未分配利润转增所得。如周爱贞在发行人整体变更为股份公司时已缴纳相应的个人所得税,则本次转让应按股本原价转让,不产生应纳税所得,无须缴纳个人所得税。鉴于发行人整体变更为股份有限公司时,周爱贞未缴纳个人所得税,因此,本次股权转让其仍应就其中以盈余公积金、未分配利润转增所得计 8,524,589.98 股自行履行纳税义务。

周爱贞已出具书面承诺,若日后国家税务主管部门要求周爱贞补缴上述股权转让涉及的税款,周爱贞将全额承担应补缴的税款及因此所产生的所有相关费用。

发行人律师和保荐机构认为,本次股权转让时,转让方加拿大电气无须纳税,转让方周爱贞因尚未缴纳改制时以盈余公积金、未分配利润转增股本涉及个人所得税,因此,本次股权转让时,因前述尚未支付的税款而产生相应收益,在周爱贞没有补缴改制所涉及的个人所得税时,周爱贞在本次股权转让中应当对相应的收益支付个人所得税。周爱贞在改制和本次股权转让时,对其纳税义务均向发行人出具了承诺,该事项不会因此而导致发行人存在重大风险,亦不会对发行人本次发行与上市构成实质性障碍。

二、誉衡药业(002437)

1. 2006 年第一次股权转让

2006 年 2 月 21 日,魏学宁将持有公司 5% 的股份转让给朱吉满。本次股权转让中,朱吉满为股权受让方,不存在纳税义务。魏学宁出具说明,其与发行人及实际控制人不存在关联关系,独立承担纳税义务。

2. 2006 年第二次股权转让

2006 年 5 月 19 日,朱吉满将持有的誉衡 70% 股权、白莉慧将持有的 20% 股权、王东绪将持有的 10% 股权转让给吉康科技和爱康科技。本次股权转让的对价是股东原始取得成本,不存在股权转让应缴纳所得税的问题,不存在纳税义务。

3. 2006年第三次股权转让

2006年7月12日，爱康科技和吉康科技将持有的100%股权转让给誉衡国际。本次股权转让，对誉衡有限进行了资产评估，誉衡有限经评估的净资产低于注册资本，而股权转让价格是根据评估值确定的，低于原始取得成本，不存在纳税义务。

4. 2007年股权转让

2007年10月30日，誉衡国际将持有的60%股权转让给恒世达昌。本次股权转让因为是同一实际控制人下境内外公司股权的转让，因此，按照注册资本定价，不存在纳税义务。

5. 2008年股权转让

2008年3月30日，恒世达昌将持有的0.5%股份转让给百庚禹丰，誉衡国际将持有的12%转让给香港新天域。恒世达昌就股权转让的收益与其他收益在年末一起合并缴纳企业所得税，因合并申报的所得额为负数，因此，该年度不存在纳税义务。誉衡国际向香港新天域转让股权，股权转让双方均为中国境内企业法人，且不存在来源于中国境内的应缴纳所得税的问题，因此，誉衡国际本次股权转让不存在纳税义务。

【案例评析】

1. 中能电气：反馈意见第37条请保荐机构、律师、会计师对发行人股东历次股权转让及未分配利润转增股本时是否履行了必需的纳税义务发表核查意见。律师在反馈过程中应该是取巧了，仅仅是披露了自整体变更之后股权变更的纳税情况，当然这样理解"发行人"的含义也没有错，会里对此没有再次追问。

2. 誉衡药业：反馈意见第1条就历次股权变动的审批、所涉税收、资金来源及往来、外汇进出审批手续是否符合规定作出核查。对于该反馈意见，明确要求披露报告期内的情况，另外或许税收问题并不是最重要的，律师反馈中也没有将其作为一个重点。

3. 由于股权转让的所得税仅涉及股东层面的问题，一般会里对此不会重点予以关注，因此，作出解释的情况并不常见。以上案例有着一个共同的特点，那就是股权转让次数频繁且股权转让背景复杂，誉衡药业涉及红筹架构的频繁进出，而中能电气的股权变化情况因为外资自然人股东的问题更是扑朔迷离，因而引起了会里的合理怀疑。实务工作中，如果历史沿革清晰，股权变动明确，所得税问题可以不作为工作的重点。

4. 誉衡药业关于该问题的解释应该是涵盖了绝大部分的情形，也真是难为律师能够找出那么多的理由，或许是在进行有关股权调整的时候没有考虑到所得税的问题，被问到就只能去找理由了。虽然律师有些理由解释得实在是很牵强，不过会里也没有再去深入追问。

5. 最新审核政策表示，证券发行审核机关并非税收征缴机关，没有要求拟上市企业发行前足额缴纳全部税收的权力也没有这个义务，因此，主要公司未缴纳税收不会构成发行人股东的违法违规行为以及对发行人的生产经营造成影响，不会构成首发上市的障碍。不过，有时候股东所得税是否缴纳清晰代表了股东的一个态度，因此，有时候还是需要足额缴纳的。

【思路总结】

一、纳税金额

1. 依据《个人所得税法》及其实施条例的规定，对于自然人股东取得股权转让所得，应按“财产转让所得”项目征收个人所得税，适用税率为20%。财产转让所得以个人每次转让财产取得的收入额减除财产原值和合理费用后的余额为应纳税所得额。即具体计税公式为：应纳税所得额 = 财产转让收入 - 财产原值 - 转让中发生的合理费用；应缴个人所得税 = 应纳税所得额 ×20%。

2. 依据国家税务总局《关于贯彻落实〈企业所得税法〉若干税收问题的通知》[国税函(2010)第79号]第3条规定，转让股权收入扣除为取得该股权所发生的成本后，为股权转让所得。企业在计算股权转让所得时，不得扣除被投资企业未分配利润等股东留存收益中按该项股权所可能分配的金额。

3. 国家税务总局《关于企业股权投资业务若干所得税问题的通知》[国税发(2000)第118号]规定：企业股权投资转让所得或损失是指因收回、转让或清算处置股权投资的收入减除股权投资成本后的余额。企业股权投资转让所得应并入企业的应纳税所得，依法缴纳企业所得税。企业处置股权发生的股权投资损失，可以在税前扣除，但每一纳税年度扣除的股权投资损失，不得超过当年实现的股权投资收益和投资转让所得，超过部分可无限期向以后纳税年度结转扣除。

4.《国家税务总局关于企业股权转让有关所得税问题的补充通知》[国税函(2004)第390号]规定：股权转让人应分享的被投资方累计未分配利润或累计盈余公积金应确认为股权转让所得，不得确认为股息性质的所得。企业进行清算或转让全资子公司以及持股95%以上的企业时，投资方应分享的被投资方累计未分配利润和累计盈余公积金应确认为投资方股息性质的所得，为避免对税后利润重复征税，影响企业改组活动，在计算投资方的股权转让所得时，允许从转让收入中减除上述股息性质的所得。

5. 按照《国家税务总局关于〈企业会计制度〉需要明确的有关所得税问题的通知》

[国税发(2003)第45号]第3条的规定,企业已提取减值、跌价或坏账准备的资产,如果有关准备在申报纳税时已调增应纳税所得,转让处置有关资产而冲销的相关准备应允许作相反的纳税调整。因此,企业清算或转让子公司(或独立核算的分公司)的全部股权时,被清算或被转让企业应按过去已冲销并调增应纳税所得的坏账准备等各项资产减值准备的数额,相应调减应纳税所得,增加未分配利润,转让人(或投资方)按享有的权益份额确认为股息性质的所得。这就是说,投资方只要持有被投资企业95%或以上的股份,在全部处置其持有的股份时,不仅属于股息性质部分(净资产与投资成本之差)的转让所得可以在税前扣除,而且被投资企业已提取的并已作纳税调整的各种资产减值准备数额,也可以作为股息性质的所得在税前扣除。(上述3、4、5的规定应该已经不再适用,在此只想给大家一个规则演变的脉络,不过有一个问题需要关注:那就是以前在转让子公司是可以税前扣除盈余公积金和未分配利润,这个做法明显有些不合理。)

二、纳税主体

在股权转让交易中,转让方为纳税义务人,而受让股权的一方是扣缴义务人或者是代缴义务人,受让股权一方履行代扣代缴税款的义务,但实际情况是扣缴义务人基本都没有履行代扣代缴的义务。因为扣缴义务人无法了解纳税人转让股权部分的计税成本(财产原值)和相关合理税费,也就无法按照股权转让个人所得税应纳税额的计算公式,准确计算应代扣代缴的个人所得税额,客观上造成无法代扣。

三、纳税时间

自然人转让股权多是私下进行,交易完成后,款项打入私人腰包,基本无账可查,并且税务部门只有在纳税人变更完营业执照和税务登记时才知晓相关情况。时间相对滞后,造成税务部门基本无法对自然人股东转让股权行为实施有效监管。从纳税人的股权转让方来讲,税法对扣缴义务人没有按规定代扣代缴时,没有明确规定纳税人应该自行向税务机关进行申报纳税。客观上也造成了只有少数纳税人对股权转让所得进行了申报,而绝大多数纳税人没有进行申报。当然,也不能排除有自然人亏损转让股权而没有进行申报的情形。

鉴于上述情况,国税函(2009)第285号文规定明确办理纳税(扣缴)申报的时间分两种情况:

1. 股权交易各方在签订股权转让协议并完成股权转让交易以后至企业变更股权登记之前,负有纳税义务或代扣代缴义务的转让方或受让方,应到主管税务机关办理纳税（扣缴）申报，并持税务机关开具的股权转让所得缴纳个人所得税完税凭证或免税、不征税证明，到工商行政管理部门办理股权变更登记手续。

2. 股权交易各方已签订股权转让协议，但未完成股权转让交易的，企业在向工商行政管理部门申请股权变更登记时，应填写《个人股东变动情况报告表》，并向主管税务机关申报。

四、纳税地点

国税函（2009）第285号文明确，个人股东股权转让所得个人所得税以发生股权变更企业所在地地税机关为主管税务机关。纳税人或扣缴义务人应到主管税务机关办理纳税申报和税款入库手续。明确了主管税务机关的同时，实际上也就明确了纳税地点，这项规定避免了各地在实际工作中争抢税源，从而导致纳税人无所适从的尴尬情形，也避免了各地地税机关对一项股权转让所得个人所得税都不管的情况再次发生，为纳税人申报纳税和税务机关的有效监管提供了明确的依据。

五、纳税监管

依据《国家税务总局关于加强股权转让所得征收个人所得税管理的通知》［国税函（2009）第285号］有关规定：税务机关应加强对股权转让所得计税依据的评估和审核。对扣缴义务人或纳税人申报的股权转让所得的相关资料应认真审核，判断股权转让行为是否符合独立交易原则，是否符合合理性经济行为及实际情况。对申报的计税依据明显偏低（如平价和低价转让等）且无正当理由的，主管税务机关可参照每股净资产或个人股东享有的股权比例所对应的净资产份额核定。（如果平价或低价转让，转让方是没有纳税义务的，那么什么是正当理由的，个人认为同一控制下的股权调整或者类似股权激励的股权转让可以认定是没有纳税义务的情况。）

六、特殊情况

（一）非居民企业转让中国企业股权

《国家税务总局关于加强非居民企业股权转让所得企业所得税管理的通知》［国税函（2009）第698号］：

1. 适用范围：指非居民企业转让中国居民企业的股权（不包括在公开证券市场上买入并卖出中国居民企业的股票）。

2. 纳税时间：扣缴义务人未依法扣缴或者无法履行扣缴义务的，非居民企业应自合同、协议约定的股权转让之日(如果转让方提前取得股权转让收入的,应自实际取得股权转让收入之日)起 7 日内,到被转让股权的中国居民企业所在地主管税务机关申报缴纳企业所得税。

3. 股权转让所得:是指股权转让价减除股权成本价后的差额。股权转让价是指股权转让人就转让的股权所收取的包括现金、非货币资产或者权益等形式的金额。如被持股企业有未分配利润或税后提存的各项基金等,股权转让人随股权一并转让该股东留存收益权的金额,不得从股权转让价中扣除。股权成本价是指股权转让人投资入股时向中国居民企业实际交付的出资金额,或购买该项股权时向该股权的原转让人实际支付的股权转让金额。

4. 计算方式:在计算股权转让所得时,以非居民企业向被转让股权的中国居民企业投资时或向原投资方购买该股权时的币种计算股权转让价和股权成本价。如果同一非居民企业存在多次投资的,以首次投入资本时的币种计算股权转让价和股权成本价,以加权平均法计算股权成本价;多次投资时币种不一致的,则应按照每次投入资本当日的汇率换算成首次投资时的币种。

5. 缴纳税率:境外投资方(实际控制方)间接转让中国居民企业股权,如果被转让的境外控股公司所在国(地区)实际税负低于 12.5% 或者对其居民境外所得不征所得税的,应自股权转让合同签订之日起 30 日内,向被转让股权的中国居民企业所在地主管税务机关提供资料。(该文颁布于 2009 年底,但是自 2008 年 1 月 1 日起开始实施,也就是说,该文具有一定的追溯效应,最近沸沸扬扬的高盛补税事件应该是该文最好的注解。)

(二)境外公司股权转让

在最近比较热门的红筹架构回归境内上市问题中,红筹架构的调整普遍存在境外股权转让的问题,一般情况下,如果按照注册资本或者零对价来转让,是不涉及所得税问题的。在具体案例中,誉衡药业在发行审核中遇到这个问题,同时预审反馈意见也对该问题做了关注。

(三)转让资产的方式转让股权

《国家税务总局关于股权转让收入征收个人所得税问题的批复》[国税函(2007)第 244 号]规定:公司原全体股东通过签订股权转让协议,以转让公司全部资产方式将股权转让给新股东,协议约定时间以前的债权债务由原股东负责,协议约定时间以后的债权债务由新股东负责。根据《个人所得税法》及其实施条例的规定,原股东取得股权转让所得,应按"财产转让所得"项目征收个人所得税。

（1）对于原股东取得转让收入后,根据持股比例,在清收债权、归还债务后,再对每个股东进行分配的,应纳税所得额的计算公式为:应纳税所得额 =（原股东股权转让总收入 - 原股东承担的债务总额 + 原股东所收回的债权总额 - 注册资本额 - 股权转让过程中的有关税费）× 原股东持股比例。其中,原股东承担的债务不包括应付未付的股东的利润。

（2）对于原股东取得转让收入后,根据持股比例对股权转让收入、债权债务进行分配的,应纳税所得额的计算公式为:应纳税所得额 = 原股东分配取得股权转让收入 + 原股东清收公司债权收入 - 原股东承担公司债务支出 - 原股东对公司的投资成本。其中,原股东承担公司债务支出不包括应付未付的股东的利润。

（四）转让上市公司限售股个人所得税

根据《财政部　国家税务总局关于股票转让所得暂不征收个人所得税的通知》[财税(1994)第40号]和《财政部　国家税务总局关于股票转让所得1996年暂不征收个人所得税的通知》[财税(1996)第12号]以及《财政部　国家税务总局关于个人转让股票所得继续暂免征收个人所得税的通知》[财税(1998)第61号]相关规定可得知,自1994年1月1日起我国对股票转让所得暂免征收个人所得税。

根据财政部、国家税务总局、证监会《关于个人转让上市公司限售股所得征收个人所得税有关问题的通知》[财税(2009)第167号]及补充规定:自2010年1月1日起,对个人转让限售股取得的所得,按照"财产转让所得",适用20%的比例税率征收个人所得税。

1. 需要纳税情形

（1）基本限售股情形

①股改限售股:上市公司股权分置改革完成后股票复牌日之前股东所持原非流通股股份,以及股票复牌日至解禁日期间由上述股份孳生的送、转股;

②新股限售股:2006年股权分置改革新老划断后,首次公开发行股票并上市的公司形成的限售股,以及上市首日至解禁日期间由上述股份孳生的送、转股;

③其他限售股:第一,个人从机构或其他个人受让的未解禁限售股;第二,个人因依法继承或家庭财产依法分割取得的限售股;第三,个人持有的从代办股份转让系统转到主板市场(或中小板、创业板市场)的限售股;第四,上市公司吸收合并中,个人持有的原被合并方公司限售股所转换的合并方公司股份;第五,上市公司分立中,个人持有的被分立方公司限售股所转换的分立后公司股份。

(2)其他实质情形

根据《个人所得税法实施条例》第8条、第10条的规定,个人转让限售股或发生具有转让限售股实质的其他交易,取得现金、实物、有价证券和其他形式的经济利益均应缴纳个人所得税。限售股在解禁前被多次转让的,转让方对每一次转让所得均应按规定缴纳个人所得税。对具有下列情形的,应按规定征收个人所得税:①个人通过证券交易所集中交易系统或大宗交易系统转让限售股;②个人用限售股认购或申购交易型开放式指数基金(ETF)份额;③个人用限售股接受要约收购;④个人行使现金选择权将限售股转让给提供现金选择权的第三方;⑤个人协议转让限售股;⑥个人持有的限售股被司法扣划;⑦个人因依法继承或家庭财产分割让渡限售股所有权;⑧个人用限售股偿还上市公司股权分置改革中由大股东代其向流通股股东支付的对价。

2. 应纳税所得额

(1)基本规定

①个人转让限售股,以每次限售股转让收入,减除股票原值和合理税费后的余额,为应纳税所得额。即应纳税所得额=限售股转让收入-(限售股原值+合理税费);应纳税额=应纳税所得额×20%。

②转让收入是指转让限售股股票实际取得的收入;限售股原值是指限售股买入时的买入价及按照规定缴纳的有关费用;合理税费是指转让限售股过程中发生的印花税、佣金、过户费等与交易相关的税费。

③如果纳税人未能提供完整、真实的限售股原值凭证,不能准确计算限售股原值,主管税务机关一律按限售股转让收入的15%核定限售股原值及合理税费。

(2)具体计算

①股改限售股和新股限售股

A. 证券机构技术和制度准备完成前形成的限售股,证券机构按照股改限售股股改复牌日收盘价,或新股限售股上市首日收盘价计算转让收入,按照计算出的转让收入的15%确定限售股原值和合理税费,以转让收入减去原值和合理税费后的余额,适用20%税率,计算预扣预缴个人所得税额。纳税人按照实际转让收入与实际成本计算出的应纳税额,与证券机构预扣预缴税额有差异的,纳税人应自证券机构代扣并解缴税款的次月1日起3个月内,持加盖证券机构印章的交易记录和相关完整、真实的凭证,向主管税务机关提出清算申报并办理清算事宜。主管税务机关审核确认后,按照重新计算的应纳税额,办理退(补)税手续。纳税人在规定期限内未到主管税务机关办理清算事宜的,税务机关不再办理清算事宜,已预扣预缴的税款从纳税保证金账户全额缴入国库。

B. 证券机构技术和制度准备完成后新上市公司的限售股,按照证券机构事先植入结算系统的限售股成本原值和发生的合理税费，以实际转让收入减去原值和合理税费后的余额，适用20%税率，计算直接扣缴个人所得税额。

②大宗交易、ETF、要约收购和现金选择权

纳税人申报清算时，实际转让收入按照下列原则计算：

A. 大宗交易的转让收入以转让当日该股份实际转让价格计算，证券公司在扣缴税款时，佣金支出统一按照证券主管部门规定的行业最高佣金费率计算；

B. ETF的转让收入，通过认购ETF份额方式转让限售股的，以股份过户日的前一交易日该股份收盘价计算，通过申购ETF份额方式转让限售股的，以申购日的前一交易日该股份收盘价计算；

C. 要约收购的转让收入以要约收购的价格计算；

D. 现金选择权的转让收入以实际行权价格计算。

③协议转让、司法扣划、继承分割和支付对价

个人需向主管税务机关申报纳税的，转让收入按照下列原则计算：

A. 协议转让的转让收入按照实际转让收入计算，转让价格明显偏低且无正当理由的，主管税务机关可以依据协议签订日的前一交易日该股收盘价或其他合理方式核定其转让收入；

B. 司法扣划的转让收入以司法执行日的前一交易日该股收盘价计算；

C. 其他项的转让收入以转让方取得该股时支付的成本计算。

④其他规定

A. 个人转让因协议受让、司法扣划等情形取得未解禁限售股的，成本按照主管税务机关认可的协议受让价格、司法扣划价格核定，无法提供相关资料的，按照技术和制度准备未完成政策的执行；个人转让因依法继承或家庭财产依法分割取得限售股的，成本按照该限售股前一持有人取得该股时实际成本及税费计算。

B. 在证券机构技术和制度准备完成后形成的限售股，自股票上市首日至解禁日期间发生送、转、缩股的，证券登记结算公司应依据送、转、缩股比例对限售股成本原值进行调整；而对于其他权益分派的情形（如现金分红、配股等），不对限售股的成本原值进行调整。

C. 因个人持有限售股中存在部分限售股成本原值不明确，导致无法准确计算全部限售股成本原值的，证券登记结算公司一律以实际转让收入的15%作为限售股成本原值和合理税费。

3. 税收征管

（1）限售股转让所得个人所得税，以限售股持有者为纳税义务人，以个人股东开户的证券机构为扣缴义务人。限售股个人所得税由证券机构所在地主管税务机关负责

征收管理。

(2)限售股转让所得个人所得税,采取证券机构预扣预缴、纳税人自行申报清算和证券机构直接扣缴相结合的方式征收。证券机构预扣预缴的税款,于次月7日内以纳税保证金形式向主管税务机关缴纳。主管税务机关在收取纳税保证金时,应向证券机构开具《纳税保证金收据》,并纳入专户存储。

(3)纳税人发生大宗交易、ETF、要约收购和现金选择权情形的,采取证券机构预扣预缴、纳税人自行申报清算和证券机构直接扣缴相结合的方式征收。纳税人发生协议转让、司法扣划、继承分割和支付对价情形的,采取纳税人自行申报纳税的方式。纳税人转让限售股后,应在次月7日内到主管税务机关填报《限售股转让所得个人所得税清算申报表》,自行申报纳税。纳税人未提供完税凭证和《限售股转让所得个人所得税清算申报表》复印件的,证券登记结算公司不予办理过户。纳税人自行申报的,应一次办结相关涉税事宜。对司法扣划情形,如国家有权机关要求强制执行的,证券登记结算公司在履行告知义务后予以协助执行,并报告相关主管税务机关。

4. 其他规定

(1)纳税人同时持有限售股及该股流通股的,其股票转让所得,按照限售股优先原则,转让股票视同为先转让限售股,按规定计算缴纳个人所得税。

(2)证券机构等应积极配合税务机关做好各项征收管理工作,并于每月15日前,将上月限售股减持的有关信息传递至主管税务机关。

(3)对个人在上海证券交易所、深圳证券交易所转让从上市公司公开发行和转让市场取得的上市公司股票所得,继续免征个人所得税。

(4)个人持有在证券机构技术和制度准备完成后形成的拟上市公司限售股,在公司上市前,个人应委托拟上市公司向证券登记结算公司提供有关限售股成本原值详细资料,以及会计师事务所或税务师事务所对该资料出具的鉴证报告。逾期未提供的,证券登记结算公司以实际转让收入的15%核定限售股原值和合理税费。

(5)个人转让限售股所得须由证券机构预扣预缴税款的,应在客户资金账户留足资金供证券机构扣缴税款,依法履行纳税义务。证券机构应采取积极、有效措施依法履行扣缴税款义务,对纳税人资金账户暂无资金或资金不足的,证券机构应当及时通知个人投资者补足资金,并扣缴税款。个人投资者未补足资金的,证券机构应当及时报告相关主管税务机关,并依法提供纳税人相关资料。

5. 一点关注

(1)在《关于个人转让上市公司限售股所得征收个人所得税有关问题的通知》[财税(2009)第167号]文出台之后,民间立马总结出很多避税的措施,比较典型的包括:①限售股解禁后高价配送股权来避税。②限售期内中间低价过渡日或到期日低价出售避税。③限售股持有者利用15%的核定线进行避税。④用股票换购基金份额的ETF避税。应该说201070号文就是在这种背景下出台的,很好地解决了第2项和第4项,尤其是饱受争议的第4项。

(2)那么其他的措施呢?如第5项,个人觉得就不应当界定15%的成本和税费标准,如果不能提供完整凭证的,就按照全部收入来征税。

(五)破产清算取得资产

财政部、国家税务总局《关于企业清算业务企业所得税处理若干问题的通知》[财税(2009)第60号]第5条第2款规定:被清算企业的股东分得的剩余资产的金额,其中相当于被清算企业累计未分配利润和累计盈余公积金中按该股东所占股份比例计算的部分,应确认为股息所得;剩余资产减除股息所得后的余额,超过或低于股东投资成本的部分,应确认为股东的投资转让所得或损失。所得部分应当根据规定缴纳个人所得税。

七、其他制度关注

(一)双向申报制度

《个人所得税管理办法》[国税发(2005)第120号]规定:纳税人与扣缴义务人向税务机关双向申报制度是指,纳税人与扣缴义务人按照法律、行政法规规定和税务机关依法律、行政法规所提出的要求,分别向主管税务机关办理纳税申报,税务机关对纳税人和扣缴义务人提供的收入、纳税信息进行交叉比对、核查的一项制度。(这一规定根据现有情况来看应该已经不再执行,且实务中很难实现双向申报。)

(二)收回转让的规定

《国家税务总局关于纳税人收回转让的股权征收个人所得税问题的批复》[国税函(2005)第130号]规定:股权转让合同履行完毕、股权已作变更登记,且所得已经实现的,转让人取得的股权转让收入应当依法缴纳个人所得税。转让行为结束后,当事人双方签订并执行解除原股权转让合同、退回股权的协议,是另一次股权转让行为,对前次转让行为征收的个人所得税款不予退回。股权转让合同未履行完毕,因执行仲裁委员会作出的解除股权转让合同及补充协议的裁决、停止执行原股权转让合同,并原价收回已转让股权的,由于其股权转让行为尚未完成、收入未完全实现,随着股权转让关系的解除,股权收益不复存在,根据《个人所得税法》和征管法的有关规定,以及从行政行为合理性原则出发，纳税人不应缴纳个人所得税。

（三）违约金应当交税

《国家税务总局关于个人股权转让过程中取得违约金收入征收个人所得税问题的批复》［国税函（2006）第866号］规定，股权成功转让后，转让方个人因受让方个人未按规定期限支付价款而取得的违约金收入，属于因财产转让而产生的收入。转让方个人取得的该违约金应并入财产转让收入，按照“财产转让所得”项目计算缴纳个人所得税，税款由取得所得的转让方个人向主管税务机关自行申报缴纳。

【参考法规】

一、《国家税务总局关于加强股权转让所得征收个人所得税管理的通知》［国税函（2009）第285号］

为加强自然人（以下简称个人）股东股权转让所得个人所得税的征收管理，提高征管质量和效率，堵塞征管漏洞，根据《个人所得税法》及其《实施条例》、《税收征收管理法》及其《实施细则》、《国家税务总局关于加强税种征管促进堵漏增收的若干意见》［国税发（2009）第85号］的规定，现就有关问题通知如下：

一、股权交易各方在签订股权转让协议并完成股权转让交易以后至企业变更股权登记之前，负有纳税义务或代扣代缴义务的转让方或受让方，应到主管税务机关办理纳税（扣缴）申报，并持税务机关开具的股权转让所得缴纳个人所得税完税凭证或免税、不征税证明，到工商行政管理部门办理股权变更登记手续。

二、股权交易各方已签订股权转让协议，但未完成股权转让交易的，企业在向工商行政管理部门申请股权变更登记时，应填写《个人股东变动情况报告表》（表格式样和联次由各省地税机关自行设计）并向主管税务机关申报。

三、个人股东股权转让所得个人所得税以发生股权变更企业所在地地税机关为主管税务机关。纳税人或扣缴义务人应到主管税务机关办理纳税申报和税款入库手续。主管税务机关应按照《个人所得税法》和《税收征收管理法》的规定，获取个人股权转让信息，对股权转让涉税事项进行管理、评估和检查，并对其中涉及的税收违法行为依法进行处罚。

四、税务机关应加强对股权转让所得计税依据的评估和审核。对扣缴义务人或纳税人申报的股权转让所得相关资料应认真审核，判断股权转让行为是否符合独立交易原则，是否符合合理性经济行为及实际情况。

对申报的计税依据明显偏低(如平价和低价转让等)且无正当理由的,主管税务机关可参照每股净资产或个人股东享有的股权比例所对应的净资产份额核定。

五、税务机关要建立股权转让所得征收个人所得税内部控管机制。税务机关应建立股权转让所得个人所得税电子台账,对所辖企业个人股东逐户登记,将个人股东的相关信息录入计算机系统,实施动态管理。税务机关内部各部门分别负责信息获取、评估和审核、税款征缴入库和反馈检查等环节的工作,各部门应加强联系,密切配合,形成完整的管理链条。

六、各地税务机关要高度重视股权转让所得个人所得税征收管理,按照本通知的要求,采取有效措施,积极主动地开展工作。要争取当地党委、政府的支持,加强与工商行政管理部门的联系和协作,定期主动从工商行政管理机关取得股权变更登记信息。要向纳税人、扣缴义务人和发生股权变更的企业做好相关税法及政策的宣传和辅导工作,保证税款及时、足额入库。

二、《国家税务总局关于加强非居民企业股权转让所得企业所得税管理的通知》[国税函(2009)第698号]

为规范和加强非居民企业股权转让所得企业所得税管理,依据《企业所得税法》及其实施条例、《税收征收管理法》及其实施细则、《国家税务总局关于印发〈非居民企业所得税源泉扣缴管理暂行办法〉的通知》[国税发(2009)第3号]和《财政部　国家税务总局关于企业重组业务企业所得税处理若干问题的通知》[财税(2009)第59号],现就有关问题通知如下:

一、本通知所称股权转让所得是指非居民企业转让中国居民企业的股权(不包括在公开的证券市场上买入并卖出中国居民企业的股票)所取得的所得。

二、扣缴义务人未依法扣缴或者无法履行扣缴义务的,非居民企业应自合同、协议约定的股权转让之日(如果转让方提前取得股权转让收入的,应自实际取得股权转让收入之日)起7日内,到被转让股权的中国居民企业所在地主管税务机关(负责该居民企业所得税征管的税务机关)申报缴纳企业所得税。非居民企业未按期如实申报的,依照税收征管法有关规定处理。

三、股权转让所得是指股权转让价减除股权成本价后的差额。

股权转让价是指股权转让人就转让的股权所收取的包括现金、非货币资产或者权益等形式的金额。如被持股企业有未分配利润或税后提存的各项基金等,股权转让人随股权一并转让该股东留存收益权的金额,不得从股权转让价中扣除。

股权成本价是指股权转让人投资入股时向中国居民企业实际交付的出资金额,或购买该项股权时向该股权的原转让人实际支付的股权转让金额。

四、在计算股权转让所得时，以非居民企业向被转让股权的中国居民企业投资时或向原投资方购买该股权时的币种计算股权转让价和股权成本价。如果同一非居民企业存在多次投资的，以首次投入资本时的币种计算股权转让价和股权成本价，以加权平均法计算股权成本价；多次投资时币种不一致的，则应按照每次投入资本当日的汇率换算成首次投资时的币种。

五、境外投资方（实际控制方）间接转让中国居民企业股权，如果被转让的境外控股公司所在国（地区）实际税负低于12.5%或者对其居民境外所得不征所得税的，应自股权转让合同签订之日起30日内，向被转让股权的中国居民企业所在地主管税务机关提供以下资料：

（一）股权转让合同或协议；

（二）境外投资方与其所转让的境外控股公司在资金、经营、购销等方面的关系；

（三）境外投资方所转让的境外控股公司的生产经营、人员、账务、财产等情况；

（四）境外投资方所转让的境外控股公司与中国居民企业在资金、经营、购销等方面的关系；

（五）境外投资方设立被转让的境外控股公司具有合理商业目的的说明；

（六）税务机关要求的其他相关资料。

六、境外投资方（实际控制方）通过滥用组织形式等安排间接转让中国居民企业股权，且不具有合理的商业目的，规避企业所得税纳税义务的，主管税务机关层报税务总局审核后可以按照经济实质对该股权转让交易重新定性，否定被用作税收安排的境外控股公司的存在。

七、非居民企业向其关联方转让中国居民企业股权，其转让价格不符合独立交易原则而减少应纳税所得额的，税务机关有权按照合理方法进行调整。

八、境外投资方（实际控制方）同时转让境内或境外多个控股公司股权的，被转让股权的中国居民企业应将整体转让合同和涉及本企业的分部合同提供给主管税务机关。如果没有分部合同的，被转让股权的中国居民企业应向主管税务机关提供被整体转让的各个控股公司的详细资料，准确划分境内被转让企业的转让价格。如果不能准确划分的，主管税务机关有权选择合理的方法对转让价格进行调整。

九、非居民企业取得股权转让所得，符合财税（2009）第59号文件规定的特殊性重组条件并选择特殊性税务处理的，应向主管税务机关提交书面备案资料，证明其符合特殊性重组规定的条件，并经省级税务机关核准。

十、本通知自2008年1月1日起执行。

三、《国家税务总局关于股权转让收入征收个人所得税问题的批复》[国税函(2007)第244号]

广东省地方税务局：

你局《关于个人所得税财产转让所得中的转让股权的认定问题的请示》[粤地税发(2006)第187号]收悉。经研究，批复如下：

一、你省某温泉公司原全体股东，通过签订股权转让协议，以转让公司全部资产方式将股权转让给新股东，协议约定时间以前的债权债务由原股东负责，协议约定时间以后的债权债务由新股东负责。根据《个人所得税法》及其实施条例的规定，原股东取得股权转让所得，应按"财产转让所得"项目征收个人所得税。

二、应纳税所得额的计算

(一)对于原股东取得转让收入后，根据持股比例先清收债权、归还债务后，再对每个股东进行分配的，应纳税所得额的计算公式为：

应纳税所得额=(原股东股权转让总收入-原股东承担的债务总额+原股东所收回的债权总额-注册资本额-股权转让过程中的有关税费)×原股东持股比例。

其中，原股东承担的债务不包括应付未付股东的利润(下同)。

(二)对于原股东取得转让收入后，根据持股比例对股权转让收入、债权债务进行分配的，应纳税所得额的计算公式为：应纳税所得额=原股东分配取得股权转让收入+原股东清收公司债权收入-原股东承担公司债务支出-原股东向公司投资成本。

四、《关于个人转让上市公司限售股所得征收个人所得税有关问题的通知》[财税(2009)第167号]

为进一步完善股权分置改革后的相关制度，发挥税收对高收入者的调节作用，促进资本市场长期稳定健康发展，经国务院批准，现就个人转让上市公司限售流通股(以下简称限售股)取得的所得征收个人所得税有关问题通知如下：

一、自2010年1月1日起，对个人转让限售股取得的所得，按照"财产转让所得"，适用20%的比例税率征收个人所得税。

二、本通知所称限售股，包括：

1. 上市公司股权分置改革完成后股票复牌日之前股东所持原非流通股股份，以及股票复牌日至解禁日期间由上述股份孳生的送、转股(以下统称股改限售股)；

2. 2006年股权分置改革新老划断后，首次公开发行股票并上市的公司形成的限售股，以及上市首日至解禁日期间由上述股份孳生的送、转股(以下统称新股限售股)；

3. 财政部、税务总局、法制办和证监会共同确定的其他限售股。

三、个人转让限售股，以每次限售股转让收入，减除股票原值和合理税费后的余额，为应纳税所得额。即

应纳税所得额 = 限售股转让收入 -（限售股原值 + 合理税费）

应纳税额 = 应纳税所得额 ×20%

本通知所称的限售股转让收入，是指转让限售股股票实际取得的收入。限售股原值，是指限售股买入时的买入价及按照规定缴纳的有关费用。合理税费，是指转让限售股过程中发生的印花税、佣金、过户费等与交易相关的税费。

如果纳税人未能提供完整、真实的限售股原值凭证的，不能准确计算限售股原值的，主管税务机关一律按限售股转让收入的 15% 核定限售股原值及合理税费。

四、限售股转让所得个人所得税，以限售股持有者为纳税义务人，以个人股东开户的证券机构为扣缴义务人。限售股个人所得税由证券机构所在地主管税务机关负责征收管理。

五、限售股转让所得个人所得税，采取证券机构预扣预缴、纳税人自行申报清算和证券机构直接扣缴相结合的方式征收。证券机构预扣预缴的税款，于次月 7 日内以纳税保证金形式向主管税务机关缴纳。主管税务机关在收取纳税保证金时，应向证券机构开具《中华人民共和国纳税保证金收据》，并纳入专户存储。

根据证券机构技术和制度准备完成情况，对不同阶段形成的限售股，采取不同的征收管理办法。

（一）证券机构技术和制度准备完成前形成的限售股，证券机构按照股改限售股股改复牌日收盘价，或新股限售股上市首日收盘价计算转让收入，按照计算出的转让收入的 15% 确定限售股原值和合理税费，以转让收入减去原值和合理税费后的余额，适用 20% 税率，计算预扣预缴个人所得税额。

纳税人按照实际转让收入与实际成本计算出的应纳税额，与证券机构预扣预缴税额有差异的，纳税人应自证券机构代扣并解缴税款的次月 1 日起 3 个月内，持加盖证券机构印章的交易记录和相关完整、真实凭证，向主管税务机关提出清算申报并办理清算事宜。主管税务机关审核确认后，按照重新计算的应纳税额，办理退（补）税手续。纳税人在规定期限内未到主管税务机关办理清算事宜的，税务机关不再办理清算事宜，已预扣预缴的税款从纳税保证金账户全额缴入国库。

（二）证券机构技术和制度准备完成后新上市公司的限售股，按照证券机构事先植入结算系统的限售股成本原值和发生的合理税费，以实际转让收入减去原值和合理税费后的余额，适用 20% 税率，计算直接扣缴个人所得税额。

六、纳税人同时持有限售股及该股流通股的，其股票转让所得，按照限售股优先原

则，即转让股票视同为先转让限售股，按规定计算缴纳个人所得税。

七、证券机构等应积极配合税务机关做好各项征收管理工作，并于每月15日前，将上月限售股减持的有关信息传递至主管税务机关。限售股减持信息包括：股东姓名、公民身份号码、开户证券公司名称及地址、限售股股票代码、本期减持股数及减持取得的收入总额。证券机构有义务向纳税人提供加盖印章的限售股交易记录。

八、对个人在上海证券交易所、深圳证券交易所转让从上市公司公开发行和转让市场取得的上市公司股票所得，继续免征个人所得税。

九、财政、税务、证监等部门要加强协调、通力合作，切实做好政策实施的各项工作。

五、《关于个人转让上市公司限售股所得征收个人所得税有关问题的补充通知》[财税(2010)第70号]

为进一步规范个人转让上市公司限售股(以下简称限售股)税收政策，加强税收征管，根据财政部、国家税务总局、证监会《关于个人转让上市公司限售股征收个人所得税有关问题的通知》[财税(2009)第167号]的有关规定，现将个人转让限售股所得征收个人所得税有关政策问题补充通知如下：

一、本通知所称限售股，包括：

(一)财税(2009)第167号文件规定的限售股；

(二)个人从机构或其他个人受让的未解禁限售股；

(三)个人因依法继承或家庭财产依法分割取得的限售股；

(四)个人持有的从代办股份转让系统转到主板市场(或中小板、创业板市场)的限售股；

(五)上市公司吸收合并中，个人持有的原被合并方公司限售股所转换的合并方公司股份；

(六)上市公司分立中，个人持有的被分立方公司限售股所转换的分立后公司股份；

(七)其他限售股。

二、根据《个人所得税法实施条例》第8条、第10条的规定，个人转让限售股或发生具有转让限售股实质的其他交易，取得现金、实物、有价证券和其他形式的经济利益均应缴纳个人所得税。限售股在解禁前被多次转让的，转让方对每一次转让所得均应按规定缴纳个人所得税。对具有下列情形的，应按规定征收个人所得税：

(一)个人通过证券交易所集中交易系统或大宗交易系统转让限售股；

(二)个人用限售股认购或申购交易型开放式指数基金(ETF)份额；

（三）个人用限售股接受要约收购；

（四）个人行使现金选择权将限售股转让给提供现金选择权的第三方；

（五）个人协议转让限售股；

（六）个人持有的限售股被司法扣划；

（七）个人因依法继承或家庭财产分割让渡限售股所有权；

（八）个人用限售股偿还上市公司股权分置改革中由大股东代其向流通股股东支付的对价；

（九）其他具有转让实质的情形。

三、应纳税所得额的计算

（一）个人转让第一条规定的限售股，限售股所对应的公司在证券机构技术和制度准备完成前上市的，应纳税所得额的计算按照财税（2009）第167号文件第5条第1项规定执行；在证券机构技术和制度准备完成后上市的，应纳税所得额的计算按照财税（2009）第167号文件第5条第2项规定执行。

（二）个人发生第2条第1项、2项、3项、4项情形、由证券机构扣缴税款的，扣缴税款的计算按照财税（2009）第167号文件规定执行。纳税人申报清算时，实际转让收入按照下列原则计算：

第2条第1项的转让收入以转让当日该股份实际转让价格计算，证券公司在扣缴税款时，佣金支出统一按照证券主管部门规定的行业最高佣金费率计算；第2条第2项的转让收入，通过认购ETF份额方式转让限售股的，以股份过户日的前一交易日该股份收盘价计算，通过申购ETF份额方式转让限售股的，以申购日的前一交易日该股份收盘价计算；第2条第3项的转让收入以要约收购的价格计算；第2条第4项的转让收入以实际行权价格计算。

（三）个人发生第2条第5项、6项、7项、8项情形、需向主管税务机关申报纳税的，转让收入按照下列原则计算：

第2条第5项的转让收入按照实际转让收入计算，转让价格明显偏低且无正当理由的，主管税务机关可以依据协议签订日的前一交易日该股收盘价或其他合理方式核定其转让收入；第2条第6项的转让收入以司法执行日的前一交易日该股收盘价计算；第2条第7项、8项的转让收入以转让方取得该股时支付的成本计算。

（四）个人转让因协议受让、司法扣划等情形取得未解禁限售股的，成本按照主管税务机关认可的协议受让价格、司法扣划价格核定，无法提供相关资料的，按照财税（2009）第167号文件第5条第1项规定执行；个人转让因依法继承或家庭财产依法分割取得的限售股的，按财税（2009）第167号文件规定缴纳个人所得税，成本按照该限售股前一持有人取得该股时实际成本及税费计算。

（五）在证券机构技术和制度准备完成后形成的限售股，自股票上市首日至解禁日期间发生送、转、缩股的，证券登记结算公司应依据送、转、缩股比例对限售股成本原值进行调整；而对于其他权益分派的情形（如现金分红、配股等），不对限售股的成本原值进行调整。

（六）因个人持有限售股中存在部分限售股成本原值不明确，导致无法准确计算全部限售股成本原值的，证券登记结算公司一律以实际转让收入的15%作为限售股成本原值和合理税费。

四、征收管理

（一）纳税人发生第2条第1项、2项、3项、4项情形的，对其应纳个人所得税按照财税（2009）第167号文件规定，采取证券机构预扣预缴、纳税人自行申报清算和证券机构直接扣缴相结合的方式征收。

本通知所称的证券机构，包括证券登记结算公司、证券公司及其分支机构。其中，证券登记结算公司以证券账户为单位计算个人应纳税额，证券公司及其分支机构依据证券登记结算公司提供的数据负责对个人应缴纳的个人所得税以证券账户为单位进行预扣预缴。纳税人对证券登记结算公司计算的应纳税额有异议的，可持相关完整、真实凭证，向主管税务机关提出清算申报并办理清算事宜。主管税务机构审核确认后，按照重新计算的应纳税额，办理退（补）税手续。

（二）纳税人发生第2条第5项、6项、7项、8项情形的，采取纳税人自行申报纳税的方式。纳税人转让限售股后，应在次月7日内到主管税务机关填报《限售股转让所得个人所得税清算申报表》，自行申报纳税。主管税务机关审核确认后应开具完税凭证，纳税人应持完税凭证、《限售股转让所得个人所得税清算申报表》复印件到证券登记结算公司办理限售股过户手续。纳税人未提供完税凭证和《限售股转让所得个人所得税清算申报表》复印件的，证券登记结算公司不予办理过户。

纳税人自行申报的，应一次办结相关涉税事宜，不再执行财税（2009）第167号文件中有关纳税人自行申报清算的规定。对第2条第6项情形，如国家有权机关要求强制执行的，证券登记结算公司在履行告知义务后予以协助执行，并报告相关主管税务机关。

五、个人持有在证券机构技术和制度准备完成后形成的拟上市公司限售股，在公司上市前，个人应委托拟上市公司向证券登记结算公司提供有关限售股成本原值详细资料，以及会计师事务所或税务师事务所对该资料出具的鉴证报告。逾期未提供的，证券登记结算公司以实际转让收入的15%核定限售股原值和合理税费。

六、个人转让限售股所得需由证券机构预扣预缴税款的，应在客户资金账户留足资金供证券机构扣缴税款，依法履行纳税义务。证券机构应采取积极、有效措施依法履行扣缴税款义务，对纳税人资金账户暂无资金或资金不足的，证券机构应当及时通知个人投资者补足资金，并扣缴税款。个人投资者未补足资金的，证券机构应当及时报告相关主管税务机关，并依法提供纳税人相关资料。

■第二节　外商投资企业所得税

【重要提示】

★ 新企业所得税法实施之后，外商投资企业和内资企业在税率上已经趋于统一，此后新设立的企业不会存在税率优惠的问题。当然，如果符合有关规定，可以享受与内资企业一样的税收优惠，如高新技术企业。

★ 既然如此，那么外商投资企业的一些历史问题应怎么看待和解决呢？本节内容主要关注这些答案。

【案例情况】

一、由于改制增资外资比例低于25%的情况：无须补税

1. 兔宝宝：2005年上市的兔宝宝在上市之前由于中方股东单独增资，导致外方股东香港达华贸易公司在公司所占比例由30%降低至20%，招股书中对该税收问题没有做任何解释。

2. 歌尔声学：由于2007年5月香港歌尔将其所持歌尔声学的股权转让给怡通工公司以及姜滨个人，外资彻底从歌尔声学退出，歌尔声学由外资企业转为内资企业，从而补缴以前享受的税收优惠1036万元。

二、因首发导致外资比例低于25%：无须补税

1. 罗莱家纺：公司外资比例由于公开发行由27%稀释至20.62%，预披露招股说明书中对税收问题没有做出任何解释。

2. 康强电子：公司称，发行前享受的外商投资企业所得税税率为26.4%。本次发行后，发行人外资股比例将低于总股本的25%，不再享受国家有关外商投资企业税收优惠政策，所得税将按33%的税率征收，对公司经营业绩将产生较大影响。2003～2005年，公司享受的税收减免额分别为326万元、396万元和639万元，占公司当期净

利润的比例分别为18.47%、19.38%和19.67%。

3. 沧州明珠：证监会在反馈意见中曾关注这一变化是否会导致发行人此前享受的税收优惠是否会被追回，对此律师解释道：(1)发行人在此前享受的税收优惠主要是外商投资企业所得税减免和购买国产设备所得税抵免两项优惠。(2)国税发(1997)第71号文的规定，对于股权重组之前享受的税收优惠，若外国投资者持有的股权，在企业重组业务中没有退出，而是已并入或分入合并、分立后的企业或者保留在股权重组后的企业的，不论重组前的企业经营期长短，均不适用《外商投资企业所得税法》第8条关于补缴已免征、减征的税款的规定。综上律师认为，本次发行虽然会导致发行人不再享受外商投资企业税收优惠政策，但发行人此前享受的优惠却不会被追缴。

三、因首发外资比例低于10%：已经突破规则

中捷股份：2001年5月，外经贸部曾出文要求拟上市的外商投资股份有限公司上市后的非上市外资股比例不低于25%；6个月后外经贸部和证监会又联合出文要求拟上市的外商投资股份有限公司上市后的外资比例不低于10%。不过全流通IPO后，已经有越来越多的案例表明上述规定已经不再实际执行。此外，三花股份也突破了上述规定。

【案例评析】

1. 外商投资企业外资比例如果超过25%是可以享受税收优惠的，而如果超过10%则可以登记为外商投资企业，但不享受税收优惠。

2. 外资比例并非主动退出而是由于增发等被动原因被稀释低于25%的，需要及时换发登记证书，且不再享受外商投资企业税收优惠，但是无须补足以前优惠。

3. 外商投资企业上市之后外资比例低于10%的情况已经非常普遍，其实这个也很好理解，如果首发上市前的外资企业外资比例就是10%，那么公开发行之后必定低于10%。这种情况下只要及时办理工商登记并换发证书就可以了，没有任何障碍，可见以前的某些规定实在有些无厘头。

4. 歌尔声学由于2007年5月香港歌尔将其所持歌尔声学的股权转让给怡通工公司以及姜滨个人，外资彻底从歌尔声学退出，歌尔声学由外资企业转为内资企业，从而补缴以前享受的税收优惠1036万元。

【思路总结】

一、基本原则

根据我国有关法律规定，外资比例达到10%以上的企业可以在工商局登记为中外

合资企业，外资比例超过25%的企业可以享受“两免三减半”的税收优惠政策。

至于享受税收优惠政策的中外合资企业，后来因外资比例不再符合标准是否需要退回所减免的税款，实务操作中的基本原则是：(1)如果外商投资者在企业经营过程中主动撤回出资从而导致不符合标准，一般情况下需要补缴税款；(2)如果在企业增资的过程中，由于外商投资者没有等比例增资，被动导致外资比例不符合标准的话，一般情况下不需要补缴税款；(3)如果由于首次公开发行导致外资比例低于25%甚至10%的情况，一般情况下也不需要补缴税款，证监会在审核过程中可能会对该问题提出反馈意见，但是只要解释得当，并且取得当地税务部门的支持，理应不会成为首发上市的实质性障碍。

二、其他几个问题

1. 根据有关外商投资企业的法律、法规规定，外商投资企业包括中外合资、中外合作和外商独资企业；中外合资经营企业公司形式是有限责任公司；外商投资股份有限公司是指全部资本由等额股份构成，股东以其所认购的股份对公司承担责任，公司以全部财产对公司债务承担责任，中外股东共同持有公司股份，外国股东购买并持有的股份占有公司注册资本25%以上的企业法人。

2. 除非外方投资者向中国投资者转让其全部股权，企业投资者股权变更不得导致外方投资者的投资比例低于企业注册资本的25%。中方投资者获得企业全部股权的，自审批机关批准企业投资者股权变更之日起30日内，须向审批机关缴销外商投资企业批准证书。审批机关自撤销外商投资企业批准证书之日起15日内，向企业原登记机关发出撤销外商投资企业批准证书的通知。

3. 根据现行外商投资有关法律、法规的规定，中外合资、中外合作、外商投资企业的注册资本中，外国投资者的出资比例一般不低于25%。外国投资者的出资比例低于25%的，除法律、行政法规另有规定外，均应按照现行设立外商投资企业的审批登记程序进行审批和登记。通过审批取得登记的，颁发在“企业类型”后加注“外资比例低于25%”字样的外商投资企业营业执照。

4. 外国投资者出资比例低于25%的外商投资企业，除法律、行政法规另有规定外，其投资总额项下进口自用设备、物品不享受税收减免待遇，其他税收不享受外商投资企业待遇。已享受外商投资企业待遇的外商投资股份有限公司，增资扩股或向外国投资者转让股权后，仍可按有关规定享受外商投资企业待遇。

【参考法规】

一、《外商投资企业和外国企业所得税法》

第八条　对生产性外商投资企业，经营期在十年以上的，从开始获利的年度起，第一年和第二年免征企业所得税，第三年至第五年减半征收企业所得税，但是属于石油、天然气、稀有金属、贵重金属等资源开采项目的，由国务院另行规定。外商投资企业实际经营期不满十年的，应当补缴已免征、减征的企业所得税税款。（虽然该文已经由于新的企业所得税法的出台而废止，但是由于新所得税法对外商投资企业和内资企业一视同仁的思路导致对外商投资企业没有任何的特殊规定，但是在以往的实践中所累积的很多问题并不能随着新所得税法的出台而得到一刀切的解决，因此，该文在一定程度上还有参考的价值。）

二、《关于外商投资企业和外国企业原有若干税收优惠政策取消后有关事项处理的通知》

第三条　外商投资企业按照《外商投资企业和外国企业所得税法》规定享受定期减免税优惠，2008 年后，企业生产经营业务性质或经营期发生变化，导致其不符合《外商投资企业和外国企业所得税法》规定条件的，仍应依据《外商投资企业和外国企业所得税法》规定补缴其此前（包括在优惠过渡期内）已经享受的定期减免税税款。各主管税务机关在每年对这类企业进行汇算清缴时，应对其经营业务内容和经营期限等变化情况进行审核。（经营期限好理解，也就是说，如果不满十年外资退出的话是要将以前的税收补齐的；那么业务性质是个什么概念，比如有些政策是只针对鼓励性外商投资项目的，如果你的业务范围发生了变化成为限制性的了，是不是属于这种情况？）

三、《关于外商投资企业合并、分立、股权重组、资产转让等重组业务所得税处理的暂行规定》

第五条第一款　凡重组前企业的外国投资者持有的股权，在企业重组业务中没有退出，而是已并入或分入合并、分立后的企业或者保留在股权重组后的企业的，不论重组前的企业经营期长短，均不适用税法第 8 条关于补缴已免征、减征的税款的规定。（而这里的税法第 8 条即为本文第一段之第 8 条规定，这应该就是普遍讨论的股份公司在中方股东增资扩股导致外资比例低于 25% 的情况下无须补足以前优惠税收的法律依据。）

■第三节　整体变更个人所得税

【重要提示】

★ 整体变更的所得税问题是一个典型的话题，也是一个争论不断的话题，至今在审核实践中，仍有企业缴纳，但也有企业未缴纳，审核人员有的会关注，有的不会关注。

【案例情况】

一、中能电气(300062)：承认未缴税由股东承诺

1. 外资法人股东纳税情况

根据原《外商投资企业和外国企业所得税法》第19条规定：外国投资者从外商投资企业取得的利润，免征所得税。故中能有限公司整理变更为股份公司时，外资法人股东加拿大电气取得新增股份免征所得税。

2. 内资法人股东纳税情况

《国家税务总局关于企业股权投资业务若干所得税问题的通知》[国税发(2000)第118号]规定，除另有规定者外，不论企业会计账务中对投资采取何种方法核算，在对被投资企业会计账务上实际做利润分配处理(包括以盈余公积金和未分配利润转增资本)时，投资方企业应确认投资所得的实现。有限公司整体变更为股份有限公司以盈余公积金及未分配利润转增股本视同于利润分配行为。

国税发(2000)第118号规定，企业的股权投资所得是指企业通过股权投资从被投资企业所得税后累计未分配利润和累计盈余公积金中分配取得股息性质的投资收益。凡投资方企业适用的所得税税率高于被投资企业适用的所得税税率的，除国家税收法律、法规规定的定期减税、免税优惠以外，其取得的投资所得应按规定还原为税前收益后，并入投资企业的应纳税所得额，依法补缴企业所得税。中能有限公司改制时适用的法定税率为24%，内资法人股东福州科域公司、上海信前公司、福州华金盛公司适用的法定税率为33%。根据上述规定，福州科域公司、上海信前公司、福州华金盛公司应依法补缴企业所得税。但福州科域公司、上海信前公司、福州华金盛公司实际尚未补缴上述企业所得税。

在发行人整体变更为股份有限公司的过程中,福州科域公司、上海信前公司、福州华金盛公司已于2007年8月20日向发行人承诺:本公司作为福建中能电气股份有限公司(以下简称中能电气)的内资法人股东,因本公司适用的税率高于中能电气的税率,本公司承诺将依法向税务机关申报并履行相应的纳税义务,纳税事项与中能电气无关。如本公司未依法缴纳上述企业所得税,日后国家税务主管部门要求本公司补缴相应税款时,本公司将无条件全额承担应补缴的税款及因此所产生的所有相关费用,以避免给中能电气或中能其他股东造成损失或影响。

3. 自然人股东周爱贞、陈添旭的纳税情况

《国家税务总局关于股份制企业转增股本和派发红股征免个人所得税的通知》[国税发(1997)第198号]规定:股份制企业用资本公积金转增股本不属于股息、红利性质的分配,对个人取得的转增股本数额,不作为个人所得,不征收个人所得税;股份制企业用盈余公积金派发红股属于股息、红利性质的分配,对个人取得的红股数额,应作为个人所得征税。

《国家税务总局关于盈余公积金转增注册资本征收个人所得税问题的批复》[国税函(1998)第333号]批复如下:对属于个人股东分得并再投入公司(转增注册资本)的部分应按照"利息、股息、红利所得"项目征收个人所得税,税款由公司在有关部门批准增资、公司股东会议通过后代扣代缴。

根据上述国税发(1997)第198号和国税函(1998)第333号的规定,中能有限公司整体变更为股份公司时,对于盈余公积金和未分配利润转增股本,中能有限公司自然人股东周爱贞、陈添旭应当按照各自的持股比例缴纳相应的个人所得税。但周爱贞、陈添旭尚未缴纳相应的个人所得税。

周爱贞、陈添旭已于2007年8月20日向发行人承诺:本人作为福建中能电气股份有限公司的自然人股东,将依法向税务机关申报并以自有资金缴纳相应的个人所得税,纳税事项与公司无关。如本人未依法缴纳上述个人所得税,日后国家税务主管部门要求本人补缴相应税款时,本人将以连带责任方式、无条件全额承担应补缴的税款及因此所产生的所有相关费用,以避免给公司或公司其他股东造成损失或影响。

综上,中能有限公司整体变更为股份公司涉及以盈余公积金和未分配利润转增股本,福州科域公司、上海信前公司、福州华金盛公司因其适用的税率高于中能电气的税率而需补缴相应的企业所得税;周爱贞、陈添旭应缴纳相应的个人所得税。发行人律师和保荐机构认为上述事项不会因此导致福州科域公司、上海信前公司、福州华金盛公司、周爱贞、陈添旭持有的发行人股份存在重大风险,也不会因此导致发行人存在重大风险。因此,中能有限公司整体变更为中能电气所涉及的个人所得税事宜对发行人本次发行和上市不构成法律障碍。

二、士兰微(600460):根据地方法规解释和股东承诺

杭州士兰微电子有限公司应该是小兵所知道的最早对该问题做出详细解释的案例,后来也被很多同行作为参考。士兰微 IPO 审核中,证监会曾就此提出过反馈意见,国浩律师事务所答复为:

1. 杭州士兰微电子有限公司变更股份有限公司,以经审计后的净资产 1:1 折股,该过程不属于股份制企业送红股或转增注册资本的过程,且我国现行法律、法规没有规定有限责任公司变更为股份有限公司时,其自然人出资人应该交纳个人所得税,本所律师确认杭州士兰微电子有限公司的出资人无须为此交纳个人所得税。

2. 基于下述理由,杭州士兰微电子有限公司的自然人出资人在 2000 年 7 月以未分配利润转增注册资本过程中,没有交纳个人所得税但这对士兰微本次申请上市不构成法律障碍:(1)根据杭州市人民政府《关于进一步鼓励科技人员在杭创办高新技术企业若干意见的通知》[杭政(2000)第 1 号]第 11 条的规定“科技人员所获的股权收益,用于高新技术成果转化项目投资的,在计征个人所得税时给予税基扣除”和杭州市人民政府办公室《关于贯彻杭政(2000)第 1 号文件实施意见的通知》[杭政办(2000)第 8 号]第 10 条第 3 款的规定,杭州士兰微电子有限公司的全体股东免交因本次以未分配利润转增股本所应缴纳的个人所得税。2002 年 5 月 20 日,杭州市人民政府办公厅出具《关于杭州士兰微电子有限公司有关个人所得税问题的函》[杭政办函(2002)第 80 号]对此进行确认。(2)杭州士兰微电子有限公司的全体自然人出资人于 2000 年 8 月 12 日承诺“士兰微公司在 2000 年内以利润转增股本,并进行股份制改造,将原账面净资产按《公司法》要求折为股份,引起本人所持士兰微公司股份总额增加。如税务部门认定需缴纳个人所得税,特承诺由本人另行以自有资金自行申报缴纳,缴纳事项和杭州士兰微电子有限公司公司无关”。

律师的答复分两层意思,其一是此种情况无须纳税;其二是即便需要纳税,实际没有纳税也不会对公司上市构成法律障碍,只不过是在死胡同里转了一圈而已。后来在一些项目中也同样出现了该问题,律师同样解释得比较牵强。杭州士兰微电子有限公司并未因该问题而影响发行审核,后成功上市。

三、奥维通信(002237):地方法规解释、税务机关批准、股东承诺

奥维通信的招股说明书中披露:“公司根据《个人所得税法》第 5 条、《辽宁省地方税务局关于落实〈中共辽宁省委、辽宁省人民政府关于加强技术创新,发展高科技,实

现产业化的若干决定〉有关地方税收政策的通知》[辽地税发(1999)第50号]减征个人所得税的规定,对本次由未分配利润形成的增资部分申请免征个人所得税,2006年2月20日获得沈阳市地方税务局高新技术产业开发区分局的批准。若今后沈阳市地方税务局要求公司股东缴纳公司未分配利润转增股本所涉及的个人所得税,公司全体发行前股东已承诺愿意按照税务机关的要求一次性补缴本人应缴纳的全部个人所得税,具体以税务机关通知的数额为准。"

另外,小兵在最近的一个项目中,也涉及同样的问题,我们在当地税局机关也找到了相关法律依据,并且在以此与税务机关进行沟通后取得了免交个人所得税的结果。我们的解释如下:

我公司拟由有限责任公司整体变更为股份有限责任公司,其中,涉及自然人股东缴纳个人所得税问题。

根据1999年11月1日《中共辽宁省委、辽宁省人民政府关于加强技术创新,发展高科技,实现产业化的若干决定》[辽委发(1999)第17号]第14条的规定,"凡在高新技术企业占有股份或出资比例的,其应得收益再投入本企业生产经营部分,或用于高新技术成果转化项目投资,在计征个人所得税时给予税基扣除"。

根据1999年12月15日《辽宁省地方税务局颁布关于贯彻落实〈中共辽宁省委、辽宁省人民政府关于加强技术创新,发展高科技,实现产业化的若干决定〉有关地方税收政策的通知》[辽地税发(1999)第50号]第6条的规定,"凡个人在高新技术企业占有股份或出资比例的,其应得收益再投入本企业生产经营的部分,或用于高新技术成果转化项目投资的,必须提供省级有关部门颁发的高新技术企业资格证书、认定的高新技术成果转化项目立项文件及税务机关要求出具的其他有关资料,经市级地税机关审批,可在计征个人所得税时给予税基扣除"。

我公司已取得《高新技术企业认定证书》,且我公司根据新颁布《企业所得税法》和《高新技术企业认定管理办法》[国科发火(2008)第172号]的有关规定重新提出高新技术企业认定申请,材料业已受理。综上所述,我公司符合辽宁省地税局有关税收减免的规定,可以申请在我公司整体变更为股份有限公司时免征自然人股东个人所得税。

四、嘉应制药(002198):披露已经缴纳证监会还关注

补充法律意见书(三)披露问题:2006年9月发行人以盈余公积金和未分配利润转增股本并分配了红利,请保荐人、律师对发行人是否履行了自然人股东个人所得税代扣代缴义务,是否存在税务风险进行核查并发表意见。

回答:根据《个人所得税法》、国家税务总局《国家税务总局关于股份制企业转增股

本和派发红股征免个人所得税的通知》[国税(1997)第198号]的规定,发行人以盈余公积金和未分配利润转增股本及分配红利,发行人股东应当就其转增股本及分配红利所得缴纳个人所得税。根据前述相关规定计算,本次转增股本及分配红利缴纳个人所得税的应纳税所得额合计为人民币3,234,994.40元。根据梅州市地方税务局出具的《证明》,发行人全体股东因本次转增股本及分配红利产生的个人所得税共计人民币3,234,994.40元,已由全体股东直接向梅州市地方税务局缴清,发行人及其全体股东不存在应缴税款而未缴的情形。本所律师认为,根据《个人所得税法》的规定,发行人作为扣缴义务人,对全体股东应缴纳的个人所得税负有代扣代缴义务,但梅州市地方税务局已同意由全体股东自行缴纳因本次转增股本及分配红利所产生的个人所得税,且根据梅州市地方税务局出具的《证明》,发行人全体股东已办理个人所得税缴纳手续,全部应缴税款均已缴纳完毕,发行人不再负有代扣代缴的义务,不存在被税务机关处罚或追缴的税务风险,亦不构成发行人发行上市的法律障碍。

五、方圆支承(002147):奖励的处理方式

还有一种处理方式是,自然人股东在公司整体变更为股份公司之后,按照规定缴纳个人所得税,此后再由政府以奖励的形式返还。方圆支承在招股说明书中披露,方圆支承2006年12月15日整体变更为股份公司,整体变更时以扣税后的净资产折股,实际缴纳了因此产生的股东个人所得税950万元,马鞍山市政府根据《关于对拟上市公司奖励的暂行规定》的文件精神,于12月18日奖励全部49名股东934万元,由股东用于对股份公司增资。因此,实际上股东在整体变更过程中交纳的个人所得税已由政府给予的补偿返还回来了。

如果企业再牛一点,可以采取的办法是:市财政局以奖励拟上市公司股东的名义,奖励给各位股东相应资金,股东再利用该资金缴纳公司变更为股份有限责任公司时的个人所得税给地方税务局。

【案例评析】

1. 其实关于整体变更个人所得税的问题,法律有明确的规定,只是投资实践中发明了一些变通的方法,从而有了讨论和研究的必要。简而言之,该问题的处理无非有以下几种方式:(1)按照法律规定,老老实实缴税,踏踏实实上市,你好我也好。(2)与当地税务局做好沟通,我先缴税,然后你再以财政补贴的方式返还,股东可能没有那么多钱来缴税,可能就需要在变更之前分红。(3)规定交的文件是国家税务局出的,后来很多省级地方税务局出台了与此相违背的文件,规定高科技企业在满足一定条件下可

以免交个人所得税。以此作为不交的理由，证监会是认可的，有成功案例可查，其实按照证监会历来的审核思路，应该也是可以通过的，只要有部门替我担着责任就好。(4)不交也不说，有时候发审委员会问，有时候也不问。不问更好，问的时候也就老实回答没交，然后由股东出具承担补缴责任的承诺函，虽然此类承诺被认为是“证券市场最荒唐的承诺”，不过依旧很管用。

2. 不管采取怎样的方式解决问题，都要与当地主管部门进行深入的沟通，这样才能在出现问题时，在寻求税务机关的帮助时取得主动权。争取取得税务主管部门同意缓缴个人所得税的批复，并对后续的纳税行为进行确认，以消除该问题带来的不确定性。

3. 由公司自然人股东做出承诺：“我公司以利润转增股本，并进行股份制改造，将原账面净资产按《公司法》要求折为股份，引起本人所持公司股份总额增加。如税务部门认定需缴纳个人所得税，特承诺由本人另行以自有资金自行申报缴纳，缴纳事项和公司无关。”

【思路总结】

一、资本公积金、盈余公积金及未分配利润中属于个人股东的部分

1. 根据《国家税务总局关于股份制企业转增股本和派发红股征免个人所得税的通知》[国税发(1997)第198号]的规定，股份制企业用资本公积金转增股本不属于股息、红利性质的分配，对个人取得的转增股本数额，不作为个人所得，不征收个人所得税。但根据《国家税务总局关于原城市信用社在转制为城市合作银行过程中个人股增值所得应纳个人所得税的批复》[国税函发(1998)第289号]的规定，国税发(1997)第198号文中所表述的“资本公积金”是指股份制企业股票溢价发行的收入所形成的资本公积金，将此转增股本由个人取得的数额，不作为应税所得征收个人所得税，而与此不相符合的其他资本公积金分配给个人所得的部分，应当依法征收个人所得税。

2. 盈余公积金及未分配利润转增股本时应当缴纳所得税，股份制企业用盈余公积金及未分配利润转增股本属于股息、红利性质的分配，对个人取得的红股数额，应作为个人所得征税。

二、资本公积金、盈余公积金及未分配利润中属于法人股东的部分

根据《国家税务总局关于企业股权投资业务若干所得税问题的通知》[国税发(2000)第118号]规定,“除另有规定者外,不论企业会计账务中对投资采取何种方法核算,被投资企业会计账务上实际做利润分配处理(包括以盈余公积金和未分配利润转增资本)时,投资方企业应确认投资所得的实现”。因此,有限责任公司整体变更为股份有限公司视同利润分配行为,按以下原则处理:

(1)盈余公积金和未分配利润进行转增时视同利润分配行为。不同于个人股东,公司制企业进行分红时,法人股东是不需要缴纳所得税。

(2)根据国税发(1997)第198号文精神,对不属于股份制企业股票溢价发行收入所形成的资本公积金,将此转增股本由法人取得的数额,比照上款办理,即需要补缴所得税差额部分。

三、总结

综上可以比较明确的是:在所有者权益的三大块中,资本公积金转增股本是不需要缴税的,盈余公积金转增股本需要缴纳个人所得税,而对于未分配利润没有明确规定,但是根据对股息红利的理解,个人认为也是需要缴纳个人所得税的。关于《国家税务总局关于促进科技成果转化有关税收政策的通知》,很多地方都根据该文出台了地方性法规,这也成为投行人员解释所得税问题最有利的武器。

但是,最后有一个问题值得探讨:在老公司不允许低于净资产折股的情况下,那么根据上述有关政策不存在税收缴纳不到位的问题。但是,在新《公司法》下问题出现了,如果说公司净资产折股比例较低,则会有大额的净资产计入资本公积金,而资本公积金转增股本是无须缴税的,所以,该部分资产是全部看做未分配利润缴税呢还是怎样?实务中尚没有一个明确的界定。当然,最稳妥的方式就是将净资产中全部的未分配利润视同分配而缴纳个人所得税。

【参考法规】

一、《关于股份制企业转增股本和派发红股征免个人所得税的通知》[国税发(1997)第198号]

近接一些地区和单位来文、来电请示,要求对股份制企业用资本公积金转增个人

股本是否征收个人所得税的问题作出明确规定。经研究，现明确如下：

一、股份制企业用资本公积金转增股本不属于股息，红利性质的分配，对个人取得的转增股本数额，不作为个人所得，不征收个人所得税。

二、股份制企业用盈余公积金派发红股属于股息，红利性质的分配，对个人取得的红股数额，应作为个人所得征税。

各地要严格按照《国家税务总局关于印发〈征收个人所得税若干问题的规定〉的通知》[国税发(1994)第089号]的有关规定执行，没有执行的要尽快纠正。派发红股的股份制企业作为支付所得的单位应按照税法规定履行扣缴义务。

二、《关于盈余公积金转增注册资本征收个人所得税问题的批复》[国税函发(1998)第333号]

青岛市地方税务局：

你局《关于青岛路邦石油化工有限公司公积金转增资本缴纳个人所得税问题的请示》[青地税四字(1998)第12号]收悉。经研究，现批复如下：

青岛路邦石油化工有限公司将从税后利润中提取的法定公积金和任意公积金转增注册资本，实际上是该公司将盈余公积金向股东分配了股息、红利，股东再以分得的股息、红利增加注册资本。因此，依据《国家税务总局关于股份制企业转增股本和派发红股征免个人所得税的通知》[国税发(1997)第198号]的精神，对属于个人股东分得再投入公司(转增注册资本)的部分应按照“利息、股息、红利所得”项目征收个人所得税，税款由股份有限公司在有关部门批准增资、公司股东会决议通过后代扣代缴。

三、《关于原城市信用社在转制为城市合作银行过程中个人股增值所得应纳个人所得税的批复》[国税函发(1998)第289号]

重庆市地方税务局：

你局《重庆市地方税务局关于重庆市信用社在转制为重庆城市合作银行过程中个人股增值所得应纳个人所得税问题的请示》[渝地税发(1998)第88号]收悉。经研究，现批复如下：

一、在城市信用社改制为城市合作银行过程中，个人以现金或股份及其他形式取得的资产评估增值数额，应当按“利息、股息、红利所得”项目计征个人所得税，税款由城市合作银行负责代扣代缴。

二、《国家税务总局关于股份制企业转增股本和派发红股征免个人所得税的通知》

[国税发(1997)第198号]中所表述的"资本公积金"是指股份制企业股票溢价发行收入所形成的资本公积金。将此转增股本由个人取得的数额,不作为应税所得征收个人所得税。而与此不相符合的其他资本公积金分配个人所得部分,应当依法征收个人所得税。

四、《国家税务总局关于企业股权投资业务若干所得税问题的通知》[国税发(2000)第118号]

一、企业股权投资所得的所得税处理

……

(三)除另有规定者外,不论企业会计账务中对投资采取何种方法核算,被投资企业会计账务上实际做利润分配处理(包括以盈余公积金和未分配利润转增资本)时,投资方企业应确认投资所得的实现。

五、《关于促进科技成果转化有关税收政策的通知》[财税(1999)第45号]

为贯彻落实《科学技术进步法》和《促进科技成果转化法》,鼓励高新技术产业发展,经国务院批准,现将科研机构、高等学校研究开发高新技术、转化科技成果有关税收政策通知如下:

一、科研机构的技术转让收入继续免征营业税,对高等学校的技术转让收入自1999年5月1日起免征营业税。

二、科研机构、高等学校服务于各业的技术成果转让、技术培训、技术咨询、技术服务、技术承包所取得的技术性服务收入暂免征收企业所得税。

三、自1999年7月1日起,科研机构、高等学校转化职务科技成果以股份或出资比例等股权形式给予个人奖励,获奖人在取得股份、出资比例时,暂不缴纳个人所得税;取得按股份、出资比例分红或转让股权、出资比例所得时,应依法缴纳个人所得税。有关此项的具体操作规定,由国家税务总局另行制定。

第九章　资产瑕疵

□ 在发行审核实践中，资产瑕疵是一个很重要范围也很广的主题，如资产单据凭证不全、会计处理有误、流转程序不完备等。

□ 这方面案例很多，问题也很多，小兵在本节将主要介绍房产瑕疵和国有资产处理方面的一些瑕疵，之后会陆续补充有关专题。

■第一节　房产瑕疵

【重要提示】

★ 从现有审核政策来看，房产瑕疵主要体现在自有正在使用的房产没有产权证书或者租赁他人的房产没有产权证书，该类问题在深圳地区尤其特殊。

★ 该类问题在重点解释对公司生产经营不存在不利影响的情况下，在申报材料前还需要找到解决对策，如新建厂房或重新租赁等。

【案例情况】

一、拓日新能(002218)：租赁无产权证厂房

发行前该公司的生产厂房和办公场所均为租赁取得。其中，租赁的厂房虽都已按照规定办理房屋租赁备案手续，但因历史原因，两处房屋均未办理产权证书。

1. 补救措施一：该公司发行前已分别从深圳市南山区旧城改造办公室和深圳市宝安区石岩街道塘头社区居民委员会取得证明：两处房产在2011年之前均未列入政府规

定的房产的拆迁范围。

2. 补救措施二:该公司募集资金投资项目建设包含厂房建设,并已取得相关建设用地的土地使用权。项目完成后,公司全部车间将搬至新厂区。招股说明书显示,新厂区在2011年之前为全部建成的时间。

3. 补救措施三:控股股东奥欣投资承诺如果本公司新厂区建成竣工前因租赁上述厂房拆迁或其他原因致使本公司无法继续承租上述厂房导致生产经营受损,奥欣投资将承担拓日新能因搬迁而造成的损失。

二、得润电子(002055):大规模厂房租赁且存在租赁瑕疵

公司及下属控股子公司深圳得康、深圳冠连通、青岛海润、绵阳虹润及长春金科迪公司生产场地均通过租赁方式解决。除青岛海润租赁的2栋厂房在2011年8月到期外,其余租赁协议约定的租赁期限均在1~3年内到期。

公司及控股子公司深圳得康、深圳冠连通、青岛海润及长春金科迪公司目前租赁的厂房、宿舍,出租方均未取得产权证书,若出租方在租赁合同的有效期内未能对所出租的厂房、宿舍拥有出租权而无法继续出租,将使公司面临生产场地被动搬迁的风险。对于上述问题,公司给出的应对措施有:

1. 拟自建厂房:公司已于2004年年初向深圳市政府提出用地申请,并于2005年3月3日与深圳市宝安区光明高新技术产业园区正式签订了《投资项目合同书》,用地面积为25,000平方米,发行前已支付首期土地购置费用250万元,正在进行建设规划,建设期预计为2年,建成后公司及深圳得康、深圳冠连通将拥有自有产权的生产厂房,深圳租赁厂房的瑕疵将彻底解决。

2. 受让土地和厂房:2006年5月13日,公司与胶州市云溪街道办事处签订《项目投资合同》,约定发行人受让胶州市云溪街道办事处60亩土地使用权,用于兴建厂房,建成后青岛海润租赁厂房的瑕疵也将彻底解决。

3. 补亏承诺:公司三家法人股东得胜电子、佳泽森、润三实业承诺:"在中国证监会核准发行人本次发行股票并上市,且发行人公开发行的股票在证券交易所正式挂牌后,若因公司及控股子公司租赁厂房的产权瑕疵导致发行人及控股子公司在合同到期前被迫搬迁生产场地的,承诺人将以连带责任方式全额承担补偿深圳市得润电子股份有限公司的搬迁费用和因生产停滞所造成的损失。"

对于上述租赁瑕疵,律师意见可概括如下:

(1)办理房屋租赁备案登记手续不是房屋租赁合同生效的要件,未办理备案登记并不导致房屋租赁合同无效。

(2)出租人未取得出租房产的产权证书,其与发行人的租赁关系存在瑕疵,不符合相关法律的规定。

(3)部分厂房的出租人取得相关权属证书的手续已经启动,且不存在实质性的法律障碍,但部分出租人对于出租厂房的权利存在不能确权的法律风险。

(4)总体而言,发行人及其控股子公司租赁的部分厂房存在瑕疵,但上述瑕疵不会影响公司的持续经营,公司仍符合上市条件。

三、信隆实业(002105):大量厂房属于违规建筑

信隆实业发行前有3.7万平方米建筑物在建造时未办理报建手续。公司解释道:在过去的生产经营过程中,公司接到了较多大订单(主要是运动康复器材),且大部分产品客户要货较急,而新建厂房办理报建手续又需要较长的时间,为了在较短时间内满足客户的订货需求,公司在未办理报建手续的情况下采取了建设简易建筑物的不规范方式。

律师指出,发行人的上述建筑物虽然建在发行人依法取得国有土地使用权的土地上,但因未办理报建手续及未取得建设工程规划许可证,且为简易建筑物,所以发行人上述建筑物存在被责令限期拆除的可能。

公司对这一问题的解决措施包括:

1. 新建厂房。公司已拥有土地使用权的土地中尚有4万多平方米可供建设厂房和公共设施。同时,公司又新购进1万多平方米的土地,可供建设厂房。上述两宗地均已取得建设用地规划许可证。目前,公司已聘请专业机构对建设工程进行设计,拟在2006年年底之前完成建设工程规划,并计划最晚在3年内完成厂房建设,力争在相关部门处罚之前或限期内完成松岗地区简易建筑物内生产线的搬迁。

2. 租赁厂房。公司龙华、松岗生产基地周边存在大量的可供租赁的标准厂房,同时由于公司上述10座简易建筑物内的生产设备绝大部分均属于易搬迁、安装方便的设备,公司完全可以在相关部门处罚限期内完成生产线的搬迁,从而不影响公司正常的生产经营。

3. 赔偿搬迁损失。发行人的股东还对发行人上述37,224.44平方米建筑物给公司可能造成的任何经济损失做出了全额赔偿的承诺。

四、丽鹏股份(002374):子公司租赁无产权房产

北京金宇瑞投资开发有限公司向公司控股子公司北京鹏和祥包装制品有限公司(以下简称鹏和祥)出租的土地为集体所有土地,且尚未取得该宗土地的国有土地使用

权证,上述自建厂房暂无法办理房屋产权证。因此,在租赁期内若因国家土地政策、怀柔区桥梓镇镇区规划发生改变等原因导致北京鹏和祥无法继续租用该宗土地,将对北京鹏和祥的持续经营造成影响,同时,北京鹏和祥改变生产经营场所以及现有生产设施的搬迁均可能会导致额外支出或损失。

2008 年 3 月,怀柔区桥梓镇人民政府出具证明,虽然无法办理产权证,但是该房地产用地属于建设用地,符合镇区发展规划。且近几年内,该地区无市政动迁的规划,不会对北京鹏和祥的正常生产经营产生影响。

公司控股股东孙世尧于 2008 年 5 月 8 日就上述租赁事项承诺如下:"如发生纠纷导致北京鹏和祥需要另租其他生产经营场地进行搬迁或被有权的政府部门罚款或者被有关当事人要求赔偿,本人将以连带责任方式全额补偿北京鹏和祥的搬迁费用、因生产停滞所造成的损失以及其他费用,确保发行人和北京鹏和祥不会因此遭受任何损失。"

2009 年 7 月 15 日,北京市怀柔区土地利用事务中心出具证明,证明该用地符合 2001 年土地利用总体规划,属于工矿用地。

发行人律师认为,不符合土地管理法的相关规定,存在法律上的瑕疵,但发行人控股股东已承诺如因此造成损失,由控股股东承担,不会给发行人造成损失,且发行人子公司北京鹏和祥生产规模较小,故该等瑕疵对发行人不构成实质性风险,也不属于重大违法行为,对发行人本次发行上市不构成实质性障碍。

保荐机构认为,不符合土地管理法的相关规定,存在法律上的瑕疵,但该宗土地已被列入北京市规划委员会关于北京市怀柔区桥梓镇政府总体规划,属于工矿用地,不属于耕地,北京鹏和祥租用该宗土地不构成重大违法行为。同时发行人控股股东已承诺如因此造成损失,由控股股东承担,不会给发行人造成损失,且发行人子公司北京鹏和祥生产规模较小,故该等瑕疵不会给发行人造成经济损失,对发行人不构成实质性风险。

综上,发行人律师和保荐机构认为,除北京鹏和祥的上述租赁土地存在一定瑕疵外,发行人及其子公司成都海川制盖有限公司现有土地使用权均持有土地管理部门核发的国有土地使用权证,均为合法取得。

为解决北京鹏和祥生产经营用地不规范的问题,发行人拟采取以下两方面的措施:

1. 如该宗土地的出租方北京金宇瑞投资开发有限公司能在短期内取得国有土地使用权证,发行人拟与北京金宇瑞投资开发有限公司协商,或采取受让方式取得该宗土地的使用权,或继续采取租赁的方式,从而解决北京鹏和祥目前用地不规范的问题。

2. 发行人也已积极物色新的具有合法产权的生产经营场地。根据 2008 年 3 月怀柔区桥梓镇人民政府出具的证明,该房地产用地属于建设用地,符合镇区发展规划。近几年内,该地区无市政动迁的规划。但北京鹏和祥如需迁址,相关的搬迁费、因生产停滞所造成的损失以及其他费用由发行人控股股东承担,因此不会对北京鹏和祥的正常生产经营产生影响。

3. 招股书就该不规范问题做出重大风险提示。

五、卓翼科技(002369):租赁无产权房产

目前的生产经营场所暨深圳市南山区西丽民企科技园5栋厂房1~6层系发行人通过租赁方式取得,由于历史原因,该厂房未取得房地产权证书,虽然此种现象在深圳较为普遍,但若发行人目前租赁的厂房被强制拆迁,仍会对发行人的生产经营造成不利影响。

出租方于2007年11月22日出函证明根据其所获信息及地方政策显示,发行人租赁的该栋建筑在2013年5月31日前未被政府列入拆迁范围。

深圳市南山区桃园街道办事处出函证明由于深圳市历史原因,该工业园的所有建筑均未办理相关的房产证,截至2007年12月12日,尚未接到拆迁通知,发行人租赁的该生产经营场地暂不会被列入政府拆迁范围。

深圳市南山区旧城改造办公室出函证明深圳市平山实业股份有限公司和深圳市南山区桃园街道办事处的出函所述属实。

深圳市规划局于2009年7月10日出具深规函(2009)第1375号函,证明发行人合法租赁的该栋建筑在近期(3年以内)没有被纳入旧改或拆迁范围。

若发行人目前租赁的生产场所在租赁合同期内被要求拆迁,发行人将根据企业实际情况寻找合法并适应发行人发展需求的生产经营场地,并组织实施搬迁工作。由于发行人的核心生产设备SMT搬迁难度较小,且实际操作过程中可采用分批搬迁的方式进行,因此搬迁工作不会对发行人的生产经营产生重大不利影响。此外,发行人的实际控制人田昱、夏传武出具承诺函,承诺如在合同期内因租赁厂房拆迁致使公司搬迁而造成损失的,将由其二人按比例以现金方式全额承担。

六、沃尔新材(002130):发行人租赁无产权房产

发行人目前所有生产经营场地均为租赁方式取得,出租方系村办实体,由于历史原因,未取得出租房屋的产权证书,若租赁的厂房近期被强制拆迁,将对公司的生产经营造成不利影响。

出租方深圳市新围实业有限公司出函证明发行人租用的厂房未被列入拆迁范围;

深圳市南山区西丽街道办事处证明发行人租用的厂房属于1999年3月5日前两规登记建筑，暂不会拆除；深圳市南山区旧城重建局证明上述情况属实。

出租方深圳市新围实业有限公司出具承诺函，承诺：如在合同期内因租赁厂房拆迁或其他原因致使出租方无法履行租赁合同，出租方将承担发行人因搬迁而造成的损失。

为确保公司生产经营持续稳定并满足进一步发展的需要，公司购置了位于深圳大工业区兰景路以东，地块编号为G13111－0093，面积为34,949.62平方米的土地自建厂房。

七、誉衡药业（002437）：无偿租赁变为有偿

为支持公司业务发展，朱吉满、白莉惠夫妇与公司签署了《房屋租赁合同》以及《补充协议》，将其拥有的北京市朝阳区北苑路170号E座1203、1205、1206、1207、1208室合计500平方米的房屋无偿租赁给本公司北京分公司使用，租赁期间自2007年4月1日至2010年3月31日。由于朱吉满、白莉惠夫妇为公司的实际控制人，双方之间存在关联关系，为确保双方之间的关联交易的公允性，双方经协商一致，拟终止原《房屋租赁合同》及其《补充协议》的履行，并重新签署《房租赁协议》，将上述房产租赁由无偿租赁变更为有偿租赁。

2009年3月1日，双方重新签订了《房屋租赁协议》，协议约定上述租赁房产租金为每月人民币15,000元整，租赁期限自2009年1月1日起至2010年3月31日止。2009年度公司支付租金总计18万元。

【案例评析】

1. 房产问题是投行业务中再基本不过的一个问题，现行法规体系中却没有一个明确的规定。该类问题最典型的情形就是由于土地使用权本身的问题而导致房产所有权证未能办理。

2. 实务操作中可以看出，对于该问题会里的态度还是比较缓和的，只要你的生产经营具有固定且确定的生产经营场所，不管你是买的房子还是租的房子，问题都不大。通过以上案例也可以看出，该问题在深圳上市企业中非常普遍且均未成为上市的实质障碍。但是还是有一些情况是行走在灰色地带，如购买或租赁的房子没有房产证是不是可以？租赁大股东的房子是不是可以？从现实案例来看，这样的问题也不能一棍子打死，需要具体情况具体分析的。

3. 总结该类问题的处理思路，应该说深圳的企业已经非常成熟，他们的做法值得

借鉴:(1)由出租方和政府证明该违规房产在可预计期间内不会被拆迁;(2)由政府出文证明该问题主要是历史原因造成的,而非公司存在违规行为;(3)积极寻找解决方案,如新建厂房、租赁合法厂房,甚至可以用募集资金来建设合法房产;(4)大股东承诺承担可能带来的风险保证上市公司的利益不受损害;(5)就该问题做出重大风险提示;(6)律师和保荐机构发表核查意见。以上措施的目的就是让证监会相信企业不会因为房产问题而影响正常的生产经营。

4. 至于发行人租赁大股东房产的问题,流行观点认为没有问题,只要不存在严重地显失公平和利益输送情形就可以了,当然租赁期限尽量签订得长一些,以保证稳定性。

5. 除以上企业外,美邦股份、云海金属、伟星新材、彩虹精化、劲嘉股份等企业均存在该类问题,可以参考。

第二节　国有资产

【重要提示】

★ 国有资产瑕疵主要体现在国企改制中,由于程序缺失等问题而引起的对国有资产流失的质疑。

★ 根据最新的发行审核政策,如果在改制过程中存在程序缺失或外部证据无法证明该过程的合法性,需要省级人民政府出文明确确认此事。

★ 集体企业也会采取类似方式处理,具体分析参见另文。

【案例情况】

一、高金食品(002143):国有资产未经评估即转让,事后追认

2006 年 1 月 20 日,发行人第一届董事会第十七次会议审议,决定成立公主岭全资子公司,并收购原公主岭市吉港肉业有限责任公司的实物资产,产品主要面向吉林当地市场。

2006 年 1 月 20 日,发行人与公主岭市重点项目闲置资产管理办公室签订了《资产转让协议》,协议约定:由公主岭办公室将其拥有原公主岭市吉港肉业有限责任公司全

部实物资产出售给发行人，具体资产包括土地、房产及机器设备，转让价格为2000万元。

长春吉港集团受公主岭市吉港肉业有限责任公司的委托将该资产出售给公主岭办公室，并由长春市朝阳区工业局委托对上述资产进行评估，由吉林天诚信会计师事务所于2006年1月4日出具了以2005年11月30日为评估基准日的吉天评报字(2006)第005号评估报告书，该等资产转让给发行人时未重新进行评估。

公主岭市人民政府于2006年8月31日出具《情况说明》："长春市朝阳区工业局委托评估的结果真实、有效，且在有效期内，公主岭市政府依据此评估结果及公主岭市的基准地价作为转让依据，经市政府研究，同意公主岭市重点项目闲置资产管理办公室以2000万元人民币将企业转让给四川高金食品有限公司。"

2007年4月4日，公主岭市人民政府和公主岭市财政局国有资产科出具了《情况说明》表示：长春市朝阳区工业局同意公主岭市吉港肉业有限公司将资产转让给公主岭重点项目闲置资产管理办公室时已委托会计师事务所对企业资产进行了评估，出售给四川高金食品有限公司(以下简称高金食品)时仍在有效期内，公主岭市政府依据此评估结果及公主岭市的基准地价作为转让依据，经市政府研究，不再进行评估并同意公主岭市重点项目闲置资产办公室以2000万人民币将企业资产及土地使用权转让给发行人。

同时，公主岭办公室承诺："如因高金公司收购前的事由发生权属纠纷，一切法律责任由我办承担"；公主岭市人民政府于2007年4月26日出具《公主岭市政府关于向四川高金食品有限公司转让原公主岭市吉港肉业有限公司资产后续有关问题的承诺》如下："(1)四川高金食品有限公司已完整履行了与公主岭市重点项目闲置资产管理办公室的资产收购协议，市政府保证不因任何原因收回四川高金食品有限公司已购买的资产；(2)如果该项资产转让行为产生争议和纠纷，由公主岭政府协调解决并承担相应责任；(3)对任何由于市政府的过错而使资产转让行为给四川高金食品股份有限公司(及公主岭高金)带来的损失，由公主岭市人民政府承担赔偿责任。"

上述收购资产进入公主岭高金公司的法律形式以及履行的法律手续如下：

2006年1月26日，发行人与公主岭办公室签订《补充协议书》，根据该补充协议，前述实物资产中的机器设备以703.21万元的价格转让给发行人，前述实物资产中的土地、房产以1296.79万元的价格转让给发行人的子公司，待该子公司成立后，将直接过户至子公司名下。

发行人支付了2000万元资产转让款，其中代将成立的公主岭高金公司支付了1296.79万元转让款，形成发行人对公主岭高金公司的其他应收款；将受让的价值703.21万元的资产评估作价700万元，并以货币资金300万元出资成立全资子公司公主岭高金公司,资产过户时直接过户给新成立的公主岭高金公司。

保荐人宏源证券和发行人律师金杜认为:公主岭办公室将该资产出售给发行人时未进行国有资产评估,但在公主岭办公室买入该资产时已进行了评估,且在评估报告有效期内,转让价格依据评估结果及公主岭市的基准地价。同时根据公主岭市人民政府和公主岭市财政局国有资产管理科出具的《情况说明》,同意不再进行评估并同意将原公主岭市吉港肉业有限责任公司的全部实物资产以2000万元的价格转让给发行人。因此,本次收购符合《国有资产评估管理办法施行细则》[国资办发(1992)第36号]及《企业国有资产监督管理暂行条例》(国务院令378号)的规定。同时,根据上述承诺,即使该次转让产生争议,也不会对发行人的正常生产及持续经营产生重大影响。上述收购的相关资产均已办理完毕资产过户手续,相关资产权属清晰,不存在权属纠纷。

证监会反馈意见曾指出,发行人于2006年1月与吉林省公主岭市重点项目闲置资产办公室签订了《资产转让协议》,约定由后者将原公主岭市吉港肉业公司的全部实物资产以2000万元的价格转让给发行人,但该次转让涉及的国有资产未经评估。

发行方对此给出了如下解释:(1)公主岭市重点项目闲置资产办公室收购标的资产时,曾做了一次以2005年11月30日为基准日的评估,由于时间不长,且转让给高金食品的时间仍在前次评估的有效期内,所以本次转让未再进行专门的评估。(2)事后,公主岭市人民政府出文确认了本次转让的价格和效力,并明确出文承诺承担由此可能产生的损失。《国有资产评估管理办法实施细则》[国资办发(1992)第36号]规定,"当发生应当进行资产评估的经济情形时,除经国有资产行政管理部门批准可以不予评估的外,都必须进行资产评估"。公主岭市人民政府有权批准本次转让不予评估。

二、宁波天邦(002124):国有股权转让瑕疵

1997年4月12日,余姚市舜大实业总公司与张邦辉签署股权转让协议,将所持有的余姚天邦(发行人前身)9%的出资额作价15.12万元转让于张邦辉。舜大公司当时仍为全民所有制企业,该次股权转让未履行国有资产评估和确认手续,不符合《国有资产评估管理办法》的有关规定。2001年2月18日,杭州中财实业发展有限公司分别与张邦辉、张炳良等五位自然人签署股权转让协议,将所持有的余姚天邦7%的出资额作价210万元转让于上述五位自然人。杭州中财系国有控股的有限责任公司,该次股权转让未履行国有资产评估和确认手续,不符合《国有资产评估管理办法》的有关规定。

对此,律师解释是:

(1)对于第一次瑕疵转让,虽不合规,但由于当时余姚天邦尚处于基建期,未开展生产经营,所以本次以出资额作为定价依据的转让并未损害国有股东利益;加之本次

转让的协议已经履行完毕，且已办妥变更登记手续。故将不存在潜在法律纠纷。

(2)对于第二次瑕疵转让，虽不合规，但由于转让价格高于转让方依据持股比例应享有的余姚天邦2000年12月31日的账面净资产值份额，而转让方的控股股东又已出文确认本次转让确保了国有资产的增值，加之本次转让的协议已经履行完毕，且已办妥变更登记手续。故将不存在潜在法律纠纷。

2001年余姚天邦整体变更为宁波天邦，当时杭州中财持有公司13%的股份，属于国有股东，但该公司未办理所持宁波天邦国有股权管理的审核批复。对此，律师认为，尽管存在瑕疵，但由于杭州中财所持股份已于2004年经杭州市财政局批准转让给了宁波天邦的自然人股东，现公司股份均为自然人持有，故上述瑕疵不会对本次上市构成实质性障碍。

【案例评析】

1. 由于曾经我们经历了漫长的计划经济时代，所以国家和集体的观念在民众心里，尤其是政府部门心里是根深蒂固的。小兵个人觉得，在国有资产管理方面主要表现在监管法规杂乱无章，监管政策变来变去无法明确。

2. 尽管如此，在国有资产管理方面的一些基本原则还是要明确：(1)资产转让需要进行评估并需要主管部门的批准；(2)国有企业改制或资产量化至个人需要保证不存在国有资产流失，且经有权部门批准；(3)如果历史问题曾经存在程序上的瑕疵，那么需要由省级政府部门确认。

3. 最新发审政策强调，该种确认并不是单纯地说明不存在违法违规行为那么简单，需要将事件的来龙去脉解释清楚，并就其中存在的问题逐条做出解释和说明。在这一点上，中介机构在实务中一定要做好沟通，如已经存在将政府出具文件拿到发审处经审核人员确认无误之后再盖章的做法。

【参考法规】

一、《企业国有资产评估管理暂行办法》

第六条 企业有下列行为之一的，应当对相关资产进行评估：

(一)整体或者部分改建为有限责任公司或者股份有限公司；

(二)以非货币资产对外投资；

(三)合并、分立、破产、解散；

(四)非上市公司国有股东股权比例变动；

（五）产权转让；

（六）资产转让、置换；

（七）整体资产或者部分资产租赁给非国有单位；

（八）以非货币资产偿还债务；

（九）资产涉讼；

（十）收购非国有单位的资产；

（十一）接受非国有单位以非货币资产出资；

（十二）接受非国有单位以非货币资产抵债；

（十三）法律、行政法规规定的其他需要进行资产评估的事项。

第七条　企业有下列行为之一的，可以不对相关国有资产进行评估：

（一）经各级人民政府或其国有资产监督管理机构批准，对企业整体或者部分资产实施无偿划转；

（二）国有独资企业与其下属独资企业（事业单位）之间或其下属独资企业（事业单位）之间的合并、资产（产权）置换和无偿划转。

第八条　企业发生第六条所列行为的，应当由其产权持有单位委托具有相应资质的资产评估机构进行评估。

二、《企业国有产权转让管理暂行办法》

第二条　国有资产监督管理机构、持有国有资本的企业将所持有的企业国有产权有偿转让给境内外法人、自然人或者其他组织的活动适用本办法。

本办法所称企业国有产权，是指国家对企业以各种形式投入形成的权益、国有及国有控股企业各种投资所形成的应享有的权益，以及依法认定为国家所有的其他权益。

第四条　企业国有产权转让应当在依法设立的产权交易机构中公开进行，不受地区、行业、出资或者隶属关系的限制。国家法律、行政法规另有规定的，从其规定。

第五条　企业国有产权转让可以采取拍卖、招投标、协议转让以及国家法律、行政法规规定的其他方式进行。

第六条　转让的企业国有产权权属应当清晰。权属关系不明确或者存在权属纠纷的企业国有产权不得转让。被设置为担保物权的企业国有产权转让，应当符合《中华人民共和国担保法》的有关规定。

第四部分　其他事项

【一个重要的池子】

坦率地讲，池子里的内容其重要性甚至会超过其他内容，但是由于体系上的原因，只能暂时放在池子里。

募集资金的运用代表一个企业美好的未来，财务会计代表一个企业殷实的家底，而商业模式则代表一个企业美好的故事，因此，池子里的内容不能小视，更不能忽视。

其实池子里的内容若要展开，每一部分都是一个很大的专题，希望之后能够继续补充和完善。

第十章 特殊类型公司上市的可行性

□ 所谓特殊类型公司，很多情况下就是一种商业模式的创新或者是不同的发展轨迹而已。

□ 该类公司的形式五花八门，每一种具体的情形都需要具体问题具体分析，从各个角度和层次来分析企业情况与首发上市条件的匹配和差异之处。

□ 本节内容仅涵盖了其中几种典型的情况而已，希望大家多多交流，小兵也会持续补充。

第一节 渠 道 商

【重要提示】

★ 对于企业首发上市来讲，发行审核政策可以对某些行业进行过限制，但是从未对某种经营模式或者商业模式进行过限制，而是一直持鼓励态度。

★ 当然，有些商业模式由于在会计处理以及风险控制上的创新，导致审核较严格，但这本身并不是审核政策的问题，而是由行业本身的特性决定的。

★ 该类行业如渠道商、连锁行业、网络运营商、新媒体等。

【案例情况】

一、九州通(600998):医药批发零售渠道商

发行人所处的行业为医药流通行业,主营业务为药品、医疗器械等产品的批发、零售连锁与药品生产和研发以及有关增值服务业务。目前公司主要经营的药品、医疗器械等品种达14,000多个。

医药流通行业是连接上游医药生产企业和下游零售终端的一个承上启下的重要环节。医药流通企业从上游医药生产企业采购药品,然后再批发给下游的医药分销企业、医院、药店等,通过交易差价及提供增值服务获取利润。医药流通企业通过规模化、专业化、现代化的物流配送体系,可以大大降低医药流通环节的成本,提高流通效率,保障人民的用药需求,有着巨大的社会效益。

返利占主营业务毛利的比例较高,是影响公司利润的一项重要因素。因此,供应商对公司所执行的返利政策对公司的经营业绩有一定的影响。但是,返利的实质是公司进销差价的组成部分,是供应商为稳定零售价格体系而采取的一种商业惯例。即使未来供应商调整销售政策,降低返利的比例,公司仍可通过提高商品采购当期的进销差价来降低返利对公司利润的影响,以保证公司利润的稳定性。

医药行业的产业链如下图所示:

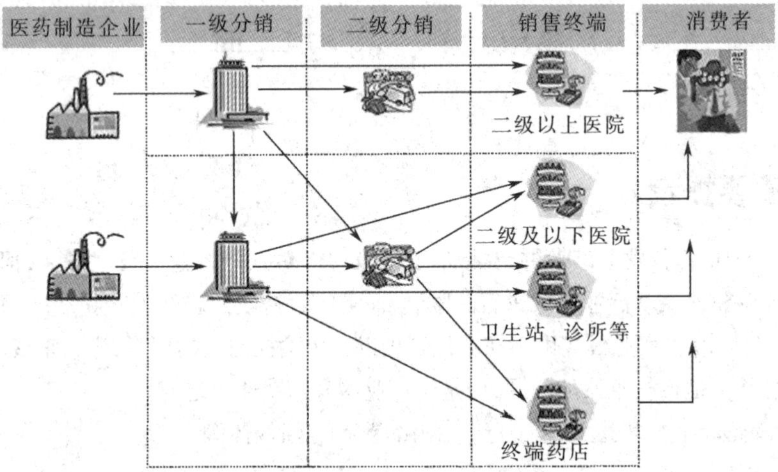

公司未来将着力发展零售连锁业务,通过直营或者加盟等方式,稳步拓展零售连锁终端网络,并努力增加连锁店的经营品种,如保健品、化妆品、日用品。

二、恒信移动(300081):移动手机定制机渠道商

公司主营业务为移动信息产品的销售与服务,具体包括:面对个人的移动信息终端产品的集成销售与服务,面对个人的移动信息业务的销售与服务;面对行业的移动信息产品的集成销售与服务,面对行业的移动信息化业务的销售与服务。

随着移动信息终端产业的升级和3G时代的来临,移动信息通信行业的赢利模式和收入结构面临着深刻的调整。总体表现为:个人移动信息产品的销售与服务方面,非定制个人移动信息产品终端(主要指手机)市场份额快速下降,定制个人移动信息产品终端(主要指定制手机)市场份额快速提升,个人移动信息业务稳定增长;行业移动信息产品的销售与服务方面,行业移动信息产品和行业移动信息化业务市场份额快速增长。基于客户的个性化需求,移动信息通信行业综合性服务和一体化销售能力越来越受到服务商的重视。

适应行业发展趋势,公司已经形成了“以服务带动终端销售,以终端销售推广移动信息服务”的经营思路和“一体化、顾问式、多接触点”的复合型销售的新商业模式,实现了业务结构和经营模式的升级调整。从收入构成上看,毛利率较低的个人移动信息终端产品销售收入的比重逐年下降,个人移动信息终端销售业务收入占公司主营业务收入的比例,已经从2007年的93.06%逐年下降到2009年的79.06%;而毛利率较高的个人移动信息服务和行业类移动信息综合业务销售收入的比重逐年提高。同时,在个人移动信息终端销售收入中,定制手机的销售比重逐年上升。

<table>
<tr><th colspan="2">业务类型</th><th>主要产品和服务</th><th>主要产品和服务的内容</th></tr>
<tr><td rowspan="3">个人移动信息产品销售与服务</td><td>个人移动信息终端产品的集成销售与服务</td><td>手机终端、运营商业务、手机软件和应用</td><td>为客户提供以手机为主的移动信息终端产品、配件、运营商业务、增值业务、手机嵌入软件和应用等一体化的集成销售和服务。</td></tr>
<tr><td rowspan="2">个人移动信息业务的销售与服务</td><td>语音杂志平台</td><td>中国移动手机用户拨打类似以12590为字冠的语音接入号码,即可获得语音或短信信息服务,用户可根据提示音进行按键操作,参与信息互动。公司提供该业务的技术平台,协助运营商销售此类业务。</td></tr>
<tr><td>音乐语音搜索平台</td><td>以语音交互技术为基础,整合了手机彩铃音乐、WAP振铃音乐和IVR音乐等音乐资源,为中国移动手机用户提供靠语音识别来进行音乐语音搜索的服务(12530900)。公司提供该业务的技术平台,协助运营商销售此类业务。</td></tr>
</table>

续表

业务类型		主要产品和服务	主要产品和服务的内容
行业移动信息产品的销售与服务	行业移动信息产品的集成销售与服务	移动代理服务器、校讯通、移动智能终端、农信通、供销通等行业信息化设备	通过行业移动信息化设备的集成销售，满足企业、学校、农村等各行业各种个性化的移动信息化建设需求，实现无线办公、商业信息传播、移动政务等多项功能。在为各行业持续服务的过程中，能捆绑销售公司的其他终端产品，代理运营商业务，实现终端和服务的一体化销售。
	行业移动信息化业务的销售与服务	农政通、移动总机、及时语办公平台	通过整合企业或政府原有固话、互联网、移动通信网等资源，实现企业或政府 IT 系统的移动信息化，提供统一通信解决方案。公司提供该业务的技术平台，协助运营商销售此类业务。

三、爱施德(002416)：手机及数码电子产品渠道服务商

本公司是国内领先的手机及数码电子产品销售渠道综合服务商，以有效的服务模式提高品牌厂商对各类消费者的供应效率。根据消费者需求、产品特性以及客户特点的不同，本公司通过增值分销服务为三星、索尼爱立信、宇龙酷派、摩托罗拉等手机品牌厂商大规模分销产品；通过连锁零售服务、销售富有个性化、功能化的以苹果产品为代表的数码电子产品；并为中国移动、中国电信、中国联通、苏宁、国美等关键客户提供手机销售渠道的综合服务。

本公司运用先进的管理理念及管理技术，提升运营效率、控制销售渠道风险、扩大运营安全边际，与传统手机代理商相比，本公司承担风险管理、市场管理及终端管理等职能，并提供更多的增值服务。

本公司整体业务模式包括手机增值分销，为中国移动、中国电信、中国联通、苏宁、国美等关键客户提供手机销售渠道的综合服务，以及数码电子产品的连锁零售三大领域，具体业务流程如下图所示。

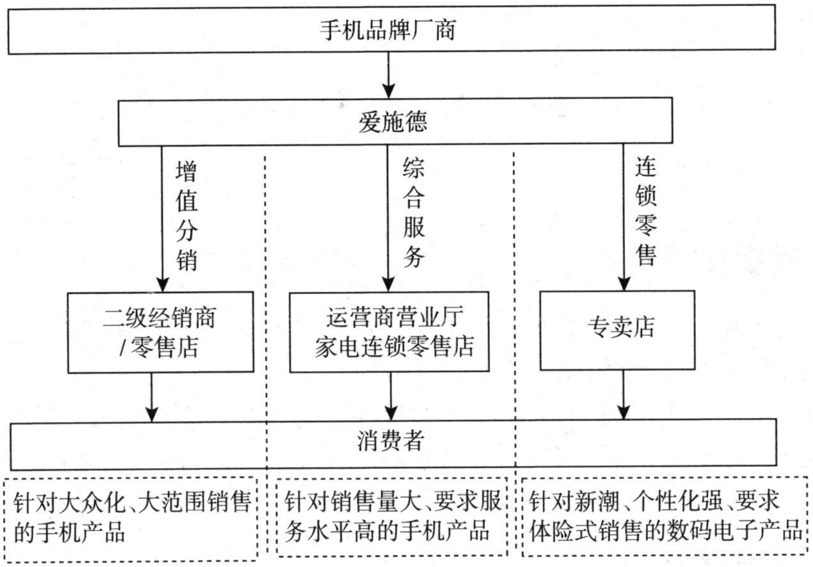

【案例评析】

1. 从最早上市的天音控股到新近上市的爱施德和九州通，以渠道作为主要赢利来源的企业在境内上市从未被监管层所禁止。

2. 但是多年来上市企业较少，也验证了该类企业境内 IPO 较之其他行业需要面临的困难更多；另外，最近三家上市的企业有两家登陆创业板，一家登陆中小板，表明创业板对于该类模式的接纳能力更强。

3. 渠道商境内做首发需要考虑的问题主要有：(1)关注是不是对上下游企业存在重大的依赖性，尤其是对上游产品生产商的依赖性，如果是风箱里的老鼠，仅靠上下游大客户的施舍而赢利，那公司独立性和赢利模式就存在重大缺陷；(2)关注公司对于渠道整合和控制的能力，已上市的企业均强调自己在渠道过程中提供了增值服务，也就是说，渠道商增值服务的提供是体现其核心竞争优势的关键，但是反过来，这样的增值服务也是很虚幻的；(3)在中国做渠道很多情况下就是做关系，中国很多企业没有走上市这条路或许也是因为企业有很多见不得人的路数吧，可能这个企业也是很挣钱，但是挣得都是政府和关系的钱，显然不行。九州通在信息披露中的返利问题就引起了很多的争议。

■第二节 福利企业

【重要提示】

★ 福利企业与其他类型的企业相比,并没有什么特殊之处,在境内首发上市没有任何的障碍,已经成功的案例有很多。

★ 其特别之处主要在于其优惠政策较多,这容易产生公司生产经营对优惠政策存在较大依赖的嫌疑;另外,福利企业是因为承担了社会责任才能享受优惠的,因而企业本身的社会责任的担当问题也会被关注。

【案例情况】

一、众和股份(002070)

公司属于福利企业,故福利企业税收优惠对公司赢利能力指标有较大影响。

(一)税收优惠情况

1. 增值税

适用税率为17%,根据国家税务总局《关于民政福利企业征收流转税问题的通知》[国税发(1994)第155号]、财政部和国家税务总局《关于福利企业有关税收政策问题的通知》[财税字(2000)第035号]、国务院办公厅转发民政部、财政部、国家税务总局等部门《关于加快实现社会福利化意见的通知》[国办发(2000)第19号]以及福建省人民政府《关于加快乡镇社会福利企业发展的若干意见》[闽政(1993)综第40号]的规定,经莆田市民政局、莆田市国家税务局和莆田市地方税务局逐年进行福利企业年检认定,并经莆田市国家税务局逐月审批,公司最近三年及一期享受增值税先征后返(返还全部)的税收优惠政策,收到的增值税退税款计入“补贴收入”,见下表:

项目	2006年1~6月	2005年度	2004年度	2003年度
退税收入	5,037,573.19	9,537,879.72	6,517,913.18	5,576,931.09

2. 所得税

适用税率为33%。根据财政部、国家税务总局《关于企业所得税若干优惠政策的通知》[财税字(1994)第001号],国务院办公厅转发民政部、财政部、国家税务总局等部门《关于加快实现社会福利社会化意见的通知》[国办发(2000)第19号]和福建省人民政府《关于加快乡镇社会福利企业发展的若干意见》[闽政(1993)综第40号]的规定,经莆田市民政局、莆田市国家税务局和莆田市地方税务局逐年进行福利企业年检认定,并经莆田市地方税务局及福建省地方税务局审批,公司享受免征企业所得税的税收优惠政策。

最近三年所得税的减免金额如下表:

年度	应纳所得税额	减、免所得税额	审批情况
2003	10,116,241.16	10,116,241.16	已经审批
2004	13,703,553.39	13,686,569.31	已经审批
2005	15,130,018.68	15,015,643.67	已经审批

注:自2004年起应纳所得税额均略大于减、免所得税额,主要原因是子公司分回的投资收益已纳税额可抵免税母公司应纳所得税额。

3. 税收因素对公司赢利能力的影响

根据财务报告,公司2003~2005年度全面摊薄净资产收益率分别为23.95%、23.52%和20.11%。如公司未享受上述税收优惠政策,则相应期间全面摊薄的净资产收益率分别为21.70%、21.58%和17.34%,分别下降了2.25%、1.94%和2.77%。中介机构同时披露了未享受福利企业税收优惠政策的净资产收益率的计算方法。

(二)税收优惠政策对公司赢利能力的影响

公司属于福利企业,享受“增值税先征后返(全部返还)、所得税全额免征”的税收优惠政策。一旦国家变更或取消此优惠政策或公司不再符合福利企业条件,将会对公司未来的经营业绩产生较大影响。

公司管理层认为,根据国家现有的法律和法规以及相关的立法原则等,可以预见,在将来较长一段时间内,国家对于残疾人劳动就业及福利企业的既定政策不会发生重大改变。

1.《宪法》、《残疾人保障法》、国务院办公厅转发劳动保障部等部门《关于进一步做好残疾人劳动就业工作若干意见的通知》等对残疾人劳动就业等扶持政策有明确规定,且相关条款的制定遵循了“善良、公序、良俗”的立法原则,不会发生重大改变。

《宪法》第45条规定:“国家和社会帮助安排盲、聋、哑和其他有残疾的公民的劳动、生活和教育。”《残疾人保障法》第4条、第28条、第33条分别规定:“国家采取辅助方法和扶持措施,对残疾人给予特别扶助,减轻或者消除残疾影响和外界障碍,保障残疾人权利的实现。”“残疾人劳动就业,实行集中与分散相结合的方针,采取优惠政策和扶持保护措施,通过多渠道、多层次、多种形式,使残疾人劳动就业逐步普及、稳定、合理。”“国家对残疾人福利性企业事业组织和城乡残疾人个体劳动者,实行税收减免政策……”现阶段,残疾人事业的发展已经步入依法保障、依法发展的法制化轨道。根据国务院办公厅转发劳动保障部等部门《关于进一步做好残疾人劳动就业工作若干意见的通知》[国办发(1999)第84号]文件,搞好残疾人就业工作,不仅关系到我国6000万残疾人劳动权利的实现,而且对解除近两亿残疾人亲属的后顾之忧,促进经济发展、社会进步和精神文明建设,具有重要作用。以上相关条款的制定遵循了“善良、公序、良俗”的立法原则。

2. 福利企业税收优惠政策是“平衡协调、维护公平竞争”的立法原则的体现,不会发生重大改变。

福利企业税收优惠政策体现了国家对福利企业安置“四残”人员,给在社会上处于弱势地位、就业存在困难的部分人员提供了就业机会的补偿,贯彻了“平衡协调、维护公平竞争、责权利效相统一”的立法原则。福利企业通过安置“四残”人员获得一定的税收优惠政策,是有条件和代价的,是社会的良性互动。

针对福利企业性质对经营业绩的影响,本公司将采取下列措施予以规避:

(1)积极采取措施维持福利企业性质不变

随着本次募集资金投资项目《高档服装面料开发及印染后整理设备引进项目》、《中高档休闲面料织造建设项目》的建成投产,公司的生产规模将进一步扩大,所需的生产人员将进一步增加;同时,随着新设备、新技术、新工艺的采用,公司对劳动者的素质要求,特别是对残疾员工的素质要求也将越来越高,为维持公司现有的福利企业性质,公司将针对不同的项目采取不同的措施和运作方式。

《高档服装面料开发及印染后整理设备引进项目》系公司现有印染主业的技改扩建和产业升级,公司将严格按照国家有关福利企业的认定条件和要求,继续保持福利企业性质不变。具体措施如下:

①扩大残疾员工的招收范围,增加残疾员工数量,确保残疾人员占生产人员总数的50%以上,保持公司现有的福利企业性质不变。随着《高档服装面料开发及印染后整理设备引进项目》的建成和投产,公司将根据生产对新设备、新技术、新工艺的要求,有计划、有步骤地开展残疾员工的招聘工作。依托各级民政、残联组织,充分发挥残疾人组织在残疾人就业方面的指导作用,进一步扩大残疾员工的招收范围,在全省范围

内招收更多素质更高的残疾员工,确保残疾员工的数量和素质。

②加大残疾员工的管理、培训力度,使其能够更快、更好地适应新岗位和新工作。公司从事福利企业的经营已10多年,在残疾员工教育、管理、培训等方面积累了相当丰富的经验,公司将充分发挥这一优势,进一步加强残疾员工职业技能的培训,确保残疾员工能够更快、更好地适应新岗位和新工作。

③积极创造适合残疾人生产的安全生产条件和劳动岗位,确保残疾员工上岗率达到福利企业的要求。公司将根据实际生产情况和残疾人的生理和心理特点,积极创造适合残疾人生产的安全生产条件和劳动岗位,并在劳动定员上予以适当放宽;努力提高残疾员工的劳动保护措施和福利待遇,为残疾人提供更好的工作环境和生活环境;招聘新员工时将优先为残疾人提供更多的就业岗位,确保残疾员工上岗率达到福利企业的要求。

《中高档休闲面料织造建设项目》拟通过子公司形式独立运作。公司已与华纶鞋业共同组建具有独立法人地位的控股子公司——众和纺织,承担该项目的组织和实施。该项目以子公司的形式运作将不会影响母公司福利企业的性质。

(2)提高公司整体赢利能力

公司将不断增强新产品的研发能力,加大产品创新力度,加强与国内外高等院校、研究机构及知名厂家的合作,紧跟国际、国内服装面料流行趋势,及时调整产品结构,不断提升产品档次,增加产品附加值,提高公司整体赢利水平,从而降低福利企业税收优惠政策对公司赢利能力的影响。

此外,根据本次募集资金投资项目的可行性研究报告保守测算,本次募集资金投向项目即使在不享受以上税收优惠的前提下,仍能取得良好的投资回报。若本次发行成功,随着募集资金投资项目效益的逐步显现,在可预见的未来,即使不享受国家税收优惠政策,公司也将继续保持较高的赢利水平,给股东带来较好的回报。

二、回天胶业(300041)

(一)福利企业税收优惠的简要情况

发行人经湖北省民政厅批准,于2000年取得社会福利企业证书,且持续符合法律、法规及规范性文件规定的社会福利企业所应具备的条件,被合法认定为社会福利企业,2006年和2009年1~9月,税收优惠政策对公司的净利润影响比例分别为:38.53%、14.54%、12.22%和5.12%。公司近三年来,主营业务的发展和赢利能力的增强已经基本抵消了因福利企业税收优惠政策变化带来的不利影响。公司享受所得税优惠对经营成果的影响下降幅度较为明显。

虽然发行人持续符合福利企业资格的认定条件，且享受的福利企业税收优惠系按国家政策有关规定享有，但若国家福利企业税收优惠政策进一步变化不会对公司经营业绩产生影响。

（二）增值税专项基金的说明

1. 公司享受福利企业税收优惠形成的权益

公司自2001年至2006年享受福利企业税收优惠形成的权益为25,592,868.68元，系自2001年至2006年历年滚存形成。

年份	增值税返还款（万元）
2001	225.81
2002	350.45
2003	367.96
2004	397.10
2005	325.36
2006	892.61
合计	2559.29

2. 公司享受福利企业税收优惠形成权益的所有权归属和用途

根据《社会福利企业管理暂行办法》（该办法已于2007年7月1日废止）第37条第2款的规定："县（区）以上民政部门可从辖区内的社会福利企业减免的税金中提取一定比例集中使用，建立社会福利生产发展基金，扶持本辖区内的社会福利生产的发展，其具体比例和使用范围另行规定。"根据上述规定，判断公司对于其因享受社会福利企业优惠政策所获得的所有增值税返还款是否拥有所有权，取决于民政部门是否从中提取发展基金，若民政部门从中提取发展基金，则公司只对部分增值税返还款拥有合法的所有权，若民政部门未从中提取发展基金且承诺不再提取发展基金，则公司对全部增值税返还款拥有合法所有权。

2006年8月24日，发行人就增值税返还款账务处理方法向襄樊市民政局发出询证函，要求其对发行人增值税返还款的账务处理方法进行确认，即"按实际返还款的60%用于企业发展基金，按实际返还款的30%用于职工奖励及福利基金，按实际返还款的10%用于社会捐赠和救助基金；以上基金均转入盈余公积金披露。"襄樊市民政局回函确认上述账务处理方法无误，由此可见，襄樊市民政局同意发行人将增值税返还款列为发行人的股东权益（盈余公积金），亦即襄樊市民政局确认发行人对全部的增值税返还款拥有所有权。

2009年9月18日，襄樊市民政局出具《关于湖北回天胶业股份有限公司享受社会福利企业优惠政策的情况说明》，确认“为了支持湖北回天胶业股份有限公司的发展，促进襄樊市的经济发展，对于其历年来因享受社会福利企业优惠政策减免的税款或获得的税收返还款，本局及下属的民政部门未提取过发展基金，本局及本局下属民政部门今后也不会向湖北回天胶业股份有限公司提取任何形式的发展基金，上述历年来因享受社会福利企业优惠政策减免的税款或获得的税收返还款归湖北回天胶业股份有限公司合法所有，由其依据相关法律法规的规定自主使用”。

2009年9月18日，湖北省民政厅出具《关于湖北回天胶业股份有限公司享受社会福利企业优惠政策的情况说明》，确认“为了支持湖北回天胶业股份有限公司的发展，促进襄樊市的经济发展，对于其历年来因享受社会福利企业优惠政策减免的税款或获得的税收返还款，本厅及该福利企业所在地的民政部门未提取过发展基金，本厅及该福利所在地的民政部门今后也不会向湖北回天胶业股份有限公司提取任何形式的发展基金，上述历年来因享受社会福利企业优惠政策减免的税款或获得的税收返还款归湖北回天胶业股份有限公司合法所有，由其依据相关法律法规的规定自主使用”。

据此，发行人保荐机构和律师认为，发行人对于其历年来因享受社会福利企业优惠政策获得的增值税返还款拥有合法的所有权。在2007年7月1日《社会福利企业管理暂行办法》废止前，发行人对于增值税返还款的使用需要遵守《社会福利企业管理暂行办法》的相关规定；发行人对增值税返还款的使用符合《社会福利企业管理暂行办法》的相关规定。

自2001年至今，公司从未使用该笔专项基金，并承诺：“将严格按照有关法律、法规的规定以及2006年8月24日向襄樊民政局发出询证函并得到的确认，按如下用途使用：按实际返还款的60%用于企业发展基金；按实际返还款的30%用于职工奖励及福利基金；按实际返还款的10%用于社会捐赠和救助基金。除此之外，不作他用。”

（三）发行人对于增值税返还款的会计处理及其与上市福利企业的比较

根据《社会福利企业管理暂行办法》（已于2007年7月1日废止）第8章第37条关于“社会福利企业的税收减免金必须由企业单独列账，专项管理。减免税金要规定用于企业技术改造、扩大再生产、补充流动资金、职工集体福利的比例，其具体比例由各地自定”的规定，公司将以前年度收到的增值税返还款计入盈余公积金－增值税专项基金单独列示、专项管理。

2006年8月24日，发行人就增值税返还款账务处理方法向襄樊市民政局发出询证函，要求其对发行人增值税返还款的账务处理方法进行确认，即"按实际返还款的60%用于企业发展基金，按实际返还款的30%用于职工奖励及福利基金，按实际返还款的10%用于社会捐赠和救助基金；以上基金均转入盈余公积金披露"。襄樊市民政局回函确认上述账务处理方法无误。据此，公司对于2006年（含2006年）以前收到的增值税返还款，收到时计入补贴收入，年末再从"利润分配－未分配利润"转入"盈余公积金－增值税专项基金"。截至审计基准日，该专项基金未作其他用途。

公司2007年1月1日始执行新会计准则。按《企业会计准则》"第16号政府补贴"中"第八条　用于补偿企业已发生的相关费用或损失的，直接计入当期损益"，以及原来实施的《社会福利企业管理暂行办法》（已于2007年7月1日废止）外，对该问题再无专门规定，公司因此将收到的增值税返还计入"营业外收入－补贴收入"，不再单独列示专项管理，故"盈余公积金－增值税专项基金"在2007年1月1日后未发生变化。

已上市的福利企业有：浙江万马电缆股份有限公司（证券代码：002276），社会福利企业证书号为福企证字第33000110079号；福建众和股份有限公司（证券代码：002070），社会福利企业证书号为福企证字第35003000001号；福建鸿博印刷股份有限公司（证券代码：002229），社会福利企业证书号为福企证字第35000000022号等。经查阅上述公司的招股说明书，上述公司补贴收入科目核算按规定实际收到的补贴收入（包括退还的增值税）：在企业实际收到先征后返增值税时，计入"补贴收入"科目，年末在资产负债表中的"未分配利润"中列示。

综上所述，发行人在取得增值税返还款时的会计处理上与上述上市公司相同，均计入"补贴收入"科目；同时发行人考虑到福利企业税收优惠政策对该项基金使用的规定，在列入所有者权益时将其列入"盈余公积金－增值税专项基金"，与上述上市公司将其列入"未分配利润"相比，仅存在列示差异，对发行人所有者权益的结果不构成任何障碍，且发行人的处理方案完全符合《社会福利企业管理暂行办法》的规定。

经核查，申报会计师认为：公司单列"盈余公积金－增值税专项基金"符合相关管理要求，且不影响公司对净利润、净资产总额及相关指标的计算，会计处理合规，与上市公司会计处理基本一致，仅在所有者权益列示方面存在差异，但对发行人所有者权益结果不构成任何影响。

经核查发行人的实际情况以及申报会计师的意见，保荐机构认为：公司单列"盈余公积金－增值税专项基金"符合相关管理要求，且不影响公司对净利润、净资产总额及相关指标，会计处理合规，与上市公司会计处理基本一致，仅在所有者权益列示方面存在差异，但对发行人所有者权益结果不构成任何影响。

(四)税收优惠政策与其他企业比较

发行人与已上市福利企业在税收优惠政策方面的比较:经查阅万马电缆、福建众和和鸿博股份的招股说明书,公司作为福利企业所享受的增值税和所得税的税收优惠政策同样适用于该三家上市公司,仅在具体执行时,各地区确认每位残疾人员每年可减征的具体数额有所不同。保荐机构和发行人律师认为:除了地区差异外,发行人与上述已上市福利企业在相同的时期内适用的福利企业优惠政策一致。

三、万马电缆(002276)

发行人是依法批准的社会福利企业,自2006年10月1日起,发行人根据《财政部国家税务总局关于调整完善现行福利企业税收优惠政策试点工作的通知》[财税(2006)第111号]和《财政部国家税务总局关于进一步做好调整现行福利企业税收优惠政策试点工作的通知》[财税(2006)第135号]开始执行福利企业税收优惠政策试点工作,税收优惠政策变化情况为:实行由税务机关按企业实际安置残疾人员的人数限额减征增值税或营业税。每位残疾人员每年可减征的增值税或营业税的具体限额,由试点省市税务机关根据同级统计部门公布的当地上一年在岗职工平均工资的2倍确定,但最高不得超过每人每年3.5万元。福利企业的企业所得税可享受按企业支付给残疾职工实际工资的2倍在税前扣除的优惠。根据《财政部国家税务总局关于促进残疾人就业税收优惠政策的通知》[财税(2007)第92号],自2007年7月1日起福利企业取得的增值税退税或营业税减税收入免征企业所得税。

在以上政策执行前,发行人根据相关政策和文件,2005年、2006年享受增值税先征后退的优惠政策,2005年所得税享受减征七成的优惠政策,2006年1~9月享受企业所得税按试点前100%免征的优惠政策。

福利企业税收优惠政策试点工作的实施,对发行人的赢利水平产生了不利影响。假设发行人自2005年1月1日即行目前的政策,增值税退税按每名残疾人每年3.5万元的退税优惠,应纳税所得额按发放给残疾职工的实际工资的2倍在税前扣除,则发行人2005年、2006年的净利润分别为2404.48万元、4104.37万元。随着公司主营业务的快速发展,赢利能力的不断增强,2007年发行人取得了6753.15万元净利润,发行人的业务增长已经基本抵消了因福利企业税收优惠政策变化带来的不利影响。

虽然发行人享受的福利企业税收优惠系按国家有关政策规定享有,不属于越权审批或无正式批准文件的税收返还、减免,但若福利企业税收优惠政策进一步发生变化,则会对公司经营业绩产生影响。

税收优惠对本公司历年净利润的影响

单位:元

	2007 年度	2006 年度	2005 年度
所得税优惠	18, 197, 066. 84	17, 730, 904. 19	6, 854, 940. 96
增值税优惠	9, 783, 930. 09	17, 585, 630. 71	10, 983, 566. 11
影响数合计	27, 980, 669. 93	35, 316, 534. 90	17, 838, 507. 07
净利润	67, 531, 510. 89	59, 141, 282. 46	25, 381, 599. 44
影响金额占净利润比率	41. 43%	59. 72%	70. 28%
扣除税收优惠后的净利润	39, 550, 513. 96	23, 824, 747. 56	7, 543, 092. 37

项目	2007 年度		2006 年度		2005 年度
	金额	较上年增长	金额	较上年增长	金额
营业利润	5601. 78	44. 43%	3, 878. 52	218. 19%	1218. 93
利润总额	7503. 46	17. 21%	6401. 65	126. 02%	2832. 35
净利润	6753. 15	14. 19%	5194. 13	133. 01%	2538. 16

报告期内,公司各项利润指标均随公司营业收入的上升而大幅增加,体现了良好的赢利能力。营业利润、净利润与利润总额存在较大差异,主要系公司作为福利企业税收上享有一定人优惠所致。

福利企业税收优惠的影响:由于报告期内公司享受的福利企业税收优惠政策在2006年10月1日和2007年7月1日分别发生重大变化,这种变化使企业实际享受的增值税和企业所得税优惠均大幅下降,如公司2005年度、2006年度和2007年1~6月均按现行福利企业税收优惠政策享受增值税退税及企业所得税税收优惠政策,则公司享受的税收优惠将大幅下降,公司报告期内各年的利润状况也将发生较大变化,具体情况如下:

项目	2007 年度	2006 年度	2005 年度
营业利润	5601. 78	3878. 52	1218. 93
按新政策可退回增值税	1460. 29	1535. 63	1494. 21
按新政策计算所得税费用	750. 31	1208. 19	282. 74
接新政策计算的净利润	6753. 15	4104. 37	2404. 48
净利润(报表列示)	6753. 15	5914. 13	2538. 16

注:假定自2005年1月1日开始执行现有福利企业税收优惠政策,即执行财政部、国家税务总局《关于促进残疾人就业税收优惠政策的通知》[财税(2007)第92号]规定的政策(增值税优惠:按单位实际安置残疾人职工的人数,限额即征即退,具体限额为每人每年不超过3.5万元;企业所得税:支付给残疾人职工的实际工资可在企业所得税前据实扣除,并可按支付给残疾职工实际工资的100%加计扣除,因享受福利企业增值税优惠获得的增值税退税收入免征企业所得税)。

从上表可以看出如从2005年1月1日就执行现有福利企业税收优惠政策，公司的利润总额和净利润稳步增长，与公司业务规模的增长所带来的经营业绩的增长是一致的。如果现有的福利企业税收优惠政策保持不变，在假定现有安置残疾人职工数量不变、残疾人职工的工资水平不变的情况下，公司未来每年将获得约1540万元的增值税返还款，减征企业所得税约141万元(2008年1月1日开始公司适用的企业所得税税率变为25%)。随着公司生产规模的扩大，安置残疾人员的数量也将随之增加，公司享受的增值税及企业所得税税收优惠金额也将随之增加。随着公司提高残疾职工的工资水平，也将使公司享受的企业所得税税收优惠金额增加。

四、帝龙新材(002247)

公司是浙江省民政厅批准的社会福利企业，福利企业证书号为福企证字第33000110014号。报告期内，公司营业外收支的变化情况如下：2005年、2006年和2007年，公司营业外收支分别为95.05万元、424.80万元和677.50万元。营业外收入主要来源于福利企业增值税减免所得，同期公司增值税减免额分别为76.49万元、361.32万元和398.21万元。

2006年增值税减免较2005年增长较大的主要原因是，归属于2005年7~12月的32.27万元增值税返还款于2006年收到，计入2006年营业外收入。2006年10月1日开始，国家对福利企业相关政策进行了调整，根据调整后的政策，公司按每位残疾人员每年3.5万元的限额享受增值税即征即退的优惠。

五、海亮股份(002203)

(一)税收优惠政策对利润影响的测算

控股子公司科宇公司证书编号：福企证字第33000403014号(发行人持有其80%的股权)，系依法批准的福利企业，享受增值税先征后返以及所得税减征、免征的税收优惠政策。

由下表，假定目前执行的福利企业税收优惠新政策在2005年年初即已经存在，本公司的净利润水平(归于母公司所有者的净利润口径，下同)，将会较目前披露的净利润水平有所下降，即2005年较报表披露数据将减少647万元，2006年较报表披露数据将减少2508万元，分别减少9%和16%。

假定科宇公司现行的税收优惠政策在报告期内就已经调整，则其对本公司经营业绩的影响如下表(模拟测算)：

科宇公司报表项目	2006 年利润模拟表	2005 年利润模拟表
二、主营业务利润	40,628,319.35	9,423,710.69
正常毛利率之增量毛利	26,358,506.96	49,888,333.05
三、营业利润	53,186,758.52	51,956,228.95
补贴收入	8,645,000.00	8,925,000.00
四、利润总额	61,754,549.88	59,799,778.52
减:所得税	18,778,501.46	18,202,726.91
五、净利润	42,976,048.42	41,597,051.61
对归于母公司所有者净利润影响数	-25,080,441.09	-6,471,049.50
归于母公司所有者的净利润	153,923,470.74	74,996,504.85
影响数占比	-16%	-9%
扣除影响后的母公司所有者净利润	128,843,029.65	68,525,455.35

注 1:假定福利企业优惠政策自 2005 年 1 月 1 日即执行目前的政策,且假定增值税退税按每名残疾人每年 3.5 万元发放,且假定所得税扣税额度按实际工资的 2 倍在税前扣除。无优惠情况下的归于母公司股东的净利润指合并报表口径下的本公司模拟净利润(扣除少数股东损益)。

注 2:自 2005 年始,科宇公司的经营业绩方才并入海亮股份合并报表。

目前,我国上规模的铜棒生产企业绝大部分是福利企业。目前居于行业前几名的铜棒生产企业多是福利企业,由于国家对福利企业的税收优惠政策正在调整中,行业龙头企业正在调整过去以补贴收入为利润来源的原有赢利模式,逐步形成以正常毛利为利润来源的新赢利模式,在行业赢利模式转型的过程中,行业外的企业不太愿意进来承担此种行业风险,这也构成了一种进入壁垒。

报告期内,发行人的税收优惠情况如下表:

单位:元

项目		2004 年	2005 年	2006 年
海亮股份	外商投资企业减免当年企业所得税	15,058,334.63	22,606,557.74	18,895,074,44
	国产设备投资抵免当年企业所得税	—	—	18,895,074.44
绍兴金氏	外商投资企业减免当年企业所得税	943,252.84	2,264,312.88	329,712.81

续表

项目		2004 年	2005 年	2006 年
科宇公司	当年返还增值税	—	46,178,843.69	51,495,539.62
	减免当年企业所得税	—	19,264,803.90	22,489,642.94
所得税收优惠合计		16,001,588.47	90,314,518.21	112,105,044.25
存在不确定性的税收优惠合计		0	65,443,647.59	73,985,182.56

附注:存在不确定性的税收惠政策合计指科宇公司福利企业税收优惠。

存在不确定性的税收优惠合计,主要体现在科宇公司作为福利企业所享受的税收优惠上(如增值税返还、所得税减免),尽管该等优惠政策也是国家级的,但毕竟已发生变化。不确定性的税收优惠,对公司未来经营业绩会产生不利影响。

(二)针对福利企业优惠政策调整的对策

1. 国内的铜棒基本上是用废铜生产,中国国内上规模的铜棒生产企业几乎都是福利企业,且绝大部分分布在福利企业税收调整政策的 7 个试点省市内(浙江、广东等),其中以浙江省为主。在福利企业税收政策没有调整以前,铜棒加工企业把正常毛利的绝大部分让给了下游客户,企业用增值税返还的一块收入作为经营利润,也可以达到工业企业的平均利润水平。但新的福利企业税收优惠政策出台后,对铜棒加工企业来说,优惠的幅度有所下降,这迫使企业需快速转变赢利模式:企业的效益靠提高产品价格、取得正常的毛利来获得。新税收政策实施以来,试点省份内的主要铜棒加工企业各自大幅度提高每吨毛利。预计 2007 年下半年,随着福利企业优惠政策新政在全国的统一执行,全国的铜棒生产企业均将进一步提高铜棒销售的单位毛利水平。

本公司之控股子公司科宇公司的铜棒单位毛利变化表:

项目	单位	2005 年	2006 年 1~9 月	2006 年 10~12 月	2007 年 1~3 月	2007 年 1~6 月
单位毛利	元/吨	802.33	1457.72	1843.83	2494.69	2611.53

注:2006 年 1~9 月仍然执行老的福利企业优惠政策,2006 年 10 月 1 日起执行新的福利企业优惠政策,从季度对比来看,福利企业优惠政策调整以后的三个季节,每个季度的单位毛利水平都较上一季度有较大幅度地提高,考虑到 2007 年 7 月 1 日后,福利企业优惠政策的调整将扩大到全国范围内执行,行业内其他企业也将被迫将赢利模式转型到提升单位毛利上来,预计 2007 年下半年铜棒单位毛利水平还会有进一步的提高。

从上表可以看出,科宇公司的铜棒单位毛利在优惠政策调整后的九个月时间内每吨已提高了1000多元,且上升的趋势还未结束。特别是福利企业税收优惠的新政策在全国推开实施后,作为铜棒加工的龙头企业之一,科宇公司铜棒单位毛利上升的幅度还会出现一个小高潮。

2. 科宇公司在提高产品毛利的同时,还会增加精密铜棒的产量。2007年度计划生产高精密铜棒3万吨,同比增长9.5%。

3. 提高铜管产品特别是高附加值铜管的生产与销售,从整体上降低科宇公司利润的贡献在海亮股份整体利润水平中的比例。2007年上半年,海亮股份的净利润水平达到9402万元,而科宇公司同期净利润为1471万元,考虑到海亮股份持有其80%的股权比例,科宇公司对海亮股份净利润的贡献约为1177万元,仅占到海亮股份合并报表净利润的12.52%,所占比例较2006年(35.07%)明显下降。

科宇公司利润贡献对海亮股份净利润的影响 单位:元

	2007年1~6月	2006年	2005年
科宇公司净利润	14,713,260.21	74,326,599.78	49,685,863.48
科宇公司对发行人的利润贡献	11,770,260.17	59,461,279,82	39,748,690.78
海亮股份净利润	94,024,205.32	169,564,410.20	87,900,127.39
科宇公司利润贡献占比	12.52%	35.07%	45.22%

注:海亮股份2004年末取得科宇公司80%的股权,因此,2004年科宇公司的利润表未予合并,2004年其对发行人的利润贡献为0。

通过上述措施,福利企业优惠政策调整所带来的不利影响,大部分已经被消化,预计因此导致的净减利因素(与2006年科宇公司利润贡献数相比)约为2760万元,会因海亮股份的高附加值铜管产品的扩大销售而抵消,且科宇公司的利润贡献在发行人合并报表利润中的比例不断下降,应该不会对公司今年及未来的持续赢利能力构成重大不利影响。

六、鸿博股份(002229)

福建鸿博印刷股份有限公司是经福建省民政厅审核确认的福利企业,《社会福利企业证书》编号为:福企证字第35000000022号。公司在2007年7月之前享受“增值税先征后返、所得税全额免征”的税收优惠政策。根据财政部、国家税务总局《关于促进残疾人就业税收优惠政策的通知》[财税(2007)第92号]的规定,自2007年7月1日起,对安置残疾人的单位,全国统一实行“增值税按实际安置残疾人员的人数限额退税、所得税采取工资成本加计100%扣除”的税收优惠政策。一旦国家变更或取消此优惠政策或公司不再符合福利企业条件,将会对公司未来的经营收益产生一定影响。

2005 年、2006 年和 2007 年,公司净利润分别为 3876.41 万元、4993.76 万元和 4756.95 万元,公司获得的增值税返还款和所得税免征额简单合计数分别为 2328.35 万元、2872.41 万元和 1787.45 万元,由于 2005 年、2006 年增值税返还款纳入年度应纳税所得额,因此,2005 ~ 2007 年,公司获得的税收优惠对净利润的实际影响金额分别为 2082.60 万元、2470.12 万元和 1787.45 万元,占净利润的比重分别为 53.72%、49.46% 和 37.58%。假设报告期内,公司实行新的福利企业税收优惠政策,则在 2005 年、2006 年和 2007 年,公司净利润分别为 2062.55 万元、2931.92 万元和 3558.66 万元,获得的税收优惠分别为 268.73 万元、408.28 万元和 589.16 万元,占净利润的比重分别为 13.03%、13.93% 和 16.56%。

公司管理层认为:(1)实行新的福利企业税收政策后,公司每年享受到的税收优惠将出现较大幅度的下降,对公司赢利水平有一定影响,但在公司实现的净利润中,来源于主营业务利润的比重将大幅增加,公司未来的赢利能力将更加稳定,对税收优惠的依赖将大幅降低;(2)新政策下的税收优惠条件更加容易达到,预计未来税收优惠每年仍可为公司增加约 500 万元的净利润;(3)假设报告期执行新的福利企业税收政策,公司自身业务经营仍保持较强的赢利能力,2005 年、2006 年和 2007 年,销售净利率分别为 21.80%、27.48% 和 23.03%,净资产收益率分别达到 20.30%、23.81% 和 23.03%。因此,福利企业税收优惠政策的变动不影响公司的正常生产经营,对公司未来赢利能力的增长不会造成太大影响。假设执行新政策发行人获得的税收优惠,则报告期内公司获得的税收优惠及其对净利润的影响列示如下:

单位:万元

项目	2007 年	2006 年	2005 年
所得税加计扣除影响	70.87	42.43	24.96
增值税退税	518.29	365.86	243.77
合计	589.16	408.28	268.73
净利润	3558.66	2931.92	2062.55
税收优惠占净利润比重	16.56%	13.93%	13.03%

注:福州市仓山区最低工资标准;2005 年 1 ~ 6 月为 400 元/月,7 ~ 12 月为 470 元/月;2006 年 1 ~ 7 月为 470 元/月,8 ~ 12 月为 570 元/月;2007 年 1 ~ 7 月为 570 元/月,8 ~ 12 月为 650 元/月。

假设报告期内执行现行福利企业税收政策,公司取得税收优惠占净利润的比重大幅降低，历年均不到20%。报告期内税收优惠占净利润的比重逐年小幅提高，主要原因是随着生产的扩大，公司安置的残疾人员数量也同时增加，并且福州市仓山区的最低工资标准逐年提高。2005 年末、2006 年末和 2007 年末公司在编和实际安置的残疾人员人数分别为 83 人、119 人和 164 人。假设执行新政策，发行人净利润与实际净利润比较情况如下表：

执行新政策公司净利润与实际利润比较情况(单位:万元)

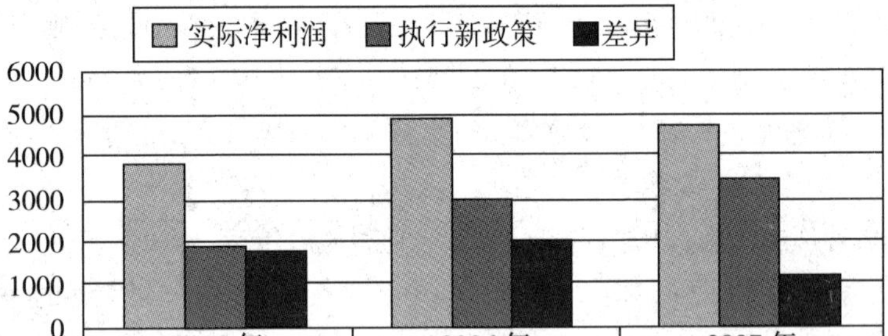

	2005 年	2006 年	2007 年
实际净利润	3876.41	4993.76	4756.95
执行新政策	2062.55	2931.92	3558.66
差异	1813.86	2061.84	1198.29

从上表可以看出，假设报告期内执行新的福利企业税收政策，公司每年享受到的税收优惠将出现较大幅度下降，2005 ~ 2007 年，执行新福利企业税收政策的公司净利润与实际净利润的差异数分别为 1813. 86 万元、2061. 84 万元和 1198. 29 万元。

假设执行现行福利企业税收政策，公司报告期赢利能力主要指标情况如下：

单位:万元

项目	2007 年度	2006 年度	2005 年度
主营业务收入	15, 451. 40	10, 669. 47	9460. 19
利润总额	4882. 34	4137. 06	3375. 49
所得税费用	1323. 68	1205. 14	1312. 94
净利润	3558. 66	2931. 92	2062. 55
销售净利率	23. 03%	27. 48%	21, 80%
净资产收益率	23. 03%	23. 81%	20. 30%

依据上表数据，假设报告期内执行新的福利企业税收政策，公司依然拥有较强的

赢利能力,2005～2007年,公司销售净利率和净资产收益率均超过20%,净利润分别为2062.55万元、2931.92万元和3558.66万元,年均复合增长率达到32.23%。

公司管理层经分析后认为:(1)实行新的福利企业税收政策后,公司每年享受到的税收优惠将出现较大幅度下降,这对公司的赢利水平有一定影响,但在公司实现的净利润中,来源于主营业务利润的比重将大幅增加,公司未来的赢利能力将更加稳定,对税收优惠的依赖将大幅降低;(2)新政策下福利企业的条件更加容易达到,预计未来税收优惠每年仍可为公司增加约500万元的净利润;(3)假设报告期内执行新的福利企业税收政策,公司自身业务经营仍将保持较强的赢利能力,2005年、2006年和2007年,销售净利率分别为21.80%、27.48%和23.03%,净资产收益率分别达到20.30%、23.81%和23.03%。因此,福利企业税收优惠政策的变动不影响公司正常生产经营,对公司未来赢利能力的增长不会造成太大影响。

七、双箭股份(002381)

浙江双箭橡胶有限公司是经浙江省民政厅审核认定的社会福利企业,持有浙江省民政厅颁发的《社会福利企业证书》,证书编号为福企证字第33000505042号。根据财政部、国家税务总局及相关部门的政策文件,2006年10月1日之前浙江双箭橡胶股份有限公司享受"增值税先征后返、所得税全额免征"的税收优惠政策,2006年10月1日起享受的税收优惠政策调整为:按实际安置残疾人员的人数每人每年3.5万元的限额即征即退增值税;按照支付给残疾人员实际工资的2倍在计算所得税应纳税所得额时加计扣除。2007年度、2008年度和2009年度福利企业税收优惠政策对本公司经营业绩(合并报表数)的影响情况如下:

单位:万元

年度	利润总额	实际享受的增值税返还款	实际享受的所得税减免额	税收优惠合计	税收优惠占利润总额的比例
2007年度	4808.31	786.04	100.51	886.55	18.44%
2008年度	4483.53	706.13	56.56	762.69	17.01%
2009年度	7483.19	668.50	59.27	727.78	9.73%

由上表可见,报告期内,公司享受福利企业税收优惠占利润总额的比例均在20%以内,且呈递减趋势,2009年度为9.73%,本公司对福利企业税收优惠政策的依赖性不大,但如果国家取消对福利企业的优惠政策或降低对福利企业的优惠程度,或者公司

因业务发展增加员工导致残疾员工的比例低于25%而被取消福利企业资格(截至2009年12月31日,残疾员工比例为35.32%),仍将对公司的经营业绩产生一定的影响。

【案例评析】

1. 社会福利企业从政策上来讲,不存在任何境内首发上市的障碍,现已经有20多家类似企业登陆资本市场。社会福利企业境内首发需要集中关注两个问题:(1)社会福利企业资格的认定是否合规以及是否会持续;(2)公司的赢利能力是否对享受的税收优惠存在重大依赖。

2. 关于福利企业认定。现行法律法规中关于福利企业认定标准的权威性依据来源于民政部2007年6月29日颁布的《福利企业资格认定办法》,基本条件是:(1)必须安置一定数量和一定比例的残疾员工。(2)必须规范地聘请残疾员工。(3)必须为残疾员工创造合适的工作条件。

3. 关于福利企业的税收优惠政策。国家对福利企业的税收优惠政策主要体现在流转税和所得税两个方面:(1)对安置残疾人的单位,实行由税务机关按单位实际安置残疾人的人数,限额即征即退增值税或减征营业税。(2)单位支付给残疾人的实际工资可在企业所得税前据实扣除,并可按支付给残疾人实际工资的100%加计扣除;对单位按照上述规定取得增值税退税或营业税减税收入,免征企业所得税。另外,需要重点关注的一点是,2007年社会福利企业税收优惠政策发生了重大变化,很多企业在解释该问题时,对报告期内财务指标根据新的优惠政策进行了测算,以佐证公司在不存在重大税收优惠政策的情况下,依然有较强的赢利能力。这方面可以以海亮股份案例作为参考。

4. 如果企业税收优惠占比并不是很高,则企业无须作过多解释,如果占比很高,如有的企业某个年度竟然占到70%以上,那么就需要作出解释,其思路简要总结如下:(1)如果公司没有税收优惠也符合首发上市条件;(2)公司赢利能力越来越强,对税收优惠的依赖逐步下降,最好在报告期内就已经体现出这种优势;(3)国家支持社会福利企业的政策短期内不会改变,企业也会积极采取措施保持社会福利企业的性质不变。这样的解释很有意思,虽然一方面要着重解释不存在依赖,但另外一方面还要保证未来不能轻易少了这部分收益。

【思路总结】

一、关于福利企业认定

现行法律、法规中关于福利企业认定标准的权威性依据来源于民政部2007年6月29日颁布的《福利企业资格认定办法》(以下简称《认定办法》)。依据该《认定办法》,我们理解,认定福利企业应把握如下要点:

1. 必须安置一定数量和一定比例的残疾员工。

(1)申请福利企业前一个月实际聘请的残疾职工的绝对数量不得低于10人;

(2)申请福利企业前一个月实际聘请的残疾职工的相对比例不得低于25%。

2. 必须规范地聘请残疾员工。

(1)企业必须与每位残疾员工签订不低于1年期限的劳动合同或服务协议,且安置的每位残疾职工须在单位实际上岗从事全日制工作,不存在重复就业情况;

(2)企业在申请福利企业前一个月向每位残疾员工实际支付了不低于所在区县最低工资标准的工资;

(3)企业在申请福利企业前一个月为每位残疾员工按月足额缴纳所在区县政府根据国家政策规定应缴纳的基本养老保险、基本医疗保险、失业保险和工伤保险等社会保险。

3. 必须为残疾员工创造合适的工作条件。

(1)企业具有适合每位残疾职工的工种、岗位;

(2)企业安置的每位残疾职工须在单位实际上岗从事全日制工作,不存在重复就业情况;

(3)企业内部的道路和建筑物符合国家无障碍设计规范。

二、关于福利企业的税收优惠政策

国家对福利企业的税收优惠政策主要体现在流转税和所得税两个方面。

1. 对安置残疾人单位的增值税和营业税政策

对安置残疾人的单位,实行由税务机关按单位实际安置残疾人的人数,限额即征即退增值税或减征营业税。

(1)实际安置的每位残疾人,每年可退还的增值税或减征的营业税的具体限额,由县级以上税务机关根据单位所在区县(含县级市、旗,下同)适用的经省(含自治区、直辖市、计划单列市,下同)级人民政府批准的最低工资标准的6倍确定,但最高不得超过每人每年3.5万元。

(2)上述增值税优惠政策仅适用于生产销售货物或提供加工、修理修配劳务取得的收入占增值税业务和营业税业务收入之和达到50%的单位,但不适用于上述单位生产销售消费税应税货物和直接销售外购货物(包括商品批发和零售)以及销售委托外单位加工的货物取得的收入。上述营业税优惠政策仅适用于提供"服务业"税目取得的收入占增值税业务和营业税业务收入之和达到50%的单位,但不适用于上述单位提供广告业劳务以及不属于"服务业"税目的营业税应税劳务取得的收入。单位应当分别核算上述享受税收优惠政策和不得享受税收优惠政策业务的销售收入或营业收入,不能分别核算的,不得享受本通知规定的增值税或营业税优惠政策。

(3)兼营享受增值税和营业税税收优惠政策业务的单位,可自行选择退还增值税或减征营业税,一经选定,一个年度内不得变更。

(4)本条所述"单位"是指事业单位、社会团体和民办非企业单位。

2. 对安置残疾人单位的企业所得税政策

(1)单位支付给残疾人的实际工资可在企业所得税前据实扣除,并可按支付给残疾人实际工资的100%加计扣除;

(2)对单位取得增值税退税或营业税减税收入,免征企业所得税。

(3)本条所述"单位"是指税务登记为各类事业单位、社会团体和民办非企业单位。

3. 享受税收优惠政策单位的条件

安置残疾人就业的单位(包括福利企业、盲人按摩机构、工疗机构和其他单位),同时符合以下条件并经过有关部门的认定后,均可申请享受上述税收优惠政策。

(1)依法与安置的每位残疾人签订了一年以上(含一年)的劳动合同或服务协议,并且安置的每位残疾人在单位实际上岗工作。

(2)月平均实际安置的残疾人占单位在职职工总数的比例应高于25%(含25%),并且实际安置的残疾人人数多于10人(含10人);月平均实际安置的残疾人占单位在职职工总数的比例低于25%(不含25%)但高于1.5%(含1.5%),并且实际安置的残疾人人数多于5人(含5人)的单位,可以上述规定的企业所得税优惠政策,但不得享受上述规定的增值税或营业税优惠政策。

(3)为安置的每位残疾人按月足额缴纳了单位所在区县人民政府根据国家政策规定的基本养老保险、基本医疗保险、失业保险和工伤保险等社会保险。

(4)通过银行等金融机构向安置的每位残疾人实际支付了不低于单位所在区、县适用的经省级人民政府批准的最低工资标准的工资。

(5)具备安置残疾人上岗工作的基本设施。

【参考法规】

一、《福利企业资格认定办法》的通知[民发(2007)第103号]

第一条　为了规范福利企业的资格认定和集中安排残疾人就业的用工行为，保障残疾人职工的合法权益，根据《残疾人保障法》、《残疾人就业条例》、《财政部国家税务总局关于促进残疾人就业税收优惠政策的通知》[财税(2007)第92号]和《国家税务总局民政部中国残疾人联合会关于促进残疾人就业税收优惠政策征管办法的通知》[国税发(2007)第67号]的有关规定，制定本办法。

第二条　本办法所称福利企业，是指依法在工商行政管理机关登记注册，安置残疾人职工占职工总人数25%以上，残疾人职工人数不少于10人的企业。

第三条　福利企业安置的残疾人职工应当是持有《残疾人证》上注明属于视力、听力、言语、肢体、智力和精神残疾的人员，或者是持有《残疾军人证(1至8级)》的残疾人。

第四条　申请福利企业资格认定的企业，应当具备下列条件：

(一)企业依法与安置就业的每位残疾人职工签订1年(含)以上的劳动合同或者服务协议，并且安置的每位残疾人职工在单位实际上岗从事全日制工作，且不存在重复就业情况；

(二)企业提出资格认定申请前一个月的月平均实际安置就业的残疾人职工占本单位在职职工总数的比例达到25%(含)以上，且残疾人职工不少于10人；

(三)企业在提出资格认定申请的前一个月，通过银行等金融机构向安置的每位残疾人职工实际支付了不低于所在区县(含县级市、旗)最低工资标准的工资；

(四)企业在提出资格认定申请前一个月，为安置的每位残疾人职工按月足额缴纳所在区县(含县级市、旗)人民政府根据国家政策规定缴纳的基本养老保险、基本医疗保险、失业保险和工伤保险等社会保险；

(五)企业具有适合每位残疾人职工的工种、岗位；

(六)企业内部的道路和建筑物符合国家无障碍设计规范。

第五条　企业申请福利企业资格认定，应当向当地县级以上人民政府民政部门(以下简称认定机关)提出认定申请，具体认定机关由省、自治区、直辖市民政厅(局)和新疆生产建设兵团民政局确定，报民政部备案。

第六条　企业申请福利企业资格认定时，应当向认定机关提交下列材料：

(一)福利企业资格认定申请书；

（二）企业营业执照、税务登记证副本；

（三）适合安置残疾人就业的可行性报告；

（四）企业与每位残疾人职工签订的劳动合同副本；

（五）企业在职职工总数的证明材料；

（六）残疾人职工的《残疾人证》或《残疾军人证（1至8级）》；

（七）企业通过银行等金融机构向每位残疾人职工支付工资的凭证；

（八）社保部门出具的企业为每位残疾人职工缴纳的社会保险费缴费记录；

（九）残疾人职工岗位说明书；

（十）企业内部道路和建筑物符合无障碍设计规范的证明。

第七条 认定机关收到认定申请书及有关材料后，应当自次日起20个工作日内进行审查并提出书面意见。

第八条 认定机关在审查过程中，可以提请发证机关对残疾人证件的真实性进行审核；需要进一步核实残疾人职工工作岗位和无障碍设施等情况的，应当指派2名以上工作人员实地核查。

第九条 认定机关经审查，对符合福利企业资格条件的，予以认定，颁发福利企业证书，并向申请人出具书面审核认定意见。认定机关要在残疾人证件上加盖“已就业”印章。

对不符合福利企业条件的，不予认定，并对申请人书面说明理由。

第十条 企业实际安置就业的残疾人职工或在职职工人数发生变化，应当自发生变化之日起15日内，向认定机关申请认定。

认定机关应当自收到认定申请次日起7个工作日内进行审核。对仍符合福利企业资格条件的，向申请人出具书面审核认定意见；对不符合福利企业资格条件的，注销其福利企业资格，收回福利企业证书，并书面通知主管税务机关。

第十一条 申请人对认定机关决定不服的，可以依照《行政复议法》提出行政复议，或依照《行政诉讼法》提起行政诉讼。

第十二条 福利企业证书式样由民政部统一制订，审核认定意见书的式样由省级人民政府民政部门制订。

第十三条 认定机关应当会同主管税务机关对福利企业进行年检。

第十四条 主管税务机关、残疾人联合会提请认定机关核实单位安置的残疾人所持有的《残疾军人证（1至8级）》时，持证残疾人属于本省（自治区、直辖市）户籍的，认定机关应在5个工作日内确认并答复，属于外省（自治区、直辖市）户籍的，应在10个工作日内确认并答复。

第十五条 认定机关进行福利企业资格认定、核查、年检，不得向企业收取任何费用。

第十六条　本办法由民政部负责解释。

第十七条　本办法自2007年7月1日起施行。《社会福利企业管理暂行办法》[民福发(1990)第21号]、《社会福利企业招用残疾职工的暂行规定》[民福字(1989)第37号]、《关于对调整完善现行福利企业税收优惠政策试点地区福利企业进行资格审核认定的通知》[民函(2007)第80号]同时废止。

二、《关于促进残疾人就业税收优惠政策的通知》[财税(2007)第92号]

为了更好地发挥税收政策促进残疾人就业的作用,进一步保障残疾人的切身利益,经国务院批准并商民政部、中国残疾人联合会同意,决定在全国统一实行新的促进残疾人就业的税收优惠政策。现将有关政策通知如下:

一、对安置残疾人单位的增值税和营业税政策

对安置残疾人的单位,实行由税务机关按单位实际安置残疾人的人数,限额即征即退增值税或减征营业税的办法。

(一)实际安置的每位残疾人每年可退还的增值税或减征的营业税的具体限额,由县级以上税务机关根据单位所在区县(含县级市、旗,下同)适用的经省(含自治区、直辖市、计划单列市,下同)级人民政府批准的最低工资标准的6倍确定,但最高不得超过每人每年3.5万元。

(二)主管国税机关应按月退还增值税,本月已交增值税额不足退还的,可在本年度(指纳税年度,下同)内以前月份已交增值税扣除已退增值税的余额中退还,仍不足退还的可结转本年度内以后月份退还。主管地税机关应按月减征营业税,本月应缴营业税不足减征的,可结转本年度内以后月份减征,但不得从以前月份已交营业税中退还。

(三)上述增值税优惠政策仅适用于生产销售货物或提供加工、修理修配劳务取得的收入占增值税业务和营业税业务收入之和达到50%的单位,但不适用于上述单位生产销售消费税应税货物和直接销售外购货物(包括商品批发和零售)以及销售委托外单位加工的货物取得的收入。上述营业税优惠政策仅适用于提供“服务业”税目(广告业除外)取得的收入占增值税业务和营业税业务收入之和达到50%的单位,但不适用于上述单位提供广告业劳务以及不属于“服务业”税目的营业税应税劳务取得的收入。

单位应当分别核算上述享受税收优惠政策和不得享受税收优惠政策业务的销售

收入或营业收入,不能分别核算的,不得享受本通知规定的增值税或营业税优惠政策。

(四)兼营本通知规定享受增值税和营业税税收优惠政策业务的单位,可自行选择退还增值税或减征营业税,一经选定,一个年度内不得变更。

(五)如果既适用促进残疾人就业税收优惠政策,又适用下岗再就业、军转干部、随军家属等支持就业的税收优惠政策的,单位可选择适用最优惠的政策,但不能累加执行。

(六)本条所述"单位"是指税务登记为各类所有制企业(包括个人独资企业、合伙企业和个体经营户)、事业单位、社会团体和民办非企业单位。

二、对安置残疾人单位的企业所得税政策

(一)单位支付给残疾人的实际工资可在企业所得税前据实扣除,并可按支付给残疾人实际工资的100%加计扣除。

单位实际支付给残疾人的工资加计扣除部分,如大于本年度应纳税所得额的,可准予扣除其不超过应纳税所得额的部分,超过部分本年度和以后年度均不得扣除。亏损单位不适用上述工资加计扣除应纳税所得额的办法。

单位在执行上述工资加计扣除应纳税所得额办法的同时,可以享受其他企业所得税优惠政策。

(二)对单位按照第一条规定取得的增值税退税或营业税减税收入,免征企业所得税。

(三)本条所述"单位"是指税务登记为各类所有制企业(不包括个人独资企业、合伙企业和个体经营户)、事业单位、社会团体和民办非企业单位。

三、对残疾人个人就业的增值税和营业税政策

(一)根据《营业税暂行条例》(国务院令第136号)第6条第2项和《营业税暂行条例实施细则》[财法字(1993)第40号]第26条的规定,对残疾人个人为社会提供的劳务免征营业税。

(二)根据《财政部　国家税务总局关于调整农业产品增值税税率和若干项目征免增值税的通知》[财税字(1994)第004号]第3条的规定,对残疾人个人提供的加工、修理修配劳务免征增值税{此条款"根据《财政部　国家税务总局关于调整农业产品增值税税率和若干项目征免增值税的通知》[财税字(1994)第004号]第3条的规定"已废止或失效}。

四、对残疾人个人就业的个人所得税政策

根据《个人所得税法》(主席令第44号)第5条和《个人所得税法实施条例》(国务院令第142号)第16条的规定,对残疾人个人取得的劳动所得,按照省(不含计划单列市)人民政府规定的减征幅度和期限减征个人所得税。具体所得项目为:工资薪金所

得、个体工商户的生产和经营所得、对企事业单位的承包和承租经营所得、劳务报酬所得、稿酬所得、特许权使用费所得。

五、享受税收优惠政策单位的条件

安置残疾人就业的单位（包括福利企业、盲人按摩机构、工疗机构和其他单位），同时符合以下条件并经过有关部门的认定后，均可申请享受本通知第1条和第2条规定的税收优惠政策：

（一）依法与安置的每位残疾人签订了一年以上（含一年）的劳动合同或服务协议，并且安置的每位残疾人在单位实际上岗工作。

（二）月平均实际安置的残疾人占单位在职职工总数的比例应高于25%（含25%），并且实际安置的残疾人人数多于10人（含10人）。

月平均实际安置的残疾人占单位在职职工总数的比例低于25%（不含25%）但高于1.5%（含1.5%），并且实际安置的残疾人人数多于5人（含5人）的单位，可以享受本通知第2条第1项规定的企业所得税优惠政策，但不得享受本通知第1条规定的增值税或营业税优惠政策。

（三）为安置的每位残疾人按月足额缴纳了单位所在区县人民政府根据国家政策规定的基本养老保险、基本医疗保险、失业保险和工伤保险等社会保险。

（四）通过银行等金融机构向安置的每位残疾人实际支付了不低于单位所在区县适用的经省级人民政府批准的最低工资标准的工资。

（五）具备安置残疾人上岗工作的基本设施。

六、其他有关规定

（一）经认定的符合上述税收优惠政策条件的单位，应按月计算实际安置残疾人占单位在职职工总数的平均比例，本月平均比例未达到要求的，暂停其本月相应的税收优惠。在一个年度内累计三个月平均比例未达到要求的，取消其次年度享受相应税收优惠政策的资格。

（二）《财政部　国家税务总局关于教育税收政策的通知》[财税（2004）第39号]第1条第7项规定的特殊教育学校举办的企业，是指设立的主要为在校学生提供实习场所，并由学校出资自办、由学校负责经营管理、经营收入全部归学校所有的企业，上述企业只要符合第5条第2项条件，即可享受本通知第1条和第2条规定的税收优惠政策。这类企业在计算残疾人人数时可将在企业实际上岗工作的特殊教育学校的全日制在校学生计算在内，在计算单位在职职工人数时也要将上述学生计算在内。

（三）在除辽宁、大连、上海、浙江、宁波、湖北、广东、深圳、重庆、陕西以外的其他地区，2007年7月1日前已享受原福利企业税收优惠政策的单位，凡不符合本通知第5

条第3项规定的有关缴纳社会保险条件,但符合本通知第5条规定的其他条件的,主管税务机关可暂予认定为享受税收优惠政策的单位。上述单位应按照有关规定尽快为安置的残疾人足额缴纳有关社会保险。2007年10月1日起,对仍不符合该项规定的单位,应停止执行本通知第1条和第2条规定的各项税收优惠政策。

(四)对安置残疾人单位享受税收优惠政策的各项条件实行年审办法,具体年审办法由省级税务部门会同同级民政部门及残疾人联合会制定。

三、《残疾人就业条例》\(国务院令第488号)

第十九条 国家鼓励扶持残疾人自主择业、自主创业。对残疾人从事个体经营的,应当依法给予税收优惠,有关部门应当在经营场地等方面给予照顾,并按照规定免收管理类、登记类和证照类的行政事业性收费。

■第三节 控股型公司

【重要提示】

★ 控股型公司一直允许在境内上市,这个政策证监会一直在执行,且从未更改过。

★ 控股型公司上市需特别关注之处在于:(1)控股型公司对下属子公司的控制力,最好是全资子公司,若不是全资子公司,则控制子公司的股权比例越高越好,因为存在少数股东权益的问题。(2)下属子公司的分红政策,因为根据有关会计政策利润分配基数是以母公司作为标准,而如果子公司不能稳定并持续分红,则控股型公司会存在无钱可分的问题。(3)如果真的存在少数股东权益,那么需要重点关注少数股东的具体情形以及对公司生产经营的影响等。

★ 那么PE类的控股型公司是否上市呢?也就是说,某家投资公司投资多家公司并实现控股,那么该投资公司是否可以上市呢?境外有类似的案例,但是在境内至少现在是不允许的,因为存在诸如政策导向、监管措施和行业风险等潜在风险。

【案例情况】

一、瑞普生物(300119)

(一)公司股权结构图

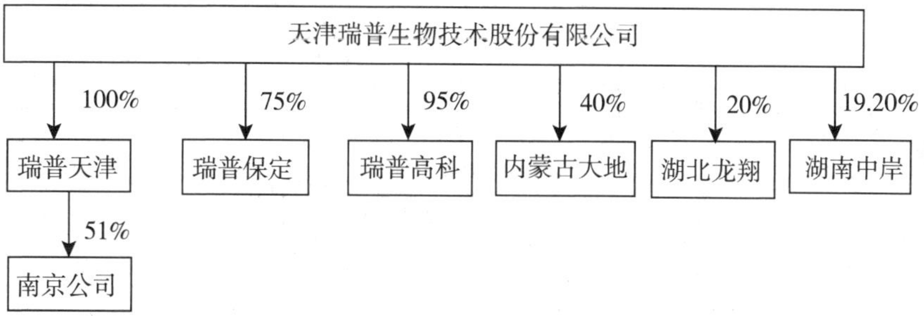

(二)公司提示与控股公司架构相关的风险

公司业务主要由3家控股子公司具体负责经营,公司主要负责对控股子公司的控制与管理。虽然公司已建立了较为完善的内部管理和控制体系,在质量控制、安全生产、销售管理、财务会计管理等方面制定了若干管理制度,对控股子公司的生产经营、人员、财务等方面进行管理。但公司仍存在对控股子公司管理不善而导致的经营风险。

公司利润主要来源于对子公司的投资所得,现金股利分配的资金主要来源于子公司的现金分红。公司控股子公司均为绝对控股的经营实体,其利润分配政策、具体分配方式和分配时间安排等均受本公司控制,但若未来各控股子公司未能及时、充足地向发行人分配利润,将对发行人向股东分配现金股利带来不利影响。

(三)第一次反馈意见中对子公司控制的披露

1. 报告期内子公司的分红情况,子公司的财务管理制度和公司章程中规定的分红条款

(1)报告期内子公司的分红情况

单位:万元

序号	公司名称	年度	分红金额	未分配利润余额
1	瑞普天津	2009 年度	3100.00	
		2009 年 12 月 31 日		511.62
2	瑞普保定	2009 年度	4900.00	
		2007 年度	500.00	
		2009 年 12 月 31 日		11,318.94
3	瑞普高科	2009 年 12 月 31 日		-364.17
合计		2009 年度	8000.00	
		2007 年度	500.00	
		小计	8500.00	
		2009 年 12 月 31 日		11,466.39

(2)子公司财务制度中有关利润分配的规定和子公司章程中规定的分红条款均做了披露

上述财务管理制度、分红条款能否保证发行人未来具备持续稳定的现金分红能力。按照公司各控股子公司章程的规定,每家控股子公司每年度分红不低于当年实现的可分配利润的30%,从而保障发行人每年现金分红不少于当年实现的可分配利润的10%。

发行人为了兼顾公司今后的发展和股东的分红权利,保障公司现金流,在《公司章程(草案)》中规定了每年现金分红不少于当年实现的可分配利润的5%。为了进一步保障中小股东的利益,发行人拟将不少于5%上调至不少于10%。2010年5月4日,发行人召开了第一届董事会第十二次会议,审议通过了《关于修订〈公司章程(草案)〉的议案》,将分红比例由不少于5%修改为不少于10%;并通过了《关于召开2010年第二次临时股东大会的议案》,决定于2010年5月19日召开公司2010年第二次临时股东大会,审议分红比例由不少于5%修改为不少于10%的事项。

2. 发行人对控股子公司生产经营的决策控制

为了规范控股子公司的经营管理行为,保障子公司健康发展,优化子公司资源配置,同时兼顾控股子公司的经营积极性和创造性,公司通过行使股东权利对控股子公司实施管理,公司制定了系统且完善的管理构架、规章制度和运营流程,对各控股子公司的章程制定、经营战略、业务模式、研发规划、技术服务策略、质量标准、财务流程、高级管理人员和人力资源等方面进行有效管理。公司制定了《控股子公司管理制度》、《预算管理制度》、《对外投资管理制度》、《财务管理办法》、《销售管理制度》、《应收账款管理办法》、《原材料、包材、辅材采购管理办法》、《人力资源管理制度》、《研发管理规范》、《固定资产、无形资产管理制度》、《合同管理制度》、《筹资管理制度》、《关联交易制度》、《内部审计制度》等制度。发行人对其控股子公司的管理和控制具体如下：(1)决策管理和经营管理；(2)人力资源管理；(3)财务管理；(4)研发管理；(5)营销管理；(6)采购管理；(7)生产运营管理；(8)产品质量控制管理；(9)对外投资管理方面。

3. 各控股子公司收入、净利润占比情况

(1)控股子公司报告期内各年度营业收入占比情况

单位:万元

公司名称	2009 年		2008 年		2007 年	
	金额	比例	金额	比例	金额	比例
瑞普天津	7696.33	25.05%	7447.64	32.09%	5362.46	36.34%
瑞普保定	21,797.90	70.96%	15,760.68	67.90%	9395.19	63.66%
瑞普高科	1224.88	3.99%	3.85	0.02%		
合计	30,719.11	100.00%	23,212.17	100.00%	14,757.65	100.00%

注:各控股子公司营业收入为合并抵消前数额。

(2)控股子公司报告期内各年度净利润占比情况

单位:万元

公司名称	2009 年		2008 年		2007 年	
	金额	比例	金额	比例	金额	比例
瑞普天津	1192.29	13.05%	1040.39	15.38%	1034.22	18.28%
瑞普保定	8064.25	88.29%	5886.34	87.03%	4623.51	81.72%
瑞普高科	-122.63	-1.34%	-163.16	-2.41%	—	—
合计	9133.91	100.00%	6763.57	100.00%	5657.73	100.00%

注:各控股子公司净利为合并抵消前数额。

综上所述,本所律师认为,发行人控股子公司的财务管理制度和章程中均规定了有效的分红条款,上述财务管理制度和分红条款能够保证发行人未来具备持续稳定的现金分红能力。发行人建立了确保对子公司生产经营决策的控制力和对子公司规范运作的制度安排，且对控股子公司的生产组织与协调功能、研发投入和研发体系、原材料采购和产品销售体系、产品质量控制体系等方面均有明确规定。发行人在现有的组织结构下，公司治理能够做到有效运行，能够保证对控股子公司各方面的控制力，从而能够保障投资者的权益。

4. 非全资子公司中其他股东（含历史上存续过的股东）的情况和股权结构

律师对公司非全资子公司其他股东的情况作了核查，分别包括瑞普保定、瑞普高科、南京公司、湖北龙翔、内蒙古大地、山东多亚多、湖南中岸。

5. 发行人间接控股、参股南京公司、内蒙古大地、湖北龙翔、山东多亚多等公司的必要性、决策程序、定价依据以及发行人的对外投资管理制度

6. 关于瑞普天津、瑞普保定、瑞普高科等控股子公司的关联方、关联关系和关联交易

（四）第二次反馈信息披露

1. 发行人业务主要由瑞普天津、瑞普保定、瑞普高科 3 家控股子公司具体负责经营，发行人主要负责对控股子公司的控制与管理。请发行人就下列问题说明并披露：

（1）报告期内子公司的分红情况、子公司的财务管理制度和公司章程中规定的分红条款，以及上述财务管理制度、分红条款能否保证发行人未来具备持续稳定的现金分红能力。

（2）确保发行人对子公司生产经营决策控制力的制度安排。

（3）确保子公司规范运作的制度安排。

（4）发行人对子公司的生产组织、协调功能。

（5）发行人与控股子公司的研发投入和研发体系。

（6）控股子公司的原材料采购和产品销售体系。

（7）控股子公司的产品质量控制体系。

（8）各子公司收入、净利润占比情况。

（9）发行人对子公司财务管理的控制情况。

请保荐机构、律师和申报会计师对上述问题进行核查，并对发行人在现有的组织结构下公司治理能否做到有效，能否保障投资者的权益等发表明确意见。

2. 关于非全资的子公司中其他股东（含历史上存续过的股东）的情况和股权结构，与发行人及其股东、实际控制人、董事、监事、高级管理人员和其他核心人员的关联关系。

3. 关于发行人间接控股、参股南京公司、内蒙古大地、湖北龙翔、山东多亚多等公

司的必要性、决策程序、定价依据以及是否建立有效的对外投资管理制度。

二、三特索道(002159)

(一)股权结构图

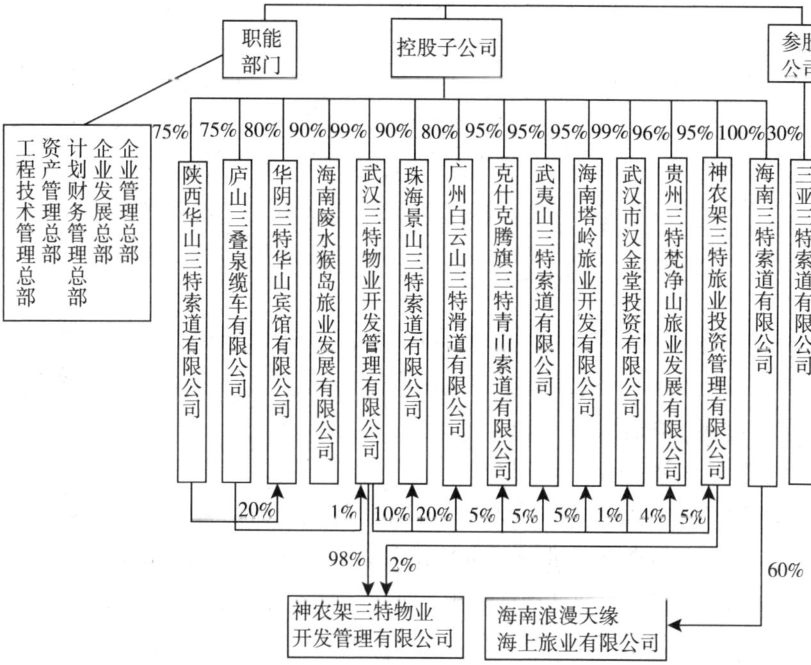

(二)发行人对下属子公司的管理和控制

公司依据《公司法》、公司章程的要求,在各下属子公司建立了较完备的公司法人治理结构,作为各下属子公司的所有者,享有法律、行政法规和公司章程规定的合法权利,既保证了各下属子公司按独立法人有效运作,又能有效行使所有者的知情权、参与权、决策权和监督权。

公司制定了一系列的规章制度和运作程序,对各子公司的经营、业务、技术质量、财务、公司领导班子和人力资源等方面进行有效管理。公司设立资产管理部,具体负责对子公司的管理工作。

1. 决策管理方面

公司利用其控股股东地位,制定各子公司《公司章程》,并按其规定明确界定权限,行使董事和监事的职权,规范各子公司的决策程序。公司设立投资决策委员会,负责对各子公司的重大问题提出决策意见,报总裁办公会讨论;董事会战略委员会对公司及子公司的重要战略问题提出决策意见,报董事会或股东大会决策。公司企业发展总部统一协调管理各子公司重要项目决策的组织工作。

2. 人事管理方面

公司利用其在各子公司的控股地位,向各子公司派出了董事和监事;行使各子公司法定代表人的委派权或人选推荐权;指定、委派或推荐各子公司的主要负责人。公司建立了较完备的人事管理制度,制定了公司《管理人员任免试行条例》。目前各子公司的法定代表人均由公司高中级管理人员兼任,各子公司高级管理人员均由公司委派。

3. 经营工作方面

公司制定了统一的发展战略和经营目标,覆盖全部子公司。各子公司每年的经营目标、业务发展计划和考核指标由公司总裁办公会决定。公司资产管理总部负责在整个年度内实行连续动态管理和控制。

4. 业务管理方面

公司对子公司实行计划管理,要求各子公司及时进行合同登记、统计及汇总工作,按时制定收款计划,根据合同进度落实收款催款,整理编制项目情况汇总表。对日常经营,子公司向公司按周报收入,按月报进度,按季报分析,按年报总结。公司对各子公司建立了管理台账,动态掌控各子公司经营状况,并及时作出相应决策。

5. 技术管理方面

公司直接组织、协调和指导各子公司的技术、设备、质量管理工作;组织编写了《索道行业质量安全技术规范》,该规范的内容涵盖公司各项主要业务的、统一的质量管理体系;公司设立工程技术部,具体负责对子公司的技术管理工作。

6. 财务管理方面

公司按照《会计法》、《企业会计制度》、《企业会计准则》及有关规定,结合自身实际核算情况制定了公司统一的《财务会计管理制度》,并坚决贯彻于各个子公司,从而建立了公司内部统一的财务管理与会计核算体系;对于对外投资、对外担保等高风险业务,公司通过各子公司《公司章程》相关条款对业务授权的限制达到控制的目的。另外,公司依据其《内部审计制度》,围绕真实、合法、效益的目标,定期对各子公司的财务收支开展独立、客观的内部审计工作。公司建立了严格的财务稽核机制,不仅自行组织对下属子公司的内部审计,还统一聘请会计师事务所定期对子公司的财务进行审计。

7. 对外投资及风险管理方面

公司各子公司投资的项目分布广泛，为规范各子公司的对外投资行为，确保投资类资产的保值、增值，并防范投资风险，公司对重大投资决策程序与规则进行了制度性规范，并在子公司《公司章程》中对子公司董事会和经营班子在业务经营和投资决策等方面的权限进行了严格的限定。

公司还结合自身控股型公司的特点，制定了《投融资管理办法》，从而达到对项目投资内部审批流程进行关键点控制；制定了《工程建设项目资金计划及管理暂行规定》从而达到对项目资金进行计划、管理和监督的目的；制定了《工程建设设备安装内部监理条例》、《索道设备操作维护管理规范》和《设备事故管理施行办法》等内部规定，从而保证投资项目建设质量和运营安全。

公司成立以来，对各子公司的管控成效显著，各项内部管理稽核制度均能良好运行，既发挥了子公司的积极性，又兼顾了行业特性。各子公司的经营在报告期内稳步发展。各子公司虽然位于不同旅游景区，但公司通过实施有效地管控措施，使各子公司均保持了健康稳定的发展趋势，同时公司整体发展战略也得到有效支持。

三、浙江永强(002489)

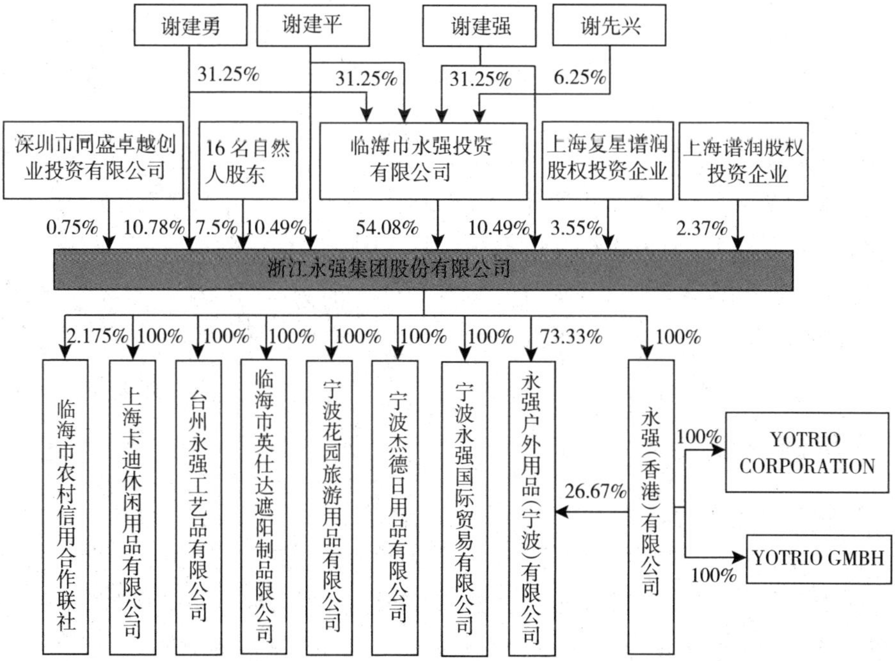

【案例评析】

1. 控股型公司上市应该没有任何障碍,这个政策无论从理论上,还是从实践中来说都是没有异议的,其中已经成功的案例包括平安控股、中国远洋、四特索道、浙江永强等。

2. 当然,在实际操作中,控股型公司需要关注的事项也比较明确:如控股型公司对于下属公司的控制力、下属公司的分红政策等方面。但是,瑞普生物对于我们的意义在于,它能提示我们更多关于思考这类公司的思路。

3. 从反馈意见的情况来看,瑞普生物坐上创业板第一家控股型公司的交椅实在是不容易,但也可以理解会里的审核思路:对于新的公司形态,宏观上的审核政策是相对开放的,但是具体操作层面的东西却越来越紧,主要是从规避风险和保护投资者利益方面考量。

4. 控股型公司上市,除了对下属子公司需要按照发行人标准进行调查和披露之外,更看重的就是控股公司对下属公司的控制力。这同样是会里关注的重点,因而瑞普生物的第一次反馈意见不知道是因为回答得不好还是会里自己不放心,于是在第二次反馈意见进行了追问,从两次反馈意见中,我们可以清晰地看到会里对该类问题关注的要点是什么。

5. 瑞普生物还有一点特殊,就是其下属子公司均不是全资子公司,因而存在少数股东权益,或许这也是该案例颇受折磨的一个重要的原因吧,在小兵的印象中,其他一些类似的公司因为下属均为全资子公司而没有受到如此的关注。那么,如果存在少数股东权益,还需要关注少数股东的具体情况以及下属子公司有关关联交易的情况等。

6. 如后面的四特索道和浙江永强案例,由于下属子公司均为全资子公司或者绝对控股的子公司,所以会里对该问题的关注就没有那么高。浙江永强信息披露文件中均没有将控股型公司作为一个特殊之处进行解释,而会里也没有就该问题做出特别关注。

【思路总结】

1. 控股型公司一直允许在境内上市,这个政策证监会一直在执行且从未更改过。

2. 控股型公司上市特殊关注之处在于:(1)控股型公司对下属子公司的控制力,最好是全资子公司,至少是控股子公司且股权比例越高越好,因为存在少数股东权益的问题。(2)下属子公司的分红政策,因为根据有关会计政策利润分配基数是以母公司作为标准的,而如果子公司不能稳定持续分红,则控股型公司会存在无钱可分的问题。

(3)如果真的存在少数股东权益,那么需要重点关注少数股东的具体情形以及对公司生产经营的影响等。

3. 那么PE类的控股型公司是否上市呢?就是说某家投资公司投资多家公司并实现控股,那么该投资公司是否可以上市呢?境外有类似的案例,但是在境内至少现在是不允许的,因为存在诸如政策导向、监管措施和行业风险等潜在风险。

4. 关于中国南车母公司的报表亏损的事情,曾经引起热议,证监会会计部还专门出来对此做了解释。由于合并报表相对可以更加准确地反映公司的经营业绩和资产质量,故在会计界通常以合并报表而非母公司报表为考察基准。不仅发行审核是这样,上市公司披露的财务指标也以合并报表为准。

5. 尽管如此,纯投资公司上市还是会存在几个显而易见并且很难逾越的障碍。(1)现行规则规定,公司整体变更时是以母公司净资产折股的,而如果纯控股公司净资产较少,则会导致上市公司股本过低,三特索道每股净资产4.24元就是一个例证,至于每股收益仅为0.26元,那是三特索道合并报表利润只有1800万元的原因吧。(2)就算上一个问题可以解决,那么现在分红是以母公司报表为基础。除非子公司分红,上市公司确认投资收益,但如果上市公司子公司不分红,就不确认投资收益,以此来规避分红问题呢,甚至像中国南车一样把母公司做亏损了。

【参考法规】

根据福建高速在交易所网站披露的年报显示,公司2008年完成7.8亿元税后净利润,每股收益摊薄后0.5275元。而公司的分配预案中实施的却是按照母公司实现的净利润3.14亿元来进行分配的,每股派发0.15元。而不是按照合并报表的7.8亿元税利来进行分配的。请问分配利润到底是否应该按照合并报表来进行分配?

答:福建高速2008有关分红金额的确定主要考虑有:

(1)2000年9月8日财政部财会函(2000)第7号

在新的会计准则实施前,对于编制合并会计报告中的利润分配问题,财政部曾以[财会函(2000)第7号]《关于编制合并会计报告中利润分配问题的请示的复函》明确表示,"编制合并会计报表的公司,其利润分配以母公司的可分配利润为依据。合并会计报表中可供分配利润不能作为母公司实际分配利润的依据"。但在旧的会计准则下,由于合并会计报表和母公司会计报表对子公司的长期股权投资均是按照权益法进行核算,使得在母公司口径下的利润分配和在合并口径下利润分配的差异很小。

新企业会计准则自2007年1月1日起执行,根据新会计准则的要求企业对子公司的长期股权投资在日常核算及母公司个别财务报表中采用成本法核算,而在合并财务报表中采用权益法核算，这就使得母公司财务报表与合并财务报表下的净利润、可分配利润及未分配利润存在较大差异，对此变动，《企业会计准则讲解》作了如下解释：一是与《企业会计准则第33号——合并财务报表》的规定相协调，可以使信息反映更加全面、充分；二是可以避免在子公司实际宣告发放现金股利或利润之前，母公司垫付资金发放现金股利或利润等情况；三是与国际财务报告准则的有关规定相协调。因此，在新会计准则下，在分配利润时应依据母公司口径的净利润进行分配。

（2）证监会《上市公司执行企业会计准则监管报告》

以上报告对涉及利润分配基数的相关问题的答复如下：关于公司是以母公司个别报表还是合并报表为基准实施利润分配的问题，我们认为，由于提取盈余公积和实施利润分配是公司根据《公司法》的有关规定而进行的法律行为，因此，建议《公司法》对此进一步解释。在此之前，公司以母公司个别会计报表中的相关数据为基础进行利润分配为宜。

福建发展高速公路股份有限公司

2009年7月7日

■第四节　外资控股企业

【重要提示】

★ 外资参股公司境内首发上市没有任何障碍，不论外资比例是多少。

★ 外资控股公司境内首发上市最近几年成功的案例也很多，但是值得注意的是，除了不能作为参考案例的东睦股份之外，均是港、澳、台资本控股的企业。

★ 小兵认为港、澳、台以外外资控股的企业在境内上市也没有政策限制，但没有普遍出现的原因主要是我国对外资控制的各种因素。

【案例情况】

一、东睦股份（600114）

于2004年5月11日在上海证券交易所上市。公司发行上市前由日资控股60%，从事粉末冶金行业，产品主要用于汽车、摩托车、空调、冰箱等，控股股东日本睦金属境外资产规模及赢利能力远小于境内拟发行上市公司。

二、成霖股份（002047）

于2005年5月31日在深圳证券交易所中小板上市。公司发行上市前外资控股72.80%，其中台资成霖企业控股57.45%（通过在维京群岛注册的公司），主要生产用于厨房及卫生间的水龙头、卫浴挂具及花洒等。

三、海鸥卫浴（002084）

于2006年11月24日在深圳证券交易所中小板上市。公司发行上市前台资控股52%（通过在香港注册的公司），主营水龙头零组件等卫浴五金产品的生产和销售，控股股东除投资于发行人以外，不从事其他事具体产品的制造和销售。

四、信隆实业（002105）

于2007年1月12日在深圳证券交易所中小板上市。公司发行上市前台资控股79.9%（通过在香港和萨摩亚注册的公司），主营自行车零配件的生产和销售。实际控制人控制的台湾信隆资产规模及赢利能力小于发行人。

五、晋亿实业（601002）

于2007年1月26日在上海证券交易所上市。公司发行上市前台资控股98.62%以上（通过维京群岛注册公司及个人持股），主营紧固件产品成品，属于其他通用零部件制造业。除晋亿实业外，公司实际控制人还先后在中国台湾、马来西亚分别设立了晋禾企业、晋纬控股两家紧固件生产企业，三家企业均在全球市场进行紧固件销售，且在部分市场的销售存在交叉。

六、汉钟精机（002158）

于2007年8月17日在深圳证券交易所中小板上市。公司发行上市前台资控股98.5%（通过在巴拿马及维京群岛注册的公司），主营螺杆式压缩机，属于普通机械制造业。公司与间接控制股东台湾汉钟存在较多的关联交易，业务上存在部分重合，但销售地域不同。

七、斯米克(002162)

于2007年8月23日在深圳证券交易所中小板上市。公司发行上市前台资控股96.36%(通过在维京群岛及开曼群岛注册的公司),主营玻化砖和釉面砖的生产和销售,属于建筑陶瓷行业。

八、罗普斯金(002333)

于2010年1月12日在深圳证券交易所中小板上市。公司发行上市前台资控股93.80%(通过在开曼群岛及维京群岛注册的公司),主营铝型材产品的生产和销售。发行人的关联企业台湾罗普斯金仅在中国台湾地区保留对已售产品的维修及保养业务。

九、浩宁达(002365)

于2010年2月9日在深圳证券交易所中小板上市。公司发行前港资控股85%,主营电子式电能表、用电自动化管理系统及终端产品,实际控制人的主要资产在境内。

十、金利科技(002464)

于2010年10月8日在深圳市证券交易所中小板上市。公司发行前由台资一家企业控股90%,主营业务是研发、制造和销售各类铭板、薄膜开关、传统塑胶件和IMD产品等消费品外观件。

【案例评析】

1. 外资参股公司境内首发上市没有任何障碍,不论外资比例是多少;外资控股公司境内首发上市最近几年成功的案例也很多,但是值得注意的是除了东睦股份之外,均是港、澳、台资本控股的企业,而东睦股份具有复杂的历史原因从而不具有普遍参考性。

2. 为什么会出现这种现象,或许并非证监会对其他境外资本有发行审核的限制,而是因为我国在很多领域对境外资本都有不得控股的限制,而境内首发的企业往往是国家政策支持的行业,而这恰恰又是外资控制的重点行业,所以会出现这种现象。

【思路总结】

一、外商投资企业审批事项

（一）一般公司

1. 设立变更：（1）原在商务部审核权限内的鼓励类且不需要国家综合平衡的外商投资企业（含股份公司、不包括上市公司）设立、增资、合同/章程及其变更事项，均由省级商务主管部门和国家级经济技术开发区审核。（2）经商务部批准设立的外商投资企业，除由国家发展改革委核准的限额以上增资事项和控股权由中方向外方发生转移的股权转让事项外，其他变更事项均由地方商务主管部门审核。（3）对已设立的外商投资企业合同、章程内容进行的非实质性的修改，如外商投资企业名称变更、投资者名称变更、企业法定地址变更等事项，企业可持有关文件向原审批部门直接备案，并变更批准证书。

2. 设立分公司：外商投资企业设立境内分公司（专项规定明确需审批的除外）改为备案管理，由企业向注册地地方商务主管部门直接办理备案手续。外商投资企业设立境外分支机构的，由企业注册地省级商务主管部门或省人民政府授权的地市级商务主管部门审核，并应征得我驻外使（领）馆经商处（室）的书面同意。

3. 增资：商务部（原外经贸部）批准的外商投资企业，如新增投资总额及新增注册资本属于限额（《外商投资产业指导目录》鼓励类、允许类 1 亿美元，限制类 5000 万美元）以下的，由省级商务主管部门负责审批。

4. 改制：限额以下（转制企业以评估后的净资产值计算）外商投资股份公司的设立及其变更（包括限额以下外商投资上市公司其他有关变更），由省级商务主管部门负责审批。

5. 并购：外国投资者和外商投资企业并购境内企业的，鼓励类、允许类并购交易额 1 亿美元及以下，限制类交易额 5000 万美元及以下的，由地方商务主管部门审核。如境内企业为上市公司的，应征得证监会同意；境内企业为国有企业或涉及国有资产的，应按相关规定办理并征得国有资产管理部门同意。下列情形需要商务部审批：（1）境内公司企业或自然人以其在境外合法设立或控制的公司名义并购与其有关联关系的境内公司。（2）外国投资者以股权并购境内公司。（3）境内公司在境外设立特殊目的公司。（4）并购境内企业并取得实际控制权，涉及重点行业、影响国家经济安全或者导致拥有驰名商标或中华老字号的境内企业实际控制权转移的，当事人应就此向商务部进行申报。

6. 战略投资:外国投资者对上市公司进行战略投资仍按有关规定报商务部审批。

(二)投资性公司

1. 注册资本1亿美元及以下公司的设立及其变更事项(单次增资超过1亿美元的除外),由省级商务部门来审批(虽然规定了一个例外情况,但是仍然可以很方便地规避该审批的规定,如初次设立时注册资本在1亿美元以下,然后保证在限额以下进行增资的情况,则投资性公司的注册资本仍可以迅速膨胀)。

2. 商务部批准设立的投资性公司后续变更事项(单次增资超过1亿美元、投资者变更的除外),由省级商务主管部门审批。

3. 投资性公司投资的企业,或与其他投资者联合投资的企业,如外方(指投资性公司和其他境外投资者)的外汇投资比例不低于所投资企业注册资本的25%,可享受外商投资企业待遇。(这句话其实很重要,很多人曾经讨论外商投资企业投资的企业是否是外商投资企业的问题,该问题适用于投资性公司。当然,这里的25%外资比例是要看实际投资额还是股权比例呢,没有明确规定,但是应该是前者。举个例子:外商甲和乙共同设立外商投资公司A,其中外商占50%的股份,如果A公司再向一家企业投资设立外商投资企业,应该是A公司股权比例在50%以上方能享受优惠政策。)

(三)商业企业

1. 外商投资设立商业企业及已设立的外商投资商业企业的变更由省级商务主管部门审核。

2. 通过电视、电话、邮购、互联网、自动售货机等无店铺方式销售的企业或从事音像制品批发,图书、报纸、期刊销售的企业继续由商务部负责审批。

(四)外商投资企业上市是否需要商务部审批

1. 关于外资企业上市最具有参考价值的法规是:《关于上市公司涉及外商投资有关问题的若干意见》[外经贸资发(2001)第538号],其中规定:(1)外商投资股份有限公司在境内发行股票(A股与B股)必须符合外商投资的产业政策及上市发行股票的要求;(2)首次公开发行股票并上市的外商投资股份有限公司,除符合《公司法》等法律、法规及中国证监会的有关规定外,还应符合下列条件:①申请上市前三年均已通过外商投资企业联合年检;②经营范围符合《指导外商投资方向暂行规定》与《外商投资产业指导目录》的要求;③上市发行股票后,其外资股占总股本的比例不低于10%;

④按规定需由中方控股(包括相对控股)或对中方持股比例有特殊规定的外商投资股份有限公司,上市后应按有关规定的要求继续保持中方控股地位或持股比例。⑤符合发行上市股票有关法规要求的其他条件。(3)外商投资股份有限公司首次公开发行股票并上市,除向中国证监会提交规定的材料外,还应提供通过联合年检的外商投资股份有限公司的批准证书和营业执照。(4)外商投资股份有限公司首次发行股票后,其增发股票及配股,应符合该法规规定的条件以及增发股票与配股的有关规定。(5)外商投资股份有限公司首次发行股票及增发或配、送股票完成后,应到外经贸部办理法律文件变更手续。

2. 网上提供的比较权威的观点是首发前不需要商务部审批,只需要在发行完毕之后报商务部备案就可以了,现在权限同样下放至省级商务部门。小兵对一些案例的判断是同意上述的观点。

3. 省级商务部门:省、自治区、直辖市、计划单列市、新疆生产建设兵团、副省级城市(包括哈尔滨、长春、沈阳、济南、南京、杭州、广州、武汉、成都、西安)商务主管部门和国家级经济技术开发区。

二、外商投资企业上市的政策关注

2001 年 11 月原外经贸部(现商务部)和证监会联合发布了《关于上市公司涉及外商投资有关问题的若干意见》,2002 年 3 月证监会发布了《公开发行证券的公司信息披露编报规则第 17 号——外商投资股份有限公司招股说明书内容与格式特别规定》,确立了外资企业上市的政策框架和基本规范。与一般内资企业相比,外资企业上市在信息披露和外商投资产业政策方面有一些特殊要求,复杂程度有所增加,但这并不会对上市构成实质性的障碍。2001 年 12 月前证监会主席周小川在一次投资论坛上表示,外资企业在境内上市实际上一直没有政策障碍,只是由于过去是额度审批制,使得外资企业难以达到允许上市的额度。但放开额度审批制以后,外资控股企业上市仍未见实质性进展。

在境内资本市场及其监管较为封闭、开放度不够的情况下,外资登陆境内资本市场可能会产生一些敏感的问题。如 2002 年 11 月日资参股 45.53% 的"富通昭和"(600439)通过了证监会的审核,却因钓鱼岛事件被暂缓上市。2003 年 9 月 1 日,公司公布招股说明书后,因公司名称中有"昭和"字样并出现在股票简称中,引起舆论大哗,被再次叫停,此后再也没有上市。又如 2004 年 5 月 11 日资控股上市第一家东睦股份(600114)上市(全部由外资持股的闽灿坤于 1993 年在特殊的政策环境下 B 股上市,不具有样本意义),上市后 15 天即公告向老股东分配滚存利润,派现共计 5950 万元,令市场产生上市圈钱后，用募集到的资金向老股东派发红利的误解，并令监管层承压。为照顾“公众影响”，并给政府“面子”，一个月后公司发布公告称，其5位发起人股东将分得的5950万元现金红利无偿交回给公司使用。

外资企业本身所具有的一些复杂特质，特别是股东中存在避税港公司（BVI公司）的企业，较易与境内公众公司的监管理念存在冲突。如BVI公司本身缺乏透明度，控股股东、实际控制人等情况难以核查，资金流动过程复杂，在股权安排方面往往存在对赌条款等特殊承诺，其合规性难以查证，且大量存在的内资企业外资化的现象，这些都引起了有关部门的关注。目前，监管部门对股东中存在避税港公司（BVI公司）的企业实际上是暂停审核的。另外，境内发行上市对同业竞争和关联交易的限制较为严厉。解决同业竞争和关联交易问题意味着业务的重新整合，可能使很多关联外资公司失去税收优惠，这令很多外资股东一时难以取舍。还有一个选择是，把不同公司置于一家位于境内的投资控股公司旗下，但境内目前还不允许此类不实际从事生产经营的投资控股型公司上市。

【参考法规】

一、《关于设立外商投资股份有限公司若干问题的暂行规定》[外经贸部令（1995）第1号]

第一条 为进一步扩大国际经济技术合作和交流，引进外资，促进社会主义商品经济的发展，外国的公司、企业和其他经济组织或个人（以下简称外国股东），按照平等互利的原则，可与中国的公司、企业或其他经济组织（以下简称中国股东）在中国境内，共同举办外商投资股份有限公司（以下简称公司）。

第二条 本规定所称的外商投资股份有限公司是指依本规定设立的，全部资本由等额股份构成，股东以其所认购的股份对公司承担责任，公司以全部财产对公司债务承担责任，中外股东共同持有公司股份。外国股东购买并持有的股份占公司注册资本25%以上的企业法人。

第三条 公司为外商投资企业的一种形式，适用国家法律、法规对于外商投资企业的有关规定。

第四条 设立公司应符合国家有关外商投资企业产业政策的规定。国家鼓励设立技术先进的生产型公司。

第五条 公司可采取发起方式或者募集方式设立。

第六条 以发起方式设立的公司，除应符合公司法规定的发起人的条件外，其中至少有一个发起人应为外国股东。

以募集方式设立的公司，除应符合前款条件外，其中至少有一个发起人还应有募集股份前3年连续盈利的记录，该发起人为中国股东时，应提供其近3年经过中国注册会计师审计的财务会计报告；该发起人为外国股东时，应提供该外国股东居所所在地注册会计师审计的财务报告。

第七条 公司的注册资本应为在登记注册机关登记注册的实收股本总额，公司注册资本的最低限额为人民币3000万元。其中外国股东购买并持有的股份应不低于公司注册资本的25%。

第八条 股东认购的股份的转让应符合本规定第七条所规定的条件。发起人股份的转让，须在公司设立登记3年后进行，并经公司原审批机关批准。

第九条 发起人达成设立公司协议后，可共同委托一发起人办理设立公司的申请手续。具体程序是：

（一）申请人向其省、自治区、直辖市及计划单列市政府主管部门（以下称主管部门）提交设立公司的申请书、可行性研究报告、资产评估报告等文件。

以募集方式设立公司的，申请人还须提交招股说明书。

（二）上述文件经主管部门审查同意后，由主管部门转报省、自治区、直辖市及计划单列市对外经贸部门。上述文件经省、自治区、直辖市及计划单列市对外经贸部门核准后，发起人正式签订设立公司的协议、章程。

（三）发起人签订设立公司的协议、章程，报省、自治区、直辖市对外经贸部门审查同意后，报对外贸易经济合作部审查批准。对外贸易经济合作部在45日内决定批准或不批准。

第十条 发起人提交的各项文件必须用中文书写。在发起人各方认为需要时，可商定再用一种外文书写，但以审批生效的中文文本为准。

第十一条 设立公司的申请书应概要说明：

（一）发起人的名称、住所、法定代表人；

（二）组建公司的名称、住所及宗旨；

（三）公司设立方式、股本总额、类别、每股面值、发起人认购比例、股份募集范围和途径；

（四）发起人的生产经营情况，包括近3年生产经营、资产与负债、利润等情况（限于以募集方式设立公司的发起人）；

（五）公司的资金投向及经营范围；

（六）提出申请的时间，发起人的法定代表签名并加盖发起人单位公章；

（七）其他需要说明的事项。

第十二条 发起人协议应包括以下主要内容：

（一）发起人的名称、住所、法定代表人的姓名、国籍、住所、职务；

（二）组建公司的名称、住所；

（三）公司的宗旨、经营范围；

（四）公司设立的方式、组织形式；

（五）公司注册资本、股份总额、类别、发起人认购股份的数额、形式及期限；

（六）发起人的权利和义务；

（七）违约责任；

（八）适用法律及争议的解决；

（九）协议的生效与终止；

（十）订立协议的时间、地点，发起人签字；

（十一）其他需要载明的事项。

第十三条 发起人设立公司的协议、章程经对外贸易经济合作部批准后，发起人应在30日内凭对外贸易经济合作部颁发的批准证书到银行开立专用账户。发起人应自批准证书签发之日起90日内一次缴足其认购的股份。发起人在公司发行的股份缴足之前应承担连带认缴责任。公司不能设立时，发起人为设立行为所发生的费用和债务负连带责任。

第十四条 以发起方式设立公司的，发起人按本规定第十一条的规定缴足其认购的股份后，应当选举董事会和监事会，由董事会向公司登记机关报送设立公司的批准文件、公司章程、验资证明等文件，申请设立登记。

以募集方式设立公司的，发行股份的股数缴足后，必须经法定的验资机构验资并出具证明。发起人应当在30日内主持召开公司创立大会，并选举董事会、监事会，董事会应于创立大会结束后30日内，向公司登记机关报送设立公司的批准文件、公司章程、验资证明、创立大会的会议记录等文件，申请设立登记。

公司登记机关自接到全部登记文件之日起30天内完成登记注册手续，并颁发营业执照。

第十五条 已设立中外合资经营企业、中外合作经营企业、外资企业（以下简称外商投资企业），如申请转变为公司的，应有最近连续3年的盈利记录。由原外商投资企业的投资者作为公司的发起人（或与其他发起人）签订设立公司的协议、章程，报原外商投资企业所在地的审批机关初审同意后转报对外贸易经济合作部审批。

申请转变应报送下列文件：

（一）原外商投资企业的合同、章程；

（二）原外商投资企业董事会关于企业改组的决议；

（三）原外商投资企业投资者关于终止原合同、章程的决议；

（四）原外商投资企业资产评估报告；

（五）发起人（包括但不限于原外商投资企业投资者）协议；

（六）公司章程；

（七）原外商投资企业的营业执照、批准证书，最近连续3年的财务报告；

（八）设立公司的申请书；

（九）发起人的资信证明；

（十）可行性研究报告。

第十六条　上述申请经对外贸易经济合作部批准后，发起人应自批准证书签发并缴足其认购的股本金后向公司登记机关办理变更登记手续。

第十七条　外商投资企业变更登记为公司后，原外商投资企业的一切权利、义务全部转由公司承担。

外商投资企业的中外投资者在原外商投资企业合同、章程中承诺的义务，应列入发起人协议及章程，同样适用所设立的公司。

第十八条　国有企业、集体所有制企业如申请转变为公司的，除符合本规定其他条款的规定外，还须符合以下条件：

（一）该企业至少营业5年并有最近连续3年的盈利记录；

（二）外国股东以可自由兑换的外币购买并持有该企业的股份占该企业注册资本的25%以上；

（三）企业的经营范围符合外商投资企业产业政策。

中外股东作为发起人签订设立公司的协议、章程，报企业所在地审批机关初审同意后转报对外贸易经济合作部审批。

申请转变应报送下列文件：

（一）原企业资产评估报告；

（二）设立公司的申请书；

（三）可行性研究报告；

（四）发起人协议；

（五）公司章程；

（六）原企业的营业执照、最近连续3年的资产负债表；

（七）发起人的资信证明；

（八）其他必要的文件。

第十九条　上述申请经对外贸易经济合作部批准后，发起人应自批准证书签发并缴足其认购的股本金后向公司登记机关办理变更登记手续。

第二十条 股份有限公司申请转变为公司的，除符合本规定其他条款的规定外，还须符合以下条件：

（一）该股份有限公司是经国家正式批准设立的；

（二）外国股东以可自由兑换的外币购买并持有该股份有限公司的股份占公司注册资本的25%以上；

（三）股份有限公司的经营范围符合外商投资企业产业政策。

第二十一条 股份有限公司通过向社会公开发行人民币特种股票（B股），申请转变为公司的，应报送如下文件：

（一）股东大会对转变为公司的决议；

（二）原股份有限公司资产评估报告；

（三）申请转变为公司的报告；

（四）原股份有限公司章程的补充、修改协议；

（五）证券管理部门批准公开发行人民币特种股票（B股）的文件；

（六）其他必要的文件。

第二十二条 股份有限公司通过增资扩股或转股发行外国股东持有的股份，申请转变为公司的，除报送前条第（一）、（二）、（三）、（四）款规定的文件外，还应报送股份有限公司与定向购股人的购股协议等其他必要的文件。

第二十三条 股份有限公司在境外发行境外上市外资股（包括但不限于H股和N股）并在境外上市申请转变为公司的，除报送第二十一条第（一）、（二）、（三）、（四）款规定的文件外还应报送如下文件：

（一）证券管理部门批准境外上市的文件；

（二）境外证券机构批准原股份有限公司股票上市的文件；

（三）境外上市的原股份有限公司股票交易情况。

第二十四条 上述申请经对外贸易经济合作部批准后，原股份有限公司应持批准证书和公司的募股证明向工商行政管理机关办理变更登记手续。

第二十五条 本暂行规定未规定的公司的其他事宜，按《公司法》、“国务院关于股份有限公司境外募集股份及上市的特别规定”及有关规定办理。

第二十六条 凡属外商投资企业改组成公司的，其减免税等优惠期限，不再重新计算。

第二十七条 香港、澳门、台湾地区的公司、企业、其他经济组织或个人，在大陆投资设立公司的，准用此暂行规定。

第二十八条 本暂行规定由对外贸易经济合作部负责解释。

二、《关于上市公司涉及外商投资有关问题的若干意见》[外经贸资发(2001)第538号]

为了推动境内股票市场的健康发展，规范外商投资股份有限公司上市发行股票和外商投资企业进入股票市场的行为，现提出以下意见：

一、关于外商投资股份有限公司设立。

设立外商投资股份有限公司或现有的外商投资有限责任公司申请转为外商投资股份有限公司，须符合《关于设立外商投资股份有限公司若干问题的暂行规定》[外经贸部令(1995)第1号]的要求并按规定程序报外经贸部审批。

二、关于外商投资股份有限公司上市发行股票。

(一)外商投资股份有限公司在境内发行股票(A股与B股)必须符合外商投资产业政策及上市发行股票的要求。

(二)首次公开发行股票并上市的外商投资股份有限公司，除符合《公司法》等法律、法规及中国证监会的有关规定外，还应符合下列条件：

1. 申请上市前三年均已通过外商投资企业联合年检；

2. 经营范围符合《指导外商投资方向暂行规定》与《外商投资产业指导目录》的要求；

3. 上市发行股票后，其外资股占总股本的比例不低于10%；

4. 按规定需由中方控股(包括相对控股)或对中方持股比例有特殊规定的外商投资股份有限公司，上市后应按有关规定的要求继续保持中方控股地位或持股比例；

5. 符合发行上市股票有关法规要求的其他条件。

(三)外商投资股份有限公司首次公开发行股票并上市，除向中国证监会提交规定的材料外，还应提供通过联合年检的外商投资股份有限公司的批准证书和营业执照。

(四)外商投资股份有限公司首次发行股票后，其增发股票及配股，应符合本条上述第(二)款规定的条件以及增发股票与配股的有关规定。

(五)外商投资股份有限公司首次发行股票及增发或配、送股票完成后，应到外经贸部办理法律文件变更手续。

三、含有B股的外商投资股份有限公司，申请其非上市外资股在B股市场上流通，应在获得外经贸部同意后，向中国证监会报送非上市外资股上市流通的申请方案。

申请非上市外资股上市流通应符合下列条件：

(一)拟上市流通的非上市外资股的持有人持有该非上市外资股的期限超过一年；

(二)非上市外资股转为流通股后，其原持有人继续持有的期限须超过一年；

（三）非上市外资股原持有人依照公司章程、股东协议及其他法律文件对公司的特殊承诺和法律、法规有要求承担特殊义务和责任的，按其承诺或义务执行；

（四）符合上市发行股票有关法规要求的其他条件。

四、外商投资企业（包括外商投资股份有限公司）受让境内上市公司非流通股，应按《外商投资企业境内投资的暂行规定》规定的程序和要求办理有关手续。

暂不允许外商投资性公司受让上市公司非流通股。

五、外商投资股份有限公司境内上市发行股票后外资比例低于总股本25%的，应缴回外商投资企业批准证书，并按规定办理有关变更手续。

外商投资企业受让上市公司的非流通股，导致上市公司（持有外商投资企业批准证书的公司）外资比例低于总股本25%的，该上市公司应缴回外商投资企业批准证书，并按规定办理有关变更手续。

六、符合条件的外商投资企业可以在境外发行股票。

第十一章　募集资金

□ 在我国增量发行的模式下，对于拟在境内首发上市的企业来讲，通过上市募集资金是必不可少的规划之一，也是保证企业进一步发展壮大的重要途径。

□ 因此，在发行审核实践中，募集资金设计是否合理是一个重点，每年会有不少企业因为该问题而被挡在资本市场门外。

□ 具体到募集资金投资项目的设计，扩大产能以及建设营销网络是最常用也是最保险的途径，那么是否能有所创新呢？

第一节　募集资金导致经营模式变更

【重要提示】

★ 由于经营模式直接影响到公司的赢利能力和持续发展，因此，经营模式的变更带给企业的变化往往是本质性的，向好或者向坏。

★ 首发上市的企业在报告期内是不允许存在经营模式变更的情形的，但是可以通过上市募集资金的运用变更经营模式。尽管如此，该种情形还是要慎重对待，因为风险过大，一般情况不建议如此处理。

【案例情况】

一、美邦服饰(002269)：募集资金绝大部分投入直营店

招股说明书在募集资金使用一章专门用一个标题就募集资金对经营模式的影响

进行了解释——募集资金投入对公司经营模式的影响：

公司现有的经营模式为生产外包，特许加盟和直营销售相结合。本次募集资金投资项目为营销网络建设及信息系统改进项目。信息系统改进项目不会影响公司现有的经营模式，营销网络建设项目主要通过购买、租赁店铺的方式完善营销网络，根据公司营销网络的现有基础条件和未来发展目标，本项目计划新建店铺68家，其中直营店31家，加盟店37家。该项目仅为在公司原有业务基础上对营销网络进行拓展，不会改变公司现有的经营模式。

自成立以来，公司一直重视营销网络的建设和拓展，并积累了丰富的销售网络建设实施和管理经验。截至2008年3月31日，公司的营销网络由遍布全国的2211家店铺组成，其中加盟店1927家，直营店284家。上述新建的店铺数量仅为目前的店铺总数的3.08%。相较于一般的工业企业，公司不需要投入过多的厂房和机器设备，因为这主要是通过租赁方式获得营销网络的店铺。因此，公司固定资产占总资产比重较低，截至2008年3月31日，公司合并报表口径的固定资产为28,906.84万元，占总资产比重为15.53%。本次募集资金的投入将使公司的总资产及固定资产规模出现较大幅度的上升。

上述拟新建的37家加盟店均为旗舰店或战略形象店，与目前的加盟商自行租赁店铺不同，对于上述拟新建的37家加盟店，公司拟采取购买或租赁的方式取得店铺，然后授权供加盟商经营之用。加盟商不需要承担购买或租赁店铺的费用，但其从公司处进货价格的折扣率将相应提高。公司采取此种经营方式，主要考虑如下：(1)大面积销售终端是提升美特斯·邦威品牌、产品形象和消费者体验的有效措施，也符合行业发展的趋势及公司自身发展的需要；(2)符合控制稀缺的、具有战略意义的宝贵店铺资源的需要；(3)购买或长期租赁是公司应对店铺租金快速上涨、提升企业财务表现的有效手段；(4)加盟商熟悉当地市场情况，具有一定优势，但由于规模相对较小，实力有限，难以单独承担开设大店铺的资金压力。

在此种方式下，尽管新增固定资产的折旧及新增店铺的租赁费用改由公司承担，但公司与加盟商之间的特许经营关系没有改变，加盟商仍需要通过销售美特斯·邦威品牌的服饰来获取赢利，公司的折旧、租金费用及赢利也通过加盟商服装销售量的增长及采购价格的上升而得到补偿和实现。

为充分发挥加盟店的作用并且实施有效管理，公司针对加盟商制定了全方位的管理制度、工作规范及工作流程，并通过签订《特许经营合同书》等方式由公司销售体系各相关部门监督并予以执行。

公司加盟商管理体系主要包括加盟商(加盟店)审核、加盟商资质审核、产品订货、销售地域限制、知识产权维护、产品价格控制、店铺营销活动、店铺形象管理、货品管理、信息管理系统、资金结算、店员培训、绩效考核和加盟商激励等方面。

公司及各销售子公司均设置了加盟管理部，对相应的加盟店进行日常管理，其主要职责包括：加盟商的与销售相关的计划的制订与执行；加盟店铺货品配送销售指标的制定与执行；为加盟店提供各类经营指导、培训与现场支援；对加盟店进行经营分析和绩效评估；维护与加盟商的合作关系并了解搜集加盟商的相关信息；监督加盟商的合同履行情况；对管辖的加盟市场进行开发管理；完成与加盟商相关的货品配送和退货处理等工作。同时，公司对各加盟店制定统一的产品定价和产品价格调整等政策，并通过在加盟店安装信息管理系统终端进行订货和零售管理。

本次募集资金拟建设的加盟店均为旗舰店或战略形象店，对当地市场具有较强的示范和辐射作用，公司仍将其纳入已有的公司加盟商的管理体系中，但在店铺建设、人员培训、货品配送、形象宣传及信息服务等方面会加强对加盟商的支持和督导，以保证店铺经营能实现预期的效益。

综上，上述拟新建的37家加盟店仅占到公司目前加盟店总数的1.92%，尽管由于利益分配方式与原加盟店有所不同，但公司会加强对其支持和督导的力度，且该部分加盟店也将纳入公司已有的加盟商管理的整体体系中，不会改变公司目前的经营模式。

但是，项目投产后公司的销售网点将更加完善，特别是旗舰店和形象店的数量增长幅度较大，将有力地提升公司的销售额、赢利能力及市场竞争力。

二、探路者（300005）：不同运营模式导致风险

本次募集资金投资项目完成后，公司将新增48个直营店，直营店数量将有较大幅度的增长。虽然公司在长期发展过程中，已经培养了一批富有经验的营销管理人员，也积累了较为丰富的直营店铺管理的经验，但直营店铺的大量增加仍将是对公司管理能力的考验。

公司本次募集资金拟新建的31家加盟店由公司购买或者租赁的店铺经装修后转由加盟商经营管理，新建加盟店销售收入的70%归公司所有，余下的30%归加盟商所有，该种模式与公司现行的加盟店运营模式有所不同，虽然公司聘请中国纺织建设规划院对募集资金投资项目进行了详尽的可行性研究，且该等加盟店的数量仅占公司目前加盟店总数的8.12%，也不会改变公司现有的生产外包、加盟和直营销售相结合的业务模式，但是该31家加盟店运营模式的变化对公司而言，仍存在一定经营风险。

公司在店铺数量及规模上远超过主要竞争对手，为未来进一步扩大市场份额打下了坚实基础。截至2009年6月30日，公司在全国（除台湾省，香港和澳门特别行政区

以外的31个省、自治区和直辖市的133个大中城市）拥有直营店和加盟店共计430家，其中加盟店382家，直营店48家。自2006年始至2008年止，公司全国店铺数量的年复合增长率为52.74%，其中直营店的年复合增长率为39.03%，加盟店的年复合增长率为54.85%。

三、三鑫股份(002163)：利用募集资金进行上游的延伸

在上市前，三鑫股份的业务结构是以幕墙工程设计、施工为主，幕墙工程收入占主营业务收入的77%，幕墙玻璃制品销售收入约占主营业务收入的20%。上市募投项目为"年产140万平方米低辐射膜(LOW－E)节能玻璃生产线项目"和"大亚湾三鑫节能幕墙产品生产基地"。虽然拟投资项目与幕墙工程业务相配套，为幕墙产业链条中的上、下游业务，两者关系非常密切，但项目建成投产后，公司的业务结构将发生较大程度的变化，即从工程承包企业向施工生产企业转型。由于工程承包企业与施工生产企业在组织管理、市场营销和人才等方面存在一定程度的差异，因此，未来几年，本公司在生产管理、市场营销、技术人才等方面将面临一定的转型风险。

本次募集资金的成功运用将提高本公司的综合竞争实力、赢利能力和抗风险能力。"年产140万平方米低辐射膜(LOW－E)节能玻璃生产线项目"可以解决本公司没有LOW－E镀膜生产线的缺陷，生产的LOW－E玻璃全部供应给"大亚湾三鑫节能幕墙产品生产基地"深加工后制成钢化、中空、夹层等建筑节能玻璃制品用于本公司承建的节能幕墙工程，或者深加工制成节能幕墙产品、节能门窗产品对外销售。两个募集资金项目建成投产后，不仅可以提高本公司的幕墙工程综合配套能力，而且有利于延伸产业价值链，提高公司的赢利能力。两个项目全部达产后，将新增年销售收入约101,902万元，年税后利润约13,108万元。

四、同济同捷(审核未通过)：业务模式变更被否决

发行人一直从事跑车的设计业务，从未介入过相关的跑车汽车制造业务。而发行人拟重金收购增资一家与该行业相关的制造企业，从事相关产品的制造销售，导致经营模式发生重大变化。发审委认为发行人的持续赢利能力存在重大不确定性。

【案例评析】

1.《公开发行证券的公司信息披露内容与格式准则1号——招股说明书》第104条规定：募集资金投入导致发行人生产经营模式发生变化的，发行人应结合其在新模

式下的经营管理能力、技术准备情况、产品市场开拓情况等，对项目的可行性进行分析。这也经常被解读为上市公司可以通过募集资金实现经营模式的转型。

2. 尽管如此，在以往案例中能够真正实现转型的成功案例并不多，三鑫股份从施工转为生产算是一种典型的模式。

3. 另外一种转变的模式就是以美邦服饰为典型，就是上市前销售模式以加盟店为主，而上市后将很大部分的募集资金用来建立直营店网络，由于以前有过自营店成功运作的经验，加上这样模式的复制并不存在很大障碍，一般这样的转变也会被认可，与之类似的还有探路者。探路者还有一点不同，那就是在上市后会将30家左右的加盟店转化为自营店，按照7∶3的比例分成，公司将其视为运作模式的调整。美邦服饰的解释可值得借鉴，其解释要实现的效果就是：(1)大规模增加直营店不会导致经营模式的变化；(2)公司已经有了成功运作自营店的经验，大规模扩张不会存在重大经营风险。

4. 当然，失败的案例也很多，如同济同捷、报喜鸟和美克运动。小兵个人觉得这方面的处理的关键就是：让审核部门相信转变之后的模式是你已经有过成功的经验且有复制扩大的充分准备情况下准备予以实施的。

5. 对该问题，审核态度谨慎还有一个原因，那就是在《首次公开发行股票并上市管理办法》中规定拟上市企业不得存在因经营模式发生变化而对公司持续赢利能力产生重大影响的事项。小兵的理解是，既然申报期不允许经营模式有重大变化，那么上市之后的变化埋应也需要严格控制。

6. 最后，要说一点。经营模式变更的问题也是一个仁者见仁、智者见智的问题，至今谁也不能说出一个相对标准的结论，以上的案例仅作参考，还是那句话，具体问题具体分析。

【参考法规】

一、《公开发行证券的公司信息披露内容与格式准则第1号——招股说明书》(2006)

第一百零四条 募集资金投入导致发行人生产经营模式发生变化的，发行人应结合其在新模式下的经营管理能力、技术准备情况、产品市场开拓情况等，对项目的可行性进行分析。

二、《首次公开发行股票并上市管理办法》

第三十七条 发行人不得有下列影响持续盈利能力的情形：

（一）发行人的经营模式、产品或服务的品种结构已经或者将发生重大变化，并对发行人的持续盈利能力构成重大不利影响；

（二）发行人的行业地位或发行人所处行业的经营环境已经或者将发生重大变化，并对发行人的持续盈利能力构成重大不利影响；

（三）发行人最近1个会计年度的营业收入或净利润对关联方或者存在重大不确定性的客户存在重大依赖；

（四）发行人最近1个会计年度的净利润主要来自合并财务报表范围以外的投资收益；

（五）发行人在用的商标、专利、专有技术以及特许经营权等重要资产或技术的取得或者使用存在重大不利变化的风险；

（六）其他可能对发行人持续盈利能力构成重大不利影响的情形。

■第二节　募集资金通过子公司实施

【重要提示】

★ 募集资金通过子公司实施一般就是采用发行人向子公司增资的方式。

★ 募集资金通过全资子公司实施没有问题，通过控股子公司实施时，其他少数股东必须等比例增资，且应关注利益安排，不能损害投资者的利益。

★ 在募投项目备案时，应该以实施主体作为备案的申请主体。

【案例情况】

一、中利科技（002309）

公司共有四个募集资金项目，共投资人民币57,490.60万元，其中有两个项目通过控股子公司实施。

1. 阻燃、耐火软电缆东北生产基地建设项目（项目共需资金26,414.7万元）

由控股子公司中利科技集团（辽宁）有限公司实施，该公司是中利科技为实施该项目，进一步开拓我国东北及华北市场，与赵淑娟女士合资设立的公司，注册资金5000万元人民币，实收资本1000万元人民币，由中利科技控股持有90%的股权，赵淑娟女士持有另外10%股权。

赵淑娟女士,58岁,大专学历,经济师。1972年至1991年任辽宁玻璃公司搪瓷厂工会主席、经营副厂长,1992年至2005年任沈阳电缆厂销售经理。赵淑娟女士在电线、电缆领域具有丰富的营销和管理经验,对本公司东北地区的市场开拓将发挥重要的作用。本次募集资金到位后,本公司将以募集资金、赵淑娟女士以自有资金对中利科技集团(辽宁)有限公司同比例增资,赵淑娟女士所增资金用于补充该公司流动资金(2008年1月赵淑娟女士已出具承诺确认上述增资决定)。

2. 电缆用材料技术改造项目(项目共需资金5943.5万元)

本项目将由公司控股子公司中联光电组织实施,该公司是专业研制、开发、生产电线、电缆用胶料产品的国家级高新技术企业,现注册资本2500万元,由本公司和李娟女士共同投资,其中本公司控股95%,李娟女士持股5%。中利科技的电缆生产所需的电缆料及铜导体基本为中联光电提供,此外,该公司还利用研发及生产和营销优势,对外销售部分产品。

本次募集资金到位后,本公司将以募集资金、李娟女士将以自有资金对中联光电同比例增资,李娟女士所增资金用于补充中联光电流动资金(2008年1月李娟女士已出具承诺确认上述增资决定)。

二、杭氧股份(002430)

公司共有四个技改项目和两个气体投资项目,共计划使用募集资金90,561万元,其中有两个项目通过控股子公司实施。

1. 提高大型空分设备填料配套能力技改项目(所需资金5930万元)

项目通过杭州抗氧填料有限公司实施。截至招股说明书签署日,杭州抗氧填料有限公司注册资本及实收资本为370万美元,股份公司持股51%、华大国际公司持股16.554%、杭州皓诚控股有限公司持股23%、胡正伟持股9.446%,主营业务为设计、开发、制造空气分离设备及化工设备所用的规整填料、液体分配器及塔内件。

依据经天健会计师事务所审计的财务数据,截至2009年12月31日,杭州抗氧填料有限公司总资产4011.68万元,净资产2471.63万元;该公司目前处于生产设施建设阶段,2009年度实现净利润-104.94万元。

2. 新建20,000立方米空分工程(所需资金13,600万元)

项目通过河南抗氧气体有限公司实施。河南抗氧气体有限公司成立于2007年10月15日,截至招股说明书签署日,河南抗氧气体有限公司注册资本及实收资本为6000万元,杭氧股份持股60%,透平公司持股25%,陈崇文持股5%,熊致赋持股1.50%,王丁子持股1.33%,李德富、李春生、李刚分别持股1%,秦乃允、曾起、陈昌梅、梁全海、胡希林分别持股0.83%,主营业务为工业气体、特种气体、混合气体的生产及销售。

依据经天健会计师事务所审计的财务数据,截至2009年12月31日,河南抗氧气体有限公司总资产14,597.25万元,净资产7582.52万元;2009年度实现净利润983.22万元。

【案例评析】

1. 募集资金投向主要有如下方面:扩大现有产品产能、新产品开发生产、增加固定资产投资和研发支出、合资经营或合作经营、向其他企业增资或收购其他企业股份、收购资产、偿还债务以及补充营运资金。创业板还可以用于提升服务能力、拓展市场营销、改进技术或管理、改造生产或服务流程及设施、扩充人力资源以及其他围绕主营业务而提升核心竞争力的方面。

2. 从现有项目来看,募集资金主要用于扩大产能、技改项目、营销网络建设、研发中心建设等方面。而从实施主体上讲,基本上为发行人主体,当然通过发行人全资拥有的子公司实施募投项目也是没有问题的,因为存在合并报表的问题,这对发行人利益不会有损害。

3. 至于是否可以通过控股子公司实施募投项目的问题,实务中还存在争议,处理时也会非常谨慎,因为控股公司在合并报表时都会存在少数股东权益的问题,并且还有可能存在利益转移的严重违规行为,因此,一般不会允许。当然问题也不会这么绝对,如果能够将少数股东的背景解释清楚,且保证同比例增资,也是不会有问题的,但是少数股东股权比例应尽量压低。

【参考法规】

一、《首次公开发行股票并上市管理办法》

第三十八条 募集资金应当有明确的使用方向,原则上应当用于主营业务。

除金融类企业外,募集资金使用项目不得为持有交易性金融资产和可供出售的金融资产、借予他人、委托理财等财务性投资,不得直接或者间接投资于以买卖有价证券为主要业务的公司。

第三十九条 募集资金数额和投资项目应当与发行人现有生产经营规模、财务状况、技术水平和管理能力等相适应。

第四十条 募集资金投资项目应当符合国家产业政策、投资管理、环境保护、土地管理以及其他法律、法规和规章的规定。

第四十一条　发行人董事会应当对募集资金投资项目的可行性进行认真分析，确信投资项目具有较好的市场前景和盈利能力，有效防范投资风险，提高募集资金使用效益。

第四十二条　募集资金投资项目实施后，不会产生同业竞争或者对发行人的独立性产生不利影响。

第四十三条　发行人应当建立募集资金专项存储制度，募集资金应当存放于董事会决定的专项账户。

二、《公开发行证券的公司信息披露内容与格式准则第1号——招股说明书》(2006年)

第一百零三条　募集资金用于扩大现有产品产能的，发行人应结合现有各类产品在报告期内的产能、产量、销量、产销率、销售区域，项目达产后各类产品新增的产能、产量，以及本行业的发展趋势、有关产品的市场容量、主要竞争对手等情况对项目的市场前景进行详细的分析论证。

募集资金用于新产品开发生产的，发行人应结合新产品的市场容量、主要竞争对手、行业发展趋势、技术保障、项目投产后新增产能情况，对项目的市场前景进行详细的分析论证。

第一百零五条　发行人原固定资产投资和研发支出很少、本次募集资金将大规模增加固定资产投资或研发支出的，应充分说明固定资产变化与产能变动的匹配关系，并充分披露新增固定资产折旧、研发支出对发行人未来经营成果的影响。

第一百零六条　募集资金直接投资于固定资产项目的，发行人可视实际情况并根据重要性原则披露以下内容：

(一)投资概算情况，预计投资规模，募集资金的具体用途，包括用于购置设备、土地、技术以及补充流动资金等方面的具体支出；

(二)产品的质量标准和技术水平，生产方法、工艺流程和生产技术选择，主要设备选择，核心技术及其取得方式；

(三)主要原材料、辅助材料及燃料的供应情况；

(四)投资项目的竣工时间、产量、产品销售方式及营销措施；

(五)投资项目可能存在的环保问题、采取的措施及资金投入情况；

(六)投资项目的选址，拟占用土地的面积、取得方式及土地用途；

(七)项目的组织方式、项目的实施进展情况。

第一百零七条 募集资金拟用于合资经营或合作经营的,除需披露第一百零六条的内容外,还应披露:

(一)合资或合作方的基本情况,包括名称、法定代表人、住所、注册资本、实收资本、主要股东、主营业务,与发行人是否存在关联关系;投资规模及各方投资比例;合资或合作方的出资方式;合资或合作协议的主要条款以及可能对发行人不利的条款。

(二)拟组建的企业法人的基本情况,包括设立、注册资本、主营业务、组织管理和控制情况。不组建企业法人的,应详细披露合作模式。

第一百零八条 募集资金拟用于向其他企业增资或收购其他企业股份的,应披露:

(一)拟增资或收购的企业的基本情况及最近一年及一期经具有证券期货相关业务资格的会计师事务所审计的资产负债表和利润表;

(二)增资资金折合股份或收购股份的评估、定价情况;

(三)增资或收购前后持股比例及控制情况;

(四)增资或收购行为与发行人业务发展规划的关系。

第一百零九条 募集资金拟用于收购资产的,应披露:

(一)拟收购资产的内容;

(二)拟收购资产的评估、定价情况;

(三)拟收购资产与发行人主营业务的关系。

若收购的资产为在建工程的,还应披露在建工程的已投资情况、尚需投资的金额、负债情况、建设进度、计划完成时间等。

第一百一十条 发行人募集资金拟投入其他用途的,应披露具体的用途。

第一百一十一条 发行人应披露募集资金运用对财务状况及经营成果的影响。项目能独立核算的,发行人应审慎预测项目效益,分别说明达产前后的效益情况,以及预计达产时间,并充分说明预测基础、依据;项目不能独立核算的,应分析募集资金投入对发行人财务状况及经营成果的影响。

■第三节　募集资金投入营销网络建设

【重要提示】

★ 创业板推出之后,对于募集资金在营销网络建设方面便大开方便之门,随之在中小板以及主板建设营销网络的募投项目也是如雨后春笋般变得普遍。

★ 现在首发上市的企业或多或少都会带上一个营销网络建设的募投项目,就像是个小尾巴,毕竟营销网络哪家企业都需要且又说不清楚,因而显得更加合情合理。

★ 本节搜集的案例主要是2009年以前的案例,其中对于营销网络建设方面的探索同样值得我们借鉴。

【案例情况】

一、报喜鸟(002154)

浙江报喜鸟服饰股份有限公司(以下简称报喜鸟)在上市前预计募集资金21,629万元,其中有10,230万元投入到连锁营销网络建设项目,占募集资金的47.30%,拟建设连锁营销网络集中管理系统以及6家直营旗舰店和15家直营景观店。项目建设各子项目内容如下表:

序号	内容名称	内容概要
1	连锁营销网络集中管理系统	公司总部建立局域网,并安装管理系统,通过Internet与全国各专卖店网点连接,实现信息数据安全传输。
2	直营旗舰店建设	在国内6大中心城市购置总建筑面积为1700平方米的营业用房,开设6家报喜鸟品牌直营旗舰店。
3	直营景观店建设	在国内15个大中城市租赁总建筑面积为3000平方米的营业用房,开设15家报喜鸟品牌直营景观店。

报喜鸟投入到营销网络建设项目上的募集资金相对十分巨大,最终能够顺利通过证监会发行,分析起来大约源于以下三个因素:

1. 品牌营销是国内外众多成功的服饰企业通行的做法,他们都采取了建立"直营店+加盟店"的连锁经营模式,即有先例可循。如国际一流品牌ZARA的专卖全球连锁系统是以直营系统为核心,目前已在全球50个国家拥有680多家分店,并且每年都以70家左右的速度增长。总部位于香港的全球著名休闲品牌ESPRIT,在全球拥有超过4000家连锁专卖店,直营店超过668家,零售收入达97亿港元,占总销售额的41.5%。雅戈尔在全国有3000余家专卖店(厅),杉杉在全国有2300余家专卖店(厅),罗蒙在全国有1500余家专卖店(厅)。

2. 报喜鸟在发行前已建有直营店,且营运业绩良好:2007年4月27日,公司投资100万元成立哈尔滨报喜鸟服饰有限公司,在哈尔滨租赁165平方米店铺用于开设直营景观店。2007 年 5 月,哈尔滨直营景观店实现销售收入 36.83 万元,实现净利润 8.76 万元(未经审计),经营状态良好。

3. 已有的营销网络较好的业绩支撑和解释了继续扩大建设营销网络的可行性和必要性。截至报材料前,报喜鸟公司有特许加盟店(厅)551 家。

二、山下湖(002173)

浙江山下湖珍珠集团在招股书中披露拟募集资金 13,779 万元,其中 2500 万元拟投入国内营销网络建设,拟在各区域中心城市建设 9 家专卖店,占拟募集资金总额的 18.14%。

对于浙江山下湖珍珠集团,我们前期已做过较多关注和研究,大家已是比较熟悉,这里不再详述。对于其募集资金用于营销网络建设,需要指出的是其做的项目预算和策划过于简单,但是总量比较小,有试探的成分,因此,也不至于引起发审委的杯葛。

三、粤传媒(002181)

广东九州阳光传媒股份有限公司(以下简称粤传媒)在上市前预计募集资金 37,500万元,其中有 75,00 万元投入到增加连锁经营网点的建设项目,占总募集资金量的 20%,该项目主要内容是拟在三年内在广东省珠江三角洲地区开设 100 间面积约 50~100 平方米的连锁经营网点,用于书刊销售、广告代理与发布。网点类型分两种,第一种为面积 50~100 平方米的连锁分店,数量约 80 个,目标为建成区域内高档次的能满足社区居民各类文化娱乐需求的"社区文化中心店",并通过建成连锁网络,产生规模经济效应。第二种为面积 500~1000 平方米的大型书城,数量约 20 个,目标为建成本地区最具规模的图书中心卖场。

粤传媒拟将 7500 万元募集资金投入营销网点建设未构成上市障碍,大概有以下因素:

1. 虽然资金绝对量很大,但是从占整个募集资金量的比例来看并不大,只有 20%。

2. 粤传媒已经积累了一定的图书连锁经营经验。粤传媒的大洋文化连锁店已在广州地区经营图书多年,具有一定的知名度和客户群,借助《广州日报》品牌的影响力,创建了以图书销售为平台,搭载各类文化服务的文化服务品牌。

3. 粤传媒的图书连锁店是一种图书经营模式的创新。粤传媒拟建立的图书连锁经营网点既是书店,但又不同于传统的书店或书城,它是以图书销售为主,整合经营广告的发布与代理、旅游报名、文体演出票务、各类卡充值等一系列与生活息息相关的文化产品与服务的文化连锁店。

四、证通电子(002197)

深圳市证通电子股份有限公司(以下简称证通电子)在招股书中拟募集的资金额为24,816万元,其中3500万元拟投入全球营销网络建设项目,占募集资金总量的14.10%。其中专设销售机构建设费用1542万元,营销总部建设费用80万元,信息平台硬件建设150万元,信息/物流平台软件建设172万元,电子商务网站建设166万元,认证、参展、招商等费用1390万元。在境内营销渠道建设方面:以2006年年底4家销售子公司和10个销售办事处为基础,新增哈尔滨、贵阳、太原、石家庄、长春、重庆、乌鲁木齐、兰州八个办事处;在境外海外营销渠道建设方面:拟建立美国、香港、欧洲和新加坡4个办事处。

对证通电子将部分募集资金拟用于营销网络建设分析如下:(1)用于营销网络建设的募集资金的绝对量和比重都比较小;(2)建设营销网络是对公司现有营销模式的扩展和延伸。证通电子现有的营销模式就是直销模式,且已有4家销售子公司及多个销售办事处的运营经验。

【案例评析】

1. 募集资金投向营销网络建设并不必然会导致发行上市受阻,关键是要处理好以下几点:首先,营销网络建设必须是企业发展所迫切需要的,必须与企业的主营业务和发展目标紧密结合;其次,营销网络建设必须是可行的、可预见的,最好是可证明的,即企业能够表明(证明)营销网络与经营业绩的提升确实关系密切,营销网络的建立能够大大促进经营业绩的提升,最好已有成功的先例和经验;最后,如果不能证明,那么最安全的办法就是拟投入营销网络建设的募集资金应尽量小,在募集资金总额中的比重不宜过大(一般在20%以内)。

2. 还有一点需要指出的是,以上成功的5个例子有4个是非珍珠珠宝行业,尤其是服装行业,其与珠宝行业还是有很大不同的。由于珠宝的奢侈品属性,不可能像卖服饰那样来卖珠宝,不可能像许多服装企业那样,扩张数量庞大的旗舰店及加盟店,珠宝行业的营销网络建设不能完全复制服装行业。

3. 营销网络建设与行业特点紧密联系,有些行业如服装可能经营重点就是在营销网络上,而传统制造业或许对营销网络的需求就会偏弱。另外,香港上市的某些服装品牌如安踏已经开始利用募集资金进行广告宣传,而这一点不知道境内何时可以突破。

【参考法规】

《公开发行证券的公司信息披露内容与格式准则第28号——创业板公司招股说明书》

第九十四条 募集资金用于提升服务能力、拓展市场营销、改进技术或管理、改造生产或服务流程或设施、扩充人力资源以及其他围绕主营业务而提升核心竞争力的，发行人应披露募集资金的具体投资安排，说明对发行人未来经营成果的影响。

募集资金投入导致发行人业务模式发生改变的，发行人应说明这种变化对主营业务的影响，并结合经营管理能力、技术准备、产品市场开拓的情况进行可行性分析。

第十二章　财务会计

□ 财务会计问题又是发行审核的一个重点问题，包含的范围很广，主要体现在会计处理有误、会计处理不够稳健、会计基础粗糙、会计制度不健全等。

□ 在发行审核中，每年因为财务会计问题被否决的企业均占有一定的比例，因此，在实务中各中介机构要合力把关，保证该问题处理到位。

□ 本节内容将主要介绍财务会计问题中的某些问题，之后会陆续补充。

■第一节　研发支出资本化

【重要提示】

★ 新的会计准则允许企业研发过程的支出可以计入资产科目，而不影响损益，这是会计制度的一种进步，也能够在一定程度上鼓励企业自主创新。可是，在企业首发上市的发行审核中，该问题却并非如此单纯。

★ 根据最新的发审政策，现在会里对研发支出资本化的问题已经极度抵触，企业做了资本化处理已经上报材料的，有可能存在被要求调整报表的风险。

【案例情况】

一、三五互联(300051)

1. 报告期内公司资本化开发支出的具体项目明细构成

报告期内，公司资本化开发支出的具体项目明细构成如下：

单位:万元

序号	项目名称	工资及社保	项目软件费	其他	合计
1	即时通讯系统(IM)	506.57	0.59	36.04	543.20
2	客户关系管理系统(CRM)	135.10	86.66	18.00	239.76
3	智能网站发布系统	77.52	0.00	8.14	85.66
4	办公自动化系统(OA)	49.60	2.13	7.86	59.59
5	反垃圾网关软件	28.72	0.19	3.15	32.06
6	网络U盘项目	9.26	0.33	1.27	10.86
7	在线客服系统	9.14	0.39	1.25	10.78
8	网站分析系统(LM)	8.30	0.49	1.31	10.10
	资本化金额合计	824.21	90.78	77.02	992.01

2. 各项目开发费用资本化的确认依据和时点

公司研发活动的特点是以成熟的市场需求与技术为依托而进行的开发。通过前期调研对市场需求及产品竞争力进行分析,公司对项目的技术可行性与成熟性进行论证,对完成可行性论证的项目予以立项,确定项目实施方案。由于公司予以立项的研发项目都是经可行性论证,具有广泛市场需求,并以技术可行性为依托而进行的,因此,开发项目在通过前期市场调研和项目可行性论证,并报经公司批准立项后即进入开发阶段,能够同时满足以下资本化的五个条件:

第一,完成该无形资产以使其能够使用或出售在技术上具有可行性;

第二,具有完成该无形资产并使用或出售的意图;

第三,无形资产产生经济利益的方式,包括能够证明运用该无形资产生产的产品存在市场或无形资产自身存在市场,无形资产将在内部使用的,应当证明其有用性;

第四,有足够的技术、财务资源和其他资源支持,以完成该无形资产的开发,并有能力使用或出售该无形资产;

第五,归属于该无形资产开发阶段的支出能够可靠地计量。

公司报告期内资本化的开发项目共有8个,其中,即时通讯系统(IM)、客户关系管理系统(CRM)、智能网站发布系统三个项目的资本化金额合计为868.62万元,占全部资本化金额的87.56%。以这三个项目为例具体说明资本化的依据和时点:

(1)即时通讯系统(IM)

①资本化确认的依据

A 该项目使用C++作为开发语言,Qt作为开发框架,Qt是一套基于C++语言的成熟类库，用面向对象的思想组织，支持多平台，有“一次编写，到处编译”的特点，编译出来的程序可以运行于 Win32、Linux、Solaris 及 Mac OS X 之下。1996 年开始，Qt 正式进入商业领域，成功地成为世界范围内数千种应用程序的基础，整个系统技术成熟、稳定。

B 即时通讯系统 35EQ 是一款企业级即时通讯工具和企业管理综合应用平台，将广泛应用于企业内部即时通讯和内部管理，公司计划通过 35EQ 整合推广公司的企业邮箱、OA、CRM 等产品。

C 2008 年中国企业即时通讯市场终端用户规模达到 2236 万人，与 2007 年的 1813 万人相比，同比增长 23.3%，市场增量迅猛，具有良好的发展潜力。

D 该项目预算约 722 万元，以公司的财务能力、技术能力和整体整合营销能力，足以完成该项目的开发并推向市场，实现公司旗下产品的整合销售。

E 公司设立专门的研发中心负责产品的研发，并独立核算各部门的费用，开发支出按具体开发项目准确核算。该项目研发投入主要是开发人员的工资、福利和办公费等费用，按照公司研发控制体系和会计核算体系，可以进行可靠计量和独立核算。

②资本化确认的时点

经过前期市场调研和项目可行性论证，报经公司批准立项，2006 年 11 月项目开发启动，项目开发周期为 2006 年 11 月至 2009 年 6 月。自 2007 年 1 月 1 日起发生的开发费用按新会计准则计入开发支出，予以资本化。

(2)客户关系管理系统(CRM)

①资本化确认的依据

A 项目技术的成熟程度：CRM 项目采用的核心技术包括 asp. net 2. 0、xml、xsl、WebServices、数据仓库和数据挖掘等主流技术，同时结合了 Ajax、SOA 等流行于 SaaS 模式下的技术，这些技术都是成熟的技术。CRM 项目在采用成熟主流技术的同时，还适当采用了超前的技术，且进展情况良好。总体上 CRM 项目的技术是成熟的，主要的工作在于如何把传统的产品开发模式转变到 SaaS 开发模式。

B CRM 项目是公司在接触客户、了解客户需求，并结合公司整体产品战略决定而研发的一个战略性产品，研发成功后会立即投入市场销售。

C 根据 CCID 研究表明，SaaS 模式下的 CRM 产品 2008 年的市场规模约为 1.04 亿元，预计 2011 年将达到约 2.49 亿元，3 年复合增长率约为 33.78%，且增长率保持逐年提高的态势，平均每年增长率比前一年提高 5.1 个百分点，具有良好的市场前景。

D 该项目投资预算约 318 万元，根据目前项目的进度和公司的财务能力、技术能力，公司有足够的能力完成该项目的开发并推向市场销售。

E 公司设立专门的研发中心负责产品的研发，并独立核算各部门的费用，开发支出按具体开发项目准确核算。该项目研发投入主要是开发人员的工资、福利和办公费等费用,按照公司研发控制体系和会计核算体系,可以进行可靠计量和独立核算。

②资本化确认的时点

经过前期的市场调研和项目的可行性论证,报经公司批准立项,2006 年 12 月 1 日项目开发启动,项目开发周期为 2006 年 12 月 1 日至 2009 年 12 月 31 日。自 2007 年 1 月 1 日起发生的开发费用按新会计准则计入开发支出,予以资本化。

(3)智能网站发布系统

①资本化确认的依据

A 智能网站发布系统是采用 asp. net 框架,开发语言是 C + + ,该技术属于成熟技术,目前该项目进展顺利,不存在技术障碍。

B 该项目是在公司网站定制业务的基础上推出的网站 DIY 产品,可以满足对价格比较敏感的客户需求,目前已经投向市场试销售。

C 企业网站的需求巨大,数量正在稳步、快速的增长中,根据 CNNIC 发布的《第 24 次中国互联网络发展状况统计报告》,截至 2009 年 6 月,中国的网站数达到 306 万个,市场发展前景广阔。

D 公司设有专门的网页设计中心和技术研发中心,专业网页设计师逾 40 人,项目预算约 386 万元,以公司目前的技术能力、财务能力和整体能力,足以完成该项目的开发,并迅速推向市场销售。

E 该项目研发投入主要是开发人员的工资、福利和办公费等费用,按照公司研发控制体系和会计核算体系,可以进行可靠计量和独立核算。

②资本化确认的时点

通过前期市场调研和项目可行性论证,报经公司批准立项,2008 年 12 月底项目开发启动,项目开发周期为 2009 年 1 月至 2009 年 11 月。2009 年 1 月之前的研究费用在发生时计入当期损益,自 2009 年 1 月 1 日起发生的开发费用计入开发支出,予以资本化。

(4)办公自动化系统(OA3. 0)

①资本化确认的依据

A OA3. 0 是在 OA2. 0 的基础上,予以优化整合并进行新功能的开发。系统采用 J2EE 的框架,使用跨平台的编程语言 Java,并结合了 Struts、Spring、Hibernate 等目前业界流行的 J2EE 开发模式,技术成熟度高。

B 本公司的 OA 产品主要面向步入管理驱动阶段的中小企业,通过具有竞争力的功能模块和销售策略占有市场。

C OA 是中国 SaaS 管理类软件发展的重点,立项之前我公司已开发出 OA2. 0 版本。随着中国经济和信息产业的发展，信息化应用水平的提高，OA 市场空间逐步扩大。

D 该项目预算约 85 万元，以公司的财务能力、技术能力和整体整合营销能力，足以完成该项目的开发并推向市场。

E 公司设立专门的研发中心负责产品的研发，并独立核算各部门的费用，开发支出按具体开发项目准确核算。该项目研发投入主要是开发人员的工资、福利和办公费等费用，按照公司研发控制体系和会计核算体系，可以进行可靠计量和独立核算。

②资本化确认的时点

经过前期市场调研和项目的可行性论证，报经公司批准立项，2006 年 10 月项目开发启动，项目开发周期是 2006 年 10 月至 2007 年 6 月，自 2007 年 1 月 1 日起发生的开发费用按新会计准则计入开发支出，予以资本化。2007 年 6 月该项目已达到预定可使用的状态，从开发支出转至无形资产。

(5)反垃圾网关软件

①资本化确认的依据

A 反垃圾网关的开发平台是 Linux，开发语言是 C 语言。本公司已成功开发多种互联网服务应用软件，在软件开发方面，有一批富有软件开发与管理经验的技术人员，可以确保所开发产品的实用性和可靠性。

B 公司计划把该项目运用于公司企业邮箱产品，通过提高本公司企业邮箱的销量，来获得收益。

C 2008 年中国企业邮箱的产业规模为 6.10 亿元，反垃圾是企业邮箱的重要指标，该项目大大提升了垃圾邮件的辨别率，从而提高了本公司企业邮箱的市场竞争力，具有良好的市场前景。

D 该项目预算约 55 万元，以公司的财务能力、技术能力和整体整合营销能力，足以完成该项目的开发并整合应用于公司的企业邮箱产品。

E 公司设立专门的研发中心负责产品的研发，并独立核算各部门的费用，开发支出按具体开发项目准确核算。该项目研发投入主要是开发人员的工资、福利和办公费等费用，按照公司研发控制体系和会计核算体系，可以进行可靠计量和独立核算。

②资本化确认的时点

经过前期市场调研和项目的可行性论证，报经公司批准立项，2006 年 11 月项目开发启动，项目开发周期是 2006 年 11 月至 2008 年 10 月，自 2007 年 1 月 1 日起，发生的开发费用按新会计准则计入开发支出，予以资本化。2008 年 10 月该项目已达到预定可使用的状态，从开发支出转至无形资产。

(6)网络 U 盘项目

①资本化确认的依据

A 本项目的技术主要采用微软的体系架构,开发工具采用 Visual studio. net 2003,Framework 采用 . Net 1. 1,开发语言采用 C + +,数据库用 Sql server2000;利用 Web Services 技术提供各类物理磁盘文件、目录进行操作的公用方法,同时采用三层结构来组织整个系统;利用先进的 Ajax 和 Xml 技术,为用户提供友好易用的软件界面。项目整体上具有相当高的技术成熟度。

B 该产品主要面向有网络存储需求的企业或个人,以获得销售收入。

C 据 IResearch 预测,2006 年的网民数量将达到 1. 3 亿,对网络存储需求也日益增加。另一方面,硬件存储设备的容量和速率也在不断地提高,成本不断降低。这些都为网络 U 盘市场创造着良好的发展时机。

D 该项目预算约 32 万元,以公司的财务能力、技术能力和整体整合营销能力,足以完成该项目的开发并推向市场。

E 公司设立专门的研发中心负责产品的研发,并独立核算各部门的费用,开发支出按具体开发项目准确核算。该项目研发投入主要是开发人员的工资、福利和办公费等费用,按照公司研发控制体系和会计核算体系,可以进行可靠计量和独立核算。

②资本化确认的时点

经过前期市场调研和项目的可行性论证,报经公司批准立项,2006 年 11 月项目开发启动,项目开发周期是 2006 年 11 月至 2007 年 7 月,自 2007 年 1 月 1 日起发生的开发费用按新会计准则计入开发支出,予以资本化。2007 年 7 月该项目已达到预定可使用的状态,从开发支出转至无形资产。

(7)在线客服系统

①资本化确认的依据

A 在线客服系统,服务端与 Web 端采用 ASP. NET 框架,使用 C + + 语言;客户端是 . NET3. 0 + wpf 框架,使用 C + + 语言。作为在线客服产品,以上开发模式在业界已达到领先水平。

B 在线客服的目标客户是具有电子商务意识的企业或者经营网购业务的个人,通过销售获得销售收入。

C 随着电子商务市场的快速发展,越来越多的企业意识到在线客服工具的重要性,希望能够利用这一工具,把每次网站访问都转化为销售。因此,在线客服市场前景看好。

D 该项目预算约 28 万元,以公司的财务能力、技术能力和整体整合营销能力,足以完成该项目的开发并推向市场。

E 公司设立专门的研发中心负责产品的研发，并独立核算各部门的费用，开发支出按具体开发项目准确核算。该项目研发投入主要是开发人员的工资、福利和办公费等费用，按照公司研发控制体系和会计核算体系，可以进行可靠计量和独立核算。

②资本化确认的时点

经过前期市场调研和项目的可行性论证，报经公司批准立项，2007 年 1 月项目开发启动，项目开发周期是 2007 年 1 月至 2007 年 7 月，自 2007 年 1 月 1 日起发生的开发费用按新会计准则计入开发支出，予以资本化。2007 年 7 月该项目已达到预定可使用的状态，从开发支出转至无形资产。

(8)网站分析系统(LM)

①资本化确认的依据

A 网站分析系统 LM 采用的开发语言是 C 语言和汇编语言，技术成熟度较高。

B 该产品整合到网站建设业务中，以提升公司网站建设业务的市场竞争力。

C 随着网络营销整体水平的提高，专业化的网站流量分析软件相对来说是个空白，市场需求和市场潜力巨大。

D 该项目预算约 28 万元，以公司的财务能力、技术能力和整体整合营销能力，足以完成该项目的开发并推向市场。

E 公司设立专门的研发中心负责产品的研发，并独立核算各部门的费用，开发支出按具体开发项目准确核算。该项目研发投入主要是开发人员的工资、福利和办公费等费用，按照公司研发控制体系和会计核算体系，可以进行可靠计量和独立核算。

②资本化确认的时点

经过前期市场调研和项目的可行性论证，报经公司批准立项，2007 年 1 月项目开发启动，项目开发周期是 2007 年 1 月至 2007 年 6 月，自 2007 年 1 月 1 日起发生的开发费用按新会计准则计入开发支出，予以资本化。2007 年 6 月该项目已达到预定可使用的状态，从开发支出转至无形资产。

3. 开发费用资本化导致的风险

三五互联为一家通过 SaaS 模式，依靠自主研发的应用软件系统，向中国中小企业客户提供一揽子软件应用及服务的专业提供商。三五互联已推出的产品在市场上拥有良好的口碑，试销中的产品也已获得客户良好的反馈。从 2007 年 1 月 1 日三五互联开始实行新企业会计准则，内部研究开发项目开发阶段的支出，在满足一定条件的情况下予以资本化，确认为无形资产。如将来该开发费用资本化产生的无形资产预期不能为企业带来经济利益，该无形资产将报废并予以转销，其账面价值转作账面损益，届时将会相应减少公司未来的净利润。因此，三五互联存在由于开发费用资本化而导致的财务风险。

二、苏州恒久（审核未通过）

1. 研发费用情况

江苏恒久光电科技股份有限公司（以下简称苏州恒久）最近三年及一期研发支出占营业收入的比例如下表：

项目	2009 年 1 ~9 月	2008 年	2007 年	2006 年
研发支出（元）	4,277,739.50	7,018,290.06	2,891,144.11	753,797.79
营业收入（元）	71,716,836.61	79,080,441.70	51,878,136.36	26,806,603.85
研发支出占营业收入的比例（%）	5.96	8.87	5.57	2.81

发行人 2007、2008 以及 2009 上半年开发支出资本化金额分别为 123.69 万元、421.79 万元和 184.62 万元，占当期净利润比重较大。

2. 主要处理

在审核过程中，审核人员还是对苏州恒久的资本化问题进行了重点关注：(1)请发行人对照会计准则补充披露开发支出资本化的具体依据及区分开发支出资本化和费用化的标准。(2)请保荐机构、申报会计师核查发行人报告期内开发支出资本化处理是否符合会计准则规定的各项条件，并逐项发表明确意见。

中介机构在处理过程中：首先，从苏州恒久开发费用资本化的具体依据及区分费用化和资本化的标准，包括苏州恒久制定的研究开发支出会计政策、报告期内资本化项目的基本情况等方面进行补充说明；其次，保荐机构、会计师对资本化处理是否符合准则规定的各项条件的核查情况分两个方面进行。最终的处理是取消资本化，回归费用化。

中介机构取消资本化的调整，既不属于会计差错，也不属于会计政策变更，而是审计机构重新出具审计报告以替代原始审计报告。尽管该种调整得到了审核人员的认可，但是一些后续的影响还是要重点关注。

3. 联动影响

(1)对股本的影响

2009 年 2 月，恒久有限整体变更为股份有限公司，原有股东以恒久有限截至 2009 年 1 月 31 日经审计的账面净资产 7726.07 万元出资，折成股本 6000 万元，股份有限公司设立时的股本已由公证机关于 2009 年 2 月 20 日出具苏公 S(2009)第 B1009 号验资报告予以验证。

因原开发支出资本化转费用化处理及相应递延收益转作当期损益处理，调整后2009年1月31日净资产为82,957,729.51元，较整体变更时调整增加5,697,047.97元，据此，该次会计处理调整未对公司股本产生影响，上述调整已由江苏公证天业会计师事务所于2009年11月20日出具苏公W(2009)第E1157号专项鉴证报告鉴证。截至2009年9月30日，公司股本总额为6000万元。

(2)对资本公积金的影响

根据2009年12月5日临时股东会的决议，上述因原开发支出资本化转费用化处理及相应递延收益转作当期损益处理调整增加的净资产5,697,047.97元，在公司净资产折股过程中，净资产超过股本部分作为增加的资本公积金。调整后截至2009年1月31日，公司的资本公积金为2295.77万元。截至2009年9月30日，资本公积金余额为2295.77万元。

(3)超额分配股利的返还情况

因对报告期内开发支出资本化调整冲回及相应递延收益转作当期损益处理而对财务报表相关科目进行的调整，经江苏公证天业会计师事务所出具的苏公W(2009)第E1157《专项鉴证报告》确认，调整后公司截至2009年6月30日的可供分配利润为947.82万元，即公司实际分配的960万元股利超出了股利分配基准日的未分配利润，超出12.18万元。

2009年12月5日，公司召开2009年第三次临时股东大会，通过同意公司全体股东将超出分配的该部分利润返还公司的决议。

2009年12月8日，需返还的12.18万元已由公司控股股东余荣清返还并由其代公司其他股东先行垫还。

2009年12月20日，余荣清出具《关于代苏州恒久光电科技股份有限公司其他股东向公司垫还多分配的利润的承诺书》，承诺：如果公司其他股东拒绝偿还其代为垫还的多分配的利润，其将自行承担因代其他股东垫还给公司该部分多分配的利润而遭受的损失，并保证不以任何形式向公司其他股东行使追索权利。

保荐人经核查认为：发行人针对超额股利分配事宜的处理程序规范、合理，发行人股东对返还所得超额分配部分的股利不存在争议，不存在发行人现有股东获得超额利润分配而侵害发行后新增投资者利益的情况，对发行人本次发行上市不构成实质性障碍。

发行人律师经核查认为，发行人控股股东余荣清已向发行人足额返还并代发行人其他股东向发行人足额垫还了超额分配的股利；发行人股东将超额分配的股利退还给发行人履行了必要的法律程序，不存在潜在纠纷及侵害发行后新增社会公众投资者利益的情形，对发行人本次发行上市不构成实质性障碍。

三、朗科科技(300042)

公司专利主要包括闪存应用及移动存储领域的相关专利和控制芯片系列专利。其中,仅控制芯片系列专利存在开发支出资本化的情形。基于控制芯片系列专利,公司成功研发出优芯1号、2号、3号、4号、5号产品,并正在积极研发优芯6号,实施新会计准则后,公司对开发该系列专利中符合条件的相关费用,列入无形资产开发支出并予以资本化;而闪存应用及移动存储领域相关系列专利共同构成公司的"专利池",且可被广泛应用于闪存盘、手机、电视、固态硬盘等各领域,而单项专利通常难以与具体产品一一对应,遵循谨慎性原则,开发该系列专利的相关费用如人工费、材料费等于实际发生时计入当期费用,仅申请专利的申请费、注册费等计入无形资产。

1. 开发支出资本化的背景

优芯系列控制芯片是公司闪存应用及移动存储产品的核心部件,控制芯片决定了闪存应用及移动存储产品的功能、性能、成本、可靠性等诸多关键指标。开展闪存应用及移动存储产品控制芯片技术的研发,有助于提升公司掌握闪存应用及移动存储领域的关键核心技术,增强公司的自主创新能力和专有技术的研发能力,提高公司产品的市场竞争力,保证公司长期可持续发展。2002年,公司启动了闪存盘控制芯片的自主研发,2003年,公司自主成功研发国内首款闪存盘控制芯片优芯1号,随后公司陆续推出了优芯2号、优芯3号、优芯4号、优芯5号等多款闪存盘控制芯片。

2002~2006年,优芯1号、优芯2号及优芯3号相继研制成功,根据当时《企业会计制度》的相关规定,只对研发形成的相关专利代理费、律师费、注册费等费用予以资本化,因此,优芯1号、优芯2号及优芯3号的研究、开发等支出已计入当期费用。2007~2009年,公司研制成功优芯4号、优芯5号,根据2007年1月1日执行的新会计准则规定,优芯4号、优芯5号控制芯片的开发支出符合资本化的相关条件,按规定予以资本化。2009年年初,公司开始研发优芯6号,目前仍处于研究阶段,不符合资本化条件,因此,尚未予以资本化。

2. "已授权专利"和"未授权专利"的计量及开发支出资本化的具体金额

公司"未授权专利"和"已授权专利"的计量按成本进行初始计量,并区分研究阶段和开发阶段的支出,分别作费用化支出和资本化支出。公司"已授权专利"和"未授权专利"成本主要包括申请专利的注册费、律师费、专利代理费等,对符合《企业会计准则》第9条规定的开发阶段的支出予以资本化。

开发支出项目是反映公司开发无形资产过程中,能够资本化形成无形资产成本的支出部分。开发支出项目根据"研发支出"科目中所属的"资本化支出"明细科目期末余额填列。

优芯1号~5号系列控制芯片是公司产品的实物体现,是公司相关专利技术的载体,其所对应的是公司专利技术的不断升级更新。优芯1号~3号控制芯片是公司2002~2006年期间进行的研发,根据《企业会计制度》的相关规定,只对研发形成的相关专利的代理费、律师费、注册费等费用予以资本化,因此,优芯1号~3号控制芯片发生的研发支出均已费用化。而优芯4号、5号控制芯片是公司于2007~2009年进行的研发,公司自2007年1月1日执行新会计准则。按新会计准则的相关规定,对优芯4号、5号控制芯片的研发支出符合资本化的相关条件,按规定予以资本化。开发支出资本化部分主要是公司研发优芯4号、5号控制芯片相关的流片、测试、人工、材料等费用。

2006年,公司无开发支出资本化金额,2007年至2009年1月~9月,公司优芯4号、5号控制芯片开发支出资本化金额如下:

单位:元

会计期间	2007年	2008年	2009年1~9月
当年新增无形资产	3,979,319.05	3,737,876.75	2,966,759.44
其中:新增专利	3,587,951.02	3,682,674.41	2,966,759.44
资本化金额	2,503,113.20	1,456,921.85	1,364,413.65

报告期末,公司以上优芯4号、5号控制芯片开发支出资本化达到预定用途,已形成无形资产,转入"无形资产—未授权专利"科目核算。

四、同济同捷(审核未通过)

本报告期内,公司研发费用(包括研究阶段和开发阶段)占营业收入的比例情况如下:

项目(单位:万元)	2009年1~6月	2008年度	2007年度	2006年度
公司研发费用	514.95	1732.96	667.53	391.96
研发费用占营业收入比例	7.73%	11.64%	4.88%	3.89%

公司自主研发的"S11混合动力跑车项目"2008年3月后开始资本化,2008年,"S11混合动力跑车项目"共发生开发费用1107.25万元,2009年1~6月共发生开发费用272.54万元。

类别	账面价值(万元)			
	2009-6-30	2008-12-31	2007-12-31	2006-12-31
S11 混合动力跑车项目	1379.79	1107.25	—	—

1. 企业会计准则中对研究开发阶段划分

《企业会计准则第6号——无形资产》对企业自行开发无形资产的研究阶段和开发阶段划分的规定如下:

(1)研究阶段

研究阶段是指为了获取新的技术和知识等进行有计划的调查。研究阶段是探索性的,为进一步开发活动进行资料及相关方面的准备,已进行的研究活动将来是否会转入开发、开发后是否会形成无形资产等均具有较大的不确定性。如意在获取知识而进行的活动;研究成果或其他知识的应用研究、评价和最终选择;材料、设备、产品、工序、系统或服务替代品的研究;新的或经改进的材料、设备、产品、工序、系统或服务的可能替代品的配制、设计、评价和最终选择等,均属于研究活动。

研究阶段的特点包括:①计划性,研究阶段是建立在有计划的调查基础上,即研发项目已经董事会的批准,并且已着手收集相关资料,进行市场调研;②探索性,研究阶段具有很大的不确定性,研究的目的通常是获取新的技术和知识或者将已有的技术和知识应用在新的领域。

(2)开发阶段

开发阶段是指在进行商业性生产或者使用前,将研究结果或者其他知识应用于某项计划或者设计,以生产出新的以及具有实质性改进的材料、装置以及产品等。如生产前或使用前的原型和模型的设计、建造和测试;不具有商业性生产经济规模的试生产设施的设计、建造和运营等,均属于开发活动。

开发阶段的特点包括:①具有针对性,开发阶段是建立在研究阶段的基础上,针对具体项目;②形成成果的可能性较大。

2. 公司S11混合动力跑车开发步骤

2007年4月,经公司董事会决议,正式启动《S11混合动力跑车的设计开发》项目,并针对S11混合动力跑车项目制定了详细的研究开发计划:

第1步,前期调研及规划管理工作。该步骤的主要内容是完成市场调研、方案论证、产品定义以及人员组织等工作,属于项目的前期准备工作,应当属于研究阶段。

第2步,标杆车比对研究。对选定的标杆车进行试验,将标杆车的各个部件进行分解、逐一扫描拍摄,形成三维数字模型。公司对三维数字模型进行分析后形成工程可行性分析报告,应当看做项目的研究阶段。

第3、4步，产品描述文件建立及造型设计。该步骤的工作是公司建立数字模型并对其进行分析的过程，应当看做项目的研究阶段。

后续步骤分为造型设计、动力系统设计、底盘系统设计、车身系统设计、电气系统设计、模具设计以及样车试制和装配调试，这些步骤的工作主要是对已建立的数字模型进行修改，使用的技术大部分都是成熟的汽车设计技术。

3. 公司S11混合动力跑车项目资本化的具体依据

根据《企业会计准则第6号——无形资产》的规定，开发阶段费用资本化的条件有5个，必须同时满足5个条件才能够资本化：

(1)完成该无形资产以使其能够在技术上使用或出售，并具有可行性。判断无形资产的开发在技术上是否具有可行性，应当以目前的成果为基础，并提供相关证据和材料，证明企业进行开发所需的技术条件等已经具备，不存在技术上的障碍或其他不确定性。

(2)具有完成该无形资产并使用或出售的意图。研发项目形成成果以后，是为出售还是为自己使用并从使用中获得经济利益，应当以管理层的决定为依据。

(3)无形资产产生经济利益的方式。无形资产是否能够为企业带来经济利益，应当对运用该无形资产生产产品的市场情况进行可靠预计，以证明所生产的产品存在市场并能够带来经济利益，或能够证明市场上存在对该无形资产的需求。

(4)有足够的技术、财务资源和其他资源支持，以完成该无形资产的开发，并有能力使用或出售该无形资产。企业能够证明可以取得无形资产开发所需的技术、财务和其他资源，以及获得这些资源的相关计划。企业自有资金不足以提供支持的，应能够证明存在外部其他方面的资金支持，如银行等金融机构声明愿意为该无形资产的开发提供所需资金等。

(5)归属于该无形资产开发阶段的支出能够可靠地计量。

针对上述五个条件，本公司的具体情况如下：

①公司对S11混合动力跑车设计开发项目制定了《设计任务书》，对设计依据、设计开发目标、设计原则、设计开发可行性等作出详细规划和分析。根据该任务书，以公司目前的成果为基础，进行开发所需的技术条件等已经具备，不存在技术上的障碍或其他不确定性。

②2009年6月6日，公司及公司全资子公司同征汽车设计工程有限公司与吉林市高新产业开发建设有限公司签署了《增资扩股与股权转让协议》，公司拟以其拥有的S11混合动力跑车技术进行技术转让，待技术转让完成后，公司将通过吉林通田汽车有限公司实现技术产业化。

③公司针对S11混合动力跑车设计开发项目进行了《中国跑车销售市场分析报

告》，分别对2009年中国汽车市场总体情况、国内跑车市场情况以及超级跑车销售市场情况进行了分析，通过分析，中国跑车在2008年后都有着较大的需求，如果公司研制出的跑车在价格上具有优势，同时具有优秀的质量以及适度的宣传，则S11跑车在中国会有市场，并且能够为公司带来经济利益。

④公司对S11混合动力跑车整车采用后置后驱；底盘在现有参考车型成熟零部件的基础上进行优化组合设计；车身采用空间梁架结构以及混合动力系统。公司以这些技术资源支持，完成该项目的开发。另外，公司对此项目经费预算为人民币2500万元，以公司目前的财务资源，足以完成该项目的开发。

⑤开发阶段中，针对S11混合动力跑车项目发生的相关人员的人工薪资、差旅费、办公费、通信费、材料费、固定资产折旧等支出均能够可靠地计量。

4. 开发支出项目中核算的内容是否均与S11混合动力跑车的开发相关的说明

本公司在开发支出项目中核算的内容包括S11混合动力跑车开发人员的工资、奖金、通信费、办公费；因S11混合动力跑车开发项目所需发生的差旅费、材料费用；S11混合动力跑车开发项目部门使用的固定资产所产生的折旧费（其中房屋建筑物按实际使用面积分摊折旧）。报告期内本公司对于上述核算内容的确认标准未发生变化，保持了一致性原则。

开发支出各期末余额明细表如下（单位：元）：

科目名称	2008年度发生	2008年12月31日	占比	2009年1~6月发生	2009年6月30日	占比
工资薪金	8,957,823.20	8,957,823.20	80.90%	2,054,707.27	11,012,530.47	79.81%
折旧费	882,186.91	882,186.91	7.97%	293.347.20	1,175,534.11	8.52%
材料费	493,839.18	493,839.18	4.46%	368,000.72	861,839.90	6.25%
差旅费	384,353.31	384,353.31	3.47%	676.48	385,029.79	2.79%
办公费	245,882.01	245,882.01	2.22%	1449.50	247,331.51	1.79%
通信费	108,391.79	108,391.79	0.98%	7205.13	115,596.92	0.84%
合计	11,072,476.40	11,072,476.40	100.00%	2,725,386.30	13,797,862.30	100.00%

公司自主研发S11混合动力跑车基于以下三个方面的考虑：

首先，通过研发S11跑车，可以集成整合公司在汽车设计不同研究方向的研究成果，使得公司通过设计概念车或实体车的方式，验证公司的设计开发成果，并使成果得到持续不断的改进。

其次，公司通过收集汽车市场数据、对汽车市场流行趋势进行调研，通过预判未来

2～3年的市场变化，自主研发整车车型，以缩短市场反应时间，并实现未来汽车设计产品销售的及时性。S11混合动力跑车属于此种研发模式的产物。

最后，作为独立的汽车设计公司，公司通过不断研发高端整车车型，并选择合适的车型和时机与整车制造商进行合作，共同完成高端整车车型的产业化、商品化，实现汽车设计和高端跑车产业化两条腿走路的发展模式，并可带动公司研发水平的提高。

公司目前主要业务模式是根据客户的需求，在限定的时间内完成整车车型的开发工作，而S11混合动力跑车则是通过无订单自行开发设计，并在开发成功后实行技术转让或通过合作实现技术产品化的方式实现收入。在S11混合动力跑车技术的转让方面，公司已经与CWH英国资富控股集团达成初步协议，签订了《S11跑车项目整车设计技术转让及后续开发合同》，新车型只限于美国和西欧的生产销售权和技术使用权。截至目前，公司已收到CWH英国资富控股集团的合同定金5万美元。在S11混合动力跑车通过合作生产实现技术产品化方面，公司及公司全资子公司同征汽车设计工程有限公司与吉林市高新产业开发建设有限公司签署了《增资扩股与股权转让协议》，公司拟以其拥有的S11混合动力跑车技术进行技术转让，待技术转让完成后，公司将通过吉林通田汽车有限公司实现技术产业化。上述两种方式的区别仅在于公司是否通过参股或控股汽车制造商的形式，实现公司在汽车行业产业链上拓展，享有汽车制造、销售环节的部分利润。

【案例评析】

1. 我国旧会计准则仅允许产品研发完成之后，支出的部分费用可以资本化，而2007年1月1日开始执行的新会计准则允许公司产品研发过程中的支出只要满足准则规定的有关条件，就可以直接计入资本而不影响公司当期损益。该种调整的目的主要是鼓励我国企业的自主创新，保证企业有更大的动力投入更多的资源进行技术研发，从这个意义上来讲，这是很大的进步。

2. 但是，从发行审核的角度来讲，对于申请首发上市的企业尤其是赢利规模较小的企业来讲，研发支出资本化是最合理、也是最方便的调整公司赢利水平的手段和工具。举个最简单的例子，假设某家企业最近一期的净利润为3000万元，而研发支出达到1000万元，那么该1000万元对于公司当期赢利水平甚至公司是否符合首发上市条件都有着重要的影响。因此，在审核实践过程中，审核人员对于企业的资本化问题持高度关注态度。

3. 当然，由于会计准则已经做出了调整，高度关注并不代表企业不能进行研发支出的资本化处理，毕竟这是企业会计准则赋予企业的权利，但是值得注意的是，企业的资本化支出必须保证合理、合规,能够完全打消审核人员的怀疑和顾虑并得到其认可。从以上的案例中,我们可以简单总结在解释资本化方面的一些尝试:(1)详细披露公司报告期内研发支出的明细,甚至要具体到每一个项目或者产品。(2)公司研发费用占公司当期研发费用的比重,据小兵的研究,已上市企业中研发支出资本化率超过20%的少之又少。(3)将公司研发的实际具体情况与会计准则规定的五项标准逐条对照,证明公司研发支出资本化是完全符合准则要求的。(4)如果有必要,可以就该问题做重大风险提示,如三五互联案例。如果中介机构的解释不能获得审核人员的认可,那么只能调整为费用化,如苏州恒久案例。值得注意的是,进行资本化处理需谨慎,而取消资本化更需谨慎,因为该种调整往往会带来联动反应,如对公司整体变更时的股本和资本公积金的影响、对公司历次利润分配的影响、对公司历年税收的影响等。

4. 此外,有几个问题同样需要重视:(1)对于创业板来说,资本化的问题更是需要慎重。虽然创业板的财务指标有所降低,但是同时也更加关注企业的成长性,通过财务调整来拼凑增长率的做法一来会很敏感,二来得到认可的可能性也比较小。(2)资本化问题是不能追溯调整的,如果以前没有进行资本化,则后来也就不能再资本化了,这是会计准则的要求,也是证监会的态度。这就有另外一个问题,即企业报告期有可能包括没有资本化的年份和因执行新会计准则而能够资本化的年份的情形。(3)现在证监会对资本化的审核基本是:如果你以前资本化了,将资本化的部分还原,看看是否还满足条件;如果以前没有资本化而现在资本化了,也将资本化的部分还原,看看是不是还符合成长指标。(4)同济同捷是属于被否决的案例,尽管最主要的原因是募集资金导致经营模式变更,但是资本化问题不够严谨也是其中的一个重要因素。

【参考法规】

一、《企业会计准则——第6号》

第九条 企业内部研究开发项目开发阶段的支出,同时满足下列条件的,才能确认为无形资产:(1)完成该无形资产以使其能够使用或出售在技术上具有可行性;(2)具有完成该无形资产并使用或出售的意图;(3)无形资产产生经济利益的方式,包括能够证明运用该无形资产生产的产品存在市场或无形资产自身存在市场,无形资产将在内部使用的,应当证明其有用性;(4)有足够的技术、财务资源和其他资源支持,以完成该无形资产的开发,并有能力使用或出售该无形资产;(5)归属于该无形资产开发阶段的支出能够可靠地计量。

二、《企业会计准则——第38号》

第四条　在首次执行日，企业应当对所有资产、负债和所有者权益按照企业会计准则的规定进行重新分类、确认和计量，并编制期初资产负债表。编制期初资产负债表时，除按照本准则第五条至第十九条规定要求追溯调整的项目外，其他项目不应追溯调整。

三、《公开发行证券的公司信息披露规范问答第7号——新旧会计准则过渡期间比较财务会计信息的编制和披露》

拟上市公司在编制和披露三年又一期比较财务报表时，应当采用与上市公司相同的原则，确认2007年1月1日的资产负债表期初数，并以此为基础，分析《企业会计准则第38号——首次执行企业会计准则》第五条至第十九条对可比期间利润表和可比期初资产负债表的影响，按照追溯调整的原则，将调整后的可比期间利润表和资产负债表，作为可比期间的申报财务报表。

四、《首次公开发行并在创业板上市暂行办法》

第十条　发行人申请首次公开发行股票应当符合下列条件：

（一）发行人是依法设立且持续经营三年以上的股份有限公司。

有限责任公司按原账面净资产值折股整体变更为股份有限公司的，持续经营时间可以从有限责任公司成立之日起计算。

（二）最近两年连续盈利，最近两年净利润累计不少于一千万元，且持续增长；或者最近一年盈利，且净利润不少于五百万元，最近一年营业收入不少于五千万元，最近两年营业收入增长率均不低于百分之三十。净利润以扣除非经常性损益前后孰低者为计算依据。

（三）最近一期末净资产不少于两千万元，且不存在未弥补亏损。

（四）发行后股本总额不少于三千万元。

■第二节　上市前大比例分红

【重要提示】

★ 企业进行正常的利润分配本无可厚非,但是在上市前的这种处理就带有特殊的意义。拟上市的企业是不是不缺钱? 不缺钱的企业是不是就不应该上市? 上市之前大比例分红是不是就是担心老股东共享利润?

★ 最近几年证监会对于该问题的态度已经逐渐放开,资产负债率极低且货币资金充足的企业上市,已经没有了那么多的非议,对上市之前的适度分红对于上市公司的评价也逐渐归于中性。尤其是当创业板推出之后,轻资产、现金流旺盛的企业更是没有了上市的阻碍。

【案例情况】

一、奇正藏药(002287)

公司通过会计师事务所的审核时间为 2009 年 8 月。2006 年股利分配金额为 90,666,433.59元,2007 年中期股利分配金额为 135,000,000.00 元;而公司上市前三年一期,四个数的未分配利润告示高得吓人,分别为:304,934,733.38 元、26,191,606.52 元、148,997,298.48 元和 227,194,446.12 元。

二、潞安环能(601699)

公司的发行时间为 2006 年 8 ~9 月。公司于 2006 年中期进行了利润分配,老股东分配了发行前 96.99% 的利润,即 35,357.63 万元利润,仅剩余 1098.75 万元利润可在发行后供由新老股东共享。

三、上海莱士(002252)

上海莱士在 2006 年和 2007 年先后六次召开股东大会分配利润,合计分配现金红利 1.92 亿元,超过公司 2006 年和 2007 年两年净利润合计数的 6000 万元。

【案例评析】

1. 这又是一个老生常谈的话题,也似乎是一个永远也说不清楚的问题,至少现在看来是这样。虽然标题很简单,但是其中好像也隐藏着很多剪不断、理还乱的问题,如中国企业上市的真正目的到底是什么?中国不缺钱的企业是不是就不能上市?中国企业为什么如此偏执地爱好股权融资?上市之前大比例分红是不是就是担心老股东共享利润?

2. 从发行审核的角度来看,其实企业在上市前实施分红主要就是担心账面上货币资金大量闲置,从而给发审委一个公司不缺钱的印象,其实你分掉利润后,又有怎样的改变呢?小兵认为不过是做了一次掩耳盗铃的努力而已,解决问题的根源还需要从长计议。

3. 最近几年,证监会对于该问题的态度已经逐渐放开,资产负债率极低且货币资金充足的企业上市已经没有了那么多非议,上市之前的适度分红对于上市的影响来说也逐渐归于中性。尤其是当创业板推出之后,轻资产现金流旺盛的企业更是没有了上市的阻碍。

图书在版编目(CIP)数据

企业上市解决之道/投行小兵著. -- 北京:法律出版社,2011.4(2020.11 重印)
ISBN 978-7-5118-1941-3

Ⅰ.①企… Ⅱ.①投… Ⅲ.①上市公司-基本知识-中国 Ⅳ.①F279.246

中国版本图书馆 CIP 数据核字(2011)第 038032 号

企业上市解决之道
QIYE SHANGSHI JIEJUE ZHIDAO

投行小兵 著

策划编辑 薛 晗
责任编辑 薛 晗
装帧设计 马 帅

出版 法律出版社
总发行 中国法律图书有限公司
经销 新华书店
印刷 固安华明印业有限公司
责任印制 胡晓雅

编辑统筹 法商出版分社
开本 720 毫米×960 毫米 1/16
印张 22.5
字数 412 千
版本 2011 年 4 月第 1 版
印次 2020 年 11 月第 12 次印刷

法律出版社/北京市丰台区莲花池西里 7 号(100073)
网址/www.lawpress.com.cn
投稿邮箱/info@lawpress.com.cn
举报维权邮箱/jbwq@lawpress.com.cn
销售热线/400-660-8393
咨询电话/010-63939796

中国法律图书有限公司/北京市丰台区莲花池西里 7 号(100073)
全国各地中法图分、子公司销售电话:
统一销售客服/400-660-8393/6393
第一法律书店/010-83938432/8433 西安分公司/029-85330678 重庆分公司/023-67453036
上海分公司/021-62071639/1636 深圳分公司/0755-83072995

书号:ISBN 978-7-5118-1941-3
定价:68.00 元

全景展现中国投行的真实生存状态　如实披露一线投行人士的心路历程

投行十年：我在投行的日子

投行小兵　著

定价：49 元　出版时间：2015 年 1 月

本书作者作为一名多年投行工作的亲历者和实践者，以局内人的身份，记录中国投行人士的心路历程和真实的工作、生活状态，书中不乏投行工作的经典案例与操作，对有志于进入投行工作的读者而言，可以在入行前更真实地了解到行业状态；对于投行业内人士也是很有价值的借鉴。

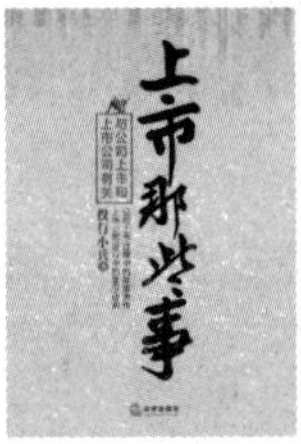

公司上市过程中的故事流传　上市公司运行中的警示经典

上市那些事——与公司上市和上市公司有关

投行小兵　著

定价：49 元　出版时间：2013 年 1 月

在资本市场这个“江湖”中，总是有一些广为流传的上市故事，或令人瞠目结舌，或匪夷所思。即使已经无法考证其真正来源，但却在市场的口口相传中越来越经典，越来越具有警示意义。本书即讲述了资本江湖中非常精彩的上市故事，语言诙谐幽默，相信可为广大资本市场从业者带来启示。

典型案例剖析　审核重点关注　权威上市指导

企业上市解决之道 3：案例提炼与审核关注

投行小兵　著

定价：108 元　出版时间：2013 年 6 月

本书是投行小兵企业上市解决之道系列的完美收官力作，与《企业上市解决之道》和《企业上市解决之道 2：案例延伸与对策分析》属于同一系列，但是与前两本书内容没有任何重合之处。本书是对前两本书进一步的延伸，从主体资格（出资、股权、改制问题）、特殊经营模式、财务会计和规范运行等几个方面，并根据目前中国证监会的最新政策，对于相关典型案例做了进一步的提炼和深入剖析，重点分析了审核部门关注重点及解决相关问题的思路和对策。

典型案例剖析　权威上市指导　解决思路延伸

企业上市解决之道 2：案例延伸与对策分析

投行小兵　著

定价：99 元　出版时间：2012 年 1 月

本书是作者再一次的全面洗涤和超越，再一次的深入思考和升华。案例更加丰富也更加有层次，评析更加深入也更加周全，思路更加明晰也更加具有指导意义，法规更加简练也更加有针对性。通过剖析企业或成功上市或被否决的原因，梳理了企业在上市过程中遇到的常见问题，为解决企业上市遇到的及审核部门关注的相关问题提供思路和对策。

典型案例剖析　权威上市指导

企业上市解决之道

投行小兵　著

定价:68 元　出版时间:2011 年 5 月

本书精心挑选极具代表性的百余家企业上市真实案例,剖析这些企业或成功上市或被否决的原因,梳理企业上市过程中遇到的常见问题,揭示产生问题的根源、审核部门关注的重点及解决相关问题的思路和对策。案例具体生动、论述浅显易懂,专业人士处理企业上市难题的借鉴宝典,非专业人士了解企业上市相关问题的实用指南。

剖析典型案例　梳理疑难问题　提供解决对策

走向资本市场:企业上市尽职调查与疑难问题剖析

张国峰　著

定价:128 元　出版时间:2013 年 10 月

本书剖析了 2006 年我国新股发行制度改革以来,成功上市企业与被否决企业的真实案例,梳理了拟上市企业在上市过程中遇到的各种常见问题,并提供了解决问题的对策!

抢占新三板　畅游资本新市场

新三板挂牌操作指引与实务解析(第二版)

申林平　主编

定价:52 元　出版时间:2015 年 5 月

本书以案例的形式,较为全面、透彻地向读者剖析了新三板法律实务的要点和难点,对新三板法律实务的从业者有重要的参考价值。

梳理疑难问题　剖析典型案例　提供解决对策

最新 H 股香港上市实务与案例分析

申林平　主编

定价:68 元　出版时间:2013 年 5 月

本书针对境内企业香港上市这一主题,分别就境内企业香港上市过程中应关注的重点法律问题、中介机构的协调性、企业家普遍关注的公司估值等问题进行了深度阐释,并对近年来 H 股上市案例进行了细致分析,对境内企业香港上市具有较强实务指导价值。

企业投资并购重组全流程节税指南

资本之税:企业投资并购重组节税实务(第二版)

张远堂　著

定价:59 元　出版时间:2015 年 6 月

在市场经济的环境下,公司的投资、并购和重组时有发生,律师或法律顾问在这个过程中承担着设计模式、路径和方法的重要职责,首先必须保证企业投资、并购、重组行为合法、可行、有利,但同时也应当考虑企业行为的成本,其中就包括税收成本。税收成本是企业发展必须考虑的一个重要因素,本书紧贴现代企业的发展实际,梳理了国家现行税法和税收政策中有关企业投资、并购、重组的规定,并结合大量企业节税操作真实案例,具有很强的实务操作性和可读性。

公司并购全流程指引:决策策划、实务操作、流程控制

公司资本行动:并购策划与流程指引

张远堂　著

定价:78 元　出版时间:2012 年 9 月

本书力图于解决企业并购的决策策划、实务操作和流程控制中的重点、难点问题。从如何制订公司发展战略和如何选择目标市场开始,按照企业并购的业务程序,逐步进入企业并购的交易流程,就交易流程中的重点、难点问题,分别提出各类并购的风险和应对策略,书中援引真实案例,并且配有疑难问题讨论,着力于帮着读者提高企业并购实务操作能力,解决公司资本运作中的实际问题。

企业成功进行资本运作税法实务操作的必备工具

资本运作税法实务

张兰田　著

定价:58 元　出版时间:2010 年 7 月

本书是第一本由中国执业律师从实务角度就企业资本运作税法领域撰写的专著,具有开山之作的里程碑意义。全书以最新法律规定为基础进行实务研究论述,是对先行生效的相关税法的一次全面梳理和研究,内容充实具体,对第一线的实际法律工作具有很强的指导作用和参考意义!

专业、权威的 IPO 年度评价报告和案例分析

中国 IPO 年度评论　第一辑

申林平　主编

定价:188 元　出版时间:2013 年 1 月

本书对 2011 年度所有通过发审会的案件进行拉网式全面梳理和总结,以批判性的思维剖析中国证监会股票发行审核标准,对中国股票发行审核标准进行充分的、全面的、深入的研究,是目前中国第一本专业、权威的 IPO 年度评价报告和案例分析大全。

证券业的风险防范　实务界的案例点评

证券公司业务风险与防范

朋兴明　著

定价:48 元　出版时间:2013 年 2 月

随着我国金融创新的加快,打破垄断、全面放开市场竞争、逐渐向国际化靠拢将会成为证券行业的发展趋势,未来证券行业优胜劣汰在所难免,这些都促使证券公司要尽快提高自身的风险管理水平。本书内容涵盖了证券经纪业务、投资银行业务、证券自营业务、资产管理业务、研究报告业务、投资顾问业务、融资融券业务、直投业务以及其他业务等,详细阐述了证券公司各项业务风险的具体防范措施;同时引入了大量具体案例进行点评分析,以便读者更加直观理解相关内容。